500 ROUTES de RÊVE

500 ROUTES *de* RÊVE

AVANT-PROPOS DE KEITH BELLOWS
RÉDACTEUR EN CHEF DU *NATIONAL GEOGRAPHIC TRAVELER MAGAZINE*

Sommaire

Avant-propos — 6

❶ En altitude — 8
Les routes panoramiques les plus élevées au monde

❷ Au fil de l'eau — 60
Côtes sinueuses, vues vertigineuses, plages enjôleuses

❸ Cours d'eau, vallées et canyons — 106
Paysages spectaculaires sculptés au fil de l'eau

❹ Hors des sentiers battus — 140
Routes cachées et trésors secrets pour voyageurs intrépides

❺ Chemins de campagne — 178
Calme et sérénité des petites routes à travers champs

❻ Escapades en ville — 208
Trépidantes et très brillantes, les villes se découvrent côté rue

❼ Voyages dans le temps — 238
Quand l'histoire se raconte au fil de la route

❽ Routes gourmandes — 280
Des routes pour ceux qui ont faim et soif d'aventure

Index — 312
Crédits — 319

Double page précédente : les eaux bleu turquoise de la Méditerranée vous accompagnent tout au long de la route de la côte amalfitaine, dans le sud de l'Italie (ici la pointe d'Atrani). Ci-contre : cette splendide décapotable jaune canari est stationnée sur Ocean Drive, dans le quartier Art déco de Miami Beach (Floride).

Avant-propos

Rive est du Maryland, au bord de la baie de Chesapeake à la houle grisonnante : au volant de ma MGB verte modèle 1972, je glisse, capote en berne, à 80 km/h, ce qui me laisse tout le temps de m'imprégner du paysage. *I'm on the road again*. Rien ne saurait remplacer cette sensation brute de liberté et d'errance. Du plus loin que je m'en souvienne, les voyages en voiture ont toujours fait partie intégrante de ma vie : je me rappelle les longs trajets à bord de la Rambler familiale, de Montréal au cap Cod, quand nous jouions à compter les plaques d'immatriculation, et des nuits passées dans les stations-service à attendre que l'on s'occupe de notre panne ; les virées entre copains, entre ma fac du New Hampshire et le Vermont, voire le Mexique ; les voyages avec ma femme pour des vacances paisibles, passées à lire et à nous ressourcer ; les bruyantes excursions avec les enfants vers tel ou tel parc d'attractions ou encore les escapades en solitaire, prétextes à toutes les introspections. Quand on prend la route, c'est toujours pour se trouver soi-même, explorer des lieux inconnus et faire des rencontres.

Le démon de la route semble m'avoir rattrapé dernièrement. Un vieux copain a débarqué un jour à bord de sa Chevrolet 1957 entièrement retapée. Ce fringuant quinqua s'apprêtait à faire un tour de l'Amérique depuis son Tennessee natal et sans autres étapes imposées que celles choisies au gré du moment. J'avoue que j'en ai conçu une certaine jalousie, ne comprenant que trop bien ce qui le poussait sur la route. Rien de tel qu'un trajet en voiture pour débrider son imagination et raviver l'ardeur et la curiosité qui font l'ivresse des « voyages » par opposition aux « vacances ». Le paysage se déroule sous vos yeux ; mieux, il vous tend les bras. Combien de fois ai-je été ainsi happé par la vie autour de moi ! Un jour, je m'arrête chez un brocanteur des Appalaches et découvre un univers fait d'édredons cousus main, de crincrins atones et de récits abracadabrants racontés de bon cœur à qui voulait les entendre. Je me revois aussi me perdre sur cette route de Nouvelle-Zélande qui n'en finissait plus de monter et descendre et remercier le ciel de m'être égaré quand une famille m'ouvrit sa porte et m'hébergea deux jours dans son cottage de bord de mer. En Inde, sur la route d'Agra à Jaipur, je me retrouve bloqué pendant sept heures par des manifestants. Au lieu de pester comme je l'aurais fait dans n'importe quel bouchon de Los Angeles, je découvre l'extraordinaire patience d'un peuple en voyant mes compagnons d'infortune se préparer leur frichti sur le bord de la route et jouer avec leurs enfants. Dans un pub des Highlands écossais, un homme m'invite à dîner dans son château. Le lendemain, il m'emmène pêcher le saumon sur sa rivière privée. Une autre fois, sur l'autoroute qui traverse Big Sur, en Californie, la vue de l'océan et des promontoires rocheux, des hauteurs et des précipices me rappelle en un instant que la route est souvent la plus fascinante des destinations.

Ce livre vous présente des itinéraires magnifiques. Quand vous l'aurez refermé, prenez le volant et préparez-vous à découvrir des sensations insoupçonnées. Appuyez sur la pédale : c'est parti !

Keith Bellows, rédacteur en chef du
National Geographic Traveler Magazine

Ci-contre : ce véhicule franchit la Pentecost River, sur la Gibb River Road (Australie-Occidentale), avec les remparts flamboyants du Cockburn Range en arrière-plan.

CHAPITRE

1

EN ALTITUDE

Terres d'aventures rêvées pour les vrais amoureux du volant, les routes de montagne dévoilent à chaque virage une incroyable surprise : paysages sans cesse renouvelés, lumières changeantes, pâturages verdoyants, chaos rocheux fantasmagoriques, forêts profondes, villages isolés… Certains périples se placent sous le signe de la sérénité, le long de paisibles chemins ; d'autres mettent les nerfs à rude épreuve, au rythme de lacets resserrés, de versants vertigineux et de folles grimpées qui offrent le plaisir d'observer au plus près un oiseau de proie survolant un ravin. De la Blue Ridge Parkway émane le souvenir des pionniers venus réaliser le rêve américain ; la San Juan Skyway, au Colorado, propose un voyage dans le temps, des territoires précolombiens pueblos aux cités minières du XIXe siècle. Une traversée sportive de la forêt tropicale costaricienne sera récompensée par une rencontre avec le prince de l'élégance – le quetzal au plumage arc-en-ciel –, tandis que de l'autre côté du Pacifique, aux Philippines, les rizières aux reflets d'émeraude que l'homme a patiemment aménagées en terrasses semblent flotter miraculeusement dans les airs.

Des routes ont été aménagées sur la montagne afin que les voyageurs découvrent des paysages aussi grandioses que celui-ci : le pic Fremont surplombant le lac Island, dans la cordillère de Wind River (Wyoming).

La Skyline Drive visite l'élégant et paisible parc national de Shenandoah.

ÉTATS-UNIS
L'incroyable Skyline Drive

Les automobilistes adorent cette route qui traverse le parc national Shenandoah en suivant la crête du Blue Ridge (Virginie) et réserve des vues exceptionnelles : vallée de la Shenandoah à l'ouest, reliefs rythmés à l'est.

Sur l'U.S. 340, au départ de Front Royal, la vallée surnommée « la Fille des étoiles » par les Amérindiens se dévoile depuis un belvédère situé sur la Skyline Drive (laquelle débute à l'entrée nord du parc) avec un superbe panorama sur le cours sinueux de la Shenandoah et le mont Massanutten. Avancez le long de la corniche boisée de Dickey. Environ 10 km après l'office de tourisme, la route franchit la cluse de Compton pour suivre désormais la crête. Les méandres de la rivière sont visibles depuis le promontoire de Hogback, juste avant l'arrivée sur la cluse de Thornton et le tunnel de Mary's Rock, à l'extrémité duquel un balcon s'ouvre sur une profonde dépression. Peu après, le belvédère du mont Hazel lève le voile sur le troisième plus haut sommet du parc, qui culmine à 1163 m. Les sentiers de randonnée commencent à 800 m de là : partez à la rencontre du cerf de Virginie, de la moufette et de la chouette rayée, tandis que vous contournerez le Pinnacle et le pic du Stony Man. Arrêtez-vous à l'observatoire d'Old Rag pour admirer les formations granitiques des sommets. Deux sentiers balisés débutent quelque 3,5 km plus loin. Le premier s'étire de l'aire de stationnement d'Upper Hawksbill au mont Hawksbill (1234 m), point culminant du parc ; le second, particulièrement raide, descend vers les chutes de Dark Hollow. Passé Big Meadows, vestige des plaines qui couvraient autrefois l'ensemble de la région, faites étape au point de vue de la corniche de Hazeltop d'où vous pourrez admirer les sommets embrumés du Blue Ridge. De l'aire de stationnement du mont Bearfence, remontez le sentier au sommet duquel vous découvrirez un superbe point de vue à 360° sur le parc. Le circuit se poursuit ainsi jusqu'à la cluse de Swift Run pour s'achever à celle de Rockfish, qui était autrefois un point de passage de troupeaux de bisons.

DÉPART Front Royal
ARRIVÉE Cluse de Rockfish
ROUTE U.S. 340, Skyline Drive
DISTANCE 159 km
TEMPS DE ROUTE 3 heures
QUAND Au printemps et à l'automne
INTERNET www.visitshenandoah.com

ÉTATS-UNIS
Blue Ridge Parkway

L'un des plus inoubliables circuits panoramiques des États-Unis, la Blue Ridge Parkway prolonge la Skyline Drive en traversant la zone sud des Appalaches. Au programme : reliefs boisés, terres agricoles et gorges encaissées sur fond de pics montagneux.

Au départ de la cluse de Rockfish, la Blue Ridge Parkway suit la crête étroite et verdoyante du Blue Ridge et grimpe au-dessus de la vallée de la Shenandoah. Parvenu à la James River, vous vous trouvez à l'altitude la moins élevée du parc. Pas pour longtemps : la route qui mène au mont Apple Orchard, point culminant de l'État de Virginie, est abrupte. Passé les trois silhouettes des pics d'Otter, vous pénétrez dans le bassin de la Roanoke River et voyez défiler d'imposants sommets sur une cinquantaine de kilomètres. Au sud de Roanoke, le paysage devient résolument bucolique à l'approche du plateau du Blue Ridge.

Poursuivez vers la Caroline du Nord. Les reliefs et vallées profondes de la forêt de Pisgah accueillent l'ancien comptoir de Northwest, où l'on se régale d'artisanat local, d'antiquités… et de pâtisseries. Au-delà du mont Jefferson, solitaire, la route plonge dans le Deep Gap pour remonter brusquement après la station de Blowing Rock et le mont Grandfather (1818 m), point culminant de la chaîne. Une dernière côte se présente derrière l'aire de loisirs Crabtree Meadows et, après 24 km, la route rejoint Ridge Junction, les Black Mountains et enfin les Great Craggy Mountains. Un peu plus loin, guettez les chutes Glassmine qui dégringolent de la falaise de Horse Range. Franchissez la French Broad près d'Asheville, remontez la corniche rocailleuse de Pisgah en admirant le mont Pisgah sur votre droite, puis zigzaguez à travers les Great Balsam Mountains, au gré d'une voie sinueuse qui réserve un point de vue spectaculaire sur le mont Cold et le rocher de Looking Glass. La route atteint sa plus haute altitude (1843 m) à Richland Basalm et traverse, sur les 16 km restants, les Appalaches et la réserve indienne Cherokee.

DÉPART Cluse de Rockfisk, Virginie
ARRIVÉE Parc national des Great Smoky Mountains, Caroline du Nord
ROUTE Blue Ridge Parkway
DISTANCE 755 km
TEMPS DE ROUTE 10 h 30
QUAND De mai à octobre
À SAVOIR Pas de station-service sur cette route
INTERNET www.blueridgeparkway.org

Un peu d'histoire À 6 km au nord de la Blue Ridge Parkway, sur l'U.S. 25, près d'Asheville, se dresse Biltmore House, édifiée par George Washington Vanderbilt à la fin du XIXe siècle. La demeure, villégiature de campagne de 250 pièces, est calquée sur l'architecture des châteaux Renaissance de la Loire. Comptez une journée pour visiter maison, ferme et vignes.

Les teintes automnales subliment ce circuit absolument époustouflant.

ÉTATS-UNIS
Cherokee Foothills

Au nord de l'État de Caroline du Sud, cette route touristique traverse les contreforts du Blue Ridge, au gré d'un délicieux paysage où abondent vergers, lacs cristallins, ruisseaux poissonneux et prairies verdoyantes.

La première étape est le champ de bataille de Cowpens, à 15 km à l'ouest de Gaffney sur la S.C. 11. Ce terrain tranquille garde le souvenir d'une victoire des colons durant la guerre d'Indépendance. Ensuite, la route épouse le rythme accidenté du relief. Quelque 14 km après la jolie bourgade de Campobello, passé les monts Hogback et Glassy, vous attaquez les contreforts du Blue Ridge. Une fois franchis les lits de la North et de la Middle Saluda, traversez Cleveland et poursuivez le long de la South Saluda, repaire des pêcheurs de truites. Au bout de 19 km, vous découvrez un précipice de 365 m, le Caesar's Head, que vous pouvez rejoindre par un détour de 12 km sur l'U.S. 276 – une route vertigineuse qui offre toutefois des vues dignes de cartes postales. De retour sur la S.C. 11, le pittoresque comptoir de Aunt Sue, son artisanat et des gourmandises vous attendent 11 km plus loin. À la sortie du village, pénétrez dans le parc d'État de Table Rock – haut lieu de la culture cherokee – jusqu'au Table Rock Lodge et ses points de vue mythiques (via l'entrée est), le lac Pinnacle et les versants du Pinnacle et des monts Table Rocks (via l'entrée ouest). La chaussée se resserre tandis que se profile la silhouette du mont Sassafras, point culminant de la Caroline du Sud (1 083 m). Elle surplombe désormais le cours de la Keowee et débouche dans la bourgade de Walhalla, avant d'obliquer vers le sud. Arrêtez-vous un moment à l'aire de loisirs du lac Hartwell, dont la rive est bien aménagée avec des tables de pique-nique, la possibilité de louer une barque et un sentier balisé.

Prolongations Passé la Keowee, empruntez la route 37-25 sur 8 km jusqu'au parc d'État de Devils Fork, sur les rives du lac Jocasse. Réputé pour ses eaux gorgées de truites et son site de plongée, le lac se prête au cabotage, moyen idéal pour s'approcher des cascades qui dévalent les pentes des sommets enchâssant la pièce d'eau. Profitez des sentiers balisés pour découvrir la flore locale. Emplacements de camping et location de bungalows sur place.

DÉPART Gaffney
ARRIVÉE Aire de loisirs du lac Hartwell
ROUTES S.C. 11, U.S. 276
DISTANCE 180 km
TEMPS DE ROUTE 3 heures
QUAND En mai, les pêchers sont en fleur ; les teintes automnales sont extraordinaires.
À SAVOIR Si vous avez du temps, prenez ce chemin plutôt que la I-85.
INTERNET www.discoversouthcarolina.com

Un sentier balisé suit la rive de l'un des lacs du parc de Table Rock.

Au printemps, la nature est en fleurs et sublime les paysages époustouflants que réserve la route de la cluse de Newfound.

ÉTATS-UNIS
La cluse de Newfound

Des forêts de bois de feuillus aux sapinières alpines, cette brèche des Appalaches, à l'est du Tennessee, compte plus de 1 500 espèces végétales : une promenade enchantée au paradis de la botanique.

Au cœur du parc national des Great Smoky Mountains, ce circuit exceptionnel débute à l'office de tourisme des Sugarlands, au cœur d'une forêt d'érables rouges, chênes blancs et magnolias. Soudain, après 3 km, apparaît l'imposant mont LeConte et, tandis que l'ascension se poursuit, ce sont maintenant les deux sommets des Chimneys Tops qui se dessinent à l'horizon. Le relief accidenté se négocie en franchissant un tunnel, puis en suivant des lacets qui s'enchaînent à un rythme effréné, à l'ombre d'une forêt de feuillus. À 13 km, les affleurements rocheux de la corniche d'Anakeesta surgissent parmi les sapins de Fraser et les épinettes rouges. Au belvédère de Morton, baissez les yeux pour admirer la vallée des Sugarlands, ou levez-les vers la cluse de Newfound, point de passage entre le Tennessee et la Caroline du Nord. Un tableau plus époustouflant encore vous attend au promontoire de Newfound, à 1 539 m d'altitude : le détour de 11 km en vaut la peine, il vous mène au Clingmans Dome, point culminant du parc (attention : la route est fermée en hiver). À quelques pas de l'aire de stationnement, un mirador offre une vue à 360° sur les principaux sommets du parc. Sinon, poursuivez au-delà du belvédère de la vallée d'Oconaluftee, sur la corniche de Thomas Divide. La route descend maintenant, à l'ombre des Smoky Mountains. Après le belvédère de Webb, vous plongez dans une forêt d'arbres à feuilles caduques et suivez le lit de l'Oconaluftee en direction de Mingus Mill, un moulin datant de 1886. À l'office de tourisme d'Oconaluftee, ne ratez pas le musée consacré à la vie quotidienne des pionniers.

DÉPART Office de tourisme des Sugarlands, Tennessee
ARRIVÉE Office de tourisme d'Oconaluftee, Caroline du Nord
ROUTE Route de la cluse de Newfound
DISTANCE 64 km
TEMPS DE ROUTE 1 heure
QUAND Au printemps et à l'automne
INTERNET www.nps.gov

ÉTATS-UNIS
Crowley's Ridge Parkway

Entre les cours de l'Ohio et du Mississippi, un fin ruban d'asphalte surplombe d'une cinquantaine de mètres les plaines environnantes et relie le sud-est du Missouri à l'est de l'Arkansas, en suivant la ligne de crête du massif.

Seuls les 20 km qui serpentent dans le Missouri permettent d'observer l'étonnante structure géologique de l'escarpement de Crowley. Commencez par une balade sur le sentier balisé du parc d'État Morris et découvrez les espèces végétales rares de la région : le tulipier de Virginie, le hêtre d'Amérique, le magnolia... Passé le cours de la Saint Francis, sur la Ark. 141, pénétrez dans la ville de Saint Francis, non loin du champ de bataille de Chalk Bluff. De 1927 à 1940, Ernest Hemingway séjourna souvent dans la bourgade de Piggott, où se trouve la demeure familiale de sa seconde épouse et où il écrivit la quasi-totalité de *l'Adieu aux armes*. Suivez la ligne de crête sur l'Ark. 135 : elle traverse champs et pâturages jusqu'à Paragould, puis le parc d'État de Crowley's Ridge. Celui-ci abrite des sentiers de randonnée, mais prenez le temps de flâner en bordure de l'un des lacs. Passez ensuite sur l'Ark. 141. sur 20 km pour arriver à Jonesboro, principal centre urbain du circuit et foyer de l'Université de l'Arkansas. Ne ratez pas le musée de paléontologie, consacré à l'histoire des Amérindiens et des pionniers, et sa collection de verreries et céramiques. Incontournable : le parc d'État de Village Creek, sur l'Ark. 163 et 284, pépite du patrimoine naturel de la région où vous arpentez chemins équestres et sentiers de randonnée au cœur d'un paysage sylvestre piqué de cours d'eau et de lacs. Les peuples Creek, Chickasaw et Cherokee empruntèrent ces chemins – désormais baptisés la Piste des larmes – lorsqu'ils furent déportés vers l'ouest, en 1829. Le périple se poursuit sur l'Ark. 1 jusqu'à Marianna, puis sur l'Ark. 44 pour aboutir à l'ancien port fluvial d'Helena-West-Helena.

Excursion À 5 km au nord-ouest de Saint Francis, le champ de bataille de Chalk Bluff, incroyablement préservé, accueille les amateurs d'histoire. Au cours de la guerre de Sécession, les armées de l'Union et des États confédérés s'y disputèrent à plusieurs reprises le contrôle de la rivière Saint Francis, qui marque la frontière entre Missouri et Arkansas. Tout est raconté sur les panneaux qui jalonnent le court sentier de randonnée.

DÉPART Malden, Missouri
ARRIVÉE Helena-West-Helena, Arkansas
ROUTES U.S. 62, Ark. 141, 135, 163, 284, 1, 44, quelques routes de raccordement
DISTANCE 341 km
TEMPS DE ROUTE 5 h 30
QUAND Toute l'année
INTERNET www.mostateparks.com

À Piggott, la demeure familiale de Pauline Pfeiffer, seconde épouse d'Ernest Hemingway, accueille le musée Hemingway-Pfeiffer.

La route ondule à travers Ouachita, la plus vaste forêt nationale du sud des États-Unis.

ÉTATS-UNIS
Talimena Scenic Highway

Aménagé dans les années 1960, ce bref itinéraire, par-delà la frontière qui sépare l'Oklahoma et l'Arkansas, promet un panorama radieux sur les montagnes Ouachita, site giboyeux et lieu de chasse privilégié des Indiens choctaw.

En amérindien, Ouachita signifie « terre de bonne chasse »… En effet, les cerfs et les écureuils – entre autres hôtes des lieux – abondent littéralement dans la forêt ainsi baptisée. Partez de l'office de tourisme, à 11 km au nord-est de Talihina, sur l'Okla. 1. Tout près de là, le point de vue de Choctaw Vista surplombe les collines sombrement boisées et les vallées de triste mémoire qui virent les Choctaw, déportés vers l'ouest, emprunter la Piste des larmes, après la signature de l'Indian Removal Act en 1830. La route traverse une forêt de pins et de chênes arbustifs au sous-bois tapissé de graminées. Au bout de 8 km se profile Panorama Vista, véritable balcon sur les montagnes et les villages de la vallée Holson. Les parapentistes profitent ici de courants ascendants généreux, à la façon des aigles royaux, des vautours et des faucons qu'on y aperçoit souvent.

Après les sources de Horse Spring, la route serpente jusqu'au mont Winding Stair et ses paysages changeants, avant de rejoindre l'arboretum Robert S. Kerr. Vous suivez désormais la ligne de crête de Rich Mountain, bordée de petits chênes tourmentés par le gel et le vent. En Arkansas, la route prend le nom d'Ark. 88, pénètre dans le parc d'État Queen Wilhelmina et offre des points de vue extraordinaires sur la crête de Rich Mountain. Quelque 5 km plus loin, vous atteignez la tour d'incendie de Rich Mountain, point culminant de l'itinéraire avec ses 817 m d'altitude. La promenade s'achève au bureau d'informations touristiques de Mena.

Temps forts

- Après avoir dépassé le mont Winding Stair, arrêtez-vous sur le **belvédère Emerald Vista** pour contempler la vallée de la rivière Poteau et les lacs Cedar et Wister.

- L'arboretum Robert S. Kerr, à mi-chemin du parcours, présente une exposition sur l'environnement sylvestre. Ses trois sentiers d'interprétation traversent des futaies de pins et de feuillus.

- Édifiée en 1952, la **tour d'incendie de Rich Mountain** offre les plus beaux points de vue sur la forêt Ouachita.

DÉPART Talihina, Oklahoma
ARRIVÉE Mena, Arkansas
ROUTES Okla. 1/U.S. 271, Ark. 88
DISTANCE 87 km
TEMPS DE ROUTE De 1 à 2 heures
QUAND La nature est en fleurs en avril et en mai ; les teintes automnales sont à leur apogée de mi-octobre à début novembre.
INTERNET www.arkansasstateparks.com

ÉTATS-UNIS
San Juan Skyway

Ce circuit – qui vous transporte à trois reprises à plus de 3 000 m d'altitude – visite la chaîne des San Juan, au sud du Colorado, au gré de cités minières, du désert et du parc national Mesa Verde.

Un troupeau sur Girl Scout Road, non loin du chemin de fer touristique et de Ridgway, ville d'élevage

Temps forts

- À Silverton, le musée historique du comté de San Juan détaille le passé d'une région marquée par la mine et le chemin de fer.

- Le parc national Mesa Verde abrite les vestiges d'anciens villages pueblos. Les rangers assurent les visites guidées, et le point de vue depuis la mesa est époustouflant.

- Au sud de Dolores, faites un détour de 10 min sur la Colo. 184 (depuis la Colo. 145) pour découvrir le musée du Patrimoine anasazi et la culture des Pueblos. Des sentiers conduisent à deux sites archéologiques.

En direction de Ridgway, sur l'U.S. 550 circonscrite entre de hautes falaises de roche rouge et des contreforts boisés, la vallée Uncompahgre semble se rétrécir, écrasée par des sommets qui se dressent à plus de 1 800 m au-dessus du cours d'eau. Faites étape dans le quartier historique d'Ouray, cité minière qui prospéra durant la ruée vers l'or, avant de poursuivre. La gorge Uncompahgre crache ses eaux vives, tandis que les monts Abrams dominent votre véhicule. Après plusieurs virages en épingle à cheveux, voici les sommets acérés des monts Red, aux versants striés de coulées rouges et orange. Vous zigzaguez entre prairies, abris démantelés et monticules rocheux, témoins du passé minier de la région, puis passez le col à 3 375 m d'altitude, pour redescendre vers la vallée de la rivière Animas. À la jonction avec la Colo. 110, prenez à gauche vers Silverton et guettez le panache de vapeur de la locomotive du chemin de fer de Durango à Silverton.

De retour sur l'U.S. 550, grimpez le mont Sultan jusqu'au col de Molas pour un panorama imprenable sur les West Needle et la chaîne Grenadier qui surplombe le petit lac Molas. Après 11 km de virages, passez le col Coal Bank et quittez la montagne pour un paysage de plateau et de gorges. Les falaises Hermosa apparaissent bientôt au-dessus des prairies de fauche. Depuis l'ancienne cité minière de Durango, suivez l'U.S. 160 vers les petits canyons et les mesas de l'ouest, juste avant d'apercevoir les reliefs de La Plata dominant une sombre forêt. Ne ratez pas le parc national Mesa Verde, puis ralliez Cortez et prenez la Colo. 145 en longeant la rivière jusqu'à Dolores – vous êtes à nouveau au cœur des San Juan. Régalez-vous du panorama sur la crête depuis le col de Lizard Head (3 116 m), traversez les prairies en direction d'Ophir Needle, le lac Trout et d'impressionnantes vallées glaciaires. Au bout de la route, prenez à droite vers Telluride (et son magnifique quartier victorien) et la cascade du « Voile de la mariée » (Bridal Veils Falls) de 111 m de hauteur. Une escapade en téléphérique entre Telluride et la station de ski de Mountain Village s'impose. Depuis Telluride, la Colo. 145 et le lit de la San Miguel empruntent un défilé de calcaire qui les mène à Placerville. Prenez à droite la Colo. 62. Le col de Dallas Divide est à 18 km de là ; vous êtes de retour à Ridgway.

DÉPART/ARRIVÉE Ridgway
ROUTES U.S. 550, Colo. 110, U.S. 160, Colo. 145, 62
DISTANCE 375 km
TEMPS DE ROUTE 5 heures
QUAND De mai à octobre
À SAVOIR Le tronçon Silverton-Ouray est aussi appelé Million Dollar Highway.
INTERNET www.coloradobyways.org

Ci-contre : à 4 313 m d'altitude, les monts Sneffels couronnent le paysage d'exception des environs de Ridgway.

Les reliefs environnants se reflètent dans les eaux paisibles de Grand Lake, frangé d'arbres.

ÉTATS-UNIS
Trail Ridge Road

Ce circuit serpente à travers le parc national des montagnes Rocheuses, au nord du Colorado, à une altitude élevée. Le spectacle est inouï lorsque sommets vertigineux, vallées profondes et plateaux alpins se détachent sur le fond obscur d'un orage qui menace.

Partie d'Estes Park, en contrebas du sommet de Longs Peak, la route progresse le long de la rivière Fall, au rythme de corniches boisées et de chaos granitiques, en direction du parc Horseshoe et des lacs Sheep, lieu de prédilection du mouflon d'Amérique, du cerf hémione et du wapiti (surtout en automne). Suivez la route jusqu'à Deer Ridge Junction, tournez à droite et parcourez une forêt d'épinettes d'Engelmann, de sapins subalpins et de pins flexibles. Au sommet de Many Parks Curve, une plate-forme d'observation permet d'appréhender les bassins glaciaires des parcs Moraine et Horseshoe. Poursuivez votre ascension céleste et, après Rainbow Curve, franchissez une corniche vertigineuse pour déboucher sur une vaste toundra alpine. Au belvédère de Forest Canyon, marchez jusqu'à la plate-forme et amusez-vous à identifier la kyrielle de sommets qui défile sous vos yeux à 32 km à la ronde. Reprenez le volant et grimpez au point culminant de la route, entre les falaises Lava et le promontoire de Gore Range, puis redescendez jusqu'au virage en épingle à cheveux de Medicine Bow, qui surplombe les monts du même nom (à 32 km de là) et les eaux argentées de la rivière Cache la Poudre.

Zigzaguant à travers la forêt, vous approchez du lac Poudre, frangé d'une couronne de pins, puis, à 3 km, Fairview Curve et ses points de vue sur les monts Never Summer, la vallée Kawuneeche et, au loin, le fleuve Colorado. Redescendez au fond de la vallée, tapissée d'herbe grasse. Au Grand Lake, le plus grand lac naturel du Colorado, cerné de hauts sommets, faites une pause au célèbre Grand Lake Lodge. Rejoignez les lacs Shadow Mountain et Granby, aménagé d'aires de pique-nique, d'emplacements de camping et d'équipements pour la navigation de plaisance. Encore 8 km jusqu'à Granby, ancien centre d'abattage d'arbres, aujourd'hui fréquenté par les amateurs de loisirs de plein air.

DÉPART Estes Park
ARRIVÉE Granby
ROUTE U.S. 34/Trail Ridge Road
DISTANCE 101 km
TEMPS DE ROUTE 2 heures
QUAND De fin mai à mi-octobre (selon la météo)
À SAVOIR Affluence de mi-juin à mi-août
INTERNET www.nps.gov/romo

ÉTATS-UNIS
La région de Pine Ridge

Dans cet âpre terroir du nord-ouest du Nebraska, les changements de décor sont incessants : collines cultivées, prairies immenses, buttes imposantes, corniches à pic, ravins démesurés… et ruisseaux paisibles.

De l'ancienne ville frontière de Gordon, petite communauté rurale du cœur du Nebraska, suivez l'U.S. 20 le long d'un désert d'herbe rase – Sand Hills. Des plaines s'annoncent, pauvres en arbres et en troupeaux. Traversez Rushville et Hay Springs – bourgades isolées – pour atteindre les hauteurs de Pine Ridge, escarpement étroit et long (160 km) qui borde les hautes plaines du Nebraska. Les collines boisées de pins et d'arbres à feuilles caduques accueillent le mouflon d'Amérique, le wapiti, le cerf hémione et le dindon sauvage. De l'autre côté de la falaise, Chadron, ancien comptoir de peaux et fourrures, déroule ses pimpantes demeures le long de Main Street. Un détour de 16 km sur l'U.S. 385 vous emmène jusqu'au parc d'État de Chadron, le site rêvé des amateurs d'équitation, de natation et de randonnées. De retour sur l'U.S. 20, suivez la rivière White, entre collines et premiers reliefs des Badlands. À 24 km de là, Crawford, point d'entrée du parc d'État de Fort Robinson, a perdu de sa superbe. Le fort date des guerres indiennes des années 1870, c'est ici que le chef Crazy Horse – qui mena la bataille de Little Big Horn – trouva la mort. Pendant la Seconde Guerre mondiale, des prisonniers allemands y furent tenus enfermés. À 24 km au nord de Crawford, sur la Nebr. 2, visitez Oglala National Grassland ; ces prairies accueillent campeurs et chasseurs. Arrêtez-vous au parc Toadstool, qui tient son nom d'affleurements rocheux dont la silhouette rappelle celle d'un champignon.

Excursion Au monument national Agate Fossil Beds, à 37 km au sud-ouest de Crawford, une balade de 3 km conduit jusqu'aux fossiles de mammifères ayant vécu il y a 13 à 25 millions d'années. Le site atteste l'existence d'espèces aujourd'hui disparues, tels *Moropus* – mi-cheval, mi-girafe et mi-tapir – ou *Menoceras*, un rhinocéros en miniature. La collection Cook du musée abrite plus de 500 artefacts amérindiens rassemblés par le capitaine James Cook, propriétaire du ranch d'Agate Springs à la fin du XIXe siècle.

DÉPART Gordon
ARRIVÉE Crawford
ROUTE U.S. 20, 385, Nebr. 2
DISTANCE 108 km
TEMPS DE ROUTE 1 h 30
QUAND De mai à octobre
INTERNET www.nebraskahighcountry.com

Les prairies d'herbes grasses des alentours de Chadron ont été transformées en prairies de fauche, qui s'étendent à perte de vue.

ÉTATS-UNIS
Centennial Scenic Byway

Ondoyant entre versants et vallées des Rocheuses, au nord-ouest du Wyoming, cette route touristique vous fera visiter tour à tour la Teton Range, la Snake River et la cordillère de Wind River.

Temps forts

- Le centre culturel de Wind River de Dubois consacre une exposition aux pionniers et à l'histoire naturelle et archéologique de la région.

- Chaque hiver, près de 10 000 wapitis sont accueillis dans le refuge faunique national de Jackson. Pour les observer au plus près, optez pour le circuit en traîneau.

- Des œuvres remarquables célèbrent la nature dans un musée dédié à l'art et à la faune, à 4 km de Jackson.

- À Pinedale, un musée s'intéresse exclusivement à la vie des trappeurs de la région.

Des sentiers de randonnée partent du nord de Pinedale et rallient le pic Fremont et le lac Island, dans la cordillère de Wind River.

Levez-vous de bonne heure pour contempler le soleil émergeant de la Teton Range, et quittez Dubois par l'U.S. 26, qui contourne par l'est la cordillère de Wind River. À 32 km, les falaises de Breccia et les reliefs du Pinnacle semblent jaillir de la forêt. Après une étape aux chutes de Campground, entamez une folle grimpée entre épinettes d'Engelmann, sapins subalpins à la robe argentée et pins tordus. Des orignaux – nom donné aux élans en Amérique du Nord –, des wapitis et des ours fréquentent le sous-bois. Passé le col Togwotee, rejoignez le belvédère pour admirer les plus belles montagnes du Wyoming. L'U.S. 26 descend maintenant dans la plaine de la rivière Buffalo Fork et pénètre dans le parc national de Grand Teton. Parvenu à Moran Junction, bifurquez vers le sud et les terres marécageuses où flânent les orignaux, les wapitis et les bisons. Au promontoire de Snake River, le Grand Teton (4 197 m) et ses sommets voisins se dévoilent. Longez la vallée de Jackson Hole pour arriver, environ 10 km plus loin, à Jackson, riche en galeries, bars, restaurants ou encore en pistes de ski. Quelque 11 km plus loin vous parvenez à Hoback Junction, où la rivière Hoback unit ses eaux à celles de la Snake pour s'engouffrer dans une gorge. Remontez le Hoback Canyon par l'U.S. 189/191 : laissez Bondurant derrière vous et quittez les montagnes pour les plaines de la vallée de Green River, tandis que la cordillère de Wind River est désormais en vue. Offrez-vous un petit détour pour assister au coucher du soleil sur le lac Fremont, puis rendez-vous à Pinedale, où vous attend un musée parfaitement pittoresque.

Excursion À Moran Junction débute un circuit de 40 km qui vous entraîne à la découverte de la chaîne des Tetons, au rythme de points de vue spectaculaires sur le mont Moran et la Snake River. Prenez la route du mont Signal et grimpez jusqu'au sommet, le panorama est à couper le souffle. Aux abords du lac Jenny, suivez la route en lacets et admirez les monts Owen et Teewinot, ainsi que Grand Teton. À Moose Junction, vous retrouvez la Centennial Scenic Byway.

Ci-contre : au bord de la Snake River, que surplombe le mont Moran, un orignal se repaît.

DÉPART Dubois
ARRIVÉE Pinedale
ROUTES U.S. 26/Colo. 287, U.S. 189/191
DISTANCE 261 km
TEMPS DE ROUTE 4 heures
QUAND De mai à octobre
À SAVOIR Près de 320 km de chemins de randonnée quadrillent le parc national de Grand Teton.
INTERNET www.wyomingtourism.org

ÉTATS-UNIS
Beartooth Highway

Au sud du Montana, des pics acérés hérissent la masse sombre du plateau de Beartooth. Partez à la découverte de la région de Yellowstone, aux paysages extrêmement variés.

Au départ de Red Lodge, ville minière et d'élevage du Montana, la route panoramique de Beartooth s'engage sur des collines verdoyantes qui laissent bientôt la place aux reliefs boisés surplombant la vallée de plus de 500 m. Au bout de 8 km de lacets resserrés, à plus de 2 800 m d'altitude, engagez-vous sur le petit chemin menant à un promontoire dominant la gorge de Rock Creek et le plateau de Hellroaring. De retour sur la route principale, les arbres se font rares et laissent place progressivement à la toundra alpine. Le long de la route, admirez les lacs glaciaires. À l'horizon se dressent les pics aiguisés de la chaîne Absaroka. Poursuivez, à travers des prairies fleuries, jusqu'au col de Beartooth, à 3 337 m d'altitude, où seuls les marmottes, les écureuils et les chèvres des montagnes Rocheuses s'aventurent tout au long de l'année. Vous entamez maintenant la descente, entre bouquets de pins et d'épicéas, fleurs sauvages et un chapelet de petits lacs. À l'approche du camping du lac Island, voilà qu'apparaissent les pics Pilot (3 569 m) et Index (3 448 m) de la chaîne Absaroka et que défilent pins tordus et pins à écorce blanche. Puis voici l'aire de pique-nique du lac de Beartooth, non loin des chutes du même nom. La route longe le plateau jusqu'au pont jeté gracieusement sur les eaux argentées du lac Creek. Depuis le camping de Crazy Creek, remontez le cours de la Clarks Fork, traversez l'antique cité minière de Cooke City et ralliez l'entrée nord-est du fabuleux parc national de Yellowstone.

DÉPART Red Lodge
ARRIVÉE Entrée nord-est du parc national de Yellowstone
ROUTE U.S. 212/Beartooth All-American Road
DISTANCE 111 km
TEMPS DE ROUTE De 2 à 3 heures
QUAND La route est ouverte du dernier lundi de mai à octobre (selon les conditions climatiques). Fin septembre, les feuillages des trembles sont somptueux.
INTERNET www.beartoothhighway.com

Excursion Un tronçon de la Chief Joseph Scenic Highway (Wyo. 296) suit l'itinéraire emprunté par la tribu des Nez Percés lorsqu'elle quitta l'Oregon sous la houlette du chef Joseph. Ce circuit de 74 km rase la frontière nord-est du parc national de Yellowstone entre Cooke City et Cody (Wyoming) et offre des points de vue spectaculaires sur le pic Beartooth et la Yellowstone River. À quelques kilomètres au nord de Cody, le pont de Sunlight Creek relie les falaises abruptes qui circonscrivent la gorge de Sunlight.

Affleurements granitiques, bouquets de sapins et piscines naturelles à proximité du lac Island, dans la chaîne Absaroka.

Au musée du Bassin de Boise, à Idaho City, revivez la grande époque de la ruée vers l'or.

ÉTATS-UNIS

Sawtooth et Ponderosa Pine

Ce circuit sensationnel permet d'apprécier la faune et la flore sauvages du centre de l'Idaho, depuis les étendues désertiques des alentours de Boise jusqu'aux altitudes escarpées et les plaines volcaniques des monts Sawtooth.

DÉPART Boise
ARRIVÉE Shoshone
ROUTES Idaho 21/Ponderosa Pine Scenic Byway, Idaho 75/Sawtooth Drive
DISTANCE 396 km
TEMPS DE ROUTE 6 heures
QUAND Toute l'année
À SAVOIR L'hiver peut être rude.
INTERNET www.idahobyways.gov

Se hissant sur les collines des environs de Boise, la Ponderosa Pine Scenic Byway (Idaho 21) suit la rivière Boise, le long d'une gorge sinueuse, à travers une épaisse forêt. À l'approche d'Idaho City, remarquez les pavés – témoins de la ruée vers l'or des années 1860 – jonchant les abords de la chaussée. Passé Mores Creek, vous parvenez à Lowman Burn, qui porte encore les traces de l'incendie de 1989. Plus loin, voici les sources chaudes de Kirkham, où les eaux de la South Fork Payette se précipitent dans un gouffre granitique. Sur 40 km, la route longe la rivière dans une forêt de pins pour atteindre le sommet enneigé du Banner puis des prairies frangées par une forêt où se réfugient wapitis, cerfs et faucons. Soudain, vous avez les monts Sawtooth en ligne de mire.

À Stanley, le circuit Sawtooth débute sur l'Idaho 75. Suivez la rivière Salmon qui franchit la vallée Sawtooth dominée par des sommets de plus de 3 000 m d'altitude – la plupart font partie de la forêt nationale de Sawtooth, zone naturelle protégée où il fait bon randonner. Le lac Redfish, le plus grand de la région, se niche à l'intérieur d'une triple couronne de plages, de forêts de pins et de hautes montagnes et mérite un détour (il est indiqué). De retour sur l'Idaho 75, traversez les cités minières de Sawtooth City et Vienna jusqu'au belvédère de Galena. Vous redescendez maintenant dans la vallée de la Big Wood, la haute silhouette des montagnes Boulder à votre gauche. Après le panneau signalant le barrage Magic, vous découvrez les grottes de glace de Shoshone – tubes de lave remplis de glace –, puis, à 13 km de là, l'incroyable système de grottes de Mammoth Cave. La promenade s'achève dans la bourgade agricole de Shoshone.

TOP 10

10
Un peu d'action

Vous adorez votre voiture mais appréciez également d'en sortir. Voici les dix destinations américaines idéales si vous avez soif d'action.

❶ Route de Riding, Vermont
En été, les stations de ski du Vermont se métamorphosent en paradis pour cavaliers. Posez vos valises dans les environs de Rutland et Killington et baladez-vous à cheval quelques jours dans les montagnes Vertes, en profitant de la fraîcheur matinale et du spectacle des reliefs nimbés de brume. Reprenez votre voiture pour une heure de trajet par la route 7 et admirez les prouesses des participants au Festival équestre estival d'East Dorset.

À SAVOIR Les charmantes bourgades très « Nouvelle-Angleterre » du Vermont attirent également les férus de tourisme et de shopping. www.vt-summerfestival.com

❷ Old Canada Road Scenic Byway, Maine
Cette route qui longe le cours du Kennebec offre un décor de rêve sur 126 km : la truite et le saumon y abondent, et les amateurs de rafting s'y régalent. Suivez l'U.S. 201 puis Falls Road : vous voici au royaume des pêcheurs à la ligne. Le camp établi par Benedict Arnold lors de la guerre d'Indépendance (1775) est tout proche.

À SAVOIR Renseignements sur la pêche sur www.maine.gov

❸ Baie de Chesapeake, Maryland
Parti des terres cultivées et des petites cités de la rive orientale, franchissez le pont et poursuivez sur la route 50 jusqu'à Annapolis. Admirez la vue du parc d'État de Sandy Point, puis continuez jusqu'à la sortie 24B où vous attendent les docks d'Annapolis, petit éden des navigateurs.

À SAVOIR En été de préférence, louez un bateau sur www.visitannapolis.org.

❹ Lake Placid, New York
Des gratte-ciel de New York, il faut cinq heures de trajet en bordure des monts Adirondack (route 87) pour rallier Lake Placid. Après les sources d'Albany et de Saratoga, arrêtez-vous au lac George pour randonner dans le mont Black, d'où la vue est imprenable sur l'Hudson et le lac Champlain.

À SAVOIR Lake Placid déborde d'activités tout au long de l'année – randonnées équestres, escalade sur cascade de glace... www.lakeplacid.com

❺ Savannah River Scenic Byway, Caroline du Sud
Une journée de pêche et de sports aquatiques sur trois lacs différents ! Tôt le matin, commencez par le lac J. Strom Thurmond, riche en achigans à grande bouche. Puis, partant de Clarks Hill, parcourez à travers la forêt nationale de Sumter les 177 km qui vous mènent au lac Richard B. Russell (aire de loisirs des chutes Calhoun). Terminez la journée au lac Hartwell, qui se trouve à l'aire de loisirs de Sadler's Creek.

À SAVOIR Chacun des parcs fait valoir son droit d'entrée. www.southcarolinaparks.com

❻ A1A Scenic and Historic Coastal Byway, Floride
Depuis Saint Augustine, longez l'océan Atlantique ; ne manquez pas d'observer la faune régionale, comptant plus de 50 espèces menacées répertoriées. Avant (ou après !) une journée de golf, faites une pause au siège du PGA Tour à Ponte Vedra Beach et tentez le trou 17 du parcours Stadium, au TPC Sawgrass, réputé particulièrement difficile.

À SAVOIR Venez début mai pour assister à l'un des plus grands tournois annuels, le Players Championship. www.scenica1a.org

Ci-contre : les eaux bouillonnantes du fleuve Kennebec, dans le Maine, se prêtent idéalement aux acrobaties des kayakistes et des rafteurs.

❼ Kettle Moraine Scenic Drive, Wisconsin
Sur plus de 190 km, cette route traverse un décor rocailleux façonné par les glaciers et piqué de formations géologiques tourbillonnantes figées au cœur d'épaisses forêts – un paysage qui ne manque pas d'attirer les vététistes. Le circuit s'achève sur l'aire de loisirs de Long Lake : natation, canoë sur les lacs glaciaires, randonnée dans les moraines.

À SAVOIR La conduite est parfois dangereuse sur certains tronçons. www.dnr.wi.gov

❽ Payette River Scenic Byway, Idaho
L'Idaho 55 vous entraîne depuis les banlieues d'Eagle vers Horseshoe Bend. Vous suivez le lit de la Payette sur 130 km. La rivière accueille kayakistes et rafteurs. Au kilomètre 55, le Rainbow Bridge mène aux eaux poissonneuses du lac Cascade.

À SAVOIR Soif d'aventures ? Rendez-vous au parc d'État de Ponderosa. www.dnr.wi.gov

❾ Cascade Lakes Scenic Byway, Oregon
La promenade de 134 km qui mène de Bend à Sunriver par l'Oregon 372 et les routes 46 et 42 révèle une incroyable succession de volcans, ruisseaux, forêts et fleurs sauvages. Passé Deschutes, rendez-vous à la station (ouverte été comme hiver) de Mount Bachelor et prenez le télésiège jusqu'au sommet du volcan. La route se poursuit vers les lacs Elk et Hosmer – spots fabuleux pour la pêche et le cabotage.

À SAVOIR Certains tronçons de la route sont fermés en hiver. www.traveloregon.com

❿ Banning Idyllwild Panoramic Highway, Californie
La route panoramique 243, qui traverse la Californie, relie l'I-10 et la route 74 au rythme des reliefs du parc d'État Mount San Jacinto. Le Pacific Crest Trail – qui s'étire du Mexique au Canada – passe par ce parc. On pratique l'escalade et la randonnée sur les pics granitiques qui égaillent ce parcours de 48 km.

À SAVOIR Si vous envisagez une sortie d'escalade, suivez les consignes de sécurité et munissez-vous de l'équipement approprié. www.parks.ca.gov

ROUTE D'EXCEPTION

ÉTATS-UNIS

Le circuit de Guadalupe

Au sud du Nouveau-Mexique, d'immenses étendues désertiques recèlent, tel un écrin, quelques-uns des sites les plus fascinants du pays, dont la ville de Lincoln qui, adossée aux monts Guadalupe, raconte un passé tumultueux.

Au lever du soleil, reflets opalescents sur les dunes de White Sands

Dominée par les sommets acérés des monts Organ, l'aire de loisirs d'Aguirre Springs s'étire à l'est du col de San Agustin (1 743 m d'altitude). Parcourez près de 9 km sur une route sinueuse, entre colonnes de granite et jardins de rocailles, pour atteindre une aire de pique-nique merveilleusement située.

Depuis Aguirre Springs, filez vers le nord-est par l'U.S. 70, en longeant un site exceptionnel érigé au rang de Monument national : White Sands, 777 km², le plus grand système de dunes de gypse au monde, formé il y a des millénaires par l'érosion des dépôts de gypse à la surface du lac Lucero. C'est ici qu'explosa, en 1945, la première bombe atomique, générant son champignon translucide. Aujourd'hui, on teste des missiles dans la zone – ce qui explique que le parc soit de temps en temps fermé au public –, mais l'on peut s'approcher du cratère creusé par la bombe le premier samedi d'avril et d'octobre. Malgré tout, parcourez le circuit de 26 km qui vous conduit à travers les dunes (voir p. 151).

Poursuivez sur l'U.S. 70 jusqu'à Alamogordo et la base aérienne militaire de Holloman, qui joua un rôle prépondérant dans le programme spatial américain. Prenez ensuite l'U.S. 54 et montez jusqu'aux pétroglyphes (gravures sur pierres) de Three Rivers : ici, il y a plus de 1 000 ans, la tribu des Jornada Mogollon grava sur la pierre des centaines de silhouettes d'oiseaux, d'humains, d'animaux et de poissons.

> « Au bout de 8 km… sur l'Alkali Flat Trail, White Sands dévoile un paysage lunaire. Vous êtes seul, face à quelques lézards blafards, entouré d'une kyrielle de dunes de gypse blanc. »
>
> ROBERT EARLE HOWELLS,
> AUTEUR AU *NATIONAL GEOGRAPHIC*

À l'ouest de Carrizozo, la Vallée de Feu déroule ses dépôts de lave, les plus récents du pays : il y a environ 1 500 ans, plusieurs volcans entrèrent en éruption, crachant une longue cicatrice de lave de plus de 70 km de long. Pour pique-niquer dans un décor de rêve, prenez l'U.S. 380 en direction du parc historique de Smokey Bear, les écosystèmes du Nouveau-Mexique y sont recréés. Quelque 16 km plus loin, entrez dans Lincoln State Monument, une ville figée dans ces folles années 1870, à l'époque où Billy the Kid y faisait régner la terreur et couler le sang, quand il s'échappa de sa geôle en tuant ses deux gardiens. Le palais de justice abrite aujourd'hui un musée.

Roswell, vieille cité de l'Ouest, est connue dans le monde entier pour ses supposés visiteurs de l'espace (voir encadré). Après une promenade dans le petit quartier historique, précipitez-vous au musée pour découvrir l'atelier de Robert Goddard, concepteur des premiers prototypes de fusées ici-même, à Roswell, de 1930 à 1941. À la sortie de la ville, l'aire protégée du lac Bitter est un conservatoire naturel pour plus de 300 espèces

Ovnis en vue

En 1947, le gouvernement américain annonce le crash d'une montgolfière – un engin militaire classé « Secret défense » – dans le désert, près de Roswell. Près de trente ans plus tard, des chasseurs d'ovnis déclarent être en possession de preuves irréfutables : l'engin serait en fait une soucoupe volante, à l'intérieur de laquelle l'armée aurait récupéré les dépouilles d'extraterrestres. Le mythe de la « créature de Roswell » fait le tour du monde, et depuis, tous les ans, la ville organise un festival où se rassemblent des fondus d'ovnis, le plus souvent déguisés en aliens.

d'oiseaux, notamment d'octobre à février. Les grues du Canada arpentent le lac, en prenant soin d'éviter les lynx, les renards et autres coyotes tapis sur la rive.

Partez sur la N.Mex. 2 vers le parc d'État de Living Desert Zoo and Gardens, abritant plus de 200 espèces de cactus et de plantes grasses. Prenez ensuite l'U.S. 285, traversez Carlsbad mais faites étape aux grottes de Carlsbad avant de poursuivre sur l'U.S. 62/180. Depuis le parc national des Guadalupe Mountains, un chemin tortueux de près de 4 km vous conduit aux sources de Smith et Manzanita, à travers des clairières où fougères et genévriers poussent à l'ombre des chênes et des érables.

Vous voici désormais au Texas, à El Paso, la plus grande ville de la frontière américano-mexicaine qui se distingue par son architecture hispano-américaine typique dite « Southwest Territorial » : le site historique de Magoffin Homestead – demeure du XIXe siècle, 19 chambres et mobilier d'époque – en est un parfait exemple.

DÉPART Aire de loisirs d'Aguirre Springs, Nouveau-Mexique
ARRIVÉE El Paso, Texas
ROUTES U.S. 70, 54, 380, N.Mex. 2, U.S. 285, 62/180
DISTANCE 727 km
TEMPS DE ROUTE 8 h 30
QUAND Toute l'année, mais préférez le printemps ou l'automne.
INTERNET www.nps.gov/gumo

Temps forts

■ Le musée de l'Histoire spatiale du Nouveau-Mexique, à Alamogordo, recèle les premiers modèles de fusées et des documents sur les recherches menées à White Sands après la guerre.

■ Dans le parc national des grottes de Carlsbad, au sud de la ville du même nom, se cache un fabuleux labyrinthe souterrain – le plus grand système de grottes au monde. Au programme : concrétions minérales, stalagmites et stalactites. Visite guidée sur demande.

Les stalagmites et stalactites fascinantes des grottes de Carlsbad

L'immense forêt nationale de Humboldt-Toiyabe est essentiellement plantée de yuccas.

ÉTATS-UNIS

Le joyau des monts Ruby

Au nord-est du Nevada, Lamoille Canyon réserve un paysage fabuleux. Ses cascades dévalent avec élégance les parois minérales, et l'eau descendue des glaciers traverse les forêts subalpines pour rejoindre de hautes plaines désertiques.

Les monts Ruby surgissent au point de départ de la route du Lamoille Canyon (FR 660), à une trentaine de kilomètres au sud-est d'Elko, sur la Nev. 227. Après Lamoille Creek, l'itinéraire emprunte un corridor verdoyant tapissé de peupliers, saules et trembles. Les chutes d'eau (de la neige fondue) descendent de la muraille rocheuse : bienvenue dans la forêt nationale de Humboldt-Toiyabe. Arrêtez-vous à l'aire de pique-nique de la centrale électrique (Powerhouse), où vous pourrez vous repérer. Au belvédère du glacier, vous découvrez une succession de sommets de plus de 3 000 m d'altitude, ainsi qu'une exposition expliquant comment l'ère glaciaire a façonné la région, lorsque le glacier a creusé son chemin à travers la roche pour dessiner le canyon. Le camping du Thomas Canyon est situé à la lisière d'une petite vallée glaciaire. Si vous êtes bien chaussé, grimpez au Thomas Canyon, aux prairies couvertes de fleurs sauvages et aux forêts épaisses de pins flexibles et de pins à écorce blanche ; ou optez pour le Changing Canyon Nature Trail, un sentier de randonnée qui débute à 2 km de la route où se situe le point de vue sur la Hanging Valley. Arrêtez-vous un peu plus loin, à l'aire de pique-nique des Terraces, pour jouir d'un panorama imprenable sur une falaise de roche métamorphique de 500 m de haut, mâtinée de spirales de granite clair.

Sillonnez des prairies d'herbes folles, de laîches et de fleurs des champs – les épaisses broussailles des trembles bloquent la progression des eaux. Vous voici à Roads' End. Le chemin s'arrête abruptement, au pied d'une couronne de sommets et du Ruby Crest National Recreation Trail (53 km) : 365 km² de forêts, de lacs, de prairies et de pics englacés, habitats privilégiés du mouflon d'Amérique, de la chèvre des montagnes et de l'aigle. Ses trésors se dévoilent sans attendre, car voici déjà le lac Island, dans son cirque glaciaire, puis, à 2 km, le lac Lamoille, généreux en truites mouchetées.

DÉPART Elko
ARRIVÉE Road's End
ROUTES Nev. 227, FR 660/Lamoille Canyon Byway
DISTANCE 71 km
TEMPS DE ROUTE 2 heures
QUAND De mai à octobre
À SAVOIR L'intégralité du parcours est indiquée par des panneaux.
INTERNET www.travelnevada.com

ÉTATS-UNIS
Le tortueux Coronado Trail

Affrontez les virages incessants de l'U.S. 191. Une récompense vous attend : cette route de l'est de l'Arizona, l'une des moins fréquentées du pays, vous offrira de spectaculaires panoramas.

Après une visite de Clifton, remontez l'U.S. 191 ; à 16 km, vous profitez d'une vue plongeante sur la mine de cuivre de Morenci, exploitée par l'entreprise Phelps Dodge, l'un des plus gros trous jamais creusés par l'homme (5 x 10 km). Depuis la plate-forme d'observation, les engins qui extraient jusqu'à 125 000 tonnes de cuivre par jour semblent minuscules. Poursuivez le long de Chase Canyon, étroit mais coloré : vous attaquez votre montée tandis que vous pénétrez dans la forêt. À 10 km, l'aire de pique-nique Cherry Lodge est idéale pour faire une pause. Vous pouvez aussi vous arrêter à une aire de stationnement plus haut dans les montagnes, puis prendre le sentier de randonnée (près de 2 km) menant au sommet du pic Rose (2 678 m) : en haut de la tour d'incendie, la vue est superbe. L'ascension se poursuit : Mogollon Rim, un virage à gauche au signal 225, et enfin le belvédère de Blue Vista (2 799 m) qui s'ouvre sur un incroyable paysage d'escarpement rocheux et de sommets – dont le mont Graham, pourtant situé à 113 km de distance. Vous voilà bientôt au milieu des épicéas, des sapins et des forêts de trembles qui entourent Hannagan Lodge et sa boutique. Sur les 35 km à venir, la route longe la bordure orientale des White Mountains, égrenant bouquets de trembles et prairies alpines : vous êtes arrivé à Alpine, où vous trouvez hébergement, restaurants et ravitaillement. Toujours plus au nord, le mont Escudilla (3 330 m) – un volcan éteint, troisième plus haut sommet d'Arizona – domine une vaste zone protégée. L'U.S. 91 descend maintenant vers les terres volcaniques de la région de Springerville et le Nelson Reservoir, un lac où il fait bon pêcher et caboter.

Un peu d'histoire Classée National Historic Landmark, la Casa Malpais (« maison des mauvaises terres ») se situe à 2 km au nord de Springerville, tout près du Coronado Trail. Ce site archéologique pueblo, habité par les Mogollons au XIIIe siècle et déserté vers l'an 1400, est incroyablement préservé. Des visites guidées sont proposées, avec possibilité de participer aux fouilles (réserver à l'avance). L'office de tourisme et le musée de Springerville, situés dans la rue principale, présentent des objets mis au jour sur le site.

DÉPART Clifton
ARRIVÉE Springerville
ROUTE U.S. 191
DISTANCE 198 km
TEMPS DE ROUTE De 4 à 5 heures
QUAND De mai à octobre (la route est souvent fermée l'hiver)
À SAVOIR Interdit aux véhicules de plus de 12 m de long. Attention aux virages serrés et aux ravins.
INTERNET www.azdot.gov

Le Coronado Trail remonte le Chase Canyon au rythme de virages serrés.

TOP 10

10 Rêves de pilote

Une décharge d'adrénaline sur un circuit de F1, la sérénité d'une route en Alaska : ces itinéraires-là ne vous laisseront pas de marbre.

❶ Autoroute 89, Arizona/Utah/Idaho/Wyoming/Montana, É.-U.

Du désert de Sonoran aux Rocheuses, ce circuit placé sous le signe de la géologie vous emmène de Flagstaff (Arizona) à la frontière canadienne et traverse un désert piqué de cactus, un plateau volcanique strié de coulées de lave, les grès rouges de Sedona et le Grand Lac Salé. Un pur délice.

À SAVOIR En chemin, visitez les parcs nationaux, dont celui de Yellowstone. *www.untraveledroad.com*

❷ Denali Highway, Alaska

Aménagée en 1957 pour faciliter l'accès au parc national de Denali, cette route de gravier plonge au cœur d'une nature sauvage épargnée par l'homme. Elle fut rénovée en 1971 et porte désormais le nom de George Parks Highway.

À SAVOIR La route relie Paxson Junction à Cantwell Junction; elle est fermée en hiver. *www.bellsalaska.com*

❸ Ruta 40, Argentine

La Ruta 40 traverse tout le pays, du cap Virgenes (au sud) à La Quiaca (au nord), soit plus de 4900 km. Elle suit les reliefs des Andes, franchit 236 ponts et d'innombrables cours d'eau, cols et parcs nationaux. Partie du niveau de la mer, elle s'élève jusqu'à 5000 m d'altitude aux environs de Salta.

À SAVOIR La Ruta 40 est presque entièrement bitumée, mais son tronçon sud traverse des terres arides. *www.ruta40.gov.ar*

❹ Nürburgring, Nürburg, Allemagne

Destiné à montrer au monde le génie automobile allemand – et à accueillir le premier Grand Prix du pays –, ce circuit automobile fut construit entre 1925 et 1927. Une nouvelle piste a été aménagée en 1984, mais le tracé d'origine (la « Boucle nord », 20,8 km) est ouvert au public moyennant finance. Il s'agit probablement du circuit automobile le plus exigeant au monde, succession infernale d'épingles à cheveux et de virages aveugles.

À SAVOIR Vérifiez les jours d'ouverture. Pas de limitation de vitesse, mais la loi allemande s'applique (pas de permis, pas de circuit). *www.nuerburgring.de*

❺ Davos-Stelvio *via* Bormio, Suisse/Italie

Cette route diaboliquement tortueuse, qui ondule entre les sommets des Alpes orientales, fut aménagée au début du XIXe siècle et constitue un véritable défi pour les pilotes... et les voitures. 60 lacets consécutifs vous mènent au sommet (2756 m) où vous vous retrouvez généralement... tout seul.

À SAVOIR La route est souvent fermée en hiver. À Bormio (à mi-chemin), on skie toute l'année. *www.davos.ch*

❻ E4, Norvège

Vous souhaitez tester vos nerfs et l'endurance de votre véhicule? Partez du sud de la Norvège et remontez vers le nord au rythme d'une route particulièrement ardue de 2412 km – depuis Haugesund sur la côte ouest (le plus ancien village du pays) jusqu'à Nordkapp, dans le cercle arctique (l'une des villes les plus septentrionales d'Europe). Un décor magnifique défile comme dans un film : fjords, forêts, villages de pêcheurs, glaciers, montagnes, toundra... sans oublier les aurores boréales. Peu de trafic, mais gare aux rennes!

À SAVOIR Comptez 36 heures de route. En été, le soleil ne se couche pas. *www.visitnorway.com*

Ci-contre : la pente ardue et les virages serrés du col de Stelvio, dans les Alpes italiennes, offrent l'un des tracés européens les plus exaltants.

❼ Col de Turini, Alpes-Maritimes, France

Vue du ciel, la route ressemble à un ressort tant ses lacets s'enchaînent furieusement le long d'un gouffre vertigineux. Bienvenue dans un décor digne des poursuites les plus époustouflantes d'un film de James Bond! Point d'orgue, en janvier, du rallye de Monte-Carlo, les spectateurs jettent de la neige sur la chaussée verglacée afin de pimenter la course...

À SAVOIR Concentrez-vous sur la route et évitez de regarder en contrebas. *www.frenchriviera-tourism.com*

❽ A18 Snaefell Mountain Road, île de Man, Royaume-Uni

Voici la capitale du motocyclisme depuis 1904, date à laquelle les courses sur route furent autorisées. C'est sur la route de 25 km reliant Douglas à Ramsey que se déroulent le Tourist Trophy (TT) et le Manx Grand Prix. L'île est dépourvue de limitation de vitesse.

À SAVOIR Le TT est organisé entre fin mai et mi-juin; le Manx Grand Prix se déroule à la fin août. Les deux événements durent deux semaines. *www.gov.im*

❾ B4560, Royaume-Uni

Traversez les paysages les plus bucoliques du pays de Galles en empruntant cette route souvent utilisée pour des tests automobiles. Le circuit, sinueux, réserve de magnifiques points de vue sur le parc national de Brecon Beacons et sur les Black Mountains – le décor montagneux est de toute beauté et les villages sont charmants.

À SAVOIR La B4560 part du nord, depuis Beaufort, jusqu'à Talgarth *via* Llanggynidr, Bwlch et Llangors. Le tronçon le plus enivrant court de Llangynidr à Bwlch. La route peut fermer pour cause de neige et de verglas. *www.breconbeacons.org*

❿ Chaîne de l'Atlas, Maroc

À Marrakech, prenez la N9 vers Ouarzazate et traversez la majestueuse chaîne de l'Atlas. La route vire et tangue, les nerfs sont mis à rude épreuve, mais l'ascension des monts Khaki est un enchantement.

À SAVOIR La route ferme parfois pour cause de neige en hiver. Comptez environ 4 heures pour parcourir les 322 km du circuit. *www.visitmorocco.com*

CANADA
La Promenade des Glaciers

Montagnes, falaises, chutes d'eau, lacs… et plus d'une centaine de glaciers : le paysage de la Promenade des Glaciers, entre Lake Louise et Jasper, en Alberta, sur la route la plus élevée du Canada, est l'un des plus beaux du monde.

Cette autoroute à deux voies absolument sensationnelle sillonne les plus hautes montagnes des Rocheuses canadiennes. Depuis Lake Louise, elle rejoint le lac Hector, au pied de la chaîne Waputik, puis contourne le pic de Bow, tandis qu'apparaît le glacier Crowfoot. À 5 km, le lac de Bow est alimenté par les eaux du glacier de Bow, l'un des huit glaciers descendus de la gigantesque banquise du Waputik Icefield. Un peu plus loin, un petit sentier mène à un beau point de vue sur les eaux turquoise du lac Peyto. Bientôt, la route rejoint la vallée Mistaya et le lac Waterfowl – d'ici, les perspectives sont fabuleuses. La Mistaya s'unit à la Saskatchewan du Nord et s'engouffre dans une gorge étroite (un sentier est aménagé au pied de la paroi rocheuse). La ville de Saskatchewan River Crossing se situe à 5 km de là. La vallée s'étrécit à mesure que la route se rapproche des chutes d'eau du Weeping Wall, puis s'attaque au virage en épingle à cheveux du Big Bend, d'où la vue sur la vallée de la Saskatchewan du Nord est absolument grandiose. À Parker Ridge, à 13 km, un sentier ardu (275 m de dénivelé) à travers la forêt subalpine s'élève jusqu'à un tableau inoubliable sur le glacier de Saskatchewan. Au col de Sunwapta, la route explore le parc national Jasper, superbe et sauvage, et parvient bientôt à Columbia Icefield, où les glaciers affichent plus de 300 m d'épaisseur. Plus loin encore, les eaux de la Sunwapta s'écrasent avec fracas au fond d'une gorge. Au nord de cette chute débute la vallée d'Athabasca – la plus longue et la plus large des Rocheuses. Poursuivez jusqu'au point de vue des Chèvres et des Glaciers : à vos pieds, un océan de sapins. Les chutes d'Athabasca, à 5 km, dégringolent sur plus de 20 m de haut. Le circuit s'achève à Jasper.

Prolongations Le Columbia Icefield Center fait face au glacier Athabasca, au-delà du col de Sunwapta. Une exposition permanente y explique la formation et l'avancée des glaciers, et un musée est consacré à la faune alpine. Vous pouvez faire un circuit en bus sur les glaciers ou randonner jusqu'au glacier Athabasca, mais si vous vous aventurez sur la glace, louez les services d'un guide, car le glacier cache de profondes crevasses…

DÉPART Lake Louise
ARRIVÉE Jasper
ROUTE Autoroute 93/Icefields Parkway (Promenade des Glaciers)
DISTANCE 232 km
TEMPS DE ROUTE 3 h 30
QUAND De mai à octobre
À SAVOIR Deux points de ravitaillement seulement (essence, nourriture, hébergement) à Saskatchewan River Crossing et Columbia Icefield Center.
INTERNET www.icefieldsparkway.ca

Dans le parc national Jasper, deux grimpeurs à l'assaut du Columbia Icefield

Forêts et prairies de fleurs sauvages enserrent le mont Rainier, un volcan actif et englacé.

ÉTATS-UNIS
Autour du mont Rainier

Tout le temps du parcours, le mont Rainier (4 392 m) reste dans votre ligne de mire, tandis que vous sillonnez, au sud-est de Seattle, des forêts plusieurs fois centenaires, de vastes étendues sauvages, des rivières glaciaires et des prairies subalpines.

Même à Tacoma, pourtant à 133 km de distance, le mont Rainier semble écraser la ligne d'horizon. Par la Wash. 167, puis la 410, suivez le cours de la White jusqu'au flanc nord-est du géant de glace, et pénétrez dans le parc d'État de la Federation Forest. Après 15 min de trajet sur la 410, vous franchissez l'entrée du parc national du mont Rainier. À 8 km, prenez la route de Sunrise, le plus haut point du parc (1 950 m) accessible en voiture. La bourgade, point de départ de sentiers de randonnée, dispense un panorama sublime. Poursuivez jusqu'au col de Cayuse, empruntez la Wash. 123 sur 18 km, puis suivez la route du Stevens Canyon qui conduit au sentier du Grove of the Patriarch – un ensemble d'arbres millénaires. Vous traversez maintenant une forêt, longez des falaises et des gouffres. À Box Canyon/Muddy Fork Cowlitz, l'eau plonge au fond d'une gorge étroite, dans un vacarme assourdissant. Plus loin, un chapelet de lacs offre un point de vue fantastique sur le mont Rainier. Enfin, vous êtes au paradis : inspirés par les prairies abondamment fleuries qui lui servaient d'écrin, des voyageurs nommèrent cette ville Paradise. Plusieurs sentiers balisés débutent ici : le Nisqually Vista Trail, assez court, mène au ravin surplombant le glacier Nisqually; le Shyline Trail (10 km), quant à lui, remonte le flanc oriental du glacier. Depuis Paradise, la Wash. 706 vous entraîne dans une promenade de 16 km où défilent cascades, forêts et formations rocheuses, prélude à l'arrivée sur Longmire (solutions d'hébergement, musée du parc et chemins de randonnée). En quittant le parc, suivez la Wash. 706 vers la Wash. 7, puis poursuivez par les Wash. 161 et 167 pour retourner à Tacoma, à l'ombre du mont Rainier.

DÉPART/ARRIVÉE Tacoma
ROUTES Wash. 167, 410, 123, 706, 7, 161
DISTANCE 322 km
TEMPS DE ROUTE 5 heures
QUAND Le col de Cayuse n'est accessible qu'en été.
À SAVOIR À Paradise, faites une pause à Paradise Inn, bâtiment datant de 1917.
INTERNET www.visitrainier.com

ÉTATS-UNIS
Lacs et montagnes

Le nord de la Californie est béni : paysages triomphants, parcs assez peu fréquentés… Prenez votre temps pour effectuer cet itinéraire riche en merveilles naturelles, réserves animalières, pics vertigineux. Et savourez la solitude.

Temps forts

- À moins de 2 km de Red Bluff, un parc d'État porte le nom de William B. Ide, pionnier, entrepreneur et militaire qui participa à la Révolte du Drapeau à l'Ours de 1846.

- À l'aide d'un guide et d'une lampe torche, explorez un incroyable ensemble de tubes de lave vieux de 30 000 ans, dont la plupart abritent des lichens multicolores. Cela se passe au monument national Lava Beds, au sud du lac Tule.

En hiver, le lac Tule accueille de nombreuses espèces d'oiseaux migrateurs, dont la bernache du Canada.

Depuis la petite ville de Red Bluff, prenez l'I-5 vers Anderson et Redding, traversez le lac Shasta et rejoignez le parc d'État de Castle Crags (juste avant Dunsmuir). En 1855, les incroyables aiguilles des Castle Crags (1 829 m) virent les Amérindiens utiliser pour la dernière fois dans une bataille leurs armes traditionnelles. Au nord, vous découvrez le sommet enneigé du mont Shasta (4 316 m), deuxième plus haut sommet de la chaîne des Cascades, volcan en sommeil dont la dernière éruption remonte à deux siècles. La balade se poursuit sur l'I-5 *via* la bourgade de Weed, puis sur l'U.S. 97, qui franchit la chaîne des Cascades et s'étire jusqu'à la Colombie-Britannique. Juste avant la frontière, bifurquez sur la Calif. 161 pour sillonner les confins septentrionaux de la Californie. Le refuge faunique national de Lower Klamath, qui fait partie d'une vaste zone humide (730 km²) protégée, et celui du lac Tule, tout proche (sur la Calif. 139), forment un gigantesque ensemble de terres marécageuses qui accueille, en hiver, des pygargues à tête blanche ainsi que des millions d'oiseaux migrateurs : canards, oies, cygnes, hérons, aigrettes, cormorans à aigrette et sarcelles cannelle.

Allez ensuite explorer le monument national Lava Beds. Juste après Canby, faites un détour sur la Calif. 299 jusqu'à la petite ville d'Alturas. Non loin de là, le refuge faunique national de Modoc attire de nombreux ornithologues : il accueille en effet près de 250 espèces d'oiseaux qui font ici étape sur leur voie migratoire – la bernache du Canada, la sarcelle, le canard colvert, le canard siffleur… En revenant vers Canby, prenez la Calif. 299, puis la Calif. 89 pour atteindre le parc d'État de McArthur-Burney Falls Memorial et ses formidables chutes d'eau de près de 40 m de haut, que Theodore Roosevelt qualifia de « huitième merveille du monde ». Le parc rassemble un grand nombre de cèdres à encens et de pins ponderosa. La faune de ces bois est abondante, on y trouve même le trop rare martinet sombre. De retour derrière le volant, descendez la Calif. 89 et parcourez le parc national volcanique de Lassen, dominé par le pic Lassen, le plus haut dôme de type péléen au monde. Depuis la Calif. 89, continuez sur la Calif. 36 pour rentrer à Red Bluff.

DÉPART/ARRIVÉE Red Bluff
ROUTES I-5, U.S. 97, Calif. 161, 139, 299, 89, 36
DISTANCE 694 km
TEMPS DE ROUTE 8 heures
QUAND Toute l'année
À SAVOIR Faites étape à McCloud, à quelques kilomètres de l'I-5.
INTERNET www.visitmountshasta.org

Ci-contre : des grimpeurs s'attaquent à Cinder Cone, cône volcanique du parc national volcanique de Lassen.

Les eaux cristallines des cascades d'Agua Azul rebondissent sur les blocs de travertin jalonnant le tracé des chutes.

ÉTATS-UNIS

Ruines mayas et chutes d'eau

Ce circuit des montagnes du Chiapas, au sud du Mexique, emprunte un tronçon de la route Panaméricaine. Il débute au cœur de la jungle, traverse collines et vallées avant d'affronter les reliefs verdoyants des environs de San Cristóbal de las Casas.

DÉPART Palenque
ARRIVÉE Parc national des lagunes de Montebello
ROUTES Autoroutes 199, 190
DISTANCE 322 km
TEMPS DE ROUTE 3 jours
QUAND Toute l'année
INTERNET www.travelchiapas.com

Laissant derrière vous les ruines mayas de Palenque, piquez vers le sud, sur l'autoroute 199, en prenant soin de vous arrêter aux spectaculaires chutes de Misol-Ha (40 m), encore plus impressionnantes après les fortes pluies de la fin de l'été et de l'automne. Remarquez la grotte menant à une piscine souterraine. Quelque 40 km plus loin, prenez le chemin de terre des cascades d'Agua Azul (c'est indiqué), où la rivière rebondit avec force écume tandis qu'elle dévale une gorge rocailleuse enserrée par une végétation exubérante. Vous pouvez randonner le long de la gorge, vous baigner dans les piscines naturelles ou grimper jusqu'à la plate-forme d'observation. Reprenez le volant : les virages s'enchaînent, fermes et champs défilent. L'air fraîchit à votre arrivée dans la vallée. À Ocosingo, faites un détour de 10 km : aux ruines mayas de Tonina, vous verrez des pyramides culminer à 70 m de hauteur. De retour sur la 199, prenez la 190 – la Panaméricaine – et filez vers les ranchs, les fermes et les plantations de café de l'Ouest, pour atteindre San Cristóbal de las Casas, ses maisons aux couleurs éclatantes, ses anciennes églises et son architecture aux influences résolument mayas. Remontez 35 km sur la 190 jusqu'à Amatenango del Valle, célèbre pour ses poteries tzeltal. Parcourez encore 40 km pour atteindre la petite ville de Comitán de Domínguez, aux ruelles étroites bordées de charmantes demeures à l'architecture coloniale. Les ruines de Tenam Puente – importante cité maya – sont à 10 km de Comitán. Encore 15 km pour accéder à la route portant le panneau « Lagunas de Montello », puis 5 km pour admirer les ruines mayas de Chinkultic. Cette cité, au sommet d'une falaise, abrite des pyramides à degrés et les vestiges de quelque 200 constructions. La vue est imprenable et grandiose. Achevez votre périple au parc national des lagunes de Montebello : de splendides lacs subliment l'atmosphère particulièrement paisible qui règne ici.

CUBA
La sierra de Trinidad

Cette boucle emprunte les routes d'altitude de la sierra de Trinidad qui surplombent la mer des Antilles. Vous avez rendez-vous avec les plus beaux paysages de montagne de l'île – il y a ici peu de monde, alors profitez du côté paisible de Cuba.

Trinidad est une ville merveilleusement préservée, dont la route littorale (« Circuito Sur ») débute dans le prolongement de la Calle Pino Guinart. Partez vers l'ouest jusqu'au panneau indiquant la direction de Topes de Collantes ; vous traversez les reliefs rythmés de la vallée du Rio Canas. Maintenant, la route serpente en se hissant sur les versants boisés de la sierra de Trinidad. À 3 km au nord de Topes de Collantes, parvenu à un embranchement en Y, prenez la fourche de droite. Entre les eucalyptus et les pins, vous distinguez des vues superbes sur les reliefs environnants et la vallée de Caburní. Soudain, les virages s'enchaînent. Vous dévalez la pente frangée de caféiers et débouchez dans le village de Jibacoa. Puis la descente se fait moins abrupte, le panorama se dégage sur les bohios (paillotes au toit de chaume), les palmiers royaux et les terres labourées par de robustes bœufs. À 16 km de Jibacoa, au centre de Manicaragua, prenez à gauche sur la route 4-206 et dépassez la communauté de Ciro Redondo : 5 km plus loin, tournez à gauche pour admirer les eaux vertes du lac d'Embalse-Hanabanilla. Revenez sur la route principale, passez les vergers d'orangers, traversez Cumanayagua et Los Cedros. Vous vous trouvez à nouveau sur le Circuito Sur. Le paysage change brusquement : les vergers cèdent la place aux pâturages. La route atteint maintenant le littoral, à l'embouchure de La Jutía. L'hacienda La Vega se trouve un peu plus loin : vous pouvez y monter à cheval. La montagne semble plonger dans la mer, tandis que vous franchissez une série de cours d'eau et de ravins. Passé le lit du Cabagán, vous voilà dans la province de Sancti Spíritus : grimpez la colline et rentrez à Trinidad.

DÉPART/ARRIVÉE Trinidad
ROUTES Circuito Sur, route 4-206, petites routes
DISTANCE 154 km
TEMPS DE ROUTE 5 heures
QUAND Toute l'année
INTERNET www.gocuba.ca

Prolongations Topes de Collantes est une station thermale et une réserve naturelle. Randonnez dans la forêt tropicale au milieu des bananiers, bégonias, jasmins, gingembres, acajous des Antilles, orchidées, fougères... Partez à la découverte de rivières souterraines, de plantations de café et de chutes d'eau. Pourquoi ne pas visiter le monumental Kurhotel (210 chambres) ? Construit en 1954, il abrite une remarquable collection d'objets d'art.

Bâtie au XVIIIe siècle à Trinidad, la maison du Crocodile fut la demeure d'un riche industriel.

PORTO RICO

La route panoramique

Diaboliquement étroite, la route panoramique explore Porto Rico d'est en ouest, serpentant au cœur des paysages les plus exquis de l'île, dispensant des vues grandioses sur la mer et la montagne.

Depuis Maunabo, ville littorale à l'architecture coloniale incroyablement préservée, la route 3 s'enfonce dans les terres vers Yabucoa, franchit le lit du Guayanés puis gravit les contreforts portoricains. Longez une corniche et parcourez des vallées tapissées de bananiers, de sapins et de bambous. La pente se raidit, les petites plantations de cafés laissent la place à de vastes exploitations agricoles. Vous êtes maintenant dans la forêt tropicale et la réserve forestière Carite, où vous découvrez plus de 50 espèces d'oiseaux, des cascades et la piscine naturelle Charco Azul. Bientôt, de splendides vues s'ouvrent sur la mer des Antilles et les plaines littorales. Sur les versants de la sierra de Cayey, montez à la tour d'observation au sommet du Mirador Piedra Degetau : d'autres panoramas sublimes vous y attendent. Voici Aibonito, la ville la plus élevée de l'île, autrefois prospère. Plus loin, à la gorge San Cristóbal, une cascade s'écrase avec fracas dans la rivière Usabó, 213 m plus bas. Revenez sur la route 3 et zigzaguez sur la crête de la Cordillère centrale : vous avez Porto Rico à vos pieds. Passé le pic El Malo, pénétrez dans la réserve forestière Toro Negro, le long d'une chaussée ombragée de bambous touffus. Au bout de 10 km, vous rejoignez l'aire de loisirs Doña Juana et, après une courte balade, atteignez une gigantesque piscine naturelle enfouie dans la forêt. Là, le sentier escalade le versant du pic Doña Juana : une petite tour d'observation offre un beau point de vue sur les montagnes et le littoral. Redescendez jusqu'à la paisible bourgade d'Adjuntas avant de remonter une fois de plus sur la crête de la cordillère, le long des montagnes d'Uroyan, pour parvenir à Mayagüez, sur la côte ouest.

DÉPART Maunabo
ARRIVÉE Mayagüez
ROUTES Les numéros des routes changent constamment. L'itinéraire est jalonné de panneaux marron R.U.T.A., mais pas à chaque intersection.
DISTANCE 193 km
TEMPS DE ROUTE Comptez au moins une journée.
QUAND Toute l'année
À SAVOIR Hébergement possible dans les refuges de montagne, tout au long du parcours.
INTERNET www.topuertorico.org

Excursion Cabo Rojo, au sud de Mayagüez, est une destination très prisée. Ses plages comptent parmi les plus belles de l'île, notamment la Playa Sucia, certes un peu rudimentaire, mais le sable y est doux et les couchers de soleil inoubliables. Le phare Los Morrillos, érigé en 1882, domine une falaise de calcaire blanc de 60 m de haut et prodigue de magnifiques paysages. Cabo Rojo est également réputée pour ses restaurants de poissons et de fruits de mer.

La Cordillère centrale, densément boisée, traverse toute l'île de Porto Rico.

Un quetzal mâle sur le Cerro de la Muerte présente son plumage aux couleurs éclatantes.

Temps forts

■ Au km 70, faites un crochet par le Mirador del Quetzales (également appelé Finca Eddie Serrano). Niché au cœur d'une épaisse forêt, ce modeste hôtel est un lieu privilégié pour l'observation du quetzal et autres oiseaux exotiques. Les membres de la famille Serrano se feront un plaisir de vous guider sur les sentiers balisés.

■ À proximité de San Gerardo de Dota, la Dantica Cloud Forest Lodge & Gallery présente des œuvres d'artistes latino-américains contemporains et indigènes. C'est un point d'accès parfait pour partir à la découverte du parc national de Los Quetzales.

■ À la réserve biologique Savegre, à San Gerardo de Dota, vous rassemblerez également de nombreuses informations sur l'insaisissable quetzal.

COSTA RICA

La quête du quetzal

Partez à la recherche du quetzal, l'oiseau rare du Costa Rica, en sillonnant les plus hautes montagnes du pays, accessibles en voiture. Ce tronçon de la panaméricaine relie les vallées de la Meseta centrale et d'El General : un spectacle à ne pas rater.

La charmante cité coloniale de Cartago accueille nombre de bâtiments historiques, parmi lesquels la basilique Nuestra Señora de Los Ángeles (XIXᵉ siècle). À la sortie de la ville, la route débute son ascension jusqu'au village de Vara de Roble et Santa Maria de Dota. Les panoramas sont de plus en plus fantastiques à mesure que vous approchez du village d'Empalme (attention : au-delà de ce point, vous ne trouverez plus de station-service). La chaussée est frangée de vergers, de pâturages et de versants piqués de pins et de chênes. Sur cet itinéraire, des exploitations de salmoniculture proposent des séances de pêche et d'équitation. Longez la crête de la Continental Divide, jusqu'à l'église jaune de Cañon (au km 58). La vue est sublime. Vous êtes maintenant presque seul dans les réserves forestières Río Macho et Iyöla Amí, qui hébergent des chênes cinq fois centenaires et quelques avocatiers, dont le quetzal se régale. Le refuge que vous rencontrez bientôt abrite un petit musée. Au km 80, tournez à droite et gagnez la route ondulant jusqu'à la vallée de la Savegre. Après un dénivelé de 640 m en moins de 10 km, vous voilà maintenant au hameau San Gerardo de Dota, aux alentours parsemés de vergers et striés de cours d'eau gorgés de truites. C'est ici qu'avec un peu de chance vous pourrez apercevoir un quetzal au plumage multicolore. De retour sur la route principale, empruntez (si vous êtes équipé d'un 4 x 4) le petit chemin, au km 85, menant au sommet du Cerro de la Muerte (3 490 m) – le pic de la Mort –, ainsi nommé en référence aux nombreuses personnes qui y sont mortes de froid. Le circuit s'achève par une descente vertigineuse jusqu'au fond de la vallée d'El General.

DÉPART Cartago
ARRIVÉE Las Torres
ROUTE Autoroute 2
DISTANCE 72 km
TEMPS DE ROUTE 2 heures
QUAND Évitez la saison des pluies (mai-novembre)
INTERNET www.costarica.com

PANAMÁ
Places et pins du Panamá

Dominés par des pics considérablement boisés, au sommet nimbé de brume, les paysages naturels que distille cette promenade sur les contreforts de la Cordillère centrale sont d'une beauté à couper le souffle.

Après avoir visité Penonomé et sa jolie place principale aux influences coloniales, partez en direction de la vallée du Coclé, sertie d'une kyrielle de sommets montagneux. Faites une première étape à La Pintada, modeste ville agricole resserrée autour de son église del Candelria aux murs d'une blancheur aveuglante. Là, suivez la petite route menant à Charco Las Lavanderas et à ses piscines naturelles auxquelles on prête des vertus médicinales. Poursuivez vers Las Minas. La chaussée est irrégulièrement bitumée, et le terrain de plus en plus accidenté. Vous grimpez vers l'est, le panorama sur le mont Orari – un plateau qui s'étire au sommet de murailles vertigineuses – est spectaculaire. Le paysage à venir – succession de vallées boisées et de pics montagneux – l'est d'ailleurs tout autant. À Toabré, à l'intersection, tournez à gauche vers Tambo, village tapi parmi des citronniers. À l'église de Tambo, partez sur la droite, en direction du cimetière juché en bordure de la corniche. La silhouette du pic volcanique Chichibalí se dresse maintenant à proximité de la bourgade de Miraflores et de son église noyée sous les pins. La route croise une forêt de conifères et longe plusieurs exploitations bovines. Vous apercevrez çà et là de larges vallées piquées d'impressionnantes formations calcaires. À l'embranchement de Churuquita Grande, prenez à gauche vers Caimito, un village placé sous la protection de la gracieuse chapelle de la Médaille miraculeuse. Longez la falaise pour jouir d'un véritable décor de carte postale. La route se fait plus étroite et plus raide juste avant votre arrivée à Trinidad Spa & Lodge.

DÉPART Penonomé
ARRIVÉE Trinidad Spa & Lodge
ROUTES Les routes ne sont pas numérotées, mais il y a des panneaux à la plupart des intersections.
DISTANCE 51 km
TEMPS DE ROUTE 2 heures
QUAND Toute l'année
INTERNET www.visitpanama.com

Prolongations Penonomé est réputée pour ses *sombreros pintados* (chapeaux de paille) et sa superbe place coloniale du 8-Décembre. Ombragée de flamboyants aux fleurs rouges, elle est aménagée autour d'un kiosque à musique et déroule de remarquables bâtiments, dont l'église Saint-Jean-Baptiste et un commissariat à l'architecture médiévale. Les bungalows bleus et blancs du musée datent du XVIIIe siècle et abritent céramiques précolombiennes et icônes religieuses coloniales.

Le festival de l'Orange de Churuquita Grande se déroule tous les ans à la fin janvier.

Aménagées par l'homme il y a des milliers d'années, les rizières de Banaue colonisent les bas versants de la cordillère.

PHILIPPINES
Terrasses de la cordillère

Au nord de l'île de Luçon, l'autoroute d'Halsema gravit sur les versants de la cordillère, serpentant autour de fermes et de rizières en terrasses, pour atteindre le plus haut point des Philippines accessible en voiture.

Laissez la tentaculaire Baguio City et filez par Magsaysay Avenue vers La Trinidad, située à 3 km. Des centaines de champs de fraises vous entourent! Au Benguet Provincial Capitol Building, prenez Trinidad Avenue à droite, puis la Halsema Highway. La route suit l'itinéraire des véhicules transportant les légumes cultivés dans ces fermes qui ont envahi la forêt (il reste heureusement encore beaucoup d'arbres). Entamant votre ascension, vous découvrez les premières rizières en terrasses qui tapissent les versants d'un vert vif. Vous grimpez toujours. Après Sayangan Town, vous voici au point le plus haut accessible en voiture (2195 m) d'où vous entamez une descente rythmée, en bordure de hautes corniches et de parois rocheuses. Vous entrez dans la Mountain Province. La route de montagne franchit les basses vallées où sont installées les exploitations rizicoles et s'approche de la rivière Chico, à Sabangan Town. Elle longe le cours de la Chico jusqu'à Bontoc, capitale provinciale – pause obligatoire au Pasalubong Center pour y faire emplette de tissus colorés artisanaux. Passez le pont de la Chico et la ville de Samoki pour parvenir au mont Polis puis à Banaue, où vous admirez enfin les terrasses cultivées les plus exceptionnelles de la région.

Zoom Les rizières en terrasses de Banaue constituent l'un des sites les plus étonnants de la planète. Circonscrites par des murets de pierre, elles ont été aménagées voici plus de deux mille ans sur les bas versants de la montagne, irriguées grâce à des sources et des cours d'eau d'altitude déviés *via* des canaux. Ces terrasses seraient l'œuvre des descendants des immigrants chinois qui fuirent le continent vers 2100 av. J.-C.

DÉPART Baguio City
ARRIVÉE Banaue
ROUTES Magsaysay Avenue, La Trinidad Avenue, Halsema Highway, routes secondaires
DISTANCE 130 km
TEMPS DE ROUTE 5 heures
QUAND Évitez la saison des pluies (de juin à octobre).
INTERNET www.heirloomrice.com

TAÏWAN
La gorge de Taroko

Suivant la lisière tortueuse de la gorge de Taroko, célèbre pour ses abruptes falaises de marbre et ses défilés profonds, ce circuit dévoile les stupéfiants panoramas et les incroyables formations rocheuses des montagnes de l'est de Taïwan.

Les ponts et sentiers de la gorge de Taroko mènent aux confins du parc national de Taroko.

Temps forts

■ **Les grottes des Hirondelles** correspondent à un tronçon de l'ancienne route devenu piétonnier. Le trafic a été dévié pour que les promeneurs puissent profiter de la vue, car la falaise présente dans sa partie inférieure des blocs de marbre piqués d'une centaine de petites grottes. Ces cavités ont été façonnées par des rivières souterraines aujourd'hui asséchées. Les hirondelles fréquentent assidûment la zone, notamment au printemps et en été.

■ **Le tunnel des Neuf Virages** se compose d'une succession de petits tunnels creusés dans les falaises de marbre parcourues d'un chapelet de cascades qui dégringolent jusqu'au cours de la Liwu. Il s'ouvre sur un panorama d'une rare amplitude, ce qui permet d'appréhender les proportions gigantesques de la gorge.

DÉPART Bureaux du parc national de Taroko
ARRIVÉE Tiansiang
ROUTE Autoroute 8
DISTANCE 19 km
TEMPS DE ROUTE 40 min
QUAND Toute l'année
À SAVOIR Le parc est fermé au public le 2ᵉ lundi du mois. Le trafic est dense les week-ends et pendant les vacances.
INTERNET www.taroko.gov.tw

Pendant des milliers d'années, les eaux argentines de la rivière Liwu ont rongé les falaises de marbre et façonné cette gorge magique, pépite incontestée du parc national de Taroko. Le périple commence aux bureaux du parc, au sud de la ville de Hualien. Fiez-vous au panneau indiquant le temple de la Source Éternelle (Changchun), sanctuaire érigé au sommet d'une chute d'eau de 14 m en hommage aux 212 ouvriers qui perdirent la vie en construisant cette route de montagne. Un sentier raide, mais qui promet des vues splendides sur les reliefs vigoureux du centre de l'île, débute ici. Partant du temple, la route grimpe, en bordure de la gorge, sur 8 km, jusqu'à l'aire de loisirs de Buluowan. Là, une petite voie, très abrupte, conduit à Atayal. Le décor est grandiose, car le village est enserré par de hautes montagnes sur trois de ses côtés. Ne ratez pas la démonstration de tissage traditionnel.

Plus loin sur la route principale, voici les grottes des Hirondelles, où la route empruntait autrefois un tunnel creusé au cœur de la falaise. La nouvelle voie contourne ce tunnel, désormais fréquenté par les randonneurs. Franchissez la rivière Liwu par le pont Jinheng : le menaçant Yindianren («rocher de la tête d'Indien») vous attend sur la rive nord ; ce gigantesque monolithe, que l'érosion a modelé jusqu'à ressembler au visage d'un chef amérindien, est l'une des merveilles naturelles les plus populaires du parc. À 3 km s'étire le sinueux tunnel des Neuf Virages, réservé aux piétons. Juste avant d'y pénétrer, arrêtez-vous au point de vue du pont Lioufang, vous pourrez découvrir comment la galerie a été percée dans la muraille. Au-delà du pont de la Dévotion Maternelle, remarquez les énormes blocs de pierre éparpillés dans le lit de la rivière. Avant d'arriver à Tiansiang, un pont suspendu vous emmène vers une étonnante pagode à six niveaux accrochée à flanc de falaise, qui fait partie du temple de Xiangde. La perspective y est absolument fantastique. Enfin, vous voici arrivé à Tiansiang. Situé en bordure de la gorge de Taroko, il s'agit du plus important village du parc.

Ci-contre : recueillez-vous au temple de la Source Éternelle (Changchun), au sommet d'une chute d'eau.

Dans les Tatras, l'habitat se résume le plus souvent au plus pur style de Zakopane, comme c'est le cas pour cette ferme en bois.

POLOGNE/SLOVAQUIE

Les Tatras

Villages paisibles, villes thermales, vallées boisées, collines ondulantes et montagnes rocailleuses... Découvrez la Pologne et la Slovaquie au rythme des parcs nationaux des Tatras, en ralliant Stary Smokovec depuis Zakopane.

Zakopane, capitale polonaise des sports d'hiver, fut à l'origine une station thermale où l'où venait respirer le bon air des montagnes. Quittez la ville par la route 47 (Ulica Kasprowicza), en direction du village traditionnel de Poronin. Franchissez le pont et prenez la route 961 à droite, avant de tourner à nouveau à droite vers Bukowina Tatrzańska. Avec leur haute toiture de bois, les rares bâtisses que l'on aperçoit encore sont caractéristiques de l'architecture locale. Aux abords de Bukowina Tatrzańska, le village le plus élevé de la région, empruntez la route 960 sur la droite. La chaussée étroite s'élève doucement à travers la forêt, puis redescend à partir de Glodówka pour atteindre Łysa Polana, petit village de montagne. Restez sur la gauche pour passer la frontière slovaque toujours sur la route 67.

Le circuit coupe à travers une vallée étriquée et vire à droite pour rejoindre le village de Tatranská Javorina. Plus loin dans la forêt, vous découvrez le hameau de Podspády. Obliquez à droite pour rester sur la route 67, qui plonge vers les vastes espaces de la station de sports d'hiver de Zdiar et son musée consacré à la culture locale. Au détour d'une vallée boisée apparaît le village de Tatranská Kotlina, un ancien sanatorium. Ne manquez pas la grotte Belianska et ses extraordinaires stalagmites. Virez à droite sur la route 537. La forêt qui ourle la chaussée fut dévastée en novembre 2004 par une tempête, mais heureusement la nature reprend rapidement ses droits. La silhouette des pics des Tatras, que domine le Lomnicky Stit (2 632 m d'altitude), est impressionnante. Traversez Tatranské Matliare, un autre ancien sanatorium, pour parvenir à Tatranská Lomnica, station thermale du XIXe siècle. Plus loin sur la route 537, voici la station thermale de Starý Smokovec, votre destination finale.

DÉPART Zakopane, Pologne
ARRIVÉE Starý Smokovec, Slovaquie
ROUTES 47, 961, 960, 67, 537
DISTANCE 75 km
TEMPS DE ROUTE 1 h 30
QUAND De mai à octobre
INTERNET www.zakopane-life.com

RÉPUBLIQUE TCHÈQUE

La « Suisse » tchèque

À la fin du XVIIIe siècle, des écrivains et poètes suisses en villégiature dans la région tombèrent sous le charme de ces collines, vallées et villages qui leur rappelaient tant leur pays natal et qu'ils surnommèrent la « Suisse tchèque ».

L'exquis village de Hřensko, aux maisonnettes à colombages de style allemand, se niche au creux d'une gorge surplombée de blocs rocheux, au point de rencontre de la vallée de l'Elbe. Pour atteindre l'extraordinaire pont de pierre Pravčická brána (26 m de long, 21 m de haut), traversez la forêt à pied depuis Hřensko ou Mezní Louka. Au départ de Hřensko, gagnez la petite route vers Mezní Louka, où un sentier mène à une autre arche de pierre – le Malá Pravčická brána – et au hameau de Mezná. Perché sur un versant verdoyant, au-dessus de la gorge boisée de Kamenice, Mezná est un havre de paix (même en été) aux hôtels et restaurants de style rustique, très accueillants. Rejoignez la route principale et rendez-vous au village de Jetřichovice, avec ses fermes reconverties en chambres d'hôtes. Poursuivez jusqu'à Česká Kamenice et sa magnifique chapelle baroque. À 5 km, ne ratez pas l'exceptionnelle symphonie rocheuse de Panská skála, des orgues minérales façonnées par des milliers de colonnes de basalte. Depuis Česká Kamenice, continuez sur Děčín via Benešov nad Ploučnicí et ses deux châteaux du XVIe siècle – expositions artistiques dans le palais le plus élevé, remarquables collections de mobilier et d'art oriental dans l'autre. Le parc national de České Švýcarsko s'étire à l'ouest de Děčín : dépassez la bourgade sur la route 13 en direction de Libouchec et empruntez la route menant vers Tisá. Là, des sentiers vous conduisent à un décor lunaire piqué d'énormes blocs de roche, puis jusqu'au sommet du Děčínský Sněžník. Reprenez la route 13 vers Jílové puis Děčín, un port de l'Elbe que domine la silhouette d'un palais de la fin du XVIIIe siècle.

DÉPART Hřensko
ARRIVÉE Děčín
DISTANCE 112 km
ROUTES Routes secondaires, route 13
TEMPS DE ROUTE 2 heures
QUAND Toute l'année
INTERNET www.czechtourism.com

Un peu d'histoire Bâti au XIVe siècle, le château de Děčín fut à l'origine doté de vertus exclusivement défensives. Il devint résidence royale avant d'être à nouveau converti en citadelle. C'est la famille Thun-Hohenstine, propriétaire de 1628 à 1932, qui lui conféra son actuelle silhouette Renaissance et fit aménager le célèbre Jardin aux Roses. Au XXe siècle, le château fut occupé par les troupes tchèques, allemandes et soviétiques puis abandonné à son triste sort. Il a aujourd'hui retrouvé sa splendeur d'antan.

Le pont de calcaire de Pravčická brána est le plus grand pont naturel d'Europe centrale.

ALLEMAGNE

La route des Alpes

Aménagés pour le plaisir de la conduite, les 450 km de la route allemande des Alpes offrent à l'automobiliste aventureux tous les trésors de la Bavière : paysages romantiques de montagne, bourgades pittoresques et villages traditionnels.

À Grassau, ce charmant « mât de mai » témoigne du talent des artisans bavarois.

Temps forts

- Le musée des Bûcherons de Ruhpolding fait revivre l'époque où le bois était le roi des matériaux de construction. On peut y voir des cabanes et des chalets.

- Le centre d'interprétation du parc national de Berchtesgaden dispense des panoramas absolument sublimes sur les environs immédiats de la ville de Berchtesgaden.

- De 1923 à 1933, Königliches Schloss, le château de Berchtesgaden, fut la résidence du prince Robert, héritier des Wittelsbach, ancienne famille royale de Bavière. Le château renferme d'inestimables trésors : peintures, sculptures, gravures et mobilier.

La portion orientale de la route des Alpes décrite ici explore un paysage d'une rare beauté, serti au cœur des Alpes de Chiemgau. En venant de Munich, quittez l'autoroute E52/E60 à la sortie 106 et suivez la B305 *via* Bernau jusqu'à l'ancienne station thermale de Grassau et son église dotée d'un clocher à bulbe de facture classique, dominées par le pic de Hochplatte. Poursuivez vers Marquartstein, la station de ski où Richard Strauss composa son opéra *Salomé*. Après avoir visité le château du XIe siècle, reprenez la sinueuse B305 pour découvrir, au creux d'une vallée boisée, les chalets tyroliens de Reit im Winkl. Vous traversez maintenant les Alpes de Chiemgau, qui font partie du système des Alpes orientales, et passez un chapelet de lacs aux eaux argentées. Vous arrivez à Ruhpoldig. C'est ici que le duc Guillaume V de Bavière fit édifier, en 1597, un joli pavillon de chasse. Ne manquez pas l'église paroissiale baroque, qui abrite une vierge de bois sculpté, véritable splendeur du XIIIe siècle qui attire à longueur d'année de nombreux touristes venus l'admirer.

De retour sur la B305, faites un crochet par la B306 et le village d'Inzell, annoncé par son église, qui est elle aussi pourvue d'un clocher à bulbe. Vous avez alors rejoint la route panoramique qui relie les Alpes à la Baltique et croisé la verte vallée de la Schwarzbach. Franchissez le lit de la rivière au col de Schwarzbachwacht-Sattel ; la chaussée descend désormais, par-delà forêts et pâturages, et la vue est tout simplement sensationnelle. Entrez dans Ramsau, village dont la ravissante église, typiquement bavaroise, a été édifiée au XVIe siècle. Tout près de Ramsau, le lac Hintersee est enchâssé de parois abruptes, au sommet desquelles on aperçoit un glacier qui scintille. De retour sur la B305, roulez vers Berchtesgaden, votre destination finale, une petite ville qui semble suspendue au-dessus d'une vallée idyllique.

DÉPART Autoroute sortie 106 (Prien-Bernau)
ARRIVÉE Berchtesgaden
ROUTES B305, B306
DISTANCE 102 km
TEMPS DE ROUTE 1 h 30
QUAND Toute l'année
À SAVOIR La Coupe du monde de biathlon se déroule chaque année en janvier à Ruhpolding. Réservez.
INTERNET www.germany-tourism.de

Ci-contre : la délicieuse église de Ramsau présente un véritable décor de carte postale.

GRÈCE
Un petit coin d'île grecque

Depuis les montagnes du nord de l'Eubée, deuxième plus grande île grecque, le point de vue est enchanteur : les pâturages verdoyants, les champs de vignes et d'oliviers et les forêts sont piqués çà et là de coquets villages, d'anciennes églises et de vénérables monastères.

Longue et fine, avec ses terres montagneuses au charme particulier, l'Eubée borde la rive occidentale de la mer Égée. Quittez Chalcis, non sans avoir visité le musée archéologique, par la route 44 puis prenez la route 77 vers Mandoúdion. Remarquez les marais salants littoraux… et cette vue qui s'étire jusqu'au continent ! Au bout de 12 km, obliquez à droite à l'intersection en « Y » pour parvenir à Psahná et à son église abritant de somptueuses fresques du XIIIe siècle. De retour sur la route 77, gardez le cap au nord, sillonnez champs d'oliviers et forêts de pins : les hauts reliefs des montagnes se rapprochent. Vous grimpez, semblez avoir le continent au bout de vos doigts et appréciez, enfin, le verdoiement de l'Eubée, une île tout en nuances émeraude. Vous suivez désormais une rivière scintillante, le long de la vallée Kleisoura plantée de noyers, de platanes et de peupliers. Les réfugiés grecs qui fuirent la Turquie en 1923 fondèrent Prokopion et y déposèrent dans l'église d'Agios Ioannis o Rosos la dépouille momifiée de saint Jean le Russe. Continuez sur 8 km vers Límni, au-delà des délicieuses maisonnettes blanchies à la chaux de Mandoúdion et de sa place principale où une halte s'impose. Après les champs de vignes, quittez la route 77 en direction de Strofylia. Vous arrivez enfin à Límni : offrez-vous une pause dans un restaurant de fruits de mer ou sur une plage de galets. Prenez également le temps de monter au Moni Galataki, un fabuleux monastère érigé au VIIe siècle sur le site d'un ancien temple consacré au dieu Poséidon. Ici, pas d'horaires d'ouverture pré-établis : on y est bienvenu à toute heure, à condition d'être convenablement vêtu.

DÉPART Halkída
ARRIVÉE Límni
ROUTES 44, 77
DISTANCE 84 km
TEMPS DE ROUTE 1 h 30
QUAND Toute l'année
INTERNET www.aroundevia.com

Excursion Au sud de Chalcis, sur le littoral, *Érétrie* est le site historique le plus important de l'île. La ville moderne a pris le dessus, mais il reste quantité de choses à voir, comme l'effrayante tête de Gorgone du musée archéologique. Ne ratez pas la maison de la Céramique, une bâtisse du IVe siècle entièrement rénovée, aux sols pavés de mosaïques extraordinaires. Érétrie est émaillée de vestiges remarquables, dont les ruines d'une acropole et les fondations d'un temple consacré à Apollon.

Sur l'Eubée, exploitations agricoles et champs d'oliviers s'étendent au pied de reliefs couronnés de neige.

Le superbe lac de Cecita fut créé en 1951 afin d'alimenter la région en énergie hydroélectrique.

ITALIE
Sur les routes de Calabre

Plateaux granitiques, prairies, forêts mixtes, pâturages, lacs, vallées profondes... et les sommets de la Sila calabraise : c'est la formule magique qui sublime cette région déserte du sud de l'Italie en une mosaïque naturelle éblouissante.

Le village de San Demetrio Corone est le berceau de la communauté albanaise des Arbëresh réfugiée au sud de l'Italie depuis des siècles, au rythme des tensions politiques entre Naples, Venise et l'Albanie. Ici, les habitants pratiquent un dialecte qui leur est propre. Ils ont su également maintenir leurs traditions agraires. Depuis le chemin tortueux qui part du village, passez le village arbëresh d'Acri et rejoignez la SS177 vers l'est. La route gravit le mont Forgiari, à la limite septentrionale du parc national de la Sila qui embrasse les paysages de montagne les plus sauvages de la Calabre. À l'intersection avec la SS282, tenez votre droite et restez sur la SS177 pour longer la rive orientale du lac de Cecita, l'un des trois grands lacs artificiels de la région. Faites un petit détour sur la SS282 jusqu'à La Fossiata, où débute une kyrielle de chemins de randonnée, quadrillant le parc. Il y a aussi un sentier au sommet de la Serra Ripollata.

De retour sur la SS177, vous voilà à Camigliatello Silano, station de sports d'hiver où il fait bon randonner à la belle saison. Prenez la petite route (pas la SS107) de Spezzano. Quelque 10 km plus loin, bifurquez vers le sud sur la Strada delle Vette (route des Pics) en direction de Lorica et Laga Arvo. Cette route de montagne est absolument superbe : elle s'élève à 1 829 m d'altitude sur les versants du mont Botte Donato, point culminant de la Sila. Parvenu sur la rive du lac, virez vers l'ouest sur la SS108 bis, puis à gauche sur la SS179 à Bocca di Piazza, vers Taverna. Vous traverserez la station de sports d'hiver de Villagio Mancuso, siège de l'office de tourisme du parc national de la Sila. Depuis Taverna, la SS109 rallie Catanzaro, une importante cité de la côte ionienne, réputée pour ses soieries.

DÉPART San Demetrio Corone
ARRIVÉE Catanzaro
ROUTES SS660, SS177, SS282, routes secondaires, Strada delle Vette (route des Pics), SS108 bis, SS179, SS109
DISTANCE 141 km
TEMPS DE ROUTE 2 heures
QUAND Toute l'année
INTERNET www.turiscalabria.it

TOP 10

10 Folles grimpées

Voici les dix routes de montagne les plus acrobatiques de la planète. Idéales pour tester les réflexes de votre bolide ainsi que vos nerfs…

❶ Route touristique Top of the Rockies, États-Unis

Cette route qui franchit trois forêts nationales descend rarement en deçà des 2743 m d'altitude. Elle vous conduit jusqu'à d'anciennes cités minières, à Leadville par exemple, une ville qui semble tout droit sortie d'un western.

À SAVOIR Le circuit débute à l'intersection de la I-70 et de la Colo. 91, vire au sud sur la Colo. 90 jusqu'à Leadville, puis suit les U.S. 25 et Colo. 82 vers Twin Lakes. Retour vers le nord et Minturn par l'U.S. 24.
www.topoftherockiesbyway.org

❷ Voie transandine, Chili/Argentine

De Santiago à Mendoza (350 km), voilà un itinéraire qui donne le vertige. Il sillonne le Chili au rythme de courbes resserrées jusqu'au tunnel du Christ Rédempteur (3 km). Par temps clair, vous découvrez le mont Aconcagua, point culminant de l'hémisphère Sud (6 962 m). Du côté argentin, la route s'assagit, longe un lac alpin et parcourt des champs de cactus.

À SAVOIR Vérifiez les conditions météorologiques car le brouillard et les nuages peuvent gâcher la vue. La route est parfois fermée en hiver.
www.visit-chile.org, www.turismo.gov.ar

❸ Route panoramique d'Osado, île de Sado, Japon

Ce périple offre les plus grandioses panoramas de l'île de Sado, en reliant, à travers les montagnes, Chigusa à la mine d'or de Sado. Les reliefs sont spectaculaires.

À SAVOIR Les ferries à destination de Ryotsu (Sado) partent de Niigata et Naoetsu. La route est fermée en hiver (de novembre à avril).
www.jnto.go.jp

❹ Te Anau-Milford Sound, Fiordland, île du Sud, Nouvelle-Zélande

Porte d'accès du parc national de Fiordland, la ville de Te Anau se situe sur les rives du lac du même nom. D'ici, 117 km vous séparent du fjord de Milford Sound, une excursion difficile mais enthousiasmante pour qui adore conduire en montagne.

À SAVOIR L'hiver, la route peut fermer pour cause d'avalanche; chaînes obligatoires. Pas de stations-service sur cet itinéraire.
www.fiordland.org.nz

❺ Thunderbolt's Way, cordillère Australienne, Australie

Baptisée en mémoire de Frederick Ward, alias Captain Thunderbolt (Capitaine Tonnerre), un hors-la-loi australien qui fréquenta la région au XIXe siècle, cette route de 290 km relie Gloucester à Inverell. Aménagée en 1961, elle traverse des parcs nationaux et les reliefs les plus accidentés du pays, dont son point culminant, le mont Kosciuszko (2 228 m).

À SAVOIR Prenez le temps de vous arrêter au belvédère de Carson, entre Gloucester et Nowendoc; la vue sur les vallées est fantastique. Faites également une pause à l'aire de pique-nique du pont de la rivière Barrington. www.thunderboltsway.com.au

❻ Shimla-Manali, Inde

Cette odyssée de 233 km court des altitudes de Shimla – jadis capitale d'été de l'Empire britannique, elle accueille la deuxième plus ancienne église du pays – jusqu'à Manali, un tracé de trekking à l'atmosphère résolument asiatique. Vous voilà dans un décor luxuriant, parmi les vergers, villages isolés, petites bourgades et les sources chaudes de la vallée de Kunlun. La silhouette des pics himalayens est omniprésente. Les Indiens du Sud, peu habitués à la neige, adorent venir ici.

À SAVOIR Les stations de Shimla et Manali sont ouvertes toute l'année. www.hpkullu.nic.in

Ci-contre : la route du Grossglockner entraîne le conducteur à la découverte des plus hautes montagnes d'Autriche.

❼ Trans-Fagaras, Roumanie

D'Arefu jusqu'à Cartisoara, la route franchit la chaîne des Fagaras en se hissant de 1034 m à 2034 m d'altitude en l'espace de 30 km seulement. D'innombrables lacets, viaducs et tunnels viennent pimenter votre trajet.

À SAVOIR La voie est praticable de fin juin à fin octobre seulement.
www.transfagarasan.net

❽ Grossglockner-Hochalpenstrasse, Autriche

Sur la route du point culminant d'Autriche (le Grossglockner) qui relie Heiligenblut à Bruck, préparez-vous à affronter 36 virages en épingle à cheveux… avant de pouvoir observer la faune (chamois, marmottes, bouquetins) et les 37 sommets visibles par temps clair, qui dépassent tous les 3 000 m et abritent quelque 19 glaciers.

À SAVOIR La route est généralement ouverte de mai à octobre, mais vérifiez avant votre départ. www.grossglockner.at

❾ Via Porrettana (SS64), Italie

Envie d'une atmosphère bucolique? Ce circuit paisible de 138 km dans les Appenins est pour vous. De la Toscane à l'Émilie-Romagne, il vous mène de Pistoia, à l'est de Florence, à Ferrare, en passant par Bologne, et visite d'épaisses forêts de châtaigniers, l'ancienne cité thermale de Porretta Terme ainsi qu'une kyrielle de villages endormis.

À SAVOIR Ne ratez pas le musée Lamborghini de Sant'Agata Bolognese, non loin de Bologne. www.intoscana.it

❿ Saint-Jean-Pied-de-Port-Pampelune, France/Espagne

C'est dans cette sublime partie du Pays basque que se déroule régulièrement l'une des étapes les plus ardues du Tour du France : au départ de la cité médiévale de Saint-Jean-Pied-de-Port, elle franchit la barre des Pyrénées par le col de Roncevaux pour rallier la ville espagnole de Pampelune.

À SAVOIR En juin, pendant les fêtes de San Fermín, Pampelune est prise d'assaut. En hiver, le col peut être fermé pour cause de neige. www.saintjeanpieddeport-paysbasque-tourisme.com

La silhouette massive de l'Etna – qui sait se faire menaçante – semble écraser la ville de Catane.

ITALIE

Au pied d'un volcan actif

En Sicile, le tour de l'Etna – le volcan le plus actif d'Europe – offre une extraordinaire diversité naturelle : petits villages, vergers plantés d'orangers et de vignes traversés de récentes coulées de lave.

Abandonnant les vestiges gréco-romains de Catane, attrapez la S121 en direction de Paterno, ses plantations d'orangers et son château normand. Poursuivez vers Adrano, le village le plus anciennement peuplé de la région, sans faire l'impasse sur le château du XIe siècle abritant un musée archéologique. Quittez la S121, continuez sur 8 km vers le pont des Sarrasins, gracieuse arche de pierre enjambant le cours du Simeto. Remontez le lit du fleuve par de petites routes et ralliez la superbe gorge de Simeto, défilé de 8 km modelé par des coulées de lave. Repassez par Adrano pour récupérer la S284 vers la capitale italienne de la pistache, Bronte. La route d'altitude entre Bronte et Randazzo dispense les plus belles vues sur l'Etna. Si Randazzo, la commune la plus proche du sommet (15 km), a toujours été épargnée par les colères de l'Etna, elle fut malheureusement bombardée pendant la Seconde Guerre mondiale. La plupart des édifices ont été restaurés, préservant l'atmosphère résolument médiévale de ses ruelles. Ne ratez pas l'église Sainte-Marie, du XVe siècle, et ses étranges colonnades de lave.

Quittez Randazzo. La S120 sillonne les plus jolis paysages des contreforts de l'Etna. Passé Passopisciaro, réputé pour son vin, vous apercevrez la gigantesque coulée de lave de l'éruption de 1981 : la terre volcanique, intensément fertile, est désormais lourde de végétation et d'oliviers. Pour explorer le versant nord du volcan, dirigez-vous vers la station de sports d'hiver de Linguaglossa avant de gagner la route secondaire qui passe par le village de Fornazzo pour atteindre la station de Zafferana Etnea, nichée parmi les vignes et les orangers. Faites un crochet par un chemin très raide jusqu'au refuge Sapienza, un hôtel bâti sur les hauts versants du volcan, puis rentrez à Catane par des petites routes. Sinon, poursuivez vers l'est depuis Zafferana Etnea jusqu'à l'autoroute A18 vers Catane.

DÉPART/ARRIVÉE Catane
ROUTES S121, S284, S120, A18
DISTANCE 160 km
TEMPS DE ROUTE 3 h 30
QUAND Toute l'année
À SAVOIR Des visites guidées centrées sur la géologie de l'Etna sont organisées.
INTERNET www.bestofsicily.com

ROYAUME-UNI
Promenade en Snowdonie

Cette balade au cœur des montagnes sauvages du parc national de Snowdonie, au nord-ouest du pays de Galles, réunit châteaux médiévaux, trains à vapeur, bords de mer magiques, landes immenses et bourgades séduisantes.

De Dolgellau, prenez l'A496 pour rejoindre Harlech Castle, l'une des forteresses de « l'anneau de fer » imaginé par le roi Édouard Ier au XIIIe siècle pour verrouiller la moitié septentrionale du pays de Galles. La porte fortifiée, les murailles de 12 m et les tours d'angle imprenables sont perchées au sommet d'un rocher escarpé. La route qui part du château franchit l'estuaire de la Dwyryd à hauteur de Maentwrog – là, tournez à gauche vers l'A487, longez la gare de Ffestiniog et ses trains à vapeur qui transportaient l'ardoise des collines de Blaenau Ffestiniog jusqu'au port de Porthmadog. La gare a fermé ses portes en 1946, mais est aujourd'hui rouverte au trafic passagers grâce à une poignée de passionnés. De Porthmadog, grimpez par l'A498 jusqu'au col d'Aberglaslyn pour atteindre Beddgelert. C'est au bord de la rivière Beddgelert que serait enterré Gelert, le fidèle chien de chasse du prince Llewelyn le Grand qui, dans un accès de rage, tua son chien pensant avoir sacrifié son jeune fils. L'A4085 serpente jusqu'à Caernarfon, où elle rejoint l'A487 et contourne le détroit de la Menai, un mince bras de mer séparant l'île d'Anglesey du reste du pays de Galles. Le pont à l'ouest dessert Llanfairpwllgwyngyllgogerychwyrndrobwllllantysiliogogogoch, la ville de Grande-Bretagne au plus long nom – il signifie « l'église Sainte-Marie au creux du noisetier blanc près du tourbillon et Saint-Tysilio, près de la grotte rouge » et est généralement abrégé en « Llanfair P.G. ». Prenez le temps de visiter le château de Beaumaris, ultime construction commanditée par Édouard Ier. Abandonnant l'île, suivez l'A55, évitez Bangor et ralliez Conwy, petite ville enserrée de remparts médiévaux et nichée en bordure d'estuaire, au pied des reliefs, abritant elle aussi l'une des forteresses du roi Édouard.

Un peu d'histoire Bâti en 1283, le château de Caernarfon paraît toujours inexpugnable. La plus impressionnante forteresse galloise appartenait à « l'anneau de fer » d'Édouard Ier. La tour de l'Aigle, ornée d'oiseaux de proie sculptés, vit naître en ses murs Édouard II, premier prince de Galles, en 1307 ; la tour de la Reine abrite quant à elle le musée du régiment des Fusiliers gallois royaux, le plus ancien régiment du pays de Galles. Charles fut investi prince de Galles ici même, en 1969.

DÉPART Dolgellau
ARRIVÉE Conwy
ROUTES A496, A487, A498, A4085, A55
DISTANCE 37 km
TEMPS DE ROUTE 2 h 30
QUAND Toute l'année
INTERNET www.visitwales.co.uk

Panorama imprenable depuis le Harlech Castle, fiché au sommet d'un escarpement rocheux. Au XVe siècle, la bâtisse fut assiégée sept années durant.

ROYAUME-UNI
Grande route de Peak District

Des collines basses et magnifiques, des affleurements rocheux et la lande infinie du nord de l'Angleterre : le Peak District – l'un des plus vastes parcs nationaux de Grande-Bretagne –, ses villages et ses courbes serpentines font le régal des automobilistes.

Temps forts

■ La maison de campagne **Haddon Hall** fut bâtie sur le cours de la Wye au XIe siècle. Sa longue galerie de style Tudor et son vaste hall du XIVe siècle ont figuré dans plusieurs longs-métrages, dont *Orgueil et préjugés*, adaptation du roman de Jane Austen, en 2005.

■ La demeure la plus célèbre et la plus impressionnante du Peak District est sans conteste **Chatsworth House**, palais baroque des ducs du Devonshire construit au XVIIe siècle et couronné de superbes jardins. Les salles de réception, au mobilier magnifique, sont ornées de plafonds peints signés Verrio et Louis Laguerre, et de toiles de Van Dyck, Van der Vaart et Rembrandt.

L'opéra de Buxton, à l'architecture édouardienne, date de 1903 ; on y donne toujours des représentations.

Laissez la ville d'eau de Buxton – dont les élégants édifices de style géorgien disposés en arc de cercle rappellent le Croissant Royal de Bath –, non sans avoir visité les superbes intérieurs de son opéra. Pensez à remplir votre bouteille à la source du puits Sainte-Anne. Prenez l'A53 et l'A54 vers l'est, roulez sur 16 km et rejoignez la petite route qui traverse le village de Winckle vers Leek, où vous apercevez le moulin à eau de Brindley, construit en 1752. Birfurquez vers l'est, parcourez la lande et explorez les villages de Warslow, Alstonefield et Ilam, avant d'arriver à Ashbourne. Cette bourgade géorgienne absolument magnifique sera votre camp de base si vous partez randonner sur le Tissington Trail (21 km) ou le High Peak Trail (27 km), le long de voies de chemins de fer désaffectées.

Depuis Ashbourne, la B5035 rallie Kniveton et Wirksworth. Cap au nord sur l'A6 vers Matlock, une ville d'eau de la fin de l'ère géorgienne dotée en 1853 d'un établissement thermal, juché au sommet d'une colline. Vous sillonnez de beaux paysages d'altitude à mesure que vous vous approchez, en empruntant les routes B5057 et B5056, de Winster et de Haddon Hall. Prenez à droite vers Rowsley sur l'A6, puis à gauche sur la B6012 vers Chatsworth House. Vous pouvez faire un détour sur Bakewell, une ville devenue célèbre pour son pudding éponyme, pâtisserie fourrée à la pâte d'amandes.

De Chatsworh House, empruntez la B6001 jusqu'au charmant village de Hathersage ; prenez ensuite les A625 et A6013 vers le lac de barrage de Ladybower, enfin gagnez à gauche l'A57 pour franchir le Snake Pass. Sur votre droite les lacs de barrage qui servirent de cible d'entraînement à la Royal Air Force pendant la Seconde Guerre mondiale. L'ascension du col du Serpent constitue un véritable défi car la route zigzague et ondule à un rythme effréné, au cœur des plus hautes altitudes du Peak District. Une fois le col franchi, vous avez Manchester en ligne de mire. À Bleaklow, les débris d'un bombardier américain jonchent le sol depuis 1948. Parvenu à l'ancienne ville ouvrière de Glossop, regagnez l'A624 et l'A6 pour rentrer à Buxton.

DÉPART/ARRIVÉE Buxton
ROUTES A53, A54, B5035, A6, B5057, B5056, B6012, B6001, A625, A6013, A57, A624, routes secondaires
DISTANCE 193 km
TEMPS DE ROUTE 3 h 30
QUAND De mai à octobre
INTERNET www.visitpeakdistrict.com

Ci-contre : les paysages rythmés et verdoyants du Peak District font le bonheur des randonneurs.

FRANCE
Les gorges du Verdon

Rongeant le calcaire sur 26 km, la rivière du Verdon a creusé, dans les Alpes-de-Haute-Provence, au sud-est de la France, le plus profond et l'un des plus spectaculaires défilés rocheux d'Europe : les gorges du Verdon.

Le ravissant village de Moustiers-Sainte-Marie mérite qu'on s'y attarde : des rues médiévales étroites que surplombe une église du XIIe siècle adossée à la paroi rocheuse, une foule d'échoppes où chiner la faïence locale... Sortez de Moustiers par la D952. Au détour de virages serrés, tandis que vous suivez déjà la rive droite de la gorge, vous apercevez au loin le lac de Sainte-Croix et, en contrebas, les eaux du Verdon. Arrêtez-vous au belvédère de Mayreste : grimpez la piste caillouteuse sur 150 m pour découvrir une extraordinaire vue d'ensemble sur la gorge. La route se hisse jusqu'à un plateau couvert de lavande parfumée, puis redescend vers Palud-sur-Verdon, où il est possible de pratiquer l'escalade, le rafting et la randonnée. À la sortie de Palud, rejoignez la route des Crêtes (D23) pour 23 km tout en courbes et en altitude, en bordure du plateau qui domine la gorge. Faites une pause à mi-chemin au refuge des Malines pour un rafraîchissement et un panorama inoubliable. Le sentier Martel, l'un des tronçons les plus fréquentés du GR4, passe par ici. De retour à Palud, prenez la D952 vers l'est. Traversez bois, vallées et prairies en fleurs jusqu'au Point Sublime : là, un chemin de randonnée mène au couloir Samson, point d'accès des gorges du Verdon.

Franchissez le tunnel du Tusset, passez la rivière au pont de Soleils et suivez la D955 pour revenir sur la rive gauche. Bifurquez ensuite sur la D90 jusqu'à la bourgade médiévale de Trigance et son château perché. Parmi les champs et les forêts, descendez la D71 vers les balcons de la Mescla, point de rencontre des eaux du Verdon et de l'Artuby. Voici le pont de l'Artuby : haut de 183 m, il est apprécié des sauteurs à l'élastique... La gorge s'ouvre à vos pieds. Après le tunnel de Fayet, la chaussée s'écarte du défilé pour longer la falaise des Cavaliers. Remplissez votre gourde à la source de Vaumale, et rendez-vous au point culminant de la promenade, à 800 m au-dessus du Verdon. Les virages vous entraînent dans une folle descente jusqu'à Aiguines, capitale de la boule de pétanque, et le lac de Sainte-Croix, avant de revenir sur Moustiers par la D957.

DÉPART/ARRIVÉE Moustiers-Sainte-Marie
ROUTES D952, D23/route des Crêtes, D955, D90, D71, D957
DISTANCE 80 km
TEMPS DE ROUTE 1 h 30
QUAND Toute l'année
À SAVOIR Le lac de Sainte-Croix se prête idéalement aux sports nautiques. Équipements à louer sur place.
INTERNET www.provenceweb.fr

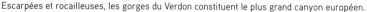
Escarpées et rocailleuses, les gorges du Verdon constituent le plus grand canyon européen.

Les tours du château de Guadalest sont visibles à des kilomètres à la ronde.

ESPAGNE

Villages perchés en Espagne

Orangers, citronniers, oliviers et amandiers alourdissent les terrasses des alentours du village de Guadalest, à l'est de l'Espagne. Le paysage est magnifique et la vue s'étend sur les montagnes et les vieux villages environnants.

Depuis la station balnéaire d'Altea, prenez la route de Valence (N332) et longez la baie. Partez vers Callosa d'en Sarrià par les A150 et CV755 : les reliefs de Guadalest et leurs terrasses plantées d'orangers et de citronniers apparaissent. Quittez la Plaza del Castell de Callosa d'en Sarrià, enserrée de murailles médiévales, par la CV755. La route monte à l'assaut de reliefs calcaires tourmentés, couverts de pins et de maquis. Des tours blanches sont fichées au sommet d'affleurements granitiques. Flânez dans les ruelles de Guadalest. Une visite du château et du musée ethnologique s'impose pour connaître l'histoire de la vallée. Attrapez la CV70 qui zigzague au flanc de la vallée de Guadalest, parmi les amandiers dont les fleurs roses et blanches s'épanouissent en février. Vous arrivez à Confrides – un gigantesque noyer se dresse au centre du village –, à la source de la rivière Guadalest. Une lande rocailleuse et un col s'annoncent. Tournez à gauche sur la CV770, puis à droite sur la CV781. Admirez la porte fortifiée de Penàguila et ses belles demeures. Cap sur Sella par la CV785, parmi les reliefs boisés de l'Aitana, à l'ombre de la haute silhouette du Puig Campana. Outre ses vestiges romains et les ruines d'un château médiéval, Sella marque le point de départ de sentiers de randonnée. Les CV770 et CV758 vous entraînent ensuite, à travers les terrasses cultivées, à Finestrat – grimpez jusqu'à l'église et l'ermitage du Remède, bâti sur les restes d'un ancien palais mauresque. La vue sur la Méditerranée est exceptionnelle. Regagnez la CV758, puis les CV70 et N332, jusqu'à Albir.

Temps forts

■ Depuis Callosa, offrez-vous un petit détour *via* la CV715 en direction de Bolulla pour découvrir des sources jaillissantes, des informations sur l'environnement et surtout les restaurants de Fonts de l'Algar.

■ La Casa Orduna, la demeure la plus somptueuse de Guadalest, accueille aujourd'hui le musée municipal. Bâtie en 1644, reconstruite en 1708 après la guerre de la Succession d'Espagne, elle abrite un fabuleux mobilier, des peintures (dont l'œuvre anonyme *Ecce Homo*) ainsi qu'une riche bibliothèque. Dans le jardin, un escalier mène au château Sant Josep et au cimetière : on y jouit de points de vue grandioses.

DÉPART Altea
ARRIVÉE Albir
ROUTES N332, A150, CV755, CV70, CV770, CV781, CV785, CV758
DISTANCE 102 km
TEMPS DE ROUTE 2 h 30
QUAND Toute l'année
À SAVOIR À Penàguila, le restaurant de l'Aguila sert une excellente cuisine locale.
INTERNET www.benidorm-info.com

Merveilleusement préservé, le village de Pampaneira s'accroche aux versants du Précipice de Poqueira.

ESPAGNE

Les Alpujarras

Au cœur des Alpujarras, sur les contreforts de la sierra Nevada, au sud de l'Espagne, prenez le temps de musarder dans les bourgs et les villages pittoresques adossés aux collines et aux montagnes couvertes de fleurs sauvages.

De Lanjarón, ville thermale à l'eau minérale réputée et au palais mauresque délabré, prenez l'A348/C332 en direction d'Órgiva et des reliefs des Alpujarras. Tous les jeudis, le marché d'Órgiva attire les foules. Ne ratez pas son église baroque à deux clochers, ni sa demeure de style mudéjar. En suivant les lacets de l'A4132/GR4201 qui quadrillent les blancs villages accrochés aux versants, partez pour Trevélez. La route file vers le Précipice de Poqueira. Au flanc de ce défilé profond creusé par la rivière Poqueira, Pampaneira se pelotonne autour d'une église du XVIe siècle et d'une agréable placette où il fait bon se rafraîchir. Flânez dans les échoppes qui proposent tapis tissés à la main, céramiques et bijoux, non loin de l'office de tourisme du parc national de la sierra Nevada, où vous trouverez des cartes des chemins de randonnée. Poursuivez sur l'A4132; parvenu à haute altitude, passé les villages de Pitres et Pórtugos, vous débouchez dans une autre gorge. L'atmosphère est vraiment sauvage – des chèvres et des cochons gambadent en toute liberté. La route rejoint l'autre versant de la gorge en contournant le pic de Peñabón. Après Juviles, sur les A4130 et A4127, traversez la lande piquetée d'oliviers juste avant de franchir le cours du Guadalfeo. Toujours plus haut, des paysages fantastiques se dévoilent. Suivez les panneaux indiquant la direction de Cádiar, l'une des plus grandes villes de la région, avant d'emprunter l'A348 qui déroule d'autres décors de cartes postales. La chaussée se fait moins sinueuse : à l'embranchement, vous repartez sur Órgiva.

Temps forts

■ Après Pampaneira, faites un petit crochet pour visiter les villages de Bubión et Capileira, adossés aux reliefs spectaculaires des plus hauts sommets de la sierra Nevada.

■ À 5 km après l'embranchement qui mène à Bubión par l'A4312, offrez-vous un détour par les villages de Mecina Fondales et Ferreirola, témoins d'une architecture typique des Alpujarras absolument intacte : murs épais, blanchis à la chaux, toitures plates, sans oublier ces allées couvertes mauresques qu'on appelle *tinaos*.

DÉPART Lanjarón
ARRIVÉE Órgiva
ROUTES A348/C332, A4132/GR4201, A4130, A4127
DISTANCE 113 km
TEMPS DE ROUTE 3 heures
QUAND Toute l'année
À SAVOIR Le festival annuel du Dragon (gigantesque rave techno) se déroule fin mars près d'Órgiva et réunit des milliers de personnes.
INTERNET www.lasalpujarras.co.uk

Autres bonnes idées

❶ Circuit des monts Catskill, États-Unis

Les paysages grandioses des Catskill se laissent découvrir tranquillement le long de la N.Y. 28. Depuis Esopus Creek, attaquez la zone montagneuse et randonnez jusqu'au sommet du mont Belleayre. Là, une vue imprenable sur les reliefs et les forêts vous attend.
www.drivers.com/article/794

❷ Route touristique Peak to Peak, États-Unis

À moins d'une heure de Denver, cette route de 88 km relie le nord de Central City à Estes Park, porte d'accès du parc national des montagnes Rocheuses. Les sommets environnants surplombent la chaussée de plus de 1600 m. Remontez l'un des sentiers rocailleux pour atteindre les lacs et les campings.
www.byways.org

❸ Mount Washington Auto Road, États-Unis

Voici un circuit qui vous conduira sur le « toit de la Nouvelle-Angleterre », au-delà de la limite des arbres, jusqu'au mont Washington, point culminant du nord-est des États-Unis. La région est réputée pour ses fabuleuses teintes automnales et ses panoramas spectaculaires sur la forêt nationale de White Mountain et la chaîne Présidentielle.
www.mountwashingtonautoroad.com

❹ Richardson Highway, États-Unis

Cette route fut l'une des premières chaussées aménagées d'Alaska. Entre Valdez et Fairbanks, elle suit un tracé très fréquenté au temps de la ruée vers l'or, 562 km à travers les immensités glacées. Une fois passé le glacier Worthington, observez la faune, mais attention, un ours brun pourrait bien traverser sans crier gare.
www.travelalaska.com

❺ Munro Trail, États-Unis

Le sentier débute au cœur de l'île Lanai. Il est indiqué sur la route principale dès Lanai City. Cette voie non bitumée de 11 km longe une corniche vertigineuse menant à Lanaihale, point culminant de l'île. Par temps clair, on peut contempler plusieurs îles de l'archipel d'Hawaii. Renoncez si la météo ne s'y prête pas.
www.gohawaii.com

❻ Continental Divide, Panamá

L'autoroute 4 quitte Chiriqui pour débuter, depuis la côte Pacifique, une folle grimpée le long des reliefs formant l'épine dorsale du Panamá. Elle affronte ensuite un dénivelé de plus de 1500 m qui vous conduit à Punta Peña et aux plaines littorales de la mer des Antilles.
www.visitpanama.com

❼ Route panoramique d'Ibusuki, Japon

Si proche de la mer, cette route tortueuse se déroule pourtant à haute altitude, le long d'escarpements rocheux. La péninsule de Satsuma est peu fréquentée. Parti de Kagoshima en direction du sud, portez votre regard au-delà de la baie et regardez les volutes de cendres s'élever du cratère du Sakurajima. Tentez une baignade dans les eaux chaudes du lac de cratère de Ibusuki avant de parcourir les 70 km vous séparant encore d'Ei.
www.jnto.go.jp/eng

❽ Flórina-Kastoriá, Grèce

Depuis Flórina, un bourg charmant, partez vers l'est sur l'E-86, à travers les montagnes de l'ouest de la Macédoine et le village de Andartikó. Arrêtez-vous au monastère de Panagia Mvriotissa pour admirer des œuvres religieuses du XIIe siècle ainsi qu'un arbre qui aurait, dit-on, plus de neuf cents ans. Offrez-vous un détour d'une heure pour visiter Nymfeo, niché au creux des reliefs du mont Visti (1350 m), ou poursuivez pendant quelques kilomètres jusqu'à Kastoriá, sur les rives du gigantesque et magnifique lac Orestiada.
www.gnto.co.uk

❾ Col du Grand-Saint-Bernard, Suisse/Italie

Passant par le plus célèbre col des Alpes, ce circuit de 72 km rallie Aoste, en Italie, depuis Martigny, en Suisse. Le parcours est émaillé de vues splendides sur les lacs, les glaciers et les gorges environnantes. Jules César, Hannibal et Napoléon franchirent ce col, lui conférant sa dimension historique. Le Grand-Saint-Bernard est ouvert de la mi-juin à la fin octobre.
www.myswitzerland.com

❿ Hay-on-Wye, Angleterre/pays de Galles, Royaume-Uni

Abandonnant à regret les bouquinistes de Hay-on-Wye, filez vers le sud entre les hautes haies de Forest Road pour atteindre les premiers reliefs des Black Mountains, au cœur du parc national de Brecon Beacons. Un arrêt s'impose dans la minuscule église de Capel-y-ffin. Sur la baie qui donne sur les montagnes sont gravés ces mots : « Je lève mes yeux sur ces collines d'où viendra mon salut. » Continuez vers les ruines du prieuré de Llanthony, puis vers la ville d'Abergavenny.
www.hay-on-wye.co.uk

⓫ Palma-Sa Calobra, Majorque, Espagne

Quittez Palma par la MA-20 et prenez la sortie 5B pour récupérer la MA-1130 en direction de Valldemossa, où le compositeur Frédéric Chopin et la romancière George Sand abritèrent quelque temps leurs amours. À 10 min au nord par la MA-10, vous ralliez Deià, sur les contreforts de la Serra Tramuntana. Plus loin, empruntez la MA-2141 à l'embranchement pour entamer une descente vigoureuse vers Sa Calobra.
www.spain.info

⓬ Chaîne des Maluti, Afrique du Sud

Partez du parc national Golden Gate Highlands en remontant les R712/R711 à travers la chaîne des Maluti et ses spectaculaires formations calcaires dont la teinte varie au gré de l'intensité de la lumière – jaune, brun, rose... Vous zigzaguez pendant 54 km au cœur des plus beaux paysages sud-africains, pour finir dans la petite ville de Fouriesbrg.
www.southafrica.net

CHAPITRE

2

AU FIL DE L'EAU

Quand on dit «route romantique», on pense immanquablement à une corniche au fil de l'eau, épousant le contour d'un lac de montagne ou surplombant les eaux turquoise de l'océan. Rien d'étonnant à ce que ces trajets entre terre, ciel et eau suscitent un tel sentiment de liberté et un petit goût d'aventure. Certaines de ces routes sont des légendes à part entière, comme celle qui suit la côte californienne, côtoyant l'océan Pacifique pour un voyage spectaculaire à travers les paysages de montagne et les criques enchanteresses du Big Sur. La célèbre route de la côte amalfitaine, en Italie, aura sans doute un air de déjà-vu pour les cinéphiles. C'est un véritable festival de montagnes russes et de vues à couper le souffle, à conseiller aux conducteurs à l'âme romantique mais aux nerfs d'acier. Quant aux amoureux de la nature les plus intrépides, ils mettront le cap plein nord, pour observer les baleines en Nouvelle-Écosse, ou encore plein sud, pour parcourir la Great Ocean Road australienne : un voyage épique conjuguant montagnes, forêts luxuriantes, formations rocheuses et plages à perte de vue.

La route de la Corniche, sur la Côte d'Azur, traverse de magnifiques petits villages et offre une vue à couper le souffle sur la Méditerranée, comme ici à Saint-Jean-Cap-Ferrat.

Cet iceberg au blanc étincelant semble s'être égaré dans le petit port de pêche d'Old Bonaventure, sur la péninsule de Bonavista.

CANADA

Le littoral de Terre-Neuve

Reliant quelques-uns des plus anciens villages européens d'Amérique du Nord, sur les péninsules d'Avalon et de Bonavista, cette route traverse des paysages marins et des landes désolées où vivent mouettes et petits pingouins, caribous et élans.

Partez de Saint-Jean, port aux rues pentues situé sur la péninsule d'Avalon et dont les fortifications, sur Signal Hill, remontent aux guerres napoléoniennes. Prenez la Pitts Memorial Drive, puis l'autoroute 10. À Bay Bulls, un bateau vous emmènera jusqu'aux quatre îles de la réserve de Witless Bay, où plus de deux millions d'oiseaux marins nidifient chaque été, dont la mouette, le petit pingouin et le guillemot. De retour sur la terre ferme, continuez jusqu'à Ferryland. Fondée au XVIIe siècle, cette ville fut l'une des premières colonies britanniques au Canada. Le paysage se dénude alors, la vue porte plus loin, et l'impression d'être englouti par cette immensité s'accentue à mesure que l'on progresse dans la péninsule. Attention aux caribous les jours de brouillard!

Depuis le point d'observation des baleines de Saint-Vincent, prenez l'autoroute 90 vers Holyrood. Vous longerez de pittoresques criques, des falaises et tout un chapelet de villages de pêcheurs. Puis remontez vers Brigus, ancien port aux temples protestants et au plan circulaire typiquement anglais. Continuez sur l'autoroute 70, passez devant l'épave du *S.S. Kyle*, échoué à Harbour Grace, d'où l'aviatrice Amelia Earhart partit pour sa première traversée de l'Atlantique en solitaire en 1932. Depuis Carbonear, ville battue par les vents, prenez l'autoroute 74, qui traverse un paysage lunaire parsemé d'épicéas. Arrivé sur la côte est de Trinity Bay, vous passerez près de la station de Heart's Content, d'où fut émis le premier câble transatlantique, posé en 1866. Prenez ensuite l'autoroute 80 et passez les villes de Heart's Desire et Heart's Delight. Traversez les étendues de toundra sur la Transcanadienne 1 et rejoignez la péninsule de Bonavista par l'autoroute 230. Arrêtez-vous à Trinity, ancien port de pêche et de commerce britannique classé au Patrimoine national. Continuez jusqu'à Bonavista, fondée il y a 450 ans et qui s'étend à travers le paysage nu de la péninsule.

DÉPART Saint-Jean
ARRIVÉE Bonavista
ROUTES Pitts Memorial Drive, autoroutes 10, 90, 70, 74, 80, Transcanadienne 1, autoroute 230
DISTANCE 692 km
TEMPS DE ROUTE 7 heures
QUAND De juin à fin octobre
INTERNET www.newfoundlandlabrador.com

CANADA
L'île du Cap-Breton

La piste Cabot est l'une des plus inoubliables routes d'Amérique du Nord. Elle serpente autour de la pointe de la Nouvelle-Écosse et permet d'observer baleines, élans et pygargues à tête blanche dans un paysage de montagnes et de côtes déchiquetées.

Le village de Baddeck fut le lieu de résidence d'été d'Alexander Graham Bell, qui appréciait l'île du Cap-Breton pour sa beauté sauvage. Depuis Baddeck, prenez la Transcanadienne 105 vers l'ouest pour rejoindre la piste Cabot. Franchissez la Margaree, rivière réputée pour son saumon, et le port acadien de Chéticamp puis pénétrez dans le parc national des Hautes-Terres-du-Cap-Breton, au pied de majestueux sommets. Le long de la route se succèdent les paysages, panoramas et biotopes les plus divers : lacs, tourbières, forêts de feuillus, montagnes et côtes sauvages. Arrêtez-vous avant Pleasant Bay sur l'une des aires panoramiques aménagées pour une photo souvenir, puis stationnez à Lone Shieling et continuez à pied jusqu'au cottage paysan reconstitué à proximité. Reprenez la route vers Cape North et guettez les élans avant d'arriver à Neil's Harbour. Vous apercevrez bientôt les rochers roses de Black Brook Cove. Devant vous, Ingonish Bay, que dominent les pentes du cap Smokey. Faites étape au Keltic Lodge, hôtel de style Tudor, sur la presqu'île de Middle Head, qui coupe la baie en deux, et continuez à pied jusqu'à la pointe pour admirer le cap Smokey et Tern Rock. En été, c'est d'ici que partent les circuits d'observation des baleines. Après Ingonish, reprenez la piste Cabot vers le sud : vous passerez par des villages de pêcheurs gaéliques et grimperez sur les pentes raides de Saint Ann's Bay. À South Gut Saint Ann's, visitez le Gaelic College qui, depuis 1938, joue un rôle de premier plan dans la préservation de la culture celtique en Nouvelle-Écosse.

Un peu d'histoire À Baddeck, le lieu historique national Alexander-Graham-Bell propose une promenade interactive dans l'univers du célèbre inventeur ainsi qu'une riche collection de répliques et maquettes de téléphones, sans oublier le *HD-4*, hydroptère de 18 m qui fut le bateau le plus rapide au monde en 1919. La résidence d'été de Bell *(Beinn Bhreagh)* et les 10 ha du domaine surplombent le lac Bras-d'Or et la baie de Baddeck.

DÉPART Baddeck
ARRIVÉE South Gut Saint Ann's
ROUTES Transcanadienne 105, piste Cabot
DISTANCE 299 km
TEMPS DE ROUTE 4 heures
QUAND De fin juin à mi-octobre
INTERNET www.cabottrail.com

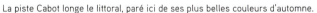

La piste Cabot longe le littoral, paré ici de ses plus belles couleurs d'automne.

ÉTATS-UNIS
La côte rocheuse du Maine

Cette splendide route touristique est l'une des moins fréquentées des États-Unis : avec un peu de chance, vous pourrez admirer les vagues se brisant contre la pointe de Schoodic et les marées bouillonnantes de Cobscook Bay pratiquement seul.

Depuis Ellsworth, ville animée en haute saison, prenez l'autoroute U.S. 1 vers l'est, passez Taunton Bay et admirez la vue sur le mont Cadillac et l'île des Monts-Déserts. Suivez ce pittoresque littoral sur 12 km avant de prendre la Me 186, que vous suivrez dans ses méandres longeant la Frenchman Bay jusqu'au village de Winter Harbor. De là, vous accéderez à la pointe de Schoodic, dans le parc national Acadia, domaine créé autour de la côte granitique de la péninsule. Continuez sur la Me 186 *via* Birch Harbor pour rejoindre l'U.S. 1 et atteindre le comté de Washington, ancien territoire des Indiens Passamaquoddy. Roulez vers le nord et passez Cherryfield, «capitale mondiale de la myrtille», puis Columbia Falls et arrêtez-vous pour admirer la maison que se fit construire le marchand de bois Thomas Ruggles en 1818. Une fois sorti de la ville, prenez la Me 187 vers le sud jusqu'au village de pêcheurs de Jonesport, d'où partent les croisières pour les îles de Machias Seal et Petit Manan. Puis retrouvez l'U.S. 1 et guettez la sortie vers le parc d'État de Roque Bluffs. Traversez Machias, chef-lieu de comté, où vous pourrez admirer les vestiges du fort O'Brien, site historique. L'U.S. 1 s'engage peu après dans la réserve nationale de Moosehorn, où nichent des oiseaux migrateurs, dont la bécasse d'Amérique, au bord de Cobscook Bay. La marée atteint ici une amplitude de plus de 7 m, d'où le nom de «marées bouillonnantes» donné jadis par les Amérindiens. Continuez vers le nord et franchissez le 45e parallèle, la ville de Perry et les falaises de granite de Sainte-Croix pour atteindre Calais, point de passage pour le Canada.

DÉPART Ellsworth
ARRIVÉE Calais
ROUTES U.S. 1, Me 186 et 187
DISTANCE 317 km
TEMPS DE ROUTE 4 heures
QUAND D'avril à octobre
À SAVOIR La boucle de la pointe de Schoodic est à sens unique.
INTERNET
www.nationalparkacadia.com

Excursion À 26 km environ après Machias, prenez la Me 189 pour accéder au parc de Quoddy Head, le point le plus oriental du territoire des États-Unis, avec vue sur la baie de Fundy, dont les marées sont parmi les plus hautes au monde (jusqu'à 19,6 m), et l'île de Campobello (Canada), lieu de villégiature du président Franklin Roosevelt. Le parc international Roosevelt de Campobello (11,3 km²) abrite l'opulente résidence d'été de l'homme d'État (34 pièces).

Lumière rasante et embruns sur la côte rocheuse de la péninsule de Schoodic

Parmi les nombreuses attractions de Key West, la villa d'Hemingway a été transformée en musée.

ÉTATS-UNIS
Miami et les Keys

Entre le glamour bling-bling de Miami et l'excentricité bobo de Key West, cet itinéraire parmi les plus spectaculaires des États-Unis vous fera traverser des jardins tropicaux, les marécages grouillant de vie des Everglades et l'archipel des Florida Keys.

Une fois repu des charmes citadins de Miami, quittez la ville par la route U.S. 41/Fla. A1A depuis Miami Beach et traversez Biscayne Bay, d'où vous aurez une vue splendide sur les gratte-ciel. Franchissez la banlieue chic de Coconut Grove, puis prenez l'Old Cutler Road vers le jardin tropical Fairchild, paradis botanique avec ses fougères, arbustes et nénuphars. Continuez sur l'U.S. 1 jusqu'au parc national de Biscayne, dont la majeure partie se trouve sous l'eau, avec de nombreux poissons et autres animaux marins. Plus au sud, prenez la Fla. 9336 vers l'ouest et traversez les champs de fraises, de canne à sucre et d'autres plantes tropicales pour atteindre le parc national des Everglades : plus de 6 000 km² de marécages à la végétation tropicale abritant crocodiles, alligators, tortues et de nombreux oiseaux. Reprenez l'U.S. 1 (Overseas Highway) vers le sud et franchissez le premier des 42 ponts qui enjambent l'archipel des Florida Keys. Plongez aux côtés de poissons tropicaux multicolores au National Marine Sanctuary de Key Largo, la plus longue île de l'archipel. De part et d'autre de la route, bordée d'hibiscus et de palmiers, s'étend une mer aux eaux émeraude. Faites étape sur l'aire de repos de Long Key pour prendre le chemin de randonnée du Golden Orb Trail (2 km) qui longe le lagon. De retour sur l'autoroute fédérale, empruntez le pont Seven Mile Bridge, long de 11 km, puis continuez jusqu'au parc d'État de Bahia Honda, qui possède des essences exotiques et une plage de sable naturelle. Puis prenez Big Pine Key pour arriver à Key West, avec ses bars branchés et ses boutiques.

DÉPART Miami Beach
ARRIVÉE Key West
ROUTES U.S. 41/Fla. A1A, Fla. 9336, U.S. 1 (Overseas Highway), routes locales
DISTANCE 386 km
TEMPS DE ROUTE 5 heures
QUAND Toute l'année
À SAVOIR Circulation dense sur l'Overseas Highway en haute saison (hiver/printemps).
INTERNET www.fla-keys.com

Proue d'un voilier huîtrier au port de Dogwood, en baie de Chesapeake

ÉTATS-UNIS

Le pays de Chesapeake

Les voiliers huîtriers croisent dans la baie de Chesapeake, de vastes fleuves à marée drainent des terres fertiles et les rues des vieux ports ont conservé leur cachet géorgien ou victorien dans ce pays paisible du Maryland, à mi-chemin entre Philadelphie et Washington.

C
hesapeake City est une ville du XIXe siècle joliment restaurée, avec ses tavernes, cafés et marinas. Suivez la Chesapeake Country Scenic Byway (Md 213), qui longe des champs de maïs et de soja. Vous franchirez bientôt le Bohemia et le Sassafras, qu'aurait remonté le navigateur John Smith en 1608. Continuez jusqu'à Chestertown, dont vous admirerez l'architecture coloniale et la White Swann Tavern (XVIIIe siècle), aujourd'hui transformée en chambres d'hôtes. Centreville, à 26 km, a elle aussi conservé son architecture historique, du style fédéral jusqu'au victorien tardif. Un crochet depuis Queenstown permet de suivre l'America's Byway jusqu'à l'écocentre de la baie de Chesapeake : ce parc propose des chemins de randonnée, une exposition et des activités autour de l'écologie. Retrouvez la Md 213 vers le sud pour admirer le moulin Wye Grist Mill (XIXe siècle). Prenez ensuite la Md 662 vers le sud et Easton, puis la Md 322 et enfin la Md 33, et vous pourrez vous régaler d'un plat de crabes bouillis dans le vieux port de Saint Michaels (restaurants sur les docks). Suivez la route Md 33 vers l'ouest et franchissez le pont du goulet de Knapps pour accéder à l'île de Tilghman, peuplée autrefois de solides gaillards vivant de la pêche aux huîtres. Puis prenez la route de la pointe de Black Walnut pour terminer votre itinéraire au Black Walnut Point Inn, aux chambres d'hôtes isolées et rustiques.

À la rencontre de la faune Après Chestertown se trouve l'Eastern Neck National Wildlife Refuge, auquel on accède par les Md 20 et 445. Cette île est réputée pour ses oiseaux migrateurs, dont plus de 100 000 canards, cygnes et oies, mais aussi ses oiseaux marins et chanteurs. Vous y apercevrez peut-être un pygargue à tête blanche. Canotage, pêche (poissons et écrevisses), promenades et randonnées vous attendent sur plus de 10 km de routes, sentiers et chemins.

DÉPART Chesapeake City
ARRIVÉE Île de Tilghman
ROUTES Md 213, 662, 322, 33, routes locales
DISTANCE 160 km
TEMPS DE ROUTE 3 heures
QUAND D'avril à octobre
INTERNET www.chesapeakebyway.org

ÉTATS-UNIS
Autour de Whitefish Bay

Ce trajet idyllique longeant Whitefish Bay (lac Supérieur) permet d'admirer des forêts de feuillus intactes, des montagnes et des plages, des fleurs sauvages et une faune abondante : ours noirs, cerfs, élans, mais aussi faucons et oiseaux d'eau.

Ouvrez l'œil et vous aurez peut-être la chance d'apercevoir un baribal ou un cerf de Virginie sur Lake Shore Drive. Cette route qui part du village de pêcheurs de Brimley traverse des forêts de bouleaux, d'érables, de chênes et de pins. Vous longerez la réserve indienne de Bay Mills, en face du South Pond. La Tower Road, détour de moins de 2 km sur la gauche, vous offrira un point de vue panoramique sur le lac, la rivière Saint Marys et la rive canadienne à l'horizon. Puis reprenez la Lake Shore Drive, qui devient Curley Lewis Highway après l'entrée dans la forêt nationale d'Hiawatha. Un petit détour par une route latérale ombragée vous emmènera jusqu'au lac Monocle. La route serpente à travers une forêt où abondent les fleurs sauvages du printemps à l'automne. Vous traverserez bientôt la ville de Dollar Settlement et l'aire de pique-nique de Big Pines, sur une immense plage de sable fin, longue de 31 km. Puis la route continue entre la baie et la forêt en contournant la base de la pointe de Naomikong. Prenez la Mich. 123 vers le nord, puis franchissez la Tahquamenon pour accéder à la rive ouest du lac. Après la station de Paradise, continuez vers le nord le long de l'étroite Whitefish Point Road, qui se met à serpenter en approchant du phare et de la réserve ornithologique de la pointe de Whitefish, endroit idéal pour admirer les faucons, oiseaux d'eau et oiseaux chanteurs migrateurs. Vous n'êtes qu'à quelques kilomètres de la frontière canadienne, et la route est si peu fréquentée qu'il n'est pas rare d'y croiser un élan. Depuis la pointe, vous aurez une vue panoramique sur le lac Supérieur, Whitefish Bay et la côte du Canada.

DÉPART Brimley
ARRIVÉE Whitefish Point
ROUTES Lakeshore Drive, Curley Lewis Highway, Mich. 123/ Whitefish Road, Whitefish Point Road
DISTANCE 87 km
TEMPS DE ROUTE 2 heures
QUAND D'avril à octobre
À SAVOIR Terrains de camping près du lac Monocle et de Bay View.
INTERNET www.michigan.gov/drive

Excursion Jadis terrain de campement, de pêche et de chasse des Indiens Chippewas, le parc d'État de Tahquamenon Falls est accessible par un crochet de 16 km sur la route Mich. 123. Les chutes supérieures (61 m de large sur 15 m de haut) sont les plus grandes à l'est du Mississippi, mais les chutes inférieures, qui gèlent parfois en hiver, sont aussi superbes. Les 187 km² du parc permettent diverses activités : randonnée, camping, pêche, canoë, observation de la faune et chasse.

Le phare de Point Iroquois, près du lac Monocle, abrite un petit musée. Montez au sommet pour une vue splendide sur le lac Supérieur.

ÉTATS-UNIS
Îles de l'État de Washington

La côte de l'État de Washington est riche en culture et en histoire. Ce trajet vous fera admirer des navires de guerre désarmés, des parcs naturels et des forêts, sans oublier l'abondante vie sous-marine des plages, criques et baies des îles de San Juan.

Temps forts

■ Visitez le *USS Turner Joy* à Bremerton. Ce destroyer désarmé de 1959 est parfaitement conservé, depuis le pont jusqu'au minuscule salon de coiffure.

■ Les îles de San Juan sont un endroit de rêve pour observer baleines et orques. Si vous prenez le bateau en mai ou juin, vous aurez neuf chances sur dix d'en voir.

■ Le parc national historique des îles de San Juan, connu pour ses superbes panoramas et ses forêts paisibles, fut en 1859 le théâtre d'un curieux incident frontalier entre Américains et Britanniques causé… par un cochon mort !

Orque surgissant de l'eau dans l'un des nombreux chenaux des îles de San Juan

Après avoir visité la trépidante quoique charmante Seattle, prenez le ferry pour Bremerton, de l'autre côté du Puget Sound. Un bateau vous fera visiter le chantier naval militaire, où vous verrez plusieurs dizaines de vaisseaux en service ainsi que la flotte de Mothball, avec ses vieux porte-avions désarmés. De retour sur la terre ferme, découvrez l'histoire de la marine des États-Unis au musée de Bremerton. Puis continuez vers le nord en passant Keyport, autre port militaire situé sur la Wash. 303, puis la baie de Liberty sur la Wash. 3. Vous atteindrez Poulsbo, réputée pour son patrimoine norvégien et dont le centre historique regorge de boutiques, cafés et galeries. Au Marine Science Center, vous pourrez même toucher un concombre de mer ou une anémone. Plus au nord, Port Gamble abrite un musée de la Mer et du Littoral possédant une importante collection de coquillages et d'animaux marins. Traversez le Hood Canal sur la Wash. 104, puis prenez l'U.S. 101 vers le nord avant de tourner à droite sur la Wash. 20, que vous suivrez jusqu'à Port Townsend. Vous pourrez y admirer le site des canons de Fort Worden (XIXe siècle), le musée de l'Artillerie côtière et le Marine Science Center. Le quartier historique de la ville est l'un des mieux conservés du nord-ouest des États-Unis : admirez ses élégantes bâtisses et ses jolies demeures victoriennes aux tons pastel. Puis prenez le ferry pour visiter Whidbey Island, où vous accosterez en contrebas des canons historiques du parc d'État de Fort Casey, avant de continuer sur la Wash. 20 jusqu'à Coupeville, dont plus de 50 bâtiments sont classés au registre national des monuments historiques. Partez explorer la réserve historique nationale d'Ebey's Landing, dont les fermettes, forêts et plages n'ont pas changé depuis le XIXe siècle. Reprenez ensuite la Wash. 20 et passez le parc de Deception Pass, le plus prisé de l'État de Washington, avec près de 19 km² de chemins, plages et lacs. Continuez jusqu'à l'île de Fidalgo, où le ferry d'Anacortes vous emmènera jusqu'à Friday Harbor, dans les îles boisées de San Juan. De là, vous pourrez réserver une croisière pour observer les orques, oiseaux marins, lions de mer de Steller, marsouins et baleines grises. À moins que vous ne préfériez visiter le parc historique national de l'île.

Ci-contre : vieux bois flotté près des eaux paisibles du parc d'État de Deception Pass

DÉPART Seattle
ARRIVÉE Friday Harbor
ROUTES Wash. 303, 3, 104, U.S. 101, Wash. 20, routes locales
DISTANCE 141 km
TEMPS DE ROUTE 3 h 30
QUAND Toute l'année
À SAVOIR Mai et juin sont les deux meilleurs mois pour voir les orques.
INTERNET www.travelsanjuan.com

La plage de Fossil Beach est un endroit de rêve pour les paléontologues amateurs.

Temps forts

- Le parc d'État historique de Fort Abercrombie, près de Kodiak, abrite les vestiges d'une base militaire de la Seconde Guerre mondiale dans un cadre splendide : falaises battues par le ressac, forêts d'épicéas et prairies de fleurs sauvages.

- D'avril à novembre, il n'est pas rare d'apercevoir un cétacé depuis la côte. Guettez le rorqual commun, le petit rorqual, le rorqual de Rudolphi, la baleine à bosse et la baleine grise depuis les falaises qui bordent la Chiniak Highway.

- Le musée Alutiiq de Kodiak retrace les 7 500 ans d'histoire des premiers habitants de l'île à travers 150 000 objets historiques et archéologiques : armes, parures, statuettes de la fertilité, etc.

ÉTATS-UNIS
Le tour de l'île Kodiak

Cette route qui zigzague le long de la côte de l'île Kodiak permet d'admirer baies profondes, forêt, prairies alpines, toundra, une riche faune — dont l'oie empereur, le saumon argenté et le pygargue à tête blanche — et un littoral spectaculaire livré aux éléments.

DÉPART Kodiak
ARRIVÉE Fossil Beach
ROUTES Rezanof Drive, Chiniak Highway, route d'Anton Larsen Bay, route de Pasagshak Bay
DISTANCE 138 km
TEMPS DE ROUTE 2 h 30
QUAND De mai à septembre
INTERNET www.kodiak.org

Depuis Kodiak, ancienne capitale de l'Alaska russe, prenez Rezanof Drive, qui deviendra Chiniak Highway. Dans le grand virage dit de Deadman, admirez le panorama sur le port de Kodiak, la baie de Chiniak et quelques îles de l'archipel. Tournez à gauche vers l'aire de loisirs de Buskin River pour profiter du lieu de pêche le plus prisé sur le réseau routier de l'île, avec de nombreux saumons rouges et argentés. Un peu plus loin, prenez l'embranchement pour rejoindre la route de Larsen Bay, qui longe le golfe de Kodiak et la côte ouest de la baie, joli fjord doté d'une île à son embouchure. De retour sur la route principale, vous passerez bientôt près de la principale base de gardes-côtes des États-Unis. La route longe ensuite Womens Bay, qui doit son nom au fait que les femmes inuites venaient autrefois y chasser, pêcher et cueillir leur nourriture. Au fond de la baie, la route traverse Sargent Creek, où l'oie empereur aime à passer l'hiver, et la Russian River, où le saumon vient frayer en août et septembre. Peut-être aurez-vous la chance d'apercevoir une aire d'aigle dans les peupliers de Middle Bay. Vers le Mile 30, prenez la route de Pasagshak Bay vers le sud. Vous passerez devant le site de lancement de Kodiak, station d'où sont tirées des fusées commerciales et militaires. La route se termine sur Fossil Beach, où les rochers recèlent des coquillages fossilisés. Rebroussez chemin jusqu'à l'embranchement, puis prenez vers l'est en suivant la côte de la baie de Chiniak. Observez le ballet des bateaux de pêche entrant et sortant du port de Kodiak. La route se termine au relais de *Road's End*.

ÉTATS-UNIS

La route panoramique du Pacifique

Passez devant le plus beau phare des États-Unis, admirez les rouleaux du Devils Churn, visitez les incomparables dunes de l'Oregon et faites étape à une terrasse du bord de mer pour déguster une délicieuse chaudrée de palourdes.

La pêche est le passe-temps favori à Pacific City, village côtier qui donne sur l'imposant rocher dit du chef Kiawanda. Pour un moment de solitude et de pure beauté, les dunes et plages du parc d'État Bob Straub vous attendent à proximité. Depuis Pacific City, prenez vers le sud et rejoignez la route U.S. 101, qui longe des parcs aux paysages sublimes et à la faune abondante, dont le pélican brun de la baie de Siletz ou la baleine grise de Yaquina Head. Grimpez au sommet du phare de Yaquina Head (28 m) : la vue y est splendide. Un peu plus loin, la ville de Newport abrite un aquarium et un centre océanologique. Après avoir franchi la Yachats River, arrêtez-vous sur le site panoramique de cap Perpetua pour observer les vagues de l'étroit chenal venant s'écraser contre les rochers du Devils Churn. De là, la route longe une côte rocheuse et des plages peuplées de phoques communs. À moins de 2 km du phare de Heceta Head se trouvent les Sea Lion Caves, grottes abritant une colonie de lions de mer de Steller. La route redevient plate à l'entrée de Florence, avec ses galeries, cafés et boutiques. Passé la Siuslaw River, vous entrerez dans l'aire de loisirs des dunes de l'Oregon. Vous accéderez peu après au Siltcoos Recreation Corridor, avec sa plage et son sentier suivant l'estuaire de la Siltcoos, réputé pour sa faune. L'Oregon Dunes Overlook offre un point de vue spectaculaire. La route continue vers le sud jusqu'à Gardiner, sur l'Umpqua. Depuis Reedsport, continuez jusqu'à Winchester Bay et passez par le phare d'Umpqua, puis traversez les villes de North Bend et Coos Bay jusqu'à Bandon.

Zoom Couvrant près de 130 km², l'aire de loisirs des dunes de l'Oregon est le plus grand parc de dunes côtières du continent nord-américain. Elle s'étend de Florence à Coos Bay, et ses dunes pouvant atteindre 150 m de haut font le bonheur des amateurs de quad. Mais on y trouve aussi de petites îles boisées, des marécages, des forêts et des lacs : un vrai petit coin de paradis pour la randonnée, la photo, le camping ou l'équitation.

DÉPART Pacific City
ARRIVÉE Bandon
ROUTE U.S. 101
DISTANCE 270 km
TEMPS DE ROUTE 4 heures
QUAND Toute l'année
À SAVOIR L'Oregon Dunes Headquarters, à Reedsport, est une mine d'information sur les dunes.
INTERNET
www.visittheoregoncoast.com

En service depuis 1873, le phare de Yaquina Head veille sur une mer calme et un ciel nuageux.

ÉTATS-UNIS
Sur la route de Big Sur

Parcs d'État, côtes déchiquetées et plages de sable fin, majestueuses forêts de séquoias, cascades vertigineuses et faune variée (loutres de mer, renards gris et faucons pèlerins) vous attendent sur cette route traversant une région peu peuplée du centre de la Californie.

Temps forts

- L'entrée à l'aquarium de Monterey Bay est un peu chère, mais vous ne regretterez pas la visite : loutres de mer, requins, pingouins, nombreux poissons, méduses, tortues et pieuvres vous y attendent.

- Ouvrez l'œil pour repérer les loutres de mer sauvages qui se nourrissent parmi les algues : l'espèce est protégée sur cette portion de la côte. La pointe de Soberanes, près du parc de Garrapata, est un bon point d'observation.

- Le Hearst Castle, à San Simeon, est un château de 165 pièces mêlant les influences classiques et méditerranéennes. Son domaine de 51 ha, près des monts du Santa Lucia Range, offre une vue de rêve sur Big Sur et l'océan.

L'une des plus belles chambres du Hearst Castle, à San Simeon

Grimpant jusqu'à 305 m d'altitude, la route de la côte de Big Sur longe certains des plus beaux parcs de la Californie. De Monterey, prenez la Calif. 1 sur 5 km jusqu'au très chic village de Carmel-by-the-Sea, où vous trouverez des cottages colorés au charme désuet et des restaurants, cafés, boutiques et galeries d'art alignés le long d'une vaste plage plantée de pins. Continuez vers les criques, promontoires, prairies et bâches de la réserve de Point Lobos, qui abrite plus de 250 espèces animales, dont le cerf à queue noire, le renard gris ou le lion de mer. Après Carmel Highlands, avec ses villas juchées sur leurs falaises de granite, vous accéderez à Big Sur et à ses 140 km de route littorale jusqu'à San Simeon. Les forêts de séquoias s'élancent vers le ciel tandis que les monts du Santa Lucia Range semblent s'enfoncer vers l'océan Pacifique. L'une des rares plages faciles d'accès sur votre trajet est celle du parc de Garrapata. Franchissez le pont de Bixby Creek pour accéder à la pointe Hurricane, où un vent puissant souffle sur la Little Sur River. Vous arriverez bientôt au parc historique de 1889 Point Sur Light Station. Continuez jusqu'au parc Andrew Molera, dont les forêts de chênes et de séquoias ne sont accessibles qu'à pied. Traversez le village de Big Sur pour atteindre le parc Pfeiffer, dont les 390 ha de forêt sont arrosés par la Big Sur River. Les sables et les curieux rochers de Pfeiffer Beach sont à un peu plus de 2 km au nord. Un peu plus loin, la bibliothèque-mémorial Henry Miller expose des livres et autres objets évoquant le souvenir du célèbre romancier, qui vécut dans la région pendant dix-huit ans. Les amateurs de plongée se presseront à la réserve sous-marine du parc Julia Pfeiffer Burns. Ne manquez pas non plus les chutes McWay (24 m), ni les falaises de plus de 900 m. Le littoral est ici abrupt, et la route se met à grimper. Après San Simeon, d'où vous pourrez prendre un bus pour le Hearst Castle, continuez vers Cambria, aux collines couvertes de pins de Monterey. Visitez le village d'artistes d'Harmony, puis passez Estero Bay pour atteindre Morro Bay, où niche le faucon pèlerin. Vous reconnaîtrez la baie à l'immense rocher du Morro Rock qui en garde l'entrée.

DÉPART Monterey
ARRIVÉE Morro Bay
ROUTE Calif. 1
DISTANCE 198 km
TEMPS DE ROUTE 3 heures
QUAND Toute l'année
À SAVOIR Consultez la météo avant de partir, car la route est dangereuse par temps de pluie.
INTERNET www.visitcalifornia.fr

Ci-contre : les chutes McWay, dans le parc Julia Pfeiffer Burns

Le littoral californien est très rocheux du côté de Point Arena.

ÉTATS-UNIS

La côte brumeuse de Californie

Ce voyage le long de la côte pacifique déchiquetée lève un coin de voile sur la culture populaire américaine ainsi que sur une nature splendide : parcs d'État, charmants villages de pêcheurs, plages, forêts de cyprès, fougères et prairies.

Avant de quitter Santa Rosa, visitez le musée Charles Schulz, qui rend hommage au père de Snoopy. Traversez ensuite les pommeraies de Sebastopol sur la route Calif. 12 puis rejoignez la Calif. 1 et mettez le cap sur Bodega Bay, village de pêcheurs où Alfred Hitchcock tourna *les Oiseaux*. Continuez vers le nord et longez la plage de sable de la côte de Sonoma, où vous pourrez faire étape. À l'embouchure de la Russian, admirez le Goat Rock, spectaculaire rocher qui semble veiller sur la plage où les otaries élèvent leurs petits au printemps. La route grimpe ensuite à plus de 300 m au-dessus du niveau de la mer. Continuez jusqu'au parc de Salt Point, avec ses bâches faciles d'accès, sa colonie de phoques, ses chemins côtiers et sa réserve sous-marine, à Gerstle Cove. Vous pourrez y admirer des chênes à tan, d'immenses séquoias et même une forêt pygmée. Au nord se trouve enfin la réserve botanique de Kruse, où les rhododendrons sauvages éclosent entre la fin du mois d'avril et mai. Passé Gualala vient Point Arena, village où se côtoient pêcheurs et hippies. Continuez jusqu'au parc de Damme, dont les bâches abritent étoiles de mer, anémones et crabes. Vous pourrez traverser les gorges d'un fleuve bordées de fougères et une forêt de vieux pins et de cyprès noueux. De retour sur la route, vous arriverez à Mendocino, village côtier dont les maisons en bois ont un air de Nouvelle-Angleterre. C'est aujourd'hui une colonie d'artistes, dont le Mendocino Art Center présente des œuvres. Autour du village s'étend le parc des Mendocino Headlands, avec ses falaises de grès, ses plages battues par le ressac, ses bâches et ses prairies. Plus au nord, fougères et gingembre sauvage poussent entre les séquoias du parc de Russian Gulch, au cœur duquel tombe une cascade. Goûtez aux fruits de mer du port de Noyo, puis reprenez la route jusqu'à la base de Fort Bragg, pour prendre le Skunk Train le long de la route de Redwood.

DÉPART Santa Rosa
ARRIVÉE Fort Bragg
ROUTES Calif. 12, 1
DISTANCE 209 km
TEMPS DE ROUTE 3 heures
QUAND Toute l'année
INTERNET www.visitmendocino.com

ÉTATS-UNIS
La route tortueuse de Hana

Cette route en zigzag vous emmènera jusqu'au village reculé de Hana, à travers un paysage de cascades, de forêts tropicales et de côtes volcaniques déchiquetées. Préparez-vous à franchir 56 ponts et 617 virages !

La Hana Highway, qui part de l'aéroport de Kahului, semble plate, mais ne vous y fiez pas ! Longez les champs de canne à sucre et les plages de sable du parc Baldwin. L'ancienne plantation de Paia est la seule ville jusqu'à Hana. Planchistes et surfeurs s'y rassemblent à 3 km du parc Hookipa. Au bout d'une vingtaine de minutes, la route se met à zigzaguer : chacun de ses 56 ponts porte un nom, comme celui de Kolea, qui signifie « bonheur porté par le vent ». Admirez les eucalyptus arc-en-ciel au tronc psychédélique, et arrêtez-vous pour cueillir goyaves, pommes ou mangues sur le bord de la route entre Huelo et Kailua. Vous atteindrez Waikamoi, la première d'une série de cascades. Plusieurs scènes du film *Jurassic Park* ont été tournées dans le jardin botanique et arboretum Garden of Eden tout proche, qui abrite les chutes de Puohokamoa ainsi que plus de 500 espèces végétales. Plus loin se trouve le parc de Kaumahina, qui offre une vue panoramique sur la côte. Après une halte aux chutes de Haipuaena, vous arriverez au jardin ethnobotanique hawaiien de Keanae, idéal pour un pique-nique et une baignade. De là, engagez-vous sur la péninsule de Keanae pour admirer les champs de taro, plante tropicale dont le tubercule fait partie de l'alimentation traditionnelle à Hawaii. De retour sur la Hana Highway, entre deux photos panoramiques, allez jusqu'aux chutes de Waikani, qui rassemblent plusieurs jolies cascades. L'étape suivante est le parc de Waianapanapa, où vous découvrirez une côte volcanique faite de falaises noires escarpées, de rochers, de grottes et de tunnels de lave et de plages au sable noir étincelant. De là, la route serpente en descendant sur Hana.

DÉPART Kahului (aéroport)
ARRIVÉE Hana
ROUTE Hana Highway
DISTANCE 85 km
TEMPS DE ROUTE 2 heures
QUAND Toute l'année
À SAVOIR Vous ne trouverez pas d'essence entre Paia et Hana.
INTERNET www.hanamaui.com

Excursion Pour atteindre Lahaina, ancien port de chasse à la baleine, prenez les routes 380, puis 30 depuis l'aéroport de Kahului. Le musée local vous renseignera sur les hommes qui ont imprimé leur marque sur l'île : missionnaires chrétiens, baleiniers ou migrants chinois et japonais. Vous pourrez participer à une croisière d'observation des cétacés depuis le port. Ne manquez pas non plus le figuier banian : c'est le plus grand arbre de tous les États-Unis.

Le parc Hookipa, près de Paia, est un eldorado du surf.

TOP 10

10 Ponts prodigieux

Non contents d'offrir des panoramas hors du commun, ces bijoux du génie civil triomphent de frontières naturelles réputées infranchissables.

❶ Pont de la Confédération, Nouveau-Brunswick, Île-du-Prince-Édouard, Canada

Ce pont en béton de 13 km, qui surgit du cap Jourimain (Nouveau-Brunswick), a mis fin à l'isolement de l'Île-du-Prince-Édouard. Le détroit de Northumberland est pris par les glaces de décembre à avril, ce qui en fait le plus long pont sur glace au monde. Le pont fait partie de la route Transcanadienne.

À SAVOIR Péage de 42,50 $ (aller-retour). Service de navette 24/24 h pour les piétons.
www.confederationbridge.com/fr

❷ Ponts du lac Pontchartrain, États-Unis

Engagez-vous sur ce double pont (route Interstate 10) sur le lac Pontchartrain et vous aurez l'impression de prendre la mer ! Le « lac » est en réalité un estuaire géant s'écoulant dans le golfe du Mexique, et des bateaux passent sous le pont, d'où vous pourrez observer pélicans et autres oiseaux. Les deux chaussées parallèles s'étendent sur plus de 38 km.

À SAVOIR Péage de 3 $ au terminal nord (Mandeville). www.thecauseway.us

❸ Rabindra Setu, Howrah, Calcutta, Inde

Plus connu sous le nom de Howrah Bridge, ce pont cantilever sert de porte d'entrée à la gigantesque ville de Calcutta, dont il est aussi devenu l'emblème. Long de 656 m et achevé en 1943, il fut rebaptisé en 1965 en l'honneur du Prix Nobel de littérature Rabindranath Tagore.

À SAVOIR On estime à 1 million le nombre de personnes qui l'empruntent chaque jour.
www.howrahbridgekolkata.nic.in

❹ Ponte Rio Niterói, Rio de Janeiro, Brésil

Les rives nord et sud de la baie de Guanabara sont aujourd'hui reliées par ce pont à poutres-caissons, avec deux fois trois voies (autoroute fédérale BR-101). Long de 13 km, il s'élève en son centre à 72 m pour permettre le passage des bateaux. La vue sur la baie et la ville de Rio est inoubliable.

À SAVOIR Dix-huit bretelles différentes mènent au pont. Petit droit de péage à verser à Niterói. www.bresil.org

❺ Pont Akashi Kaikyo, Kobe, île d'Awaji, Japon

Mis bout à bout, les haubans du pont Akashi Kaikyo, le plus long pont suspendu au monde, feraient sept fois le tour de la Terre ! Reliant Kobe à l'île d'Awaji par l'autoroute Honshu-Shikoku, il fut construit à la suite d'un terrible accident de ferry. Le pont enjambe le périlleux détroit d'Akashi et a été conçu pour résister aux courants, tempêtes et séismes.

À SAVOIR La nuit, l'éclairage du pont change de couleur tous les quarts d'heure. La promenade de Maiko, à Kobe, possède une salle d'observation et un centre d'information sur le pont.
www.tourisme-japon.fr

❻ Pont de la baie de Hangzhou, Shanghai, Ningbo, Chine

Ce pont de plus de 35 km (deux fois trois voies) au tracé légèrement onduleux est le plus impressionnant de Chine. La vaste baie de Hangzhou, en mer de Chine méridionale, possède des vagues et marées hors normes, qui peuvent atteindre 32 km/h. Il est prévu de construire une île artificielle au milieu du pont, avec station-service et tour d'observation.

À SAVOIR Il est interdit de ralentir ou de s'arrêter. Péage de 80 yuans.
www.hangzhoubaybridge.com

Ci-contre : avec ses 17,2 km, le pont Vasco de Gama, qui enjambe le Tage, près de Lisbonne, est le plus long d'Europe.

❼ Pont Rion, Antirion, golfe de Corinthe, Grèce

Avec ses quatre piles en béton, ce pont suspendu — qui fut franchi pour la première fois par la flamme olympique à l'occasion des jeux Olympiques d'Athènes en 2004 — garde l'entrée du golfe de Corinthe et relie la Grèce continentale au Péloponnèse. Il possède deux fois deux voies, mais aussi une piste cyclable et une piétonne.

À SAVOIR Exposition et centre d'information sur le pont près du péage d'Antirion.
www.gefyra.gr

❽ Liaison du Grand-Belt, Fionie, Sjaelland, Danemark

Le Danemark est coupé en deux par le Grand-Belt, vaste détroit reliant le Cattégat à la Baltique. Ce pont réunit le pays et vous permet d'atteindre Copenhague depuis le continent européen, puis de continuer jusqu'en Suède grâce au pont de l'Øresond. Sa partie ouest suit la voie de chemin de fer, l'autre est un imposant pont suspendu.

À SAVOIR Les 220 DKK du péage vous donnent droit à des réductions sur de nombreux produits et services au Danemark.
www.storebaelt.dk

❾ Viaduc de Millau, vallée du Tarn, France

Le viaduc de Millau est si beau que l'on vient de loin pour le plaisir de l'emprunter. Encore faut-il ne pas être sujet au vertige, car ce pont est le plus élevé au monde ! Semblant flotter au-dessus de la vallée du Tarn, il relie le Causse rouge au Causse du Larzac et permet, grâce à l'A75, d'aller de Paris en Espagne via le Massif central.

À SAVOIR Viaduc Espace Info sur l'aire des Cazalous (RD 992 en direction d'Albi).
www.leviaducdemillau.com

❿ Pont Vasco de Gama, Lisbonne, Portugal

Ce pont a été inauguré en 1998 pour l'Exposition universelle et le 500e anniversaire de la découverte de la route de l'Inde par Vasco de Gama. Sa partie suspendue, près de la côte, permet le passage des navires modernes de grande taille.

À SAVOIR Le pont relie le quartier nord de Sacavém à Montijo, sur la rive sud.
www.portaldasnacoes.pt

FRANCE
Au nord de la Basse-Terre

Situé sur le haut de l'aile gauche du « papillon » que dessine la Guadeloupe, ce circuit traverse une forêt tropicale de feuillus et fougères, serpente entre les sommets puis s'enfonce vers de magnifiques plages en passant par plusieurs musées régionaux.

À Deshaies, le bleu cobalt des eaux contraste avec le vert de la végétation et le fuchsia des bougainvillées.

Temps forts

■ Faites étape près de Pointe-Noire, au nord de Mahaut, pour visiter la maison du Bois, qui vous renseignera sur la charpenterie marine et l'ébénisterie. Le musée présente aussi une impressionnante collection d'antiquités, mobilier, outils et ustensiles ainsi que des maquettes de cases créoles.

■ Le musée du Rhum de Sainte-Rose, affilié à une distillerie de l'île, possède des objets historiques tels qu'une énorme cuve à jus de canne creusée dans un seul tronc d'arbre. Jetez un œil à son petit film, puis visitez la distillerie Reimonenq pour goûter aux meilleurs rhums agricoles.

Pointe-à-Pitre, trépidante capitale de la Guadeloupe, sur la Grande-Terre, est le point de départ de ce magnifique circuit traversant l'une des forêts les plus luxuriantes des Antilles. Suivez les panneaux pour la Basse-Terre, de l'autre côté de la rivière Salée, puis prenez la N1 vers le sud jusqu'à la sortie pour la route de la Traversée (D23). Celle-ci part vers l'ouest et longe les champs de canne à sucre avant de monter au cœur de la forêt du parc national de la Guadeloupe, avec ses acajous géants, ses bambous et ses gommiers. Vous pourrez vous arrêter en chemin et marcher deux minutes jusqu'à la cascade aux Écrevisses, au cœur d'une abondante végétation tropicale. La maison de la Forêt, toute proche, vous apprendra tout ce qu'il faut savoir sur les 220 km² du parc, sa faune, sa flore et ses sols. Quelque 250 km de chemins de randonnée vous attendent : bien entretenus et signalés, ils peuvent aussi être assez techniques, comme la « trace » des Crêtes, de 900 m de dénivelé. La route franchit ensuite le col des Mamelles, situé entre deux monts volcaniques à la forme… évocatrice. À son point culminant (586 m), elle offre une vue splendide sur le parc (si toutefois le temps est dégagé) avant de redescendre en lacets vers la côte et Mahaut. Faites un petit détour vers le sud et la plage de Malendure, d'où des bateaux à fond de verre vous emmèneront pour une croisière autour des îlets Pigeon. Sur l'un d'eux se trouve la réserve Cousteau, où vous pourrez admirer des coraux et poissons multicolores. L'océanographe y tourna *le Monde du silence* en 1953. Continuez vers le nord sur la N2 jusqu'à la maison du Cacao pour vous renseigner sur l'histoire, la culture et la transformation de ce produit, que vous pourrez acheter sous forme de bâtons. La route passe ensuite par le joli village de pêcheurs de Deshaies, avec son charmant jardin botanique. Deux kilomètres plus loin, cachée derrière un rideau de végétation, se découvre la baie de Grande-Anse, qui possède les plus belles plages de la Guadeloupe. La forêt s'étend ici jusqu'au sable doré, avec ses palmiers et ses roches volcaniques. Reprenez votre route jusqu'à la pointe nord de l'île avant de redescendre sur Sainte-Rose. Vous n'êtes alors plus qu'à quelques minutes de Pointe-à-Pitre.

DÉPART/ARRIVÉE Pointe-à-Pitre
ROUTES N1, D23, N2
DISTANCE 149 km
TEMPS DE ROUTE 3 heures
QUAND Toute l'année
À SAVOIR Les pluies sont fréquentes en Guadeloupe, surtout de juillet à novembre.
INTERNET
www.lesilesdeguadeloupe.com

Ci-contre : la langouste est l'une des nombreuses spécialités culinaires de la Guadeloupe (ici à Sainte-Rose).

CUBA

Mer et montagne à Cuba

Paisible quoique spectaculaire, cette route se faufile le long du littoral austère et aride qui s'étend au pied de la sierra Maestra. À mesure que vous avancerez vers l'ouest, les panoramas se feront de plus en plus impressionnants.

Depuis la ville historique de Santiago de Cuba, mettez le cap à l'ouest vers la playa mar Verde, plage très appréciée des Cubains, en suivant la route 20. À une vingtaine de kilomètres se trouve Aserradero, où les canons de la *Vizcaya* émergent encore des vagues. Ce navire de guerre fut coulé par la marine des États-Unis en 1898, pendant le conflit hispano-américain, quand la flotte espagnole chercha à quitter le port de Santiago. Les montagnes du nord dominent fièrement la vaste plaine côtière. Prenez à droite à 12 km d'Aserradero pour monter vers Cruce de los Baños : un véhicule tout-terrain vous sera utile, car la route est mauvaise. Retournez sur la route principale, qui commence à monter et descendre entre des promontoires rocheux de plus en plus vastes et longe des plages aux couleurs bigarrées. Le paysage se fait plus stupéfiant encore à l'approche des falaises couleur de cuivre : la montagne tombe alors à pic jusqu'au rivage. Uvero, l'un des rares villages que vous traverserez, fut le théâtre de l'une des premières batailles remportées par Fidel Castro et ses camarades en 1957. Le pic Turquino, point culminant de Cuba, à 1 974 m, paraît presque accessible, tandis que les pics voisins, à la végétation luxuriante, semblent nier le fait que cette région est parmi les plus arides de l'île. Le sentier qui mène au sommet part de Las Cuevas. Poursuivez votre route, de plus en plus sinueuse et aux airs de montagnes russes, avec pour seule compagnie la présence de chèvres et de buses. Vous arriverez enfin à Marea de Portillo, station réputée pour ses plages de sable gris foncé et ses superbes fonds sous-marins.

Un peu d'histoire À 170 km environ de Santiago de Cuba, sur la côte nord de l'île, se trouve Baracoa. Cette ville aux rues étroites, cernée de toutes parts par la montagne et la forêt tropicale, a conservé son cachet d'autrefois. Fondée en 1512, c'est la plus ancienne cité coloniale des Amériques. Admirez ses monuments historiques, comme le fort Matachín, qui abrite aujourd'hui un musée municipal retraçant l'histoire de la région depuis l'époque précolombienne.

DÉPART Santiago de Cuba
ARRIVÉE Marea de Portillo
ROUTE Autoroute 20
DISTANCE 160 km
TEMPS DE ROUTE 4 heures
QUAND Toute l'année
À SAVOIR La route peut être fermée en cas de glissements de terrain. Si vous prévoyez de séjourner à Marea de Portillo, emportez des espèces car il n'y a pas de banque dans les environs.
INTERNET www.cubatourisme.fr

Palmeraie à proximité du pic Turquino, dans la sierra Maestra

Bateau touristique sur les eaux du lac de Hakone, dont les collines boisées s'étendent au pied du Fuji-Yama

JAPON
À l'ombre du Fuji-Yama

Ce trajet à travers le parc national de Fuji-Hakone-Izu vous permettra d'admirer différentes vues sur le sommet le plus célèbre du Japon, dans un paysage enchanteur entre montagne, lacs et mer. Vous vous délasserez enfin dans un bain chaud et relaxant.

DÉPART Hakone
ARRIVÉE Péninsule d'Izu
ROUTES 1, 136, 414
DISTANCE 104 km
TEMPS DE ROUTE 2 heures
QUAND D'avril à novembre
INTERNET www.tourisme-japon.fr

Depuis la très touristique station de Hakone, dont le musée de poterie vaut le détour, prenez la route 1 vers le sud. Arrêtez-vous à l'octroi historique de Hakone, construit en 1619 sur l'axe reliant Tokyo à Kyoto : les anciens bâtiments de la période d'Edo ont été magnifiquement restaurés. Admirez le Fuji-Yama, point culminant de l'archipel nippon, en suivant la route 1 sur 8 km, puis prenez la sortie au niveau du lac de Hakone, appelé Ashi-no-ko, dans les eaux duquel se reflète le sommet. Puis reprenez la route 1 vers le mont Katsuragi. Un téléphérique vous déposera au sommet, et, en mai, vous pourrez admirer les azalées qui couvrent ses pentes. Continuez vers le sud sur 12 km puis prenez la route 136 (route de Shimoda) juste après Mishima pour pénétrer dans la péninsule d'Izu, avec ses collines et ses vues sur la mer. Empruntez la route 414 pour traverser la jolie ville d'Izu, avant de retrouver la route 136. À la pointe de la péninsule se trouve Minami-Izu, réputée pour ses sources chaudes et ses plages. L'Ikona Ryokan and Spa est le lieu idéal pour terminer votre voyage : vous y dégusterez un repas japonais traditionnel après un bain chaud en plein air.

Zoom Prenez la route 732, située un peu plus au nord, pour visiter le musée en plein air de Hakone. Ce musée construit en 1969 a pour projet d'intégrer art et nature. Parmi ses 120 sculptures, admirez les œuvres de Rodin, Bourdelle, Niki de Saint-Phalle ou Henry Moore, qui disait : « La sculpture est un art du plein air ». Ne manquez pas non plus la collection Picasso, avec plus de 300 poteries, peintures, lithographies et sculptures.

Démonstration de tendresse entre deux otaries sur l'île du Sud

NOUVELLE-ZÉLANDE
À travers les Catlins

La première route touristique de Nouvelle-Zélande, dans le sud-est de l'île du Sud, vous conduira à travers les Catlins, au littoral de toute beauté et aux forêts exubérantes. Vous y admirerez une faune abondante, mais aussi des plages, des grottes et des chutes d'eau.

Quittez Invercargill pour prendre la Gorge Road vers le vieux port de Fortrose, puis tournez vers Otara et la route du littoral. Celle-ci vous mènera à Waipapa Point, où un phare du XIXe siècle veille sur la plage de sable. Continuez jusqu'à Slope Point : un chemin à travers champs (fermé pendant la saison d'agnelage) permet d'accéder au point le plus septentrional de l'île. Vous arriverez ensuite à la baie de Curio : à marée basse, on peut y admirer une forêt pétrifiée de 180 millions d'années, avec arbres et fougères fossilisés. Observez en été les dauphins de la baie de Porpoise. Passez Waikawa, qui abrite un musée sur l'histoire de la pêche à la baleine et des mines d'or. Plus loin, arrêtez-vous pour une randonnée en forêt jusqu'aux chutes de McLean (22 m), puis reprenez la route et tournez bientôt à droite pour atteindre les Cathedral Caves : ces grottes, dont la plus haute mesure 30 m, ont été creusées par la mer (on y accède à marée basse). Marchez jusqu'aux chutes de Matai et Horseshoe, puis continuez vers Owaka et tournez à droite vers Cannibal Bay, où les lions de mer se dorent au soleil. Observez le manchot à œil jaune dans la baie de Roaring, puis passez Kaka Point pour arriver enfin à Balclutha.

Un peu d'histoire La ville de Dunedin (à 1h30 de Balclutha par la SH1) est l'une des plus anciennes de Nouvelle-Zélande. Fondée par les Écossais, elle s'enrichit au XIXe siècle avec la ruée vers l'or : admirez sa magnifique cathédrale ou le manoir d'Olveston, avec ses 35 pièces au mobilier précieux venu du monde entier. Empruntez aussi le train des gorges du Taieri, qui traverse des paysages à couper le souffle, et faites une croisière autour de la péninsule de l'Otago pour admirer albatros, manchots, phoques et cétacés.

DÉPART Invercargill
ARRIVÉE Balclutha
ROUTES Gorge Road (Invercargill Highway), route du littoral, routes locales
DISTANCE 158 km
TEMPS DE ROUTE 2 h 30
QUAND D'octobre à avril
INTERNET www.catlins-nz.com

NOUVELLE-ZÉLANDE
La route de la côte

Pour Rudyard Kipling, la Nouvelle-Zélande était « la dernière, la plus isolée, la plus belle, la plus exquise, la plus à part » : on pourrait en dire autant de cette route de 540 km entre terre et mer, où la forêt subtropicale côtoie les glaciers étincelants.

Depuis Karamea, ville située au pied des sommets et forêts du parc national de Kahurangi, prenez la route 67, qui serpente paresseusement entre de paisibles et verdoyantes collines. Après avoir franchi le Mokihinui, vous longerez la côte jusqu'à la petite ville de Waimangaroa, où un panneau indique Denniston, cité minière abandonnée au sommet d'une colline, jadis réputée pour son petit train à pic par lequel redescendait le charbon. De retour sur la route, continuez vers le sud jusqu'à Westport et faites un petit crochet par la 67A pour admirer le cap Foul Wind (« Vent mauvais », baptisé par le navigateur James Cook en 1770), sa colonie de phoques et son phare. Reprenez la 67, puis la route 6, qui passe par l'intérieur des terres en serpentant sur près de 100 km jusqu'à Greymouth, principale ville de la côte. Observez en chemin les spectaculaires rochers et « trous souffleurs » de Punakaiki. Greymouth a connu la ruée vers l'or, comme le rappelle Shantytown, cité minière des années 1880 reconstituée à 10 km au sud de la ville. Hokitika (40 min par la 6) est célèbre pour la néphrite, et ses boutiques vendent de magnifiques bijoux.

Continuez vers le sud et longez une série de lacs abritant de nombreux oiseaux, comme le kéa (grand perroquet vert), le weka (poule d'eau aptère), la grande aigrette et le kiwi. La route traverse de nouvelles collines verdoyantes aux abords de Franz Josef Glacier, aux nombreux restaurants et hébergements. Vous atteindrez le bas du glacier en 10 min à pied, tandis que le Fox Glacier est à quelques minutes de route plus au sud. L'un et l'autre se parcourent à pied, mais l'hélicoptère reste le moyen le plus impressionnant d'admirer ces témoins venus du fond des âges. Continuez sous le regard des monts Cook et Tasman, deux des plus hauts sommets de Nouvelle-Zélande. Au sud de la rivière Fox se trouvent encore de beaux panoramas marins, puis la route s'enfonce dans les terres pour longer les splendides lacs Moeraki et Paringa. La visite depuis le Lake Moeraki Lodge vous permettra d'admirer les colonies d'otaries à fourrure et de gorfous du Fiordland (reconnaissables à leurs longues plumes dorées) vivant sur la côte. Le long pont qui enjambe le Haast vous mènera jusqu'à la ville du même nom, au cœur d'un paysage à la beauté intacte.

DÉPART Karamea
ARRIVÉE Haast
ROUTES 67, 67A, 6
DISTANCE 540 km
TEMPS DE ROUTE 6 à 7 heures
QUAND De novembre à avril
À SAVOIR Attendez-vous à des pluies toute l'année.
INTERNET www.west-coast.co.nz

Le relief fortement érodé de Punakaiki fait que l'eau de mer jaillit à travers de nombreux « trous souffleurs ».

ROUTE D'EXCEPTION

AUSTRALIE

Great Ocean Road

Construite à la mémoire des soldats de la Première Guerre mondiale, cette route côtière de l'État de Victoria est l'une des plus belles d'Australie, avec ses immenses plages de sable fin, ses falaises et ses jolis villages de pêcheurs.

Ces géants de pierre, surnommés les Douze Apôtres, ponctuent le littoral de l'État de Victoria.

Depuis le centre de Melbourne, deux routes vous conduiront à la Great Ocean Road (B100), qui part officiellement de la station balnéaire de Torquay. La plus rapide, quoique moins agréable, est la Princes Freeway (M1), qui part vers le sud-ouest et Geelong. Vous pourrez vous y arrêter au musée national de la Laine ainsi qu'au centre culturel Narana Creations, qui expose des objets d'artisanat et d'art aborigènes. Depuis Geelong, suivez la Surfcoast Highway (B100) jusqu'à Torquay. L'autre solution consiste à prendre la Nepean Highway (A3) au sud de Melbourne et faire le tour de la très animée baie de Port Phillip. Mount Eliza, ville verte et très agréable, marque la fin de l'agglomération : vous entrez alors dans la zone de loisirs de prédilection des habitants de Melbourne, qui viennent se baigner sur ces plages au pied des sommets boisés. Dromana est une station courue, d'où vous aurez une vue imprenable sur la colline du parc d'État d'Arthur's Seat (305 m). Le cap Schanck est le paradis des promeneurs et randonneurs, avec un sentier de 29 km traversant le parc national de la péninsule de Mornington vers la délicieuse Portsea, près de la pointe. Mais la prudence s'impose, car si les plages sont splendides, les courants sont souvent traîtres et la baignade dangereuse. De Portsea, prenez le ferry pour franchir l'embouchure de la baie de Port Phillip jusqu'à Queenscliff. Ce joli village de bord de mer abritait autrefois une base navale, mais depuis l'arrivée du train, en 1879, il est surtout pris d'assaut par les amateurs de yachting. Vous rejoindrez Torquay en une petite heure, *via* Ocean Grove et Barwon Heads par la C121 et la Surfcoast Highway.

> **"** La Great Ocean Road traverse un paysage sublime. Ne manquez pas les Douze Apôtres, rochers géants contre lesquels la mer vient s'écraser de toutes ses forces. **"**
>
> ANNIE GRIFFITHS,
> PHOTOGRAPHE
> AU *NATIONAL GEOGRAPHIC*

Surf sur Bells Beach

Bells Beach, près de Torquay, est une plage de surf mythique, célèbre dans le monde entier pour ses vagues pouvant atteindre 4 m de haut. Ces rouleaux étaient connus depuis longtemps, mais ce n'est qu'avec l'introduction de planches légères, dans les années 1950, qu'il devint possible d'accéder à la plage en apportant son matériel. Ce problème d'accès fut définitivement résolu par le surfeur Joe Sweeny, qui fit creuser une route au bulldozer. Depuis, la plage est entrée dans l'histoire et abrite même une compétition internationale chaque année à Pâques.

Cette partie de la côte se prête idéalement à la pratique du surf – Bells Beach en est un parfait exemple –, et le Surfworld de Torquay expose de nombreux objets liés à ce sport, dont des planches rares et anciennes. La route s'enfonce brièvement dans les terres pour retrouver la côte à Anglesea, où vous pourrez faire de l'équitation le long de la mer. Un peu plus loin, vous traverserez Lorne, autre haut lieu de la randonnée et du surf. Prenez un peu de hauteur pour admirer les chutes d'Erskine et la vue spectaculaire sur la côte. La route se fait ensuite particulièrement impressionnante, serpentant entre falaises et criques encaissées sur 40 km jusqu'à Apollo Bay. Les points de vue ne manquent pas, de sorte que vous pourrez garder les yeux sur la chaussée, très sinueuse, sans perdre une miette du paysage. C'est d'ici que part le Great Ocean Walk, sentier côtier de 92 km.

Après Apollo Bay, la route se met à remonter dans les terres et les monts d'Otway Ranges. Escarpés et couverts

d'une forêt exubérante, ils offrent une vue imprenable sur l'océan et les vertes collines des environs. À 19 km de la baie, prenez à gauche le petit chemin de terre sinueux qui vous conduira jusqu'au phare du cap Otway, qui n'a jamais été éteint depuis sa construction par des bagnards en 1848. De retour sur la route, vous passerez près du petit mais ravissant parc d'État Melba Gully, avec ses fougères luxuriantes, ses épaisses forêts et le ballet nocturne de ses lucioles, puis traverserez l'ancienne ville de bûcherons de Lavers Hill avant de retrouver l'océan à Princetown. La route traverse ensuite le parc national de Port Campbell, où le littoral est spectaculaire. Des rochers géants, surnommés les Douze Apôtres, se dressent à plus de 60 m au-dessus de l'eau. De nombreux sites panoramiques vous permettront d'admirer ces splendides formations rocheuses sous différents angles.

La Great Ocean Road prend fin en rejoignant la Princes Highway (A1), à l'est de l'ancien port baleinier de Warrnambool. On peut y observer des baleines franches australes élever leur petit durant les mois d'hiver. Vous rejoindrez Melbourne par la Princes Highway.

DÉPART Melbourne
ARRIVÉE Warrnambool
ROUTES Princes Freeway (M1), Nepean Highway (A3), C121, Surfcoast Highway (B100), Great Ocean Road (B100), Princes Highway (A1)
DISTANCE 418 km
TEMPS DE ROUTE 12 heures
QUAND Toute l'année
À SAVOIR Le Rip Curl Pro, compétition internationale de surf, a lieu tous les ans à Bells Beach, près de Torquay. Lorne est souvent prise d'assaut : réservez votre hébergement longtemps à l'avance.
INTERNET www.greatoceanrd.org.au

Temps forts

- Le musée maritime de Flagstaff Hill retrace l'époque où Warrnambool était un port baleinier. Le site comprend le phare, l'ancienne ferme du gardien et les fortifications construites en 1887 pour repousser l'envahisseur russe. Un impressionnant spectacle son et laser est consacré au naufrage du clipper *Loch Ard* (1878).

- En retournant à Melbourne, arrêtez-vous à côté de Winchelsea pour visiter le parc Barwon (ouvert les dimanches et mercredis). Les 42 pièces de sa villa, l'une des plus belles d'Australie, ont conservé leur intérieur victorien, dont un magnifique escalier en cèdre.

Cabines de bain multicolores le long de la baie de Port Phillip, avec Melbourne en arrière-plan

Les hauts gommiers des montagnes sont endémiques sur le plateau du parc national de Barrington Tops.

AUSTRALIE
Pacific Highway

La Pacific Highway relie Sydney, capitale de l'État de Nouvelle-Galles du Sud, à la station de Byron Bay. Entre les deux, un bric-à-brac éclectique fait d'aventures marines, de forêts, de montagnes, de fermes bio, de tourisme kitsch et de plages désertes.

Franchissez le célèbre Harbour Bridge de Sydney sur la route 1 : la première grande ville que vous croiserez, 160 km plus loin, est Newcastle. Ne vous arrêtez pas à ses cheminées d'usine : c'est une ville aux rues arborées et à la splendide architecture Art déco, très prisée également des surfeurs. Suivez la route vers l'intérieur des terres et faites un crochet par le parc national de Barrington Tops (prenez à gauche la route 15 après Newcastle, puis tournez à Maitland jusqu'à Dungog) : vous traverserez une forêt tempérée et des plateaux couverts d'eucalyptus et de tourbières alpines. De retour sur la route 1 et le bush des environs de Port Stephens, ouvrez l'œil et vous verrez peut-être un koala sauvage. L'étape suivante est Port Macquarie, célèbre pour ses sports nautiques, ses domaines viticoles, ses parcs à thème et ses édifices construits par les bagnards. Continuez sur 145 km puis prenez la route 78 pour rejoindre le village de Bellingen. Situé en pleine forêt, au pied d'un escarpement rocheux de 305 m, il abrite écrivains, artisans et artistes en quête de paix. La route 78 est difficile, mais continuez sur 32 km jusqu'au parc national Dorrigo. Retournez à la route 1 par Bellingen ou Coramba. Le climat se réchauffe lorsqu'on approche de Coffs Harbour, où les pentes des montagnes plongeant vers la côte sont plantées de bananeraies. La route s'enfonce dans les terres avant d'atteindre Grafton, dont les jacarandas et flamboyants se parent de couleurs vives en novembre. Vous arriverez enfin à Byron Bay, station populaire de la côte pacifique, avec ses marchés bio, ses orchestres folk et ses croisières d'observation des baleines en juin et juillet.

Temps forts

■ Si vous n'avez pas vu de koala en pleine nature, rendez-vous au Port Macquarie Koala Hospital : cette propriété historique accueille et soigne environ 200 de ces marsupiaux malades ou blessés. Les visiteurs sont admis toute la journée, mais une visite guidée commence à 15 heures, durant laquelle un membre du personnel vous racontera l'histoire de chaque pensionnaire.

■ Le Big Banana, à Coffs Harbour, est un parc à thème dédié à la culture de la banane. Vous pourrez visiter une plantation, déguster un smoothie et tout savoir sur l'historique de ce fruit. À moins que vous ne vous contentiez des attractions : parc aquatique, piste de luge d'été, patinoire, etc.

DÉPART Sydney
ARRIVÉE Byron Bay
ROUTES 1, 15, 78
DISTANCE 837 km
TEMPS DE ROUTE 11 heures
QUAND Toute l'année
À SAVOIR Conduisez avec prudence : certains tronçons sont dénués de ligne blanche, et les collisions ne sont pas rares. Route non bitumée dans le parc national de Barrington Tops.
INTERNET www.australia.com

TAÏWAN
La péninsule de Hengch'un

Allez jusqu'à la pointe sud de Taïwan pour contempler l'immense océan Pacifique depuis le plus beau parc de l'île, admirer d'étranges formations rocheuses et autres curiosités de la nature et marcher le long des récifs de corail.

Partez du point d'information du parc national de K'enting, qui vous renseignera sur la topographie, les coraux, la flore et la faune. Prenez la route provinciale 26 vers le sud-ouest, traversez la ville de K'enting, passez l'incontournable Frog Rock et continuez jusqu'à K'enting Beach. Cette plage au sable doré, très prisée des jet-skieurs, se trouve au pied d'un escarpement rocheux, et vous pourrez louer du matériel de plongée pour aller explorer ses coraux. À moins de 1 km se trouve le Sail Rock, rocher de 18 m qui marque le début de la forêt côtière tropicale : celle-ci s'étend sur 1 600 m, avec plus de 180 espèces végétales poussant sur des bancs de corail. À quelques kilomètres de là se trouve Shadao, la plus belle plage de l'île, au sable étincelant fait de coquillages et de fragments coralliens et protégée de toute interférence humaine. Le parc Eluanbi est situé à la pointe de la péninsule de Hengch'un, où le détroit de Bashi rencontre l'océan Pacifique. La forêt tropicale se mêle ici d'arbustes et de lianes poussant sur des parois de corail, et l'on découvre une vue splendide sur le littoral. Vous pourrez marcher jusqu'à la pointe, sur laquelle veille l'un des rares phares fortifiés au monde : surnommé « Lumière d'Extrême-Orient », c'est aussi le plus puissant de l'île. La route commence ensuite à grimper vers le nord. Arrivé au parc de Longpan, arrêtez-vous pour admirer les falaises de corail et le panorama sur l'océan. La route s'enfonce dans les terres et traverses des pâturages avant de revenir vers la côte à Fongchueisha, célèbre pour ses extraordinaires sables mouvants charriés par les pluies de mousson. Un splendide panorama marin se découvre depuis la route qui suit le littoral, descendant parfois jusqu'au niveau de la mer, avant de franchir le Gangkou. Prenez à droite au carrefour en T et roulez sur 2,2 km pour atteindre l'aire de Jialeshuei, dont les rochers sculptés par le vent et l'eau présentent des motifs en nid-d'abeilles. Suivez le sentier qui longe ces curiosités de la nature pour atteindre les chutes de Shanhaipu, dont les eaux se déversent de la montagne dans l'océan. De Jialeshuei, rebroussez chemin ou prenez la route 200 par l'intérieur des terres à Gangkou. Vous traverserez rizières et palmeraies jusqu'à Hengch'un, ville qui a donné son nom à la péninsule.

DÉPART Parc national de K'enting
ARRIVÉE Jialeshuei/Hengch'un
ROUTES Provincial Highway 26, Country route 200
DISTANCE 28 km
TEMPS DE ROUTE 1 heure
QUAND Toute l'année
À SAVOIR Prudence près des falaises durant la mousson (juin-octobre), quand le vent et la marée sont forts. Ne quittez pas les sentiers balisés et méfiez-vous des serpents venimeux.
INTERNET www.taiwantourisme.com

Le Sail Rock est surnommé « Nixon Rock » : sa forme rappellerait le profil de l'ancien président des États-Unis.

TOP 10

10
Mers d'Orient

Les plages, baies, criques et îles d'Asie sont sans aucun doute parmi les plus belles du monde. Vous aurez toujours plaisir à y conduire.

❶ Route d'Ilju, Jeju-do, Corée du Sud

L'île volcanique de Jeju-do est l'une des plus belles destinations de vacances de la péninsule. La route du littoral permet d'admirer la mer de Chine d'un côté, les cônes volcaniques et autres formations basaltiques de l'autre. Prenez aussi le temps d'explorer l'intérieur des terres.

À SAVOIR Nombreuses plates-formes d'observation. Le printemps est la meilleure saison. www.visitkorea.or.kr

❷ Route de Rueigang, Taïwan

Cette route de 22 km sur la côte orientale de Taïwan longe la Siouguluan et traverse de splendides et verdoyantes collines. Elle part de Rueisuei, dont les rapides sont très prisés des amateurs de rafting, et arrive à Dagangkou, où un cadran solaire géant marque le passage du tropique du Cancer.

À SAVOIR Le solstice d'été (21 ou 22 juin) est le meilleur moment pour admirer le monument au tropique du Cancer. www.taiwantourisme.com

❸ Viaduc de Patapat, Luçon, Philippines

La route de montagne panoramique qui relie la station balnéaire de Pagudpud au Cagayan traverse une végétation luxuriante. Vous emprunterez le viaduc de Patapat, d'où vous aurez une vue spectaculaire sur la baie de Pasaleng d'un côté et des chutes d'eau de l'autre.

À SAVOIR La conduite est « sportive » aux Philippines : vous pouvez louer une voiture avec chauffeur. www.philippines-tourisme.fr

❹ Nha Trang-Qui Nhon, Viêt Nam

Entourée de montagnes et bordée par une baie enchanteresse aux nombreuses îles, Nha Trang est à juste titre l'étoile montante du tourisme vietnamien. Elle attire de nombreux surfeurs, plaisanciers et croisiéristes. Cette route panoramique de 215 km se frayant un passage entre les plages, et la montagne vous laissera un souvenir inoubliable.

À SAVOIR Nha Trang organise un festival de la Mer au mois de juin des années impaires. www.vietnamtourism.com

❺ Route de la côte Bintulu-Miri, Malaisie

Cette route traverse une épaisse forêt tropicale, avec ses villages de longues cases sur pilotis, mais aussi des terres déboisées, abandonnées aux plantations de palmiers à huile. La propriété et les droits d'exploitation de la forêt restent des questions sensibles dans cette région du monde. À Miri, ne manquez pas le marché autochtone de Tamu Muhibbah : vous y trouverez des produits frais de la ferme ou de la forêt, des remèdes traditionnels, de l'artisanat du Sarawak, etc.

À SAVOIR Prenez au choix l'ancienne route (230 km), plus belle mais en moins bon état, ou la nouvelle, inaugurée en 2006 (182 km), plus rapide. www.ontmalaisie.com

❻ Route de la côte orientale, Malaisie

L'autoroute 3 traverse des forêts luxuriantes et relie un chapelet de petites villes et de jolis villages de pêcheurs. Elle part de Johore Baharu, à la frontière avec Singapour, et va jusqu'à Mersing avant de longer la côte orientale jusqu'à Kuantan, principale ville de la péninsule, en passant par les paisibles stations de Kuala Rompin et Lanjut.

À SAVOIR L'autoroute 3 suit le tracé de l'ancienne route reliant Singapour à Kuala Lumpur. www.ontmalaisie.com

Ci-contre : omniprésentes sur l'île de Jeju-do (Corée du Sud), les statues d'ancêtres sont sculptées dans la roche volcanique locale.

❼ Bondalem-Ujung, Bali, Indonésie

Pratiquement épargnée par le tourisme de masse, cette route traverse une partie du sud-est de Bali, qui vit essentiellement de la pêche. Son tronçon le plus spectaculaire est celui, étroit et sinueux, qui va d'Amed à Ujung, au pied des pics jumeaux de Seraya et Lempuang, avec son temple.

À SAVOIR La réserve sous-marine de Tulamben possède un riche écosystème. Vous y verrez aussi l'épave du *U.S.S. Liberty*. www.infoindonesie.com

❽ A15, Sri Lanka

Inaugurée en 2010, cette autoroute de 132 km reliant Trincomalee à Batticaloa, sur la splendide côte orientale du Sri Lanka, est un plaisir à parcourir. Admirez le pont qui enjambe le lagon d'Oddamavadi : ce petit bijou d'ingénierie a vu le jour grâce à l'aide internationale après le tsunami de 2004.

À SAVOIR Profitez de la saison sèche, de mai à septembre. www.srilanka.fr

❾ Boucle du nord-est, Phuket, Thaïlande

Quoique assez peu connu, ce circuit traversant de petits villages de pêcheurs offre des points de vue splendides sur les îles de la baie de Phang Nga. C'est l'une des plus belles routes du pays.

À SAVOIR Vous accéderez à la boucle depuis le monument aux Héroïnes, au sud de Thalang. www.tourismethaifr.com

❿ Beyrouth-Lattaquié, Liban/Syrie

Prenez un cours d'histoire et de géographie sur cette route de 184 km longeant la Méditerranée. Vous partirez de Beyrouth pour rejoindre la station balnéaire de Djouniyé, puis Byblos, sans doute fondée vers 5000 av. J.-C. Vous admirerez aussi la citadelle Saint-Gilles et la vieille ville de Tripoli ainsi que la cathédrale fortifiée de Tartous (XIIe siècle). La route serpente ensuite jusqu'à Lattaquié, principal port de Syrie, célèbre pour ses cafés.

À SAVOIR Demandez votre visa pour la Syrie dans votre pays de résidence. www.syriatourism.org www.destinationliban.com

Vues de la côte, les îles au large de la péninsule de Sai Kung semblent flotter à l'horizon.

Temps forts

- Le centre d'information du Sai Kung Country Park possède un musée petit mais bien fait sur la géographie du parc, sa faune et sa flore ainsi que les traditions populaires et rurales.

- Les deux parties du parc (est et ouest) sont parfaites pour le camping et la randonnée en pleine nature. Les bons marcheurs s'aventureront sur le Maclehose Trail, sentier panoramique qui les relie l'une à l'autre.

- Prenez un taxi ou le bus 94 (à impériale : asseyez-vous à l'étage pour la vue) pour aller jusqu'à l'embarcadère Wong Shek. Vous pourrez y louer un petit voilier ou un canot pneumatique, prendre le ferry pour admirer la côte, vous promener au bord de l'eau ou juste savourer le paysage.

CHINE

Le Country Park de Hongkong

Ce petit trajet jusqu'au délicieux Sai Kung Country Park vous fera longer la côte déchiquetée des New Territories de Hongkong. Vous passerez par le paisible port de pêche de Sai Kung, dont la baie parsemée d'îles est digne des plus belles estampes chinoises.

Le pic verdoyant du Ma On Shan domine le paysage. Derrière vous, Kowloon ; devant, la Clear Water Bay Road, puis la Hiram's Highway. Cette route serpente jusqu'à l'anse de Marina Cove, où les villas se pressent par centaines autour du port de plaisance. Vous découvrirez ensuite la vue sur le port naturel de Pak Sha Wan, ou Hebe Haven, à 2 km : des centaines de petites embarcations s'alignent au mouillage de cette superbe baie, parfaitement abritée par une étroite péninsule. La route traverse des villages, des forêts et des pépinières sur 3 km avant d'arriver à Sai Kung. Ce vieux port est réputé pour ses fruits de mer, et ses habitants aiment louer un sampan pour aller à la pêche aux seiches. La route devient ensuite Po Tung Road, puis Tai Mong Tsai Road et arrive, en sortie de ville, à une petite plage avec des restaurants de bord de mer. Puis elle longe la côte du Port Shelter, où la baie est bordée d'eucalyptus et d'aires de pique-nique aux pelouses accueillantes. La mer est parsemée de petits îlots et d'îles telles que Kiu Tsui Chau et Kau Sai Chau : c'est la partie la plus charmante de votre itinéraire. Admirez le mémorial de Sai Kung, dont l'obélisque rend hommage aux villageois et soldats victimes de l'occupation japonaise, de 1941 à 1945. Laissez votre véhicule à l'entrée du Sai Kung Country Park et continuez en taxi ou en bus (20 min) jusqu'à l'embarcadère de Wong Shek. Pour retourner à Kowloon, revenez sur vos pas ou prenez la Sai Sha Road, qui offre de beaux panoramas sur les anses de Three Fathoms Cove et Tolo Harbour avant d'arriver à la ville nouvelle de Ma On Shan, idéale pour une séance de shopping.

DÉPART Kowloon
ARRIVÉE Wong Shek
ROUTES Hiram's Highway, routes Po Tung, Tai Mong Tsai et Sai Sha
DISTANCE 17 km
TEMPS DE ROUTE 45 min
QUAND Toute l'année
À SAVOIR Les plages de Sai Kung sont souvent bondées le week-end. Évitez de conduire en période de typhons (de mai à novembre environ) : inondations fréquentes.
INTERNET
www.discoverhongkong.com

OMAN

Le golfe d'Oman

Le littoral de la mer d'Oman vous offre des plages de sable blanc, un désert, des montagnes, des monuments historiques et des canyons. Ce splendide sultanat s'ouvre tout juste au tourisme : profitez-en !

Partez de Mascate, capitale du sultanat et ville cosmopolite qui compte, outre la grande mosquée du sultan Qabus et autres lieux de culte musulman, des temples hindous et sikhs ainsi que des églises. Le Musée franco-omanais, résidence des consuls de France jusqu'en 1920, retrace l'histoire des liens entre la France et Oman. Le souk de Matrah est l'un des meilleurs du Golfe. Pour rejoindre la route du bord de mer (route 17) qui part de Qurayat, franchissez les montagnes de l'Oman par Al-Amirate Road, route de 94 km où vous verrez des villages blanchis à la chaux, des troupeaux de chameaux et de chèvres et de curieuses formations géologiques. La descente sur le port de Qurayat vous offrira une vue spectaculaire sur la plaine littorale en contrebas. Prenez la route 17 vers le sud et traversez le village de Dibab. Vous pourrez y visiter la doline du Dibab Lake Park, née de l'effondrement du sol au-dessus d'une rivière souterraine. Un escalier mène à ses eaux limpides, où vous pourrez vous baigner. Continuez sur 39 km le long de la côte jusqu'à Tiwi. Non loin de là se trouve le wadi Shab, où vous pourrez nager au cœur d'une palmeraie, escalader une cascade et explorer une grotte. L'ancienne cité de Qalhat se trouve à 20 km : admirez le mausolée de Bibi Maryam, dernier vestige d'un ensemble sacré que le voyageur Ibn Battuta (XIIe siècle) tenait pour le plus beau du monde. Votre voyage se terminera à Sur, mais libre à vous de faire de ce port votre camp de base pour explorer les anses isolées, les plages semées de corail et les montagnes escarpées de la péninsule de Ras al Hadd. Sur est aussi réputée pour la construction de boutres, comme en témoigne son musée de la Marine.

Zoom La réserve de tortues Ras al Hadd attire chaque nuit des centaines de visiteurs venus voir les tortues vertes géantes pondre sur la plage. Le parc, situé à l'est de Sur, possède des infrastructures modernes et propose des visites nocturnes permettant d'observer sans les déranger les reptiles enterrant leurs œufs dans le sable. Une autre visite a lieu au lever du soleil, lorsque les bébés à peine éclos se précipitent vers la mer. Un guide vous mènera jusqu'au lieu de ponte, qu'il éclairera pour vous sans perturber les animaux. Les flashs sont interdits : attendez l'aube pour prendre des photos.

DÉPART Mascate
ARRIVÉE Sur
ROUTES Al-Amirate Road, route 17 (Sur Highway)
DISTANCE 239 km
TEMPS DE ROUTE 3 heures
QUAND Toute l'année
À SAVOIR Les voitures sales sont interdites à Mascate ! Gardez les épaules et les genoux couverts dans les lieux publics et réservez votre maillot de bain pour la plage ou la piscine de l'hôtel.
INTERNET www.omantourisme.com

La mosquée du sultan Qabus, à Mascate, est l'une des plus grandes du monde : elle peut accueillir 20 000 fidèles.

Sotchi et son joli port sont l'une des destinations estivales préférées des Russes.

RUSSIE
La côte de la mer Noire

Cette route qui longe la « Riviera du Caucase » (côte nord-est de la mer Noire) passe par Sotchi, capitale d'été de l'ouest de la Russie, autoproclamée ville la plus longue du monde : elle s'étend sur 145 km de montagnes et de forêts.

Depuis la ville de Djoubga, prenez la route M27 vers le sud et passez le port de Touapse, puis Magri, où commence officiellement l'agglomération de Sotchi. Sur votre droite, la mer Noire s'étend à perte de vue, avec ses baies, ses îlots boisés et ses stations balnéaires comme Lazarevskoye ou Loo. Sur votre gauche, le Caucase. Passé Dagomys, dont la plantation de thé remonte à 1896, vous pénétrerez dans Sotchi-Centre, avec ses avenues bordées de palmiers, ses parcs et jardins et une promenade de bord de mer où les vacanciers aiment à flâner en été. Admirez les imposants édifices de la période soviétique, de style néoclassique, comme le musée ou les théâtres d'Hiver et d'Été, mais aussi le terminal maritime et la gare, tout simplement grandioses. Sur les hauteurs se trouvent la résidence d'été du président russe ainsi que les somptueuses datchas des oligarques, que vous apercevrez de loin, derrière leurs périmètres de sécurité. L'atmosphère est plus détendue en ville, où vous trouverez des bars, restaurants et discothèques en bord de mer. Continuez vers le sud et Adler, où l'A148 vous permettra de rejoindre la station de ski panoramique de Krasnaya Polyana (600 m) avant de suivre la Mzymta et de serpenter autour des lacs. Prenez le télésiège pour observer de haut le chantier des jeux Olympiques d'hiver de 2014.

Prolongations À 25 km au nord-est de Sotchi se trouve la réserve de biosphère du Caucase, qui englobe la partie occidentale du Grand Caucase et le parc national de Sotchi. Cette région n'a pratiquement jamais subi l'influence de l'homme. Elle abrite de nombreuses espèces animales, dont le loup, le lynx et l'ours brun. Ses sapins peuvent dépasser les 80 m, ce qui les classe parmi les plus hauts arbres d'Europe. Au sud-est de Sotchi, l'ancienne forêt de Khosta ressuscite un environnement vieux de quelque 30 millions d'années.

DÉPART Dzhubga
ARRIVÉE Krasnaya Polyana
ROUTES M27, A148
DISTANCE 210 km
TEMPS DE ROUTE De 4 à 5 heures
QUAND De mai à septembre
À SAVOIR Sotchi accueille en juin le plus grand festival du Film de Russie : réservez votre hébergement longtemps à l'avance.
INTERNET
www.sochi-international.ru

FINLANDE
Circuit de l'archipel de Turku

Ce circuit à travers l'archipel de Turku vous fera emprunter 12 ponts et 9 ferries différents. Plusieurs milliers d'îles boisées et d'îlots rocheux séparent la Finlande de la Suède. La plupart de leurs habitants parlent bien l'anglais.

Partez de la cathédrale de Turku, dont le carillon retentit tous les jours à midi à la radio finlandaise, et quittez cette petite ville, la plus ancienne du pays, par la route 110. Vous emprunterez un tronçon de l'axe historique par lequel souverains, évêques, marchands et pèlerins reliaient la Norvège à la Russie. Prenez la route 180 vers le sud et passez Pargas, porte d'accès à l'archipel, dont les îles ont été sculptées et polies lors de la dernière glaciation. Prenez le bac pour Nagu, puis de Nagu à Korpo et suivez les panneaux marron à travers les bois. Peut-être apercevrez-vous un cerf ou un élan nager entre deux îles. Passé le village de Korpo, avec son église du XIIIe siècle, continuez jusqu'à Galtby, qui possède un marché animé et des boutiques de poteries et objets d'art, puis tournez à droite vers l'îlot de Galtby Brygga. Prenez le ferry jaune vif et admirez les rochers où nichent les cormorans et autres oiseaux marins avant de débarquer à Houtskär, dont le musée vaut la visite. Continuez sur la route 1800 pour aller prendre le ferry de Roslax à Kivimo. Suivez la route principale vers l'est puis vers le nord et reprenez le ferry de Björkö à Mossala, puis de Mossala à Dalen (la plus longue traversée de votre itinéraire). Ouvrez l'œil pour apercevoir un pygargue à queue blanche, rapace emblème de l'archipel, ou un phoque sortant la tête de l'eau. Traversez la petite île d'Iniö, que domine l'imposante église de Sophie Wilhelmine, puis prenez le bac pour Jumo, d'où les Vikings partaient faire du commerce en Suède, puis de Kannvik à Heponiemi. Suivez la route 1922 vers le nord et tournez à gauche à Parattula pour aller vers Viherlahti. Au croisement suivant, prenez la 192 et mettez le cap sur Taivassalo, dont l'office de tourisme est situé près du port. Suivez la route 1961 vers le sud pour prendre le ferry de Hakkenpää à Teersalo. Prenez la route 1931 jusqu'à Rauduinen, puis la 1930 et continuez jusqu'à l'embranchement avec la 189. Tournez enfin à gauche vers le port de Naantali : l'île de Kailo abrite un parc à thème dédié aux Moumines, ces trolls créés par la dessinatrice Tove Jansson. Kultaranta, manoir de granite situé sur l'île de Luonnonmaa, sert de résidence d'été au président finlandais. Ouverts au public, ses jardins possèdent plus de 3 500 rosiers. La route 40/E18 vous ramènera à Turku *via* Raisio.

DÉPART/ARRIVÉE Turku
ROUTES 110, 180, 1800, 1922, 192, 1961, 1931, 1930, 189, 40/E18
DISTANCE 250 km
TEMPS DE ROUTE 8 heures
QUAND De juin à août. La Nuit des Feux anciens est fêtée le dernier dimanche d'août (feux d'artifice).
À SAVOIR Consultez les horaires de ferry à l'avance.
INTERNET www.saaristo.org

Naantali ne manque pas de lieux à visiter.

TOP 10
10 Routes de bord de lac

Découvrez les plus beaux lacs d'Europe, de la Scandinavie à l'Italie en passant par les Balkans et le romantique Lake District, en Angleterre.

❶ Lac d'Ohrid, Macédoine/Albanie

Avec ses brises fraîches, ses eaux limpides et ses montagnes en arrière-plan, le lac d'Ohrid est le plus profond des Balkans. Ce circuit de 90 km au départ d'Ohrid, principale ville de la rive macédonienne, vous fera passer la frontière deux fois.

À SAVOIR Les plus beaux paysages sont ceux de la rive sud-est, entre Pestani et le mausolée de saint Naum, près de la frontière. *www.ohrid.com*

❷ Lac Balaton, Hongrie

Si la rive sud du plus grand lac d'Europe a été largement défigurée par le tourisme de masse, la rive nord vaut le voyage pour ses vignobles, ses villas au charme désuet, ses stations thermales et ses villages historiques bordés de forêts et de roseaux. Comptez 4 heures au départ de Balatonvilágos pour faire le tour *via* Siófok.

À SAVOIR Vous pourrez vous baigner de mai à octobre, mais évitez la haute saison (juillet-août). L'élégante station de Keszthely est une bonne base de départ. *www.gotohungary.com*

❸ Lac de Neusiedl/lac Fertö, Autriche/Hongrie

Peu profond et battu par les vents, le deuxième plus grand lac de steppe d'Europe centrale a vu son niveau fluctuer grandement avant l'installation d'une écluse. De Neusiedl am See, roulez vers le sud et Sopron (Hongrie), à travers un paysage de hauts roseaux abritant des oiseaux migrateurs, vignes et vieux villages.

À SAVOIR Le temps est agréable de juin à octobre, mais l'hiver permet de faire du patin à glace. *www.neusiedlersee.com*

❹ Lac de Constance, Allemagne/Suisse/Autriche

Ce lac situé au pied des Alpes est traversé par le Rhin. Roulez vers l'est au départ de Constance et prenez le temps de vous adonner à des activités de loisir (sports nautiques, croisière, randonnée) et d'explorer les villes médiévales, parcs naturels et vignes des environs.

À SAVOIR Le lac de Constance n'est qu'à une heure de Zurich. Pris d'assaut en été, il vaut le voyage en automne (vendanges et fêtes du vin). *www.bodensee.eu*

❺ Lac Majeur, Italie/Suisse

Réputé pour son charme romantique, ce lac long et encaissé est bordé de collines au nord et de montagnes au sud. Une route de 179 km en fait le tour *via* la cité historique d'Ascona, le jardin botanique de l'île de Brissago, la ville de Verbania, le Centovalli, paradis des randonneurs, les sublimes îles Borromées, les châteaux de Borromeo et Cannero et la paisible Stresa.

À SAVOIR La rive occidentale est la plus belle. Un car-ferry assure la traversée entre Intra (Verbania) et Laveno, sur la rive orientale. *www.italia.it*

❻ Lac de Garde, Italie

Le plus grand lac d'Italie est aussi celui qui offre les paysages les plus variés et le plus grand plaisir au conducteur. Partez de Peschiera del Garda, sur la rive sud, et roulez vers Sirmione, Desenzano del Garda et Salo, capitale de Mussolini entre 1943 et 1945. Plus au nord-est, Gardone Riviera marque le début des plus beaux paysages. Vous traverserez plusieurs petits villages, dont Riva del Garda, très appréciée des planchistes.

À SAVOIR Il est possible de faire le tour du lac en 4 heures mais mieux vaut compter deux jours pour prendre le temps d'en explorer les riches environs. La circulation peut être dense, surtout en août. *www.lago-di-garda-tourism.com*

Ci-contre : les abords du lough Corrib abritent une faune abondante : faucon, loutre, batraciens, chauve-souris, vison et hermine.

❼ Lacs du Mecklembourg, Allemagne

Tourbières, marécages, forêts et innombrables cours d'eau forment le paysage de ce réseau de lacs. Le bateau est bien sûr le moyen de transport privilégié, mais il est possible de se déplacer en voiture ou à vélo pour admirer la nature.

À SAVOIR La ville de Waren, sur la rive nord du lac Müritz, le plus grand, est le point de départ idéal pour prendre l'une des nombreuses routes sinueuses de la région. *www.m-vp.de*

❽ Vänern, Suède

Le principal lac de Suède abrite le plus grand archipel en eau douce au monde : plus de 20 000 îles, îlots et rochers à explorer. Depuis Trollhättan, tournez dans le sens des aiguilles d'une montre *via* Vänersborg (boucle de 408 km). Vous pourrez pêcher d'énormes truites et saumons et découvrir les bateaux-sépultures des Vikings.

À SAVOIR Le dernier vendredi de juin et Noël sont deux grandes fêtes suédoises. Profitez des nuits extrêmement courtes en été. *www.visitsweden.com*

❾ Lake District, Royaume-Uni

Découvrez ce parc national en longeant la rive sud du lac de Windermere jusqu'au chemin de fer à vapeur, puis remontez vers le nord jusqu'au Hill Top, où vécut Beatrix Potter. La route de Hawkswood à Keswick passe par les chutes d'Aira Force (21 m) et offre des points de vue spectaculaires.

À SAVOIR Évitez Windermere en pleine saison si vous n'aimez pas la foule. *www.cumbria-the-lake-district.co.uk*

❿ Lough Corrib, Irlande

La boucle qui fait le tour du Lough Corrib est à quelque distance de la rive – à laquelle vous aurez accès par plusieurs petites routes – mais son paysage de tourbières et de montagnes est spectaculaire. On dit que le lac compte autant d'îles qu'il y a de jours dans l'année. Il est également très réputé pour la pêche à la mouche (saumon et truite).

À SAVOIR Partez d'Oughterard, où vous trouverez hébergements, boutiques de pêche et agences spécialisées. *www.discoverireland.ie/fr*

ALLEMAGNE
Le long de la Baltique

Plages de sable, paysages verdoyants, villages de pêcheurs et ports historiques vous attendent tout au long du littoral de la Baltique. Vous y découvrirez de charmants petits hôtels et des lagunes d'eau saumâtre où les oiseaux migrateurs font escale deux fois l'an.

Le jaune éclatant des champs de colza tranche sur les couleurs vives des chaumières d'Ahrenshoop.

Temps forts

■ **Bad Doberan** garde le souvenir du grand-duc de Mecklembourg Frédéric-François Ier, qui en fit sa capitale d'été. Son palais a été transformé en hôtel et l'un des charmants pavillons à la chinoise du Kamp (parc municipal) est devenu un café.

■ Le **Bernsteinmuseum**, logé dans l'abbaye de Ribnitz-Damgarten, est entièrement consacré à l'ambre et présente de fascinants spécimens, dont des insectes fossilisés et parfaitement conservés.

■ Le patrimoine marin de la région transparaît jusque dans l'église de brique de **Prerow**, dont l'intérieur est orné de maquettes de bateaux et de sculptures polychromes rappelant les figures de proue.

S nobbez l'Autobahn et préférez-lui la vieille route B105 pour aller du port historique de Wismar vers Rostock. Tournez vers le nord avant Kröpelin et traversez un paysage de collines boisées avant d'atteindre Kühlungsborn, principale station de la Baltique, avec ses 4 km de plages de sable, ses hôtels et ses opulentes villas. Même si vous n'êtes pas fan de baignade, de planche à voile ou de bains de soleil, prenez le temps d'une promenade le long de la jetée pour humer l'air marin. Puis reprenez la route jusqu'à Heiligendamm, dont les façades de style classique datent des années 1790. Retrouvez la B105 à Bad Doberan, où vous pourrez admirer la cathédrale, de style gothique, avec son maître-autel doré et son tabernacle en chêne sculpté. À l'extérieur se trouve un ossuaire (Beinhaus) contenant les restes des moines. Continuez sur la B105 et traversez Rostock, puis tournez vers le nord dans la ville de Ribnitz-Damgarten sur la petite route de Dierhagen. Vous entrerez dans la péninsule de Fischland-Darss-Zingst, dont la majeure partie est classée parc national, avec un paysage éminemment varié : forêts, prairies, tourbières, dunes et lagunes d'eau saumâtre. Les vieux villages de pêcheurs ont gardé tout leur cachet : ici, pas de villas clinquantes, mais de simples chaumières. Un bon endroit pour s'imprégner du charme du Fischland est le port d'Ahrenshoop, qui ne désemplit pas de bateaux de pêche traditionnels, les Zeesenboote. Même son église présente la forme d'une carène retournée. Plus loin sur la péninsule, la région du Darss est dominée par la forêt et la station de Prerow. Suivez la digue sur 4 km, après quoi la route s'enfonce dans les terres. Votre dernière étape est le petit port de Barth, fondé au XIIIe siècle : promenez-vous sur le quai, où les voiliers de plaisance supplantent désormais les bateaux de pêche.

DÉPART Wismar
ARRIVÉE Barth
ROUTES B105, routes locales
DISTANCE 150 km
TEMPS DE ROUTE 3h30
QUAND Toute l'année
À SAVOIR Kühlungsborn est un endroit agréable pour passer la nuit, à condition de réserver longtemps à l'avance.
INTERNET www.vorpommern.de

Excursion Depuis Ribnitz-Damgarten, prenez la B105 jusqu'à Stralsund, l'un des vieux ports les mieux conservés de la Baltique. Cernée par l'eau, cette ville possède trois églises et des maisons antérieures à la guerre de Trente Ans (1618-1648).

Ci-contre : l'élégante cathédrale de brique de Bad Doberan (XIVe siècle)

Le glacier de Svartisen s'enfonce insensiblement vers les eaux émeraude du Holandsfjorden, au sud de Bodø.

NORVÈGE

La côte de Norvège

Cette route du nord de la Norvège, parmi les plus spectaculaires de toute l'Europe, franchit le cercle polaire arctique. Chacun de ses virages vous fera découvrir une vue nouvelle et splendide sur un fjord, la mer ou la montagne.

DÉPART Steinkjer
ARRIVÉE Bodø
ROUTES 17, 769, 770, 80
DISTANCE 718 km
TEMPS DE ROUTE 14 heures
QUAND De mai à septembre
INTERNET www.rv17.no

Steinkjer se trouve à 64 km à l'intérieur des terres, mais est reliée à la mer par un fjord, comme une grande partie du territoire norvégien. Prenez la route 17 et traversez les terres agricoles près de Namdalseid. Vous atteindrez Namsos, dont les maisons en bois s'alignent au bord d'une baie à l'embouchure du Namsen, réputé pour la pêche au saumon. Montez à pied ou en voiture jusqu'au sommet du Klompen pour une vue superbe sur le fjord avant de continuer sur la route 769. Prenez le ferry de Lund à Hofles, puis continuez vers Rørvik, qui abrite un intéressant musée, et rebroussez chemin sur la 770 pour rejoindre la 17 en direction de Holm. Une autre traversée en ferry et vous voici à Vennesund. Faites étape à l'atelier textile et de céramique situé après le hameau de Berg, puis continuez vers Brønnøysund. Admirez le Torghatten tout proche, montagne percée d'un curieux tunnel naturel. Continuez vers le nord, prenez le ferry de Horn à Anddalsvågen et poursuivez votre route jusqu'à Forvik. Passé la jolie ville d'Alstahaug, vous franchirez le pont de Helgeland, au nord de Sandnessjøen, puis prendrez le ferry de Levang à Nesna. Le mont Snøfjellet vous offrira quelques-uns des plus beaux points de vue de ce voyage, et, au nord de Stokkvågen, vous pourrez explorer les bunkers allemands de la Seconde Guerre mondiale. Le ferry au départ de Kilboghamn (1 heure) vous fera franchir le cercle polaire arctique. Roulez ensuite jusqu'à Ågskaret et prenez une dernière fois le ferry pour Forøy. De la route de Glomfjord, vous pourrez admirer le Svartisen, l'un des plus grands glaciers de Norvège. Au nord de Reipa se trouve un monument élevé à un sous-marin coulé pendant la guerre (splendide panorama). Continuez sur la route 17, puis sur la 80 pour arriver à Bodø.

CROATIE/MONTÉNÉGRO

La côte adriatique

Les conflits des années 1990 ont fait disparaître le Monténégro des cartes touristiques. Pour un temps seulement, car ce pays possède l'un des plus beaux littoraux d'Europe, des montagnes, des plages immaculées et un riche patrimoine culturel.

Depuis les murailles de Dubrovnik, sur la côte dalmate, prenez l'E65 pour rejoindre la frontière avec le Monténégro, à 40 km. Vous arriverez bientôt sur la baie de Kotor, cernée de montagnes, et la ville médiévale de Herceg-Novi, célèbre pour ses bains de boue aux vertus curatives. Située au pied du mont Orjen, Herceg Novi possède d'imposantes forteresses et un riche patrimoine architectural marqué, comme tout le reste du Monténégro, par l'influence de ses occupants successifs, Turcs ottomans, Vénitiens et Autrichiens. La route embrasse la baie en allant vers Perast, aux splendides palais et églises baroques. Dans le port fortifié de Kotor, ne manquez pas de visiter la cathédrale Saint-Tryphon (XIIe siècle), dont l'autel est un chef-d'œuvre de l'art roman, ni le musée de la Marine, logé dans un palais du XVIIIe siècle. Repartez sur l'E65, qui serpente autour de la baie et traverse le hameau de Prcanj, puis la ville de Tivat, ancienne base navale actuellement transformée en marina de luxe. La route se dirige vers les terres et traverse de verdoyantes collines avant d'arriver à Budva. Cette ville, l'une des plus anciennes de l'Adriatique (Ve siècle av. J.-C.), possède une splendide architecture d'influence vénitienne ainsi que de petites criques, mais aussi une vie nocturne qui en fait la destination la plus courue de toute la côte du Monténégro. Plus loin se trouve la station de Bečići. Le village fortifié de Sveti Stefan, presqu'île reliée au continent par un petit isthme, enchante ses visiteurs par ses ruelles pittoresques sur lesquelles semblent veiller les sommets boisés de la côte. Puis la route du bord de mer (devenue E851) serpente encore sur 58 km, le long des plages de Petrovac, et traverse le port historique de Bar, avec ses monuments témoins de plusieurs siècles, avant d'atteindre Ulcinj, où vous finirez ce voyage sur la plus longue plage de sable du Monténégro.

ARRIVÉE Ulcinj (Monténégro)
ROUTES E65, E851
DISTANCE 180 km
TEMPS DE ROUTE 4 heures
QUAND Toute l'année
À SAVOIR N'oubliez pas votre passeport pour passer la frontière ! Si vous n'avez pas de voiture, un bus relie pratiquement tous les matins Dubrovnik à Budva, où vous devrez peut-être changer pour Ulcinj.
INTERNET www.montenegro.travel

Zoom Les murailles du vieux centre de Dubrovnik peuvent atteindre 5,50 m d'épaisseur et 24 m de haut. La ville est réputée pour son architecture et son emplacement de rêve entre terre et mer. Vous y admirerez la plus ancienne pharmacie d'Europe encore en activité (1317). Une croisière vous permettra d'explorer les îles des environs, comme l'archipel d'Elafiti.

La période vénitienne a légué à Perast de nombreux bijoux d'architecture baroque.

ITALIE
La côte amalfitaine

Avec ses montées et descentes vertigineuses, cette route est aussi impressionnante que ses paysages sont sublimes : villages perchés au sommet de pics escarpés, îlots baignant dans des eaux turquoise et bateaux de pêche sagement alignés au port.

Avec sa cathédrale et sa cascade de maisons aux tons pastel, Positano est on ne peut plus photogénique.

Temps forts

- La Grotta dello Smeraldo, située un peu après le Vallone di Furore, est une grotte marine aux eaux émeraude. On y accède depuis la route par un ascenseur ou un escalier taillé dans la roche, puis une petite traversée en bateau.

- La cathédrale Sant'Andrea d'Amalfi, de style arabo-normand, possède une façade ornée du XIIe siècle et de splendides vantaux de bronze du XIe siècle.

- Ouverts au public, les très romantiques jardins de la villa Cimbrone, à Ravello, offrent une vue magnifique sur la côte à travers une rangée de statues (belvédère). Ceux de la villa Rufolo accueillent le festival de Ravello (concerts classiques de mars à novembre).

Partez de l'élégante Sorrente et prenez la petite route de bord de mer qui mène à Massa Lubrense, d'où vous aurez accès à la Punta Campanella, pointe déchiquetée de la presqu'île sorrentine. Cette région a le bon goût d'être moins développée que le reste de la côte : profitez de ses sentiers panoramiques bordés de citronneraies et d'oliveraies. De Massa Lubrense, continuez de longer la côte et passez les hameaux de Marciano et Termini, puis allez vers Sant'Agata sui Due Golfi, qui doit son nom à la double vue sur les golfes de Naples et de Salerne. Prenez alors la véritable route de bord de mer (SS145), qui date de 1853 et offre une vue sur les îles de Li Galli, puis la SS163, qui traverse Positano, village dont les maisons aux tons pastel s'alignent sur la falaise entre les citronniers. La route devient plus fréquentée à l'approche de Vettica et Praiano. Peu après Marina di Praia se trouve le Vallone di Furore, spectaculaire vallon ouvert sur la mer. Puis arrivent Amalfi et Atrani, d'où vous pourrez faire un petit crochet par les hauteurs pour admirer la charmante petite ville de Ravello, où il fait bon se rafraîchir en été. Faites une boucle pour récupérer la route principale et passez par Maiori, avec sa vaste plage touristique, et le Capo d'Orso. La réserve naturelle de ce cap est l'un des plus beaux endroits de la côte. Des sentiers vous permettront d'accéder au phare et à l'abbaye rupestre de Santa Maria Olearia, taillée dans le roc au Xe siècle. Vous traversez enfin Cetara, connue pour la pêche au thon, avant d'arriver à Vietri sul Mare, où vous trouverez de magnifiques faïences.

DÉPART Sorrente
ARRIVÉE Vietri sul Mare
ROUTES Routes locales, SS145, SS163
DISTANCE 80 km
TEMPS DE ROUTE 2 heures
QUAND Toute l'année. Région très fréquentée en haute saison : réservez hébergements et restaurants longtemps à l'avance, surtout sur la minuscule île de Capri.
INTERNET www.sorrentotourism.com

Prolongations
Plusieurs ports de la côte permettent de se rendre à Capri. Cette île chic pour millionnaires en goguette attire depuis l'Antiquité les visiteurs en quête de climat doux et de côtes sauvages. Vous admirerez ses villages peints à la chaux et la végétation exubérante de ses collines. Un funiculaire monte du port jusqu'au village de Capri, avec sa myriade de cafés et de boutiques de luxe. À l'est de l'île se trouvent les vestiges de la villa Jovis, où séjournait l'empereur Tibère. Quant au village d'Anacapri, il abrite la villa San Michele, avec une vue splendide.

Ci-contre : la Méditerranée scintille sous le soleil d'été, vue depuis les jardins de la villa Rufolo, à Ravello.

FRANCE/MONACO
La Côte d'Azur

La route de la Corniche relie Nice à Monaco : construite dans les années 1860, elle devait permettre aux férus de jeu d'aller au casino de Monte-Carlo. Admirez la vue imprenable sur la mer, les petits villages fleuris et les riches villas Art déco.

Quittez l'élégante ville de Nice par le boulevard Carnot (D6098) et suivez la route qui serpente au pied du mont Boron, découvrant bientôt une vue panoramique sur la rade de Villefranche et la péninsule du cap Ferrat, destination de prédilection des têtes couronnées, milliardaires et autres *people*. Vous arriverez presque aussitôt à Villefranche-sur-Mer, avec ses maisons aux tons roses et crème adossées à la falaise. Admirez la splendide citadelle Saint-Elme (XVIe siècle), qui abrite aujourd'hui deux musées d'art moderne, et la chapelle Saint-Pierre, dont les épais murs et les voûtes en berceau ont été décorés par Jean Cocteau en 1957. Plus à l'est, faites un crochet par le cap Ferrat en empruntant la D25 et la D125. Parcourez le sentier qui fait le tour de la péninsule en regardant si vous croisez une star, et visitez la villa Éphrussi-de-Rothschild, palais rose bonbon aux riches collections d'art. Ses neuf jardins aux nombreuses fontaines sont d'une beauté renversante. De retour sur la route, vous rencontrerez bientôt un autre village de luxe, le paisible Beaulieu-sur-Mer. Sa large plage de sable fin bordée d'une longue promenade est tout simplement paradisiaque. D'Èze-sur-Mer, vous pourrez monter jusqu'au village éponyme (XIVe siècle), qui vous attend perché au sommet de son rocher : prenez l'escalier, mais sachez qu'il est raide ! Une succession de vues panoramiques toutes plus belles les unes que les autres vous conduira jusqu'à la principauté de Monaco, fief de la maison Grimaldi depuis 1297.

Zoom La route de la moyenne Corniche (N7) se situe sur les hauteurs et offre des panoramas spectaculaires. À mi-chemin environ, vous retrouverez le village médiéval d'Èze, qui surplombe la mer du haut de ses 472 m. Ses ruelles escarpées aux nombreuses boutiques vous mèneront jusqu'au jardin exotique, où cactus et succulentes ont envahi les ruines d'un ancien château. Plus haute encore, la grande Corniche (D2564) atteint 487 m. Elle suit le tracé de la via Aurelia, qui vit autrefois défiler la légion romaine et aujourd'hui surtout les amateurs de conduite sportive et les cyclistes les plus endurants.

DÉPART Nice
ARRIVÉE Monaco
ROUTES D6098, D25, D125
DISTANCE 33 km
TEMPS DE ROUTE 1 heure
QUAND Avril et mai sont les mois les plus enchanteurs. Embouteillages en haute saison.
À SAVOIR Retournez à Nice par l'A8 (30 min) ou, pour profiter des mêmes vues dans l'autre sens, empruntez l'une des deux autres corniches.
INTERNET www.decouverte-paca.fr

Le port de Villefranche-sur-Mer et ses couleurs éclatantes

Les remparts médiévaux de la ville de Tossa sont le point de départ de ce circuit-découverte du littoral catalan.

ESPAGNE

La Costa Brava

Quand on sait la beauté sauvage de la côte nord-est de l'Espagne, on ne s'étonne plus qu'elle ait été livrée en pâture aux promoteurs. De longues portions du littoral, avec leurs falaises et leurs plages de sable clair, leur ont heureusement échappé.

Laissez Tossa, ses remparts et son imposante tour de guet et prenez la route du littoral (GI-682), qui monte et descend au gré des falaises. Passé la ville de Sant Feliu de Guíxols, vous arriverez à une série de plages très courues, Platja d'Aro tout d'abord, puis, le long de la voie rapide C-31, que vous prendrez à Palamós, Calella de Palafrugell, Llafranc et Tamariu. Cette dernière est la plus tranquille, et ses eaux limpides sont bordées d'une épaisse pinède. Un peu plus loin se trouve la crique d'Aiguablava. Prenez la GIP-6532 vers Fornells de la Selva et la trépidante Begur. De là, prenez la GI-653 et la GIV-6502 jusqu'à Pals, avec ses remparts du Moyen Âge et ses bâtiments historiques. Les ruines du château de Torroella de Montgrí sont visibles de loin depuis la GI-632, qui vous conduira vers L'Escala, agréable station de bord de mer. Prenez la GI-623, qui s'enfonce dans les terres et longe le parc naturel dels Aiguamolls de l'Empordà. À quelques kilomètres vous attend Castelló d'Empúries, dont le vieux centre est dominé par l'église Sainte-Marie, de style gothique. Continuez vers l'est sur la C-260 et la GI-618 et traversez le plateau de la péninsule de Cap de Creus pour arriver à la très élégante Cadaqués et à Port Lligat, où vécut Salvador Dalí.

Étape plaisir La réserve naturelle marine des Islas Medas, avec son dédale de tunnels et de grottes sous-marines, abrite plus de 1 400 espèces animales et végétales. Elle se trouve au large de L'Estartit, à l'est de Torroella de Montgrí par la GI-641. C'est un véritable paradis pour les plongeurs, qui pourront s'enfoncer jusqu'à 30 m pour avoir la chance de croiser une raie ou une pieuvre.

DÉPART Tossa
ARRIVÉE Cadaqués
ROUTES GI-682, C-31, GIP-6532, GI-653, GIV-6502, GI-632, GI-623, C260, GI-618
DISTANCE 133 km
TEMPS DE ROUTE 3 heures
QUAND Toute l'année
INTERNET www.catalunya.com

AFRIQUE DU SUD
La Garden Route

Ce tronçon du littoral sud-africain doit avoir fait l'effet d'un vrai jardin d'Éden aux premiers colons néerlandais, avec ses criques secrètes, ses immenses plages de sable, ses lacs, rivières et marais entre montagne et océan.

Après avoir visité les excellents musées de Mossel Bay et être monté au sommet du phare de Saint Blaize pour observer cétacés et dauphins, prenez la N2 (Garden Route) jusqu'à George. Située à 8 km de la côte, au pied des monts Outeniekwaberge, cette ville possède plusieurs terrains de golf de classe mondiale ainsi que des monuments de l'époque coloniale. Le jardin botanique de la Garden Route vous permettra de faire connaissance avec la flore locale et la forêt d'altitude. Passé la ville de Wilderness, traversez le parc national de Wilderness, forêt longue de 20 km entrecoupée de lagunes et de lacs. C'est un paradis pour les oiseaux, dont cinq espèces différentes de martins-pêcheurs, des hérons coiffés et des touracos colorés. Après la station balnéaire de Sedgefield, la route longe la baie de Buffalo, où vous pourrez faire du cheval dans les vagues. L'étape suivante est Knysna, avec ses nombreux bars et restaurants. La ville domine une superbe lagune entourée d'une des plus grandes forêts indigènes d'Afrique du Sud, à la flore très riche. À une demi-heure de route se trouve le Knysna Elephant Park, où des éléphanteaux orphelins s'ébattent sur 6 ha. Un guide vous permettra de les approcher. Plus loin sur la N2, le village de Plettenberg Bay possède 10 km de plages de sable immaculées. Traversez Nature's Valley, village situé sur l'estuaire du Groot et niché au cœur d'une épaisse forêt, puis suivez la route qui serpente jusqu'à Storms River. Ce village propose des activités de plein air, notamment VTT et descente en chambre à air. Les plus aventureux iront sur le pont de Bloukrans, l'un des plus hauts sites de saut à l'élastique du monde.

Étape plaisir Allez de George à Knysna par l'Outeniqua Choo-Tjoe, dernier train à vapeur encore en activité en Afrique du Sud. Vous traverserez des paysages sans cela inaccessibles : forêts touffues, collines couvertes de fougères, lacs, rivières et lagunes. Le train s'arrête à plusieurs endroits dignes d'intérêt : petites villes, musées, lieux historiques et même un aquarium et un atelier ferroviaire ! Si vous souhaitez prendre votre temps, profitez de l'occasion pour dormir à Knysna.

DÉPART Mossel Bay
ARRIVÉE Storms River
ROUTE N2 Garden Route
DISTANCE 196 km
TEMPS DE ROUTE 2 h 30
QUAND Toute l'année, mais forte affluence pendant les mois d'été (décembre surtout) ainsi qu'à Pâques.
INTERNET www.gardenroute.co.za

Le Groot Brak se jette dans l'océan Indien à Mossel Bay.

Autres bonnes idées

❶ Côte de Nouvelle-Écosse, Canada

Partez d'Halifax et traversez un paysage à la beauté brute, avec ses petits villages de pêcheurs battus par les vents et ses fermes perchées en hauteur. La route qui longe la côte traverse plusieurs petites villes, dont la très photogénique Peggy's Cove. Arrivée à Barrington, 362 km au sud. Attention à la brume marine, qui tombe vite.
www.nouvelle-ecosse.com

❷ Tour de Corse, France

Le tour de Corse complet avoisine les 1 000 km et mérite bien d'y consacrer une semaine. Vous tomberez sous le charme des fabuleux paysages que vous réserve l'île de Beauté. La péninsule du cap Corse, les calanques de Piana ou les bouches de Bonifacio valent à elles seules le voyage.
www.visit-corsica.fr

❸ Rive est du lac Tahoe, États-Unis

Cette route, souvent considérée – à juste titre – comme la plus belle d'Amérique, offre une vue stupéfiante sur les eaux cristallines du lac Tahoe. Écoutez le vent bruire dans les pins, admirez les sommets enneigés, et arrêtez-vous pour une baignade, une partie de golf ou une descente à skis.
www.visitinglaketahoe.com

❹ Vallée du Rhin moyen, Allemagne

La route de la Lorelei et des châteaux forts, de Bornhofen à Saint Goarshausen (56 km), vous fera découvrir l'un des hauts lieux du romantisme allemand. L'étroite vallée du Rhin, inscrite au patrimoine mondial de l'Unesco, vous enchantera tant par ses ruines médiévales que par ses petits villages vignerons.
www.allemagne-tourisme.com

❺ Madras-Pondichéry, Inde

Partez de Madras, capitale de l'État du Tamil Nadu, et descendez vers l'ancien comptoir français de Pondichéry. Vous longerez le golfe du Bengale, avec ses villages de pêcheurs, et Mahabalipuram, petite station balnéaire célèbre pour ses splendides temples monolithiques et sculptures rupestres (VIIe-VIIIe siècles).
www.incredibleindia.org

❻ Presqu'île de Basse-Californie, Mexique

La route qui relie Tijuana à Cabo San Lucas, qui fit les riches heures des aventuriers, naturalistes et pêcheurs au gros, ne fut bitumée qu'en 1974. Sans être excellente, la chaussée est bien assez bonne pour aller observer les baleines depuis la Laguna Ojo de Liebre ou plonger à San Lucas.
www.visitmexico.com

❼ Punta Cana-Sabana de la Mar, République dominicaine

Partez de Cabo Engaño et roulez sur la plage avant de suivre les panneaux pour l'île de Bávaro et Playa Monaco. La route longe 170 km de littoral et de plages avant d'arriver à Sabana de la Mar.
www.godominicanrepublic.com

❽ Chacarita-Playa Carate, Costa Rica

Pour admirer les petits paradis que sont Rincón, d'où la vue s'étend jusqu'au Panamá, ou Playa Sombrero, où ne s'aventurent que les surfeurs les plus chevronnés, prenez la route 245. Au bout de 117 km de méandres à travers la péninsule Osa, vous arriverez à Carate, en bordure du Parque Nacional Corcovado.
www.visitcostarica.com

❾ Bariloche-El Bolsón, Argentine

Les pics enneigés se reflètent dans l'eau des lacs du Parque Nacional Nahuel Huapi, que longe la Ruta 40. À El Bolsón, partez pour une randonnée en montagne après une visite des célèbres marchés de rue. Au retour, passez la nuit à Lago Puelo.
www.welcomeargentina.com

❿ Paihia-Cape Reinga, Nouvelle-Zélande

Pour explorer la célèbre Ninety Mile Beach, un véhicule tout-terrain s'impose (voyages organisés en option). Au programme : plage, rouleaux, mais également sables mouvants et, à Waiharara, une ancienne forêt enfouie dans le sol. Emportez votre planche pour surfer sur les dunes !
www.explorenz.co.nz/Dune-Rider

⓫ Great Nature Trail, Tasmanie, Australie

Quand vous vous serez lassé d'observer les wallabys et wombats du parc national de Narawntapu, à l'est de Devonport, prenez la Bass Highway jusqu'à Burnie. Vous ferez étape dans la petite ville de Penguin pour admirer... des manchots, bien sûr ! Continuez vers Wynyard, célèbre pour ses tulipes, puis Stanley, village de pêcheurs au pied d'une colline volcanique.
www.discovertasmania.com

⓬ Northeast Loop, Phuket, Thaïlande

Depuis le rond-point du monument aux Deux Héroïnes, prenez la route 4027, qui longe de petits villages traditionnels vivant de la pêche et de l'élevage de crevettes. À 12 km, suivez les panneaux pour Ao Po et profitez de la vue sur la baie et les îles aux mille nuances de gris et de vert.
www.phukettourist.com

⓭ Péninsule de Gower, pays de Galles, Royaume-Uni

Bienvenue dans la première région de Grande-Bretagne classée pour sa beauté naturelle. Le tronçon de 29 km à l'ouest de Swansea (route A4118) possède des criques, des falaises et les longues plages d'Oxwich et Port Eynon. Arrêtez-vous pour nager, pique-niquer, randonner avant d'arriver à Rhossili Bay, à la pointe de la péninsule.
www.enjoygower.com

⓮ Antrim Coast, Irlande du Nord, Royaume-Uni

Serpentant à travers un paysage torturé, l'A2 parcourt 85 km entre Ballygalley et Bushmills. À Carrick-a-Rede, franchissez le pont de cordes à 30 m au-dessus de l'abîme : âmes sensibles, s'abstenir ! Admirez la célèbre Chaussée des Géants, curieux môle formé de colonnes de basalte, puis terminez par une croisière jusqu'à Larne.
www.discoverireland.com

CHAPITRE

3

Cours d'eau, vallées et canyons

Les plus inoubliables circuits de la planète suivent les tracés façonnés par la nature, inscrits dans cette union millénaire de l'eau et de la roche, lente mais inexorablement cadencée. Une rivière est un voyage, le périple qui la mène à la mer une vaste scène sur laquelle se sont joués d'innombrables drames humains et d'incroyables métamorphoses géologiques. Les itinéraires de ce chapitre vous conduisent dans les régions les plus reculées du globe – l'homme s'y fait rare –, aux trésors prodigieux : les formations rocheuses aux reflets irisés surnaturels des canyons de l'Utah ; un nid de dinosaure en Alberta ; une quête au cœur de l'Afrique de l'Est jusqu'au lac Victoria et aux sources du Nil. D'autres circuits, plus contemplatifs, vous entraînent sur les chemins de l'histoire sociale, du folklore, de l'architecture et des arts : une escapade dédiée aux amoureux de la musique dans le delta du Mississippi – berceau du blues ; les belles demeures et les bateaux de la Nouvelle-Angleterre, un Opéra du plus pur style victorien dans la vallée du Connecticut ; une flânerie allemande au rythme doux du cours de l'Elbe, ses châteaux saxons, ses riches palais et ses anciennes stations thermales.

Des nuages d'embruns s'élèvent des chutes Victoria, où le Zambèze s'écrase au fond d'une gorge, 100 m en contrebas. Un pont permet aux visiteurs d'apprécier cet incroyable spectacle sous tous ses angles.

La vallée de la rivière Qu'Appelle vagabonde dans un harmonieux paysage de prairies.

ÉTATS-UNIS

Les prairies de la Saskatchewan

Cet itinéraire tranquille au sud de la Saskatchewan raconte des plaines chaloupées, une jolie vallée, des collines boisées et de petites villes dont l'atmosphère évoque encore le commerce des peaux et le quotidien des premiers colons.

DÉPART/ARRIVÉE Regina
ROUTES Transcanadienne 1, autoroutes 2, 202, 20, 99, 22, 310, 52, 47, 247, 9, 13
DISTANCE 925 km
TEMPS DE ROUTE 6 h 30
QUAND De mai à octobre
INTERNET www.sasktourism.com

Votre trajet débute dans la capitale provinciale, Regina. Empruntez la Transcanadienne 1 en direction de Moose Jaw, surnommée, pendant la Prohibition, « Little Chicago », refuge pour les gangsters américains. Ceux-ci franchissaient la frontière par des tunnels aujourd'hui ouverts aux touristes. Poursuivez sur l'autoroute 2 puis la 202 jusqu'au parc provincial de Buffalo Pound, où vous aurez peut-être la chance d'apercevoir des bisons arpentant les collines environnantes. Ne ratez pas la zone éducative de Nicolle Flats et ses marais, conservatoire ornithologique – grèbes, canards, butors étoilés et foulques. De retour sur l'autoroute 2, ralliez Craven. Engagez-vous sur l'autoroute 20 vers le parc provincial historique de Last Mountain House. Dans cet ancien poste d'approvisionnement de la Compagnie de la Baie d'Hudson, la vie s'écoule comme au XIXe siècle, du temps de la traite des fourrures. Gagnez l'autoroute 22 *via* l'autoroute 99 ; prenez l'autoroute 310 (non bitumée) puis l'autoroute 52. Le musée de Yorkton retrace le destin des immigrants qui s'installèrent en Saskatchewan, véritable Terre promise. De Yorkton, l'autoroute 47 puis l'autoroute 247 traversent un paysage de toute beauté – la vallée verdoyante de la rivière Qu'Appelle. Au belvédère surplombant la route, vous trouverez des informations sur un tertre funéraire indien vieux de 950 ans. Faites étape chez Old George's Authentic Collectibles à Whitewood, sur l'autoroute 9, vaste demeure bourrée d'une excentrique collection de meubles, jouets et artisanat amérindien. Continuez vers le parc provincial historique de Cannington Manor. Fondé dans les années 1880, ce village de la Prairie restitue la vie telle qu'on l'imagine dans la campagne anglaise. À Carlyle, suivez l'autoroute 13 et les vastes plaines qui mènent à Regina.

CANADA

Vers Calgary et au-delà

Voici un périple magnifique. Les paysages des Rocheuses canadiennes, au sud de l'Alberta, sont absolument éblouissants – parois vertigineuses, lacs, chutes d'eau et vallées – et cachent une surprise de taille : des dinosaures.

Après avoir visité les nombreux musées de Calgary, filez sur l'autoroute 2 vers High River. Franchissez le cours de la Highwood puis rejoignez Bar-U, un ranch bâti en 1882 et classé site historique national. Prenez l'autoroute 3 et passez le col Crowsnet, célèbre pour la beauté de ses paysages et la richesse de son histoire minière. Rebroussez chemin vers Pincher Creek puis bifurquez sur l'autoroute 6 en direction du parc national de Waterton Lakes, point de rencontre des vastes plaines et des versants des Rocheuses : falaises, chutes d'eau, lacs, vallées et cours d'eau — le décor est spectaculaire. Le bureau d'informations touristiques propose des cartes pour suivre le Bear's Bump Trail (« sentier de la bosse de l'ours ») où vous découvrez de magnifiques points de vue sur la vallée. Depuis Waterton, parcourez la prairie et ralliez Cardston. Plus haut sur l'autoroute 2, Fort McLeod est le premier avant-poste de la police montée du Nord-Ouest. Non loin de là, ne ratez pas Head-Smashed-In, le précipice à bisons qu'utilisaient les populations préhistoriques des plaines. Lethbridge, surplombant la rivière Oldman, est la troisième plus importante ville de l'Alberta. Elle accueille plusieurs musées, dont Fort Whoop-Up, qui retrace la saga du commerce du whisky. L'autoroute 4 conduit à Warner et au musée Devil's Coulee Dinosaur qui organise des visites guidées jusqu'à un nid de dinosaure. Poursuivez sur l'autoroute 36, retrouvez la Transcanadienne 1 puis l'autoroute 56 jusqu'à Rosedale, dans la vallée de Drumheller. Admirez le squelette complet de tyrannosaure du musée royal de paléontologie puis retournez à Calgary *via* l'autoroute 9.

Un peu d'histoire Au nord-est de Brooks, quittez la Transcanadienne 1 pour l'autoroute 544 et le parc provincial Dinosaur. Cette région est extraordinairement riche en ossements de dinosaures (période du crétacé). Plus de 200 gisements d'os ont été mis au jour – dinosaures, mais aussi crocodiles, tortues, reptiles volants et petits mammifères. Certains sont exposés au bureau d'informations touristiques du Centre Field. Des visites guidées de la zone – à pied ou en bus – sont organisées de mi-mai à mi-octobre. Les informations touristiques et les sentiers d'interprétations sont quant à eux ouverts toute l'année.

DÉPART/ARRIVÉE Calgary
ROUTES Autoroute 2, route 543, autoroute 22, 3, 6, 5, 4, 36, Transcanadienne 1, autoroute 56, 9
DISTANCE 1200 km
TEMPS DE ROUTE 12 heures
QUAND De mai à septembre
À SAVOIR Emportez vos chaussures de randonnée.
INTERNET www.tourismcalgary.com

Coucher de soleil sur les cheminées de fée et les gisements d'os de dinosaures du parc provincial Dinosaur

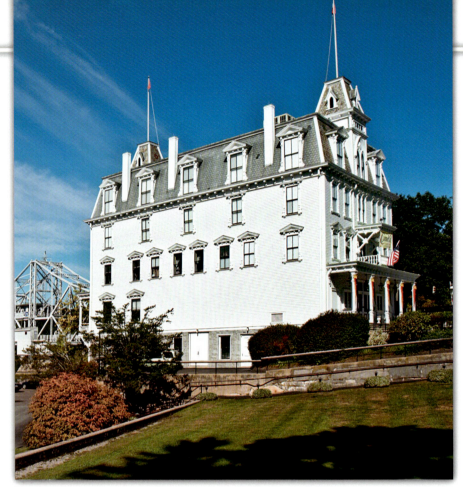

Les premières de nombreuses comédies musicales se sont déroulées à l'Opéra Goodspeed d'East Haddam.

ÉTATS-UNIS

La vallée du Connecticut

Au terme d'un périple de 644 km entamé à la frontière canadienne, le fleuve Connecticut s'étire paresseusement, de terres agricoles en vieux villages, avant de se jeter dans l'estuaire de Long Island Sound.

Sis au bord d'un méandre du Connecticut, Middleton fut, au XVIIIe siècle, l'un des ports les plus importants du pays. Quittez la ville par la Conn. 66, franchissez le fleuve à Portland, puis poursuivez jusqu'au village de Cobalt. Prenez la Conn. 151 sur la droite, puis la Conn. 149 qui vous mène à East Haddam, bourgade célèbre pour son Opéra. Sur la Conn. 82, suivez les indications pour le parc d'État de Gillette Castle et son château de 1919 dominant le lit du fleuve. En sortant du parc, récupérez la Conn. 148 sur la gauche pour visiter Hadlyme, où, deux siècles durant, un ferry transporta voitures et passagers de l'autre côté du Connecticut. Retrouvez la Conn. 82, puis la Conn. 156 : vous atteignez le cours de l'Eightmile, non loin du rocher de Joshua. Traversez Hamburg pour arriver aux anciennes demeures d'Old Lyme, propriétés de capitaines de marine aux XVIIIe et XIXe siècles. Faites un bref passage sur l'I-95 – première sortie vers la Conn. 9, puis deuxième sortie vers la Conn. 154 et le port historique d'Essex : c'est ici que le premier navire de guerre du Connecticut, l'*Oliver Cromwell*, fut construit en 1775. De retour sur la Conn. 9, remontez vers le nord pour rejoindre la Conn. 148. Des panneaux indiquent la direction de la forêt d'État de Cockaponset et ses tulipiers de Virginie, une espèce rare. De nouveau sur la Conn. 154, gagnez Haddam puis le parc d'État de Seven Falls Highway – ne ratez pas sa chute d'eau ni Bible Rock, un empilement de dalles de roche qui fait immanquablement penser à une gigantesque Bible ouverte. Depuis l'entrée du parc, reprenez la Conn. 9 pour rentrer à Middletown.

Temps forts

■ Restauré, l'**Opéra Goodspeed d'East Haddam** a retrouvé dans les années 1950 toute sa splendeur victorienne. Les premières représentations de nombreuses comédies musicales de Broadway ont eu lieu ici.

■ À Essex, un **musée consacré au fleuve Connecticut** explore le patrimoine maritime de la région : maquettes de bateaux, instruments de navigation, peintures, sans oublier la reproduction de l'*American Turtle*, le premier sous-marin de guerre.

■ La société **Essex Steam Train & Riverboat** organise des excursions au fil du fleuve, en train ou en bateau, dans une ambiance très « XIXe siècle ».

■ À Haddam, la **demeure de Thankful Arnold**, veuve de l'homme d'affaires Joseph Arnold, au XIXe siècle, a été merveilleusement préservée. Visites guidées de la maison, du jardin d'herbes aromatiques et du potager.

DÉPART/ARRIVÉE Middletown
ROUTES Conn. 66, 151, 149, 82, 148, 156, I-95, Conn. 9, 154
DISTANCE 90 km
TEMPS DE ROUTE 2 heures
QUAND De mai à octobre
INTERNET www.enjoycentralct.com

ÉTATS-UNIS
Le défilé de la Cullasaja

Ce tronçon de route du sud-ouest de la Caroline du Nord – certes court, mais très sinueux – débute à Franklin et emprunte une gorge encaissée des Smoky Mountains, émaillée de chutes d'eau spectaculaires.

Niché au cœur d'un époustouflant paysage de montagnes, Franklin est surnommé la « Capitale mondiale de la pierre précieuse » en raison de la présence, à proximité, de mines de rubis, de grenats et de saphirs. Filez vers le sud par l'U.S. 64 à travers la campagne qui s'étend au bas des reliefs vigoureux. Les pâturages disparaissent après une dizaine de kilomètres : la route s'attaque alors à la masse granitique du mont Higdon et pénètre dans un défilé étroit et tortueux. Négociez les virages serrés de la rive gauche de la gorge, en surplomb des eaux de la Cullasaja. Il y a des endroits pour s'arrêter et admirer le panorama sur la rivière et la forêt nationale de Nantahala. Vous rencontrez d'abord la cascade des Lower Cullasaja Falls : elle n'est pas indiquée, mais une chute d'eau de 76 m passe rarement inaperçue ; vous ne la raterez donc pas, bien qu'il n'y ait malheureusement aucune possibilité de s'y arrêter. Poursuivez votre ascension, le long du cours d'eau, entre les parois rocheuses et les forêts de conifères et d'érables. À Dry Falls, garez-vous et remontez le petit chemin qui conduit à l'arrière du rideau d'eau de 23 m. Reprenez votre véhicule jusqu'aux Bridal Veils Falls (« chutes du Voile de la Mariée ») qui distillent, sur 36 m de haut, un embrun arachnéen. Si vous le souhaitez, engagez-vous sur l'ancienne route qui passe derrière la chute. L'itinéraire s'achève à la station de ski de Highlands, la plus haute et la plus humide bourgade de Caroline du Nord. Joliment enseveli sous les fleurs sauvages et une végétation exubérante, Highlands est réputé pour ses antiquaires, ses délicieux restaurants et sa vie artistique.

Étape plaisir Pourquoi ne pas vous essayer à l'extraction de pierres précieuses ? Visitez l'une des mines de la région de Franklin : la mine de rubis de Cowee Mountain (à la sortie de l'autoroute 441, à 6 km au nord de Franklin), Gem Mine à Gem World (sur l'autoroute 441), Gold City Gem Mine (sur l'autoroute 441, à 10 km au nord de Franklin) ou Jackson Hole (juste au-dessus des chutes de Cullasaja). La plupart vous prêtent tout le matériel nécessaire... et vous offrent même des conseils. On vous aidera aussi à identifier votre butin – peut-être des rubis, des saphirs, des grenats et des pierres de lune...

DÉPART Franklin
ARRIVÉE Highlands
ROUTE U.S. 64
DISTANCE 29 km
TEMPS DE ROUTE 30 min
QUAND De mai à octobre
INTERNET www.cs.unca.edu/nfsnc

Passez derrière les Dry Falls et contemplez le paysage à travers un épais mur d'eau.

TOP 10

10 Escapades africaines

Chutes d'eau grandioses, faune exotique, paysages reculés et somptueux sont au programme de ces circuits le long des grands cours d'eau africains.

❶ La vallée du Draa, Maroc

Partez de la ville moderne de Ouarzazate, située à la rencontre de trois cours d'eau. Surnommée l'« Hollywood africaine », la vallée du Draa a servi de décor des longs-métrages tels *Lawrence d'Arabie* et *Gladiator*. Suivez la vallée par la N9 – le paysage verdoyant qui entoure la ville d'Agdz se métamorphose au fil des kilomètres en une étendue désertique tandis que vous parvenez à Zagora, à la limite du Sahara.

À SAVOIR À 22 km au sud de Zagora, visitez la ville sainte de Tamegroute : sa bibliothèque abrite des parchemins du XIe siècle. www.gonomad.com

❷ Le fleuve Gambie, Gambie

À Banjul, capitale de la Gambie, prenez le ferry qui traverse l'embouchure du fleuve et vous mène à Barra Point. Remontez à l'intérieur des terres en suivant la rive nord. À Juffureh, abandonnez le volant pour une promenade sur l'eau jusqu'à l'île James et son fort du XVIIe siècle.

À SAVOIR Il est conseillé de louer les services d'un guide. www.hiddengambia.com

❸ Le Nil Blanc, Ouganda

Depuis la source du Nil, sur la rive nord du lac Victoria, non loin de Jinja, ralliez les chutes de Bujagali – premiers rapides du fleuve, très prisés des kayakistes. Empruntez la route principale vers Kampala, puis bifurquez vers le parc national des chutes Murchison : là, le spectacle de l'eau qui s'écrase avec fracas est impressionnant.

À SAVOIR Prévoyez d'arriver aux chutes Murchison au coucher du soleil, vous verrez d'énormes bancs de poissons traverser le fleuve. www.cycadssafaris.com

❹ Le fleuve Galana, Kenya

Quittez Mombasa et parcourez les 113 km vous séparant du parc national de Tsavo East (entrée par la porte Bachuma). Sillonnez la savane jusqu'aux chutes Lugard, succession de rapides sur le Galana. Suivez le fleuve en route vers l'océan Indien et quittez le parc par la porte Sala. La première ville, Malindi, est à 118 km.

À SAVOIR Un 4 x 4 est indispensable pour ce circuit. Pendant la traversée du parc, il est interdit de quitter son véhicule. www.africanconcept.co.ke

❺ Le lac Malawi et la rivière Shire, Malawi

Cape McLeare, sur la côte méridionale du lac Malawi, est un village de pêcheurs très touristique. Participez à une séance de pêche ou visitez l'île Mumbo, éden tropical inhabité à 4 km au large de la côte. Descendez la rive jusqu'à Mangochi, où les eaux du lac se déversent dans la cour du Shire. La rivière traverse le parc national de Liwonde : offrez-vous une excursion d'observation des hippopotames et des crocodiles.

À SAVOIR Comptez une semaine pour profiter pleinement de ce circuit de 200 km. www.safaridrive.com

❻ Le fleuve Zambèze, Zambie

Les chutes Victoria, sur le fleuve Zambèze, matérialisent la frontière séparant la Zambie du Zimbabwe. Au départ de Livingstone, filez vers le sud. Vous apercevrez les chutes depuis une plate-forme aménagée au bord de la route, mais préférez le pont qui vous offre un panorama époustouflant sur la plus large cataracte de la planète – 1 708 m. Contournez les chutes vers l'est pour gagner le parc national Mosi-Oa-Tunya. Là, vous suivez le cours du fleuve et admirez la faune sauvage.

À SAVOIR Les chutes atteignent leur débit maximal et sont absolument grandioses en mars et en avril. www.victoriafalls.biz

Ci-contre : dans le parc national Kruger, en Afrique du Sud, un troupeau d'éléphants traverse la rivière Olifants.

❼ Le canyon de la Fish River, Namibie

Installez votre camp de base à Hobas, puis traversez le plateau aride de Nama Caroo (10 km) jusqu'au meilleur point de vue sur cette gorge vieille de 500 millions d'années ! Poursuivez jusqu'à la ville thermale d'Ai-Ais, où vous vous baignerez dans des sources chaudes (de février à octobre).

À SAVOIR Partez si possible entre janvier et avril, quand la Fish River s'engouffre dans le canyon dans un vacarme inouï. www.namibian.org

❽ La rivière Olifants, Afrique du Sud

L'Olifants serpente au cœur des parcs nationaux du nord-est de Johannesburg. Faites le trajet Polokwane-Tzaneen – là, un barrage a permis de créer une zone naturelle qui attire plus de 350 espèces d'oiseaux. Pour vivre l'expérience du safari à une échelle plus intime, arrêtez-vous dans l'une des petites réserves de la vallée fertile de Klaserie. Puis rendez-vous au parc national Kruger, où vous attendent lions, léopards, éléphants, rhinocéros et buffles.

À SAVOIR Comptez au moins une journée dans le parc national Kruger. Les oiseaux et la faune sauvage y abondent. www.places.co.za

❾ Le fleuve Orange, Afrique du Sud

Débutez votre périple à Upington, à la limite du désert du Kalahari. Prenez la R359 qui longe le fleuve Orange et traverse vignes et vergers. Au bout de 80 km, vous pénétrez dans le parc national des chutes d'Augrabies. Le fleuve se déverse au fond d'un ravin du haut d'une falaise de 70 m.

À SAVOIR Comptez une journée pour cette boucle de 260 km au départ d'Upington. www.kalaharisafaris.co.za

❿ La rivière Breede, Afrique du Sud

Voici un circuit simple au départ du Cap. Suivez le cours de la Breede entre Tulbagh et Robertson, parmi les vignes. En une demi-journée, cet itinéraire vous fait découvrir des paysages de montagne grandioses. Il y a ici beaucoup moins de trafic que sur les « routes du vin » du sud du pays.

À SAVOIR N'hésitez pas à faire étape à Worcester, à mi-chemin. www.places.co.za

ÉTATS-UNIS
Mississippi Blues Highway

L'autoroute 61 suit le cours du Mississippi jusqu'à son delta, berceau du blues. Elle est surnommée la « Blues Highway » car de nombreux musiciens l'ont parcourue pour rejoindre Memphis, où ils espéraient trouver la fortune et la gloire.

Le blues est né dans le sud profond de l'Amérique, au début du XXe siècle. Ses mélodies mélancoliques, issues des communautés noires, ont rapidement séduit une vaste audience et révolutionné la musique populaire. Débutez votre périple à Memphis, ville natale d'Elvis : en effet, le son rock qui l'a rendu célèbre trouve ses racines dans le blues. Baladez-vous dans Beale Street, cœur battant de la ville qui découvrit B.B. King et Howlin' Wolf. Partez ensuite sur l'autoroute 61 – qui n'est autre que la célèbre Blues Highway – en direction de Clarksdale, dans le Mississippi, où vécurent John Lee Hooker, Muddy Waters et Ike Turner. Il y a ici de nombreux « bars à blues », dont la programmation est affichée sur les murs du Cat Head, boutique spécialisée dans le blues et les arts folkloriques. Pour retrouver l'atmosphère qui régnait dans les plantations, passez la nuit au Shack Up Inn de la plantation Hopson, cabanes restaurées autrefois réservées aux travailleurs agricoles (à la sortie de l'autoroute 49 et de Clarksdale). Des concerts de blues sont également organisés sur le site. À Cleveland, à 45 min au sud de Clarksdale, visitez l'ancienne plantation Dockery, considérée comme le berceau du blues du delta – les musiciens Charley Patton et Howlin' Wolf ont habité ici. À hauteur de Leland, bifurquez vers la ville de Greenwood, cœur du pays du blues. Passez devant la station de radio WGRM : c'est ici que B.B. King chanta en direct pour la première fois, en 1940. Visitez le musée et la galerie consacrés au blues et au « roi du blues du delta », Robert Johnson. Récupérez l'autoroute 61 et poursuivez jusqu'à Vicksburg, une ville intéressante à visiter pour le rôle important qu'elle joua lors de la guerre de Sécession.

Prolongations Comptez une journée pour savourer le patrimoine musical de Memphis. Visitez les Sun Studios, berceau du rock mais également site incontournable de l'histoire du blues. Le musée Rock'n'Soul, dans la manufacture de guitares Gibson, retrace la vie de ces pionniers qui révolutionnèrent la musique en abattant les frontières raciales et sociales. Le musée Stax, aménagé dans les anciens studios d'enregistrement Stax, est consacré quant à lui à l'histoire locale du blues.

DÉPART Memphis, Tennessee
ARRIVÉE Vicksburg, Mississippi
ROUTES Autoroutes 61, 49
DISTANCE 370 km
TEMPS DE ROUTE 4 h 30
QUAND En octobre, pour le festival de Blues de Greenwood
À SAVOIR Essayez d'assister au maximum de concerts.
INTERNET www.blueshighway.org

Les Sun Studios regorgent de souvenirs datant de l'époque où Howlin' Wolf, B.B. King et Elvis Presley enregistraient dans ces murs.

Un bateau à aubes remonte le cours de l'Illinois dans le parc d'État Starved Rock.

ÉTATS-UNIS

La route de l'Illinois

Les Amérindiens, puis les explorateurs français, utilisèrent l'Illinois comme voie de navigation. Ce circuit quadrille le nord et le centre de l'État de l'Illinois en suivant la rivière au rythme de ses parcs, ses zones protégées et ses sites historiques.

Quittez Ottawa par l'Ill. 71 pour rejoindre le parc d'État Starved Rock et ses falaises calcaires entaillées de profondes gorges. Il abrite une citadelle française du XVIIe siècle, sise au bord de la rivière, face au Grand Village de la tribu Kaskaskia. Le parc tient son nom (« le rocher affamé ») d'une légende amérindienne selon laquelle la tribu Illiniwek fut assiégée ici, et condamnée à mourir de faim. Du temps du fort et du village, la rivière était frangée de marécages, et la vie animale abondait. Des drainages successifs ont asséché la zone. Pour découvrir l'un des espaces préservés, prenez l'Ill. 71 puis l'Ill. 26 et piquez au sud vers les zones humides des lacs Hennepin et Hopper : elles attirent dans la région des espèces d'oiseaux et d'amphibiens autrefois disparues. Des plantes, introuvables depuis des dizaines d'années, poussent à nouveau ici. Continuez sur les Ill. 26, 116 et 29 sur la rive orientale, puis occidentale du cours d'eau, longeant des falaises, traversant des fermes et d'autres zones humides. L'Ill. 29 sillonne des coteaux plantés d'arbres puis parvient à Peoria, ses restaurants, ses festivals et ses concerts les « pieds dans l'eau ». À Pekin, sur la rive est, attrapez des routes secondaires pour descendre à Havana. Traversez la rivière et empruntez l'Ill. 78/97 jusqu'au musée de Dickson Mounds qui retrace 120 000 ans de présence amérindienne dans la vallée de l'Illinois. Non loin de là, la réserve Emiquon – riche d'une vaste variété floristique et faunique – constitue l'un des plus importants projets de réhabilitation de zone humide du pays. Revenez à Ottawa par la rive occidentale.

DÉPART Ottawa
ARRIVÉE Havana
ROUTES Ill. 71, 26, 116, 29, 78/97, U.S. 24, 6, routes secondaires
DISTANCE 468 km
TEMPS DE ROUTE 7 heures
QUAND De mai à octobre
À SAVOIR Prenez vos jumelles pour observer les oiseaux.
INTERNET www.illinoisriverroad.com

ÉTATS-UNIS
Le long du Mississippi

Né sous la forme d'un mince filet d'eau, le Mississippi grossit tout au long des 4 107 km séparant les North Woods du Minnesota du golfe du Mexique. Vous suivez ici la première partie de ce périple qui débute au lac Itasca.

Saint Paul englobe 42 km de rives du Mississippi. De nombreux chemins de randonnée longent le fleuve.

Temps forts

- Dans la ville de Little Falls, non loin de Brainerd, la maison d'enfance de Charles Lindbergh est classée site historique et abrite de nombreux objets ayant appartenu à l'aviateur.

- À Minneapolis, le quartier historique de Saint Anthony Falls englobe les chutes Saint Anthony, le parc Mill Ruins et le pont de l'Arche de Pierre (Stone Arch Bridge), qui offre une belle vue sur la ville au crépuscule.

- L'aire naturelle et scientifique de Bald Eagle Bluff est un site d'hivernage pour les pygargues à tête blanche. La journée, ils stationnent près de l'eau, en quête de nourriture. Levez la tête et scrutez les branchages des peupliers pour tenter de les apercevoir.

Dans le parc d'État du lac Itasca, le plus ancien du Minnesota, vous franchissez le Mississippi à pied. Faites connaissance avec la plus longue artère fluviale du monde au centre Mary Gibbs Mississippi Headwaters. En montant vers le nord, vous remarquez d'énormes blocs de roche, témoins de la dernière ère glaciaire. Vous voici à Bemidji, première cité d'importance sur cet itinéraire. Ici, le Mississipi n'est qu'un modeste cours d'eau se déversant dans le lac Bemidji, lequel serait une empreinte du pied du géant Paul Bunyan ! Des statues du bûcheron légendaire et de son compagnon, Babe le Bœuf bleu, se dressent sur les rives.

La Great River Road (« route du grand fleuve ») longe des lacs prisés des amateurs de pêche. Elle traverse la forêt nationale Chippewa et bifurque à hauteur de Grand Rapids tout en suivant les méandres qui la conduisent au cœur de terres agricoles puis jusqu'à Brainerd. À Saint Cloud, le lit du fleuve s'est considérablement élargi. Sur la rive orientale, les jardins Munsinger et Clemens sont propices à la flânerie, juste avant d'arriver à Minneapolis et Saint Paul. Les deux centres urbains présentent une multitude d'attraits, dont l'aire de loisirs de Saint Paul, tout près du musée des Sciences du Minnesota. Au-delà de la cité d'Hastings, la route rejoint l'U.S. 61. Vous enchaînez les virages qui mènent au sommet de falaises vertigineuses et vous offrent des panoramas splendides sur le fleuve. Au parc d'État Frontenac, au sud de Red Wing, parcourez les sentiers qui mènent au lac Pepin, un site apprécié pour la navigation de plaisance. À la marina de Lake City vous pourrez faire du jet-ski. Près de Reads Landing, surveillez les panneaux indiquant la direction de l'aire naturelle et scientifique de Bald Eagle Bluff : ici, en hiver, vous apercevrez peut-être un pygargue à tête blanche, sinon tentez votre chance au National Eagle Center de Washaba. Après Winona, qui vivait au XIXe siècle de l'exploitation forestière, continuez jusqu'à Lamoille, où vous jouirez d'un panorama superbe sur les monts Trempealeau. Récupérez ici l'I-90 pour La Crescent. Les 32 derniers kilomètres vous rapprochent de la frontière de l'Iowa, le long de la Minn. 26, tandis que le Mississippi se métamorphose en « Grand Fleuve ».

DÉPART Parc d'État du lac Itasca
ARRIVÉE Frontière de l'Iowa, au sud de La Crosse
ROUTES Routes secondaires, U.S. 61, I-90, Minn. 26
DISTANCE 925 km
TEMPS DE ROUTE 8 heures
QUAND D'avril à novembre
À SAVOIR Les routes non bitumées sont dangereuses les jours de mauvais temps.
INTERNET www.greatriverroad.com

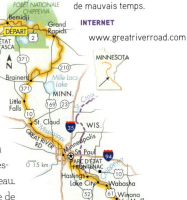

Ci-contre : à la lisière du lac Itasca, ces rochers matérialisent la source du Mississippi.

À Abilene, la maison de famille du futur président et de ses frères accueille aujourd'hui le centre Eisenhower.

ÉTATS-UNIS

Dans la Prairie

Aux confins nord-est du Kansas, goûtez l'atmosphère d'une région dotée d'un riche patrimoine culturel : partez à la conquête de l'Ouest sur la piste de Santa Fe et découvrez la ville natale d'un président américain.

Entamez ce périple en visitant les beaux musées de Lawrence, particulièrement le musée historique de la communauté Watkins, témoin du conflit qui opposa le Kansas au Missouri à la veille de la guerre de Sécession. Filez vers Topeka, capitale de l'État, par l'autoroute à péage I-70. Ne ratez pas le parc historique Ward-Meade, sa demeure des années 1870 et ses jardins botaniques, sans oublier sa place restaurée au début du XXe siècle. Partez ensuite, via l'U.S. 24, pour Wamego et son incroyable musée consacrée au *Magicien d'Oz* – les fans trouveront ici la plus grande collection au monde d'objets dérivés du roman et des films. La Kans. 99 puis la Kans. 18 vous emmènent au musée historique du Comté de Riley, à Manhattan, pour y admirer la maison préfabriquée d'un colon, transportée en 1855 par bateau à vapeur ! Continuez jusqu'à la base militaire de Fort Riley et ses musées dédiés à la cavalerie et à l'infanterie. Allez chercher la Kans. 15 pour parvenir à Abilene, extrémité du Chisholm Trail. C'est ici que le président Eisenhower passa son enfance, et c'est également ici qu'il est enterré, aux côtés de son épouse. Vous pourrez visiter sa maison, où un musée retrace son histoire – du petit garçon au héros militaire – et celle de la première dame, Mamie Eisenhower (ses robes et ses bijoux sont exposés). Le centre Eisenhower compte également une bibliothèque, ainsi qu'une statue d'Ike Eisenhower de plus de 3 m de haut. Restez à Abilene pour découvrir l'histoire de la conquête de l'Ouest au Dickinson County Heritage Center, puis dirigez-vous vers Council Grove, une étape de choix du Santa Fe Trail qui accueille également un intéressant musée (Kaw Mission State Historic Site and Museum). Rentrez à Topeka par l'U.S. 56 et l'I-335.

DÉPART Lawrence
ARRIVÉE Topeka
ROUTES I-70, U.S. 24, Kans. 99, 18, 177, 15, 4, U.S. 77 56, I-335
DISTANCE 338 km
TEMPS DE ROUTE 4 h 30
QUAND De mai à fin septembre
À SAVOIR Prenez le temps de visiter les nombreux musées qui émaillent ce circuit. En été, beaucoup de festivals de musique sont organisés à Lawrence.
INTERNET www.visittopeka.com

ÉTATS-UNIS
La route panoramique de la rivière Salmon

Ce circuit suit le cours de la plus longue rivière du centre de l'Idaho – la Salmon – à travers gorges et canyons, depuis sa source au cœur des monts Sawtooth jusqu'à la frontière de l'Idaho et du Montana.

De Stanley, suivez le cours de la Salmon, tandis qu'elle s'engouffre dans une gorge boisée, enregistrant un dénivelé vertigineux. Jusqu'à Sunbeam, ses eaux se déversent dans une succession de piscines naturelles émeraude et turquoise. Poursuivez sur la rive orientale. Indian Riffles surplombe des bassins autrefois dédiés à la salmoniculture. Au fur et à mesure que vous perdez en altitude, vous traversez des défilés de plus en plus étroits et la Salmon semble se tarir. Au-delà de l'ancienne cité minière de Clayton, elle bifurque pour entamer la traversée d'une vallée cernée de collines rases. En approchant de l'U.S. 93, vous passez au pied d'une falaise aux teintes rouille, un précipice à bisons qu'utilisaient les Amérindiens. Après Challis, guettez les antilopes d'Amérique qui arpentent le plateau désertique, sous le regard inquisiteur des faucons. Vous franchissez bientôt le lit de la Pashimeroi, puis longez le versant septentrional des Lemhi. Non loin de Salmon, ville d'élevage, la route et la rivière empruntent un défilé resserré qui soudain se dilate en une gorge spectaculairement encaissée. Plus au nord, le cours d'eau plonge dans le canyon auquel elle a donné son nom, l'une des gorges les plus profondes du continent. La route panoramique s'achève à la frontière Idaho/Montana. Prolongez le circuit *via* une épaisse forêt jusqu'au Lost Trail Pass («col du sentier perdu», 2138 m), baptisé par les explorateurs Lewis et Clark en 1805. Vous entamez maintenant votre descente dans la verdoyante vallée de la Bitterroot et parvenez à Darby. Sur votre gauche, les pics acérés des Bitterroots; sur votre droite, les reliefs bas des monts Sapphire.

DÉPART Stanley, Idaho
ARRIVÉE Darby, Montana
ROUTES Idaho 75, U.S. 93
DISTANCE 322 km
TEMPS DE ROUTE 4 h 30
QUAND De mai à octobre
INTERNET www.idahobyways.gov

Un peu d'histoire Au Lost Trail Pass, faites 27 km sur l'Idaho 43 pour rejoindre le champ de bataille de Big Hole. En 1877, tentant vainement de rallier le Canada, la tribu des Nez Percés franchit les Bitterroots et s'engouffra dans la vallée de Big Hole. L'armée américaine l'attendait. Une bataille féroce éclata, mais la tribu parvint à s'enfuir. Le parc historique national rend hommage aux victimes des deux côtés. De l'aire de stationnement, remontez les sentiers jusqu'aux trois principaux sites (comptez 1 heure de marche pour chacune des randonnées).

La rivière Salmon et, à l'arrière-plan, les monts Sawtooth

ÉTATS-UNIS
Going-to-the-Sun Road

Traversant le parc national de Glacier d'est en ouest, dans le nord-ouest du Montana, cette « route du Soleil » part des Grandes Plaines, atteint la Ligne continentale puis redescend au cœur des forêts humides de la vallée McDonald.

Une marmotte s'affaire dans le parc national de Glacier.

Temps forts

■ À 5 km du mirador de Wild Gosse Island, un petit sentier menant à une plate-forme d'observation part de Sun Point. Là est indiqué le nom des principaux sommets, sur lesquels on distingue très précisément les effets de la glaciation – cirques, crêtes et vallées.

■ Partez du bureau d'informations touristiques du col Logan et parcourez les 2,5 km qui vous séparent du belvédère de Hidden Lake. Un chemin dallé de planches de bois conduit à des terrasses rocailleuses colonisées par des fleurs sauvages et se poursuit jusqu'à la limite d'une vallée suspendue absolument grandiose. Depuis ce balcon naturel, vous pourrez observer la chèvre des montagnes Rocheuses.

Ce périple spectaculaire débute à Saint Mary, à la limite orientale du parc national de Glacier. La route longe la rive nord du lac Saint Mary, puis trace des méandres dans les prairies tapissées de fleurs sauvage et flanquées de trembles et de pins tordus. Au mirador de Wild Gosse Island, le panorama s'ouvre sur un îlet cerné de hautes montagnes. Quelque 8 km plus loin, un sentier conduit aux chutes Saint Mary, l'une des plus jolies cascades du parc, qui offre également un point de vue sur les chutes Virginia. Poursuivez dans cette épaisse forêt subalpine, paradis des ours bruns, des écureuils roux, des marmottes et des grands ducs d'Amérique. À l'approche du glacier Jackson, un panneau explique sa formidable régression enregistrée ces dernières années. Encore quelques kilomètres... Vous sortez soudain de la forêt et débouchez sur un ample coteau circonscrit par les monts Siyeh et Going-to-the-Sun, terrain de jeu du grizzli. Le mouflon d'Amérique et la chèvre des montagnes Rocheuses gambadent sur les plus hauts versants. La route contourne les parois élevées des monts Piegan, dispensant des panoramas grandioses sur les reliefs.

Passé le col Logan (2 025 m), descendez le long de Garden Wall, une crête acérée qui suit la Continental Divide (ligne de partage des eaux Atlantique/Pacifique) pour atteindre le belvédère de Bird Woman Falls : vous admirez les chutes d'eau enchâssées dans les monts Oberlin, Clements et Cannon, et votre regard porte jusqu'à la profonde vallée glaciaire de McDonald. Vous franchissez maintenant une vaste zone qui fut dévastée par le feu en 1967, puis retrouvez la forêt avant d'aboutir à McDonald Creek, au fond de la vallée. La randonnée jusqu'à Avalanche Creek vaut vraiment la peine ; empruntez le petit Trail of the Cedars qui part de la route et vous mène au fin cours d'eau ondulant au fond d'un défilé encaissé envahi de blocs rocheux. Un peu plus loin, plusieurs belvédères vous permettent de savourer la vue sur McDonald Creek et les rapides de Sacred Dancing Cascade. Vous quittez la forêt pour les rives du McDonald, une formidable étendue lacustre de 17 km de long. Une multitude de chemins rejoignent ses plages de galets. Parvenu à l'extrémité du lac, surveillez les panneaux indiquant la direction du village d'Apgar, votre destination finale.

Ci-contre : le lac Saint Mary, cerné par les sommets vertigineux du parc national de Glacier.

DÉPART Saint Mary
ARRIVÉE Apgar
ROUTE Going-to-the-Sun Road
DISTANCE 80 km
TEMPS DE ROUTE 1 h 30
QUAND De juin à fin septembre (route fermée d'octobre à début juin)
À SAVOIR L'accès au parc national de Glacier est payant. Les véhicules de plus de 6,4 m de long ou de plus de 2,4 m de large sont interdits sur le tronçon Avalanche Creek-Sun Point.
INTERNET www.visitmt.com

ROUTE D'EXCEPTION

ÉTATS-UNIS

Arches et canyons

Modelés par une érosion de millions d'années, les gorges, les gouffres, les arches et les flèches minérales du sud de l'Utah figurent parmi les paysages les plus exceptionnels des États-Unis. Bienvenue au pays des merveilles géologiques.

Vue sur les parois du canyon de la mesa d'Island in the Sky, depuis la Mesa Arch, à Canyonlands

Partez du parc d'État de Dead Horse Point. À plus de 600 m au-dessus du lit du Colorado, la vue s'étend à l'infini sur les falaises érodées. En contrebas, les paysages dévoilent leur aridité minérale.

L'Utah 313 vous emmène au secteur Island in the Sky du parc national de Canyonlands (entrez *via* The Neck Road). Arrêtez-vous au belvédère de Grand View Point. La corniche (1853 m) est à l'aplomb d'une cuvette hérissée de colonnes rocheuses. Roulez vers le parc national d'Arches – ses décors comptent parmi les plus inouïs de la région –, puis faites un crochet par l'Utah 279 et les formations rocheuses de Canyonlands. Un panneau indique la présence de pétroglyphes indiens. Vous pourrez détailler ces symboles gravés sur des pierres par des chasseurs préhistoriques grâce à des lunettes d'observation. Un peu plus loin, vous découvrirez des empreintes de dinosaures… à trois doigts.

Revenez vers Moab, excellent point de départ pour les randonnées, le VTT, les promenades sur le fleuve et les loisirs extrêmes. Rejoignez maintenant l'Utah 211 et Newspaper Rock, un calcaire criblé de pétroglyphes vieux de 1500 ans. Un autre secteur, les Needles, présente un fantastique labyrinthe d'aiguilles minérales rouges et jaunes culminant au-dessus d'une mesa sablonneuse et de basses vallées. Si vous trouvez un endroit ombragé, pique-niquez ici : vous jouirez d'une vue tout simplement sublime. Continuez sur l'U.S. 191, *via* Blanding – le parc d'État et le musée Edge of the Cedars possèdent de remarquables collections d'objets amérindiens et retracent le quotidien des tribus Pueblo, Ute et Navajo.

> « Ce désert, façonné par les forces du temps bien avant la création du Colorado, du Nouveau-Mexique et de l'Utah, est un véritable conservatoire géologique de splendeurs naturelles. »
>
> JOHN ROSENTHAL,
> AUTEUR AU *NATIONAL GEOGRAPHIC*

Allez jusqu'aux vestiges amérindiens de Hovenweep, ancienne métropole pueblo (Ve-XIIIe siècles) classée Monument national. Les tours rondes, carrées ou en D, qui rappelle celles de nos citadelles, étaient probablement dédiées à l'observation des étoiles, activité récurrente chez les tribus de tradition agraire. Faites étape à Four Corners Monument, point de rencontre des frontières de l'Utah, du Colorado, du Nouveau-Mexique et de l'Arizona. Des touristes allongés sur le sol, bras et jambes écartés, se font photographier « dans quatre États à la fois ».

Désormais en Arizona, la route franchit des terres agricoles et accède au pays rouge et rocailleux de la réserve indienne Navajo. À Kayenta, prenez l'U.S. 163. Ici commence la célèbre Monument Valley. S'il ne fallait choisir qu'un seul voyage en voiture, ce serait celui-ci. Des reliefs colossaux de calcaire orange, rouge et jaune

Au paradis des arches

La nature a créé son chef-d'œuvre voici maintenant des centaines de millions d'années : des tours aériennes, des rochers à l'équilibre improbable, des dunes de sable pétrifiées. Et, bien entendu, des arches. Le parc national des Arches rassemble le plus grand nombre d'arches naturelles au monde – plus de 2000, larges de 90 cm à 9 m, dont Delicate Arch, devenue le symbole de l'Utah. Le circuit panoramique des Arches (30 km) conduit à une kyrielle de points de vue et de sentiers – tour du secteur The Windows, chemin du Devil's Garden par exemple. Tous les renseignements sont disponibles au bureau d'informations touristiques du parc.

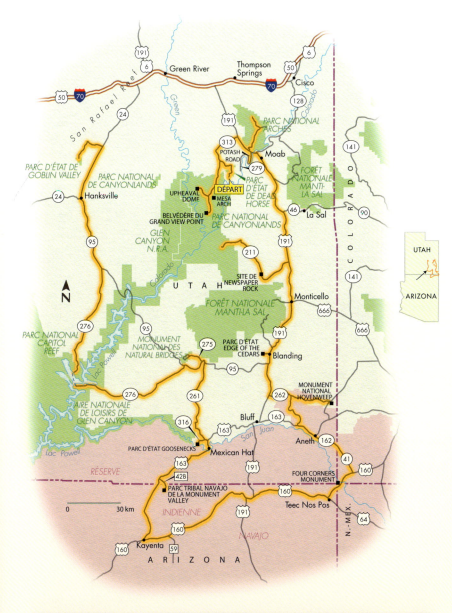

pointent vers le ciel, tandis qu'une brousse d'armoises s'égaille sur le sol désertique, à perte de vue.

De retour en Utah, filez sur l'Utah 261. Dans le parc d'État Goosenecks, passez le lit sinueux de la rivière San Juan et son profond défilé (305 m); visitez ensuite le monument national des Natural Bridges, qui abrite trois extraordinaires ponts naturels – Sipapu, Kachina et Hopi (le deuxième plus long du monde) –, œuvres des rivières qui, au fil des siècles, ont rongé le calcaire tendre afin de se frayer un chemin. Arrêtez-vous obligatoirement à l'aire de loisirs de Glen Canyon, sur les bords du lac Powell (322 km de long), le deuxième plus grand lac artificiel du pays. Au programme : sports nautiques, randonnées, camping, vélo et panoramas inoubliables.

Traversez le lac en ferry et poursuivez votre circuit (Utah 276, 95 et 24) pour admirer les rochers du parc d'État de Goblin Valley, qui font furieusement penser à des champignons de calcaire, certains dépassant les 60 m de haut. Ce type de formations géologiques est absolument unique au monde.

DÉPART Parc d'État de Dead Horse Point
ARRIVÉE Parc d'État de Goblin Valley
ROUTES I-70, U.S. 191, Utah 313, 279, 211, 262, 162, Colo. 41, U.S. 160, 163, Utah 261, 276, 95, 24
DISTANCE Environ 1 400 km
TEMPS DE ROUTE 18 heures
QUAND De juin à octobre
À SAVOIR Faites le plein d'eau et d'essence avant de partir.
INTERNET www.discovermoab.com

Temps forts

- **Blanding** est réputé pour ses productions amérindiennes artistiques et artisanales. La poterie Cedar Mesa est ouverte au public, vous pouvez assister au processus de fabrication.

- **Monument Valley** se trouve dans une réserve navajo, située à proximité de Kayenta. Elle englobe plus de 100 sites archéologiques. Une boucle non bitumée de 27 km débute au bureau d'informations touristiques.

Des pétroglyphes très anciens criblent la surface de Newspaper Rock, dans le secteur des Needles.

ÉTATS-UNIS
Seward Highway

La route touristique de la forêt nationale de Chugach, en Alaska, vous entraîne dans un voyage au long cours au cœur des merveilles naturelles de la région : fjords, glaciers, montagnes, lacs, prairies, forêts, zones humides…

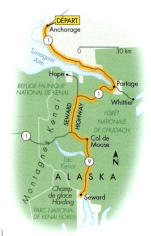

Empruntez la Seward Highway pour quitter Anchorage et attrapez l'Alas. 1. Au refuge faunique littoral d'Anchorage, vous observez une multitude d'espèces d'oiseaux et peut-être des orignaux et des rats musqués, tandis que s'élèvent au loin le volcan actif du mont Spurr et les monts Chugach (3 962 m) alourdis du poids de leurs glaciers. De l'autre côté de Turnagain Arm, bras de mer qui prolonge le golfe de Cook, les sommets des montagnes Kenai et les épicéas de la forêt nationale de Chugach se dessinent. Poursuivez jusqu'au Potter Marsh, une zone humide où abondent laîches, saules… et poissons. Un peu plus loin, les bureaux administratifs du parc d'État de Chugach sont installés dans une station de chemin de fer désaffectée. Suivez la rive septentrionale de Turnagain Arm et savourez les vues superbes de Beluga Point : vous verrez peut-être des dauphins blancs, ces fameux « bélugas » qui ont donné leur nom au site. Passez le village de Portage, abandonné dans les années 1960 suite à un séisme, et le glacier du même nom. Votre route croise les glaciers Explorer et Middle avant d'arriver au bureau d'informations touristiques de Begich Boggs, très riche en documentation. À l'extrémité de Turnagain Arm, contournez le bras de mer, traversez le delta de la rivière Placer et remontez le défilé d'Ingram Creek pour atteindre les prairies alpines et le col Turnagain (301 m). Vous voici sur la Hope Highway : un détour (27 km) sur Hope, ancienne communauté de chercheurs d'or, s'impose. Restez sur la route panoramique en serrant à gauche ; à l'embranchement de Tern Lake, bifurquez à gauche sur l'Alas. 9, vers les lacs Tern et Kenai. Un peu plus loin, la route longe les marécages de la rivière Snow et vous dépose à Seward.

DÉPART Anchorage
ARRIVÉE Seward
ROUTES Alas. 1 and 9, Hope Highway
DISTANCE 204 km
TEMPS DE ROUTE 3 h 30
QUAND De juin à mi-septembre
INTERNET www.dot.state.ak.us

Excursion Avant l'arrivée à Seward, une route de 14 km (ouverte de début mai à mi-novembre) vous entraîne à la découverte du glacier Exit, dans le parc national de Kenai Fjords. Plusieurs sentiers partent du Nature Center jusqu'à plusieurs points de vue sur le glacier. Une courte randonnée de 800 m vous emmène aux séracs (46 m), blocs de glace translucide tombés au pied du glacier. Un autre circuit (6 km) conduit à Harding, troisième plus grand champ de glace d'Amérique du Nord.

Le bras de mer de Turnagain Arm, au fond du golfe de Cook, est cerné de reliefs boisés et enneigés.

Les falaises capitonnées de mousse de Oneonta Creek, dans la gorge du fleuve Columbia.

ÉTATS-UNIS

La Columbia River Highway

Partez à la découverte de l'aire panoramique nationale de la gorge du fleuve Columbia, non loin de la frontière Oregon/Washington ; une région qui sublime l'alliance de la nature, de l'Histoire et des arts.

Laissez Troutdale, à l'ouest de l'Oregon, pour emprunter le plus long tronçon d'origine (1922) de la Columbia River Highway. Pendant 14 km, vous voyez défiler parcs, fermes et villages. Au belvédère du parc d'État Portland Women, vous découvrez enfin le Columbia et sa gorge aux parois de basalte tapissées d'une végétation touffue. Un peu plus loin se trouve Vista House, le point le plus élevé du circuit, perché en bordure d'un promontoire surplombant le fleuve. Les méandres de la route descendent maintenant à travers la forêt, et vous parvenez bientôt aux chutes Latourell, premières de la série de cascades qui émaille le parcours. En haut du raidillon, vous apercevez les chutes Multnomah. De retour sur la route principale, abordez les vertigineuses falaises de la gorge de l'Oneonta. L'humidité ambiante est telle, et les parois sont si rapprochées qu'elles ont été colonisées par une épaisse végétation – mousses, lichens et fougères –, phénomène rarissime dans la région. Le tronçon d'origine s'achève ici. Parcourez 14 km sur l'I-84, le temps de franchir le fleuve par le pont métallique Bridge of the Gods (péage) : vous voici dans l'État de Washington et sur la Wash. 14. À l'ombre des hautes silhouettes montagneuses, la route serpente de bourgades en zones marécageuses, superbes conservatoires ornithologiques. Traversez à nouveau le fleuve à White Salmon jusqu'à la ville agricole de Hood River (en Oregon), célèbre pour ses vergers et ses vignobles et où l'on peut pratiquer... la planche à voile ! Ou restez dans l'État de Washington et visitez le musée des Beaux-Arts de Maryhill.

Temps forts

■ Le barrage de Bonneville, sur l'I-84, fut aménagé en 1937, dans le cadre du New Deal décidé par le président Roosevelt. C'est un poste d'observation idéal pour guetter les bancs de saumons.

■ Le parc marin de Cascade Locks, accessible *via* le Bridge of the Gods (« pont des dieux »), possède un musée consacré à l'histoire de la gorge et du bateau à aubes *Columbia Gorge*.

■ Plantez votre tente dans le parc d'État du lac Horsethief, non loin de Murdock, un site riche en pétroglyphes et pictogrammes amérindiens.

■ Fondé dans les années 1920, le musée des Beaux-Arts de Maryhill abrite de remarquables collections d'art européen et américain, ainsi que de nombreux objets et œuvres d'arts amérindiens.

DÉPART Troutdale, Oregon
ARRIVÉE Maryhill, Washington
ROUTES Historic Columbia River Highway (HR30), I-84, Wash. 14
DISTANCE 145 km
TEMPS DE ROUTE 1 h 30
QUAND De mai à début novembre
À SAVOIR N'oubliez pas vos chaussures de randonnée.
INTERNET
www.columbiariverhighway.com

ÉTATS-UNIS
Les séquoias de la Lost Coast

Cette route peu fréquentée du nord de la Californie descend la « Côte perdue » jusqu'à Cape Mendocino, puis serpente dans les forêts de séquoias de l'arrière-pays pour rejoindre la célèbre avenue des Géants, dans le parc d'État de Humboldt Redwoods.

La superbe architecture victorienne de Ferndale

Temps forts

- Juste après Petrolia, prenez la route du phare (8 km), qui vous conduira au rivage. Là, un sentier de randonnée de près de 6 km (un tronçon du Lost Coast Trail) mène au phare de Punta Gorda, aujourd'hui désaffecté. Le point de vue sur la côte est grandiose.

- Un petit chemin part de l'aire de Big Trees, sur Mattole Road, jusqu'au Giant Tree, le plus grand séquoia du parc (110 m).

- À l'extrémité septentrionale de l'avenue des Géants, deux sentiers, le Grieg-French-Bell Trail et le Drury-Chaney Loop Trail, vous entraînent dans la partie la plus ancienne de la forêt.

DÉPART Ferndale
ARRIVÉE Phillipsville
ROUTES Calif. 211, Mattole Road, Calif. 254
DISTANCE 50 km
TEMPS DE ROUTE 2 heures
QUAND Toute l'année, mais en hiver les pluies rendent la conduite difficile.
À SAVOIR Privilégiez l'itinéraire nord-sud, pour les vues sur le Pacifique.
INTERNET www.humboldtredwoods.org

Prenez le temps de flâner dans le superbe village de Ferndale, au sud d'Eureka, dans la vallée de l'Eel. Au XIXᵉ siècle, il devint prospère grâce à l'élevage laitier, ce qui se traduisit aussitôt par l'édification de sublimes maisons victoriennes. Partez de la rue principale (Calif. 211), empruntez Ocean Avenue, puis Mattole Road (guettez l'arche indiquant Capetown). Vous grimpez déjà à l'assaut de versants plantés d'érables et de conifères quand soudain la vue s'ouvre largement sur des vallées boisées et des collines verdoyantes. La descente vers la rivière Bear s'amorce, de plus en plus vertigineuse. Vous filez vers Cape Mendocino, un lieu considéré comme maudit pour avoir été le théâtre de nombreux naufrages. La zone est par ailleurs l'une des plus sismiques du continent car, au large, des plaques tectoniques s'entrechoquent.

Poursuivez cap au sud pendant 8 km, en bordure de l'estran qui s'est élevé de plus de 1 m depuis le tremblement de terre de 1992, offrant désormais le spectacle d'une perpétuelle marée basse. En 1895, on fora les premiers puits de pétrole de Petrolia, qui n'est plus de nos jours qu'un petit village cerné d'exploitations agricoles. Non loin de là se trouve Honeydew. Votre véhicule se hisse maintenant à 836 m d'altitude pour rejoindre une cluse (Panther Gap), franchir le cours de la Mattole et atteindre le parc d'État de Humboldt Redwoods et la forêt Rockfeller. Cette dernière accueille quelques-uns des plus vieux séquoias du monde, dont certains mesurent plus de 100 m de haut.

À Southfork, la Mattole Road croise la Calif. 254. Surnommée l'« avenue des Géants », elle relie Pepperwood à Phillipsville. Tournez à gauche pour Pepperwood, que vous quitterez en piquant vers le sud et Drury-Chaney Groves. Passez Weott, une ville enfouie sous les feuillages des séquoias. Vous voici à Williams Grove (excellent site de pêche en rivière) : le bureau d'informations touristiques vous renseignera sur la faune et l'histoire locales. Vous roulez maintenant tout droit, sur une chaussée bordée de part et d'autre de séquoias, d'érables à grandes feuilles et de peupliers noirs. Le panorama sur le cours de la South Fork Eel est magnifique. Avant votre arrivée sur Philipsville, admirez les séquoias de F.K. Lane Grove.

Ci-contre : les séquoias de Californie sont parmi les plus grands du monde.

Le soleil sublime le rouge profond des vertigineuses flèches minérales de Cathedral Rock.

ÉTATS-UNIS

La roche rouge d'Arizona

Ce bref circuit explore les formations de grès rouge qui se dressent au centre de l'Arizona, non loin de la ville de Sedona – décor pétrifié, union fabuleuse du rouge vibrant de la pierre et du vert profond des genévriers.

Les formations rocheuses du sud de Sedona résultent d'un heureux accident géologique. Des millénaires durant, le vent et l'eau ont creusé de profonds canyons dans le calcaire tendre du plateau du Colorado : la roche fut ainsi sculptée en une infinité de silhouettes – ici la « cheminée », plus loin les « oreilles de lapin », là une « cathédrale ». La pierre doit son rouge éclatant – sublimé en journée par les rayons du soleil – à une forte teneur en fer. Votre circuit débute parmi les pins ponderosa et la toundra alpine de la forêt nationale de Coconino, riche en emplacements de campings et en sentiers de randonnée. Partez de l'I-17 et prenez l'Ariz. 179 jusqu'au village d'Oak Creek (appelé Big Park sur certaines cartes) et le célèbre Bell Rock, à la forme de cloche aisément reconnaissable. D'après une croyance populaire, ce site cacherait un vortex, un lieu où l'énergie terrestre se concentre à une puissance extrême. Les Indiens Yavapais, dont les ancêtres investirent la région voilà plus de six siècles, étaient persuadés que ces pierres rouges n'étaient autres que la chair et le sang de monstres assassinés par le chaman Skatakaamcha. Il y avait parmi ces créatures légendaires un oiseau géant qui habitait au sommet d'une montagne – et cette montagne serait Bell Rock. Pour voir de plus près Bell Rock et Courthouse Butte (toute proche), garez-vous au Bell Rock Vista & Pathway, au nord d'Oak Creek. Le chemin se divise en deux : petit et grand parcours (6,5 km). La route pénètre à nouveau dans la forêt, puis tout à coup la chaussée se retrouve flanquée de hautes formations rocheuses. Un peu plus loin, le sentier de Little Horse conduit à d'autres formations, dont Cathedral Rock, berceau de l'humanité aux yeux de certains Amérindiens. Le circuit s'achève à la chapelle Sainte-Croix, un monolithe de béton et de verre fiché dans la roche d'un canyon, à l'extrémité orientale de la route.

DÉPART Forêt nationale de Coconino
ARRIVÉE Chapelle Sainte-Croix de Sedona
ROUTE Ariz. 179
DISTANCE 12 km
TEMPS DE ROUTE 30 min
QUAND Toute l'année
À SAVOIR Retirez un permis de randonnée auprès de l'un des bureaux d'informations touristiques.
INTERNET www.visitsedona.org

RÉPUBLIQUE DOMINICAINE
De Samaná à Sánchez

Cette promenade – courte mais ô combien délicieuse – dans la cordillère Samaná, au nord de l'île, rejoint les plages de Las Terrenas et dispense des vues extraordinaires sur l'océan et les plantations de cocotiers.

Après avoir observé les baleines à Samaná, quittez la ville pour El Limón. Très vite, vous grimpez au rythme de virages resserrés et savourez bientôt un panorama époustouflant sur la baie de Samaná et les mogotes – collines calcaires érodées – du parc national Los Haitises. La chaussée criblée de nids-de-poule descend sur El Limón, réputée pour ses chutes d'eau. À Santi Rancho, prenez à droite à l'embranchement. Au bout de 2,5 km, un chemin de terre conduit à Playa Morón, où des bateaux de pêche sont échoués sur le sable. De retour à El Limón, vous approchez les rives de Playa Punta Poppy, dont les plages battues par le vent sont prisées des amateurs de kitesurf. Arrivé au centre de Las Terrenas, empruntez l'Avenida Alberto Caamaño Deno sur la droite. Longez la Playa las Ballenas (si vous souhaitez faire une séance de plongée, c'est ici). Revenez en ville sur la Calle Principal, récupérez la Calle Fabio Abreu sur la droite pour rallier la Playa Bonita, une plage absolument paradisiaque. De retour à Las Terrenas, suivez la rue principale tandis qu'elle se hisse, *via* une corniche, au sommet de la cordillère Samaná. Le point de vue sur la côte est superbe. Passé le village de montagne de Los Puentes, la route pique en lacets à travers une succession de vallées. Vous découvrez à présent les mogotes, ces incroyables structures géomorphologiques, ainsi qu'une vaste perspective sur la baie de Samaná, en contrebas. La plus grande plantation de cocotiers de l'île s'étend à vos pieds. Nouvelle succession d'épingles à cheveux ; vous voyez maintenant les contreforts de la cordillère, tapissés de palmiers. La Carretera 5 vous emmène à l'ouest de Sánchez.

Étape plaisir La randonnée d'El Limón à la **cascade Salto del Limón** (50 m) peut se réaliser à cheval. Des montures disciplinées vous emportent le long de sentiers parfois glissants, souvent rocailleux et toujours raides, et par-delà les cours d'eau. Le parcours s'effectue en une quarantaine de minutes, mais l'excursion dure trois heures en tout, afin que vous puissiez prendre le temps de vous baigner dans la chute d'eau. Réservations auprès de Santi Rancho, un tour-opérateur réputé d'El Limón.

DÉPART Samaná
ARRIVÉE Sánchez
ROUTES Routes secondaires
DISTANCE 50 km
TEMPS DE ROUTE 3 heures
QUAND Toute l'année
À SAVOIR Allez à la cascade Salto del Limón de préférence tôt le matin, pour éviter la foule.
INTERNET
www.godominicanrepublic.com

Prenez le temps de ne rien faire sur l'idyllique Playa Bonita, non loin de Las Terrenas.

PÉROU

Entre Lima et Tacna

La Panaméricaine est la principale voie de communication des basses terres du sud du Pérou. Ce circuit l'emprunte depuis Lima puis, dans l'arrière-pays, parvient au désert le plus aride de la planète et se poursuit jusqu'à la frontière chilienne.

Quittez la capitale péruvienne, Lima, par la route 1. À San Vincente de Cañate, faites un détour par le village de pêcheurs de Cero Azul, célèbre pour son spot de surf et ses vestiges pré-incas. De retour sur la Panaméricaine, passez Chincha – capitale de la culture folk afro-péruvienne – et ralliez Pisco, ville éponyme de l'eau-de-vie qui y est fabriquée. En quechua, *pisco* signifie « oiseau » : la ville fut ainsi baptisée en l'honneur du patrimoine ornithologique de la région. Malheureusement, elle fut gravement endommagée par le tremblement de terre de 2007. À El Chaco, au sud de Pisco, un bateau peut vous conduire aux îles Ballestas pour observer les oiseaux aquatiques et les lions de mer. La route s'éloigne ensuite de la côte, s'engage à l'intérieur des terres et traverse un désert aride, qui recule cependant à mesure que vous approchez de la vallée du Rio Ica, irriguée par des canaux. Le vin et le pisco sont les deux principales productions locales, que vous aurez l'occasion de déguster à Ica, capitale de la civilisation pré-inca nazca. Visitez le musée qui retrace l'histoire locale et présente une collection de crânes témoignant des balbutiements précoces de la chirurgie du cerveau. En chemin, profitez du lagon et des dunes de sable de Huacachina, le site idéal pour partir à la découverte des entreprises vinicoles des environs et s'essayer au surf sur les dunes. Roulez jusqu'à Nazca et émerveillez-vous devant les énigmatiques « lignes ». Après Chala, la route retrouve la côte pacifique et pique au nord vers Camaná, puis Moquegua et ses maisons de torchis du XVIIIe siècle. Poursuivez votre route jusqu'à Tacna.

Un peu d'histoire Les scientifiques se perdent en conjectures quant à l'origine des lignes de Nazca, ces géoglyphes géants qui représentent ici un oiseau en vol, là une baleine, une araignée… On peut admirer ces dessins – certains font plus de 200 m d'envergure – depuis une tour d'observation, mais rien ne vaut une vue aérienne. Des petits avions décollent de l'aéroport de Nazca toutes les 30 min. Visitez ensuite l'aqueduc antique de Cantalloc ainsi que les 34 pyramides nazca de Cahuachi.

DÉPART Lima
ARRIVÉE Tacna
ROUTE Route Panaméricaine vers le sud (route 1)
DISTANCE 1 330 km
TEMPS DE ROUTE 3 jours
QUAND Toute l'année, mais la meilleure période est de décembre à fin mars.
À SAVOIR Festival folk afro-péruvien à Chincha en février ; festival du vin à Ica en mars. Les routes sont rarement bitumées (excepté la Panaméricaine).
INTERNET www.peru.info

Abandonnez votre véhicule le temps de dévaler en buggy les dunes d'Ica.

Le château de Matsumoto, vieux de 400 ans, est la mieux préservée des forteresses du Japon.

JAPON
De Tokyo à Kyoto

Que ce soit au printemps, à l'ombre des cerisiers en fleur, ou encore en hiver, sous un manteau de neige, ce circuit est un véritable régal. Des Alpes Japonaises à la mer du Japon, il vous offre tout à la fois sites historiques, sources chaudes, jardins enchantés et plaisirs gastronomiques.

Abandonnez la frénésie tokyoïte par l'autoroute de Chuo en direction de Nagano. Arrêtez-vous pour visiter les musées et les temples de Kofu, notamment le temple Kai Zenjoki, fondé en 1558 par le *daymio* (seigneur local) Takeda Shingen. Bifurquez sur l'autoroute de Nagano vers l'échangeur de Matsumoto. Prenez la sortie Matsumoto Kamikochi pour rejoindre la préfecture de Nagano – enchâssée dans les sublimes Alpes Japonaises –, puis la ville de Matsumoto et son splendide château. Matsumoto constitue une bonne base de départ pour les randonnées à travers les Alpes Japonaises, *via* Kamikochi. Suivez la route nationale 158 jusqu'à Takayama (son centre historique est merveilleusement conservé) et les célèbres sources chaudes de Gero-onsen. Passez le col vers la rocade de Kou Takayama, puis la route Takayama-Kiyomi et l'autoroute de Tokai Hokiruku. Faites une étape dans les villages de montagne de Shirakawa-go et Gokayama, où vous admirerez les Gasshyo Zukuri, ces maisons traditionnelles aux toits de chaume. Au carrefour Oyabe Tonami, engagez-vous sur l'autoroute de Hokiruku vers Kanazawa. Arrivé en ville, précipitez-vous au jardin de Kenrokuen, l'un des trois plus beaux du pays. De Kanazawa, la route longe le littoral de la mer du Japon : la vue est grandiose, et les *ama-ebi* (crevettes sucrées) inoubliables. L'autoroute de Hokiruku et la route à péage de Meishin atteignent le Biwa, plus grand lac d'eau douce du Japon. Enfin, la route 1 débouche dans Kyoto, ancienne capitale impériale.

DÉPART Tokyo
ARRIVÉE Kyoto
ROUTES Autoroute de Chuo, autoroute de Nagano, route nationale 158, route Takayama-Kiyomi, autoroute de Tokai Hokiruku, routes 159, 25, autoroute de Hokiruku, route de Meishin (péage), route 1, routes secondaires
DISTANCE 420 km
TEMPS DE ROUTE 7 h 30
QUAND Toute l'année
À SAVOIR Une promenade en bateau est proposée au départ du port de Otsu, à la pointe sud du lac Biwa.
INTERNET www.japan-guide.com

ALLEMAGNE
La vallée de l'Elbe

Des palais et des châteaux, des villes historiques et les spectaculaires paysages de calcaire du parc national de Sächsische Schweiz (Suisse saxonne) vous attendent sur ce parcours au fil de l'Elbe.

En bordure du fleuve, l'extraordinaire château de Pillnitz (XVIIIe siècle) et son architecture extravagante

Temps forts

- À pied ou avec la navette qui part de l'aire de stationnement, montez sur les remparts de la forteresse de Königstein : la vue y est absolument magnifique.

- Le bureau d'informations touristiques du parc national de Sächsische Schweiz à Bad Schandau abrite un musée qui organise des expositions consacrées au parc.

- Les randonnées autour de Bastei, dont celle qui emprunte le pont qui traverse le site, sont l'occasion de découvrir des panoramas grandioses.

- Le parc du château de Pillnitz accueille une église, la Weinbergkirche, ainsi qu'un musée où sont exposés du mobilier, de l'argenterie et des sculptures sur bois.

L'Elbe est l'un des plus longs fleuves d'Europe. Les nombreux châteaux et palais sis au bord de ses rives témoignent de son importance stratégique. Partez de Dresde, l'une des plus belles villes d'Allemagne, dévastée par les bombardements alliés de la Seconde Guerre mondiale. Prenez la B172 (toujours très chargée) vers Pirna et son église aux voûtes ouvragées. Poursuivez jusqu'à la forteresse de Königstein, considérée inexpugnable lorsqu'elle fut érigée au XIIIe siècle. À Bad Schandau, une ville thermale dotée d'un superbe jardin botanique et d'un musée, franchissez l'Elbe et rejoignez la S163, qui vous mène au petit village de Rathsmannsdorf. À l'embranchement, suivez la route étroite (K8723) à travers la forêt, puis grimpez la colline au sommet de laquelle le musée et le château de Hohnstein dispensent des vues magnifiques. Depuis Hohnstein, ralliez Bastei via la S165. Vous irez à pied jusqu'aux formations rocheuses de Bastei, ensemble inouï de falaises, ravins et flèches minérales façonnés par l'érosion et surplombant l'Elbe à plus de 300 m de haut. Pour éviter la foule et profiter au maximum des chemins de randonnée, ne fréquentez pas le site à la mi-journée. De retour sur la S165, direction Lohmen puis, par la S167, rendez-vous au château de Pillnitz, résidence estivale d'inspiration chinoise qu'Auguste II, électeur de Saxe, fit bâtir en bordure de l'Elbe en 1720. Arrivant de Dresde en bateau, ses invités débarquaient et gravissaient l'escalier monumental reliant le fleuve au parc. Continuez vers Dresde sur la S167 et traversez l'Elbe via le Blaues Wunder (« miracle bleu »), un pont suspendu métallique datant de 1893.

DÉPART/ARRIVÉE Dresde
ROUTES B172, S163, K8723, S165, S167, routes secondaires
DISTANCE 140 km
TEMPS DE ROUTE 2 heures
QUAND De mai à octobre
À SAVOIR Il y a du monde en été. Offrez-vous une promenade en bateau sur l'Elbe au départ de Dresde, les panoramas sont superbes.
INTERNET
www.saechsische-schweiz.de

Excursion Si vous avez le temps, prenez le petit tramway électrique qui relie Bad Schandau à la vallée de Kirnitzschtal, à l'est du parc national de Sächsische Schweiz. Le tram remonte le cours de la Kirnitzsch en empruntant l'une des plus jolies vallées de l'Elbe, le long d'anciens moulins aujourd'hui rénovés et transformés en hôtels et restaurants. La promenade s'achève aux chutes d'eau Lichtenhain. Le trajet en bateau dure 25 min et compte plusieurs arrêts.

Ci-contre : le pont du site des formations rocheuses de Bastei offre les meilleurs points de vue sur l'Elbe.

La route de la vallée de l'Altmühl longe la formation rocheuse des Douze Apôtres.

ALLEMAGNE

La vallée de l'Altmühl

Ce circuit vous entraîne à la découverte d'une vallée fluviale intacte du nord de la Bavière. En entaillant profondément un plateau calcaire, l'Altmühl a façonné un fabuleux décor où la haute silhouette des falaises surplombe des pâturages verdoyants.

Partez d'Ellingen, une cité que domine un grand château baroque du XVIIIe siècle. Piquez vers le sud par la B2 jusqu'à Weissenburg, ensorcelante cité médiévale aux remparts quasi intacts et protégée par une succession de portes fortifiées. Promenez-vous dans le centre historique et ne ratez pas ses ruines romaines. Parcourez 11 km sur la B2, prenez à gauche au pont de chemin de fer – la route suit désormais la rivière le long de la vallée de l'Altmühl. Les ruines d'un château du XIIe siècle semblent écraser Pappenheim, en contrebas. La cité, établie au creux d'un méandre de la rivière, compte nombre d'édifices datant du Moyen Âge. Passé Esslingen, l'Altmühl longe les formations rocheuses des Douze Apôtres, vestiges d'un récif d'une mer aujourd'hui retirée. Au sommet d'une colline garnie d'arbres, le château blanc de Willibaldsburg commande l'arrivée sur l'élégante bourgade d'Eichstätt. Restez dans la vallée. Au-delà de Pfünz et de hautes falaises calcaires, ralliez le palais de Hirschberg, dans l'ancienne ville de Beilngries. L'Altmühl rejoint ensuite le canal Main-Danube, un système qui permet de traverser l'Europe de la mer du Nord à la mer Noire par voie d'eau, en reliant les principaux cours d'eau. Plus loin, on aperçoit le château de Prunn, le plus spectaculaire de la vallée, perché en haut d'une falaise abrupte flanquant la rive. À quelques kilomètres se dévoile le paysage le plus grandiose de ce circuit : le village d'Essing, sa tour de guet absolument intacte et son vieux pont de bois. La promenade s'achève à Kelheim, à la confluence de l'Altmühl et du Danube, à l'ombre du Befreiungshall (« hall de la Libération »). Cette rotonde néoclassique, édifiée par Louis Ier de Bavière, rend hommage au rôle décisif des Allemands dans les victoires napoléoniennes de 1813 et 1815.

DÉPART Ellingen
ARRIVÉE Kelheim
ROUTES B2, routes secondaires
DISTANCE 34 km
TEMPS DE ROUTE 2 heures
QUAND Toute l'année
INTERNET
www.naturpark-altmuehltal.de

FRANCE
La route des Abbayes

Sur la rive gauche de la Seine, ralliez le bord de mer depuis Rouen en visitant la Normandie, ses vallées boisées, ses falaises de craie et ses vergers où prolifèrent les pommiers.

Attrapez la D982 à Rouen. Celle qui fut l'une des plus importantes villes du Moyen Âge vit Jeanne d'Arc rencontrer son funeste destin. Filez vers Saint-Martin-de-Boscherville et son abbaye Saint-Georges, de style roman. L'intérieur, très dépouillé, met en valeur une abside remarquablement ouvragée ; la salle capitulaire (XIIe siècle) conserve quant à elle des chapiteaux ornementés. La D982 vous entraîne maintenant à Duclair, où vous contemplez la Seine avant de bifurquer sur la D65. Longez le fleuve et les vergers de pommiers et de cerisiers des environs du Mesnil-sous-Jumièges. Bientôt, émergeant des arbres, les hautes tours de l'abbaye sont en vue. Les ruines de ce qui fut autrefois un puissant monastère témoignent d'un passé agité. Fondée en 664, ravagée par les Vikings au IXe siècle, l'abbaye est à son apogée aux XIIIe et XIVe siècles. La Révolution entérinera son déclin. De nos jours, seules subsistent les deux tours du XIe siècle et une partie de la nef. *Via* la D143, rejoignez la vallée de Fontenelle et l'abbaye de Saint-Wandrille. La D81 vous conduit ensuite à Caudebec-en-Caux et sa belle église du XVe siècle. Attrapez à présent la D81 pour atteindre le village de Villequier. Surtout ne manquez pas de visiter le musée Victor-Hugo, consacré à l'un des plus grands écrivains de la littérature française. Continuez vers Lillebonne et ses impressionnantes ruines romaines. Le circuit s'achève au pont suspendu de Tancarville depuis lequel vous savourez des vues imprenables sur l'estuaire de la Seine.

DÉPART Rouen
ARRIVÉE Tancarville
ROUTES D982, D65, D143, D81
DISTANCE 82 km
TEMPS DE ROUTE 2 heures
QUAND De mai à octobre
À SAVOIR Messe à l'abbaye de Saint-Wandrille tous les jours à 9h45 (10 heures le dimanche).
INTERNET
www.abbayes-normandes.com

Un peu d'histoire Fondée au VIIe siècle par saint Wandrille, l'abbaye de Saint-Wandrille fut mise à sac par les Vikings, reconstruite au Xe siècle, détruite sous la Révolution française et rebâtie en 1931. Le cloître du XIVe siècle fut également rénové, mais l'église gothique (XIIe-XIVe siècle) ne s'est jamais relevée de ses ruines. Dans les années 1960, les moines firent édifier une nouvelle église sur la charpente d'une grange du XVe siècle. Des visites guidées sont organisées. Si vous aimez les chants grégoriens, programmez votre venue à l'heure de la messe.

À Villequier, le musée Victor-Hugo, aménagé dans la maison de l'écrivain, regorge de souvenirs et d'objets personnels.

FRANCE

La vallée de la Dordogne

Suivez le cours majestueux de la Dordogne. Le fleuve traverse une région réputée dans le monde entier pour la finesse de sa gastronomie et de ses vins. Découvrez maintenant ses vallées boisées, ses villes, ses villages et ses falaises calcaires.

Un bateau sur la Dordogne, nimbé dans la brume matinale qui monte du fleuve

Temps forts

- Bergerac est réputée pour son tabac, son histoire et son vin. Le musée du Tabac retrace l'histoire du tabac et ses usages. La maison du Vin se consacre aux crus de la région.

- Pendant la guerre de Cent Ans, Castelnaud était une place forte anglaise. Elle abrite aujourd'hui un musée dédié aux techniques de sièges.

- Dans les années 1920, la chanteuse américaine Joséphine Baker vécut au château les Milandes (au sud de Castelnaud par la D53), fondé au XVe siècle. Une exposition sur la vie de l'artiste, le parc et le jardin à la française sont ouverts au public.

Le voyage débute à Bergerac, ses jolies demeures médiévales du centre-ville et son ancien port fluvial. Attrapez la D660, sur la rive nord. À Saint-Capraise-de-Lalinde, franchissez le fleuve. La D37 vous emmène au château de Lanquais. L'édifice – union magistrale d'un corps de logis médiéval et d'un palais Renaissance – surplombe le village de Lanquais et porte encore les traces des boulets qu'il reçut pendant les guerres de religion du XVIe siècle. À l'est de Couze-et-Saint-Front, le village de Saint-Front-de-Colubri est venu se percher au bord du fleuve, dispensant un panorama superbe sur les rapides de la Gratusse. Revenez sur la rive nord pour admirer le cingle (ou méandre) de Trémolat, le plus beau du parcours. À Trémolat, engagez-vous sur la D31 pour rejoindre le village perché de Limeuil, avec ses maisons Renaissance et son église du XIIe siècle. Là, suivez la D51 le long de la falaise, puis traversez par la D25 à l'approche de l'abbaye cistercienne de Cadouin, qui possède un remarquable cloître gothique. Faites un détour par la petite route pour jeter un coup d'œil à la gigantesque église fortifiée du XIIe siècle d'Urval. Revenez sur la D25 jusqu'à Siorac-en-Périgord. Repassez une nouvelle fois sur la rive nord, remontez le courant par la D703E : voici Saint-Cyprien, un bourg resserré autour de son église du XIVe siècle. La vallée se rétrécit. Levez les yeux pour apercevoir les forteresses de Beynac-et-Cazenac et Castelnaud. Continuez vers La Roque-Gageac, village troglodytique qui fait corps avec la falaise : prenez un verre au bord de l'eau dans l'un des nombreux cafés, déambulez dans les ruelles et visitez l'église du XIIe siècle (la vue sur la Dordogne y est spectaculaire). Poursuivez sur la D50 vers Sarlat-la-Canéda.

DÉPART Bergerac
ARRIVÉE Sarlat-la-Canéda
ROUTES D660, D37, D31, D51, D25, D703E, D50
DISTANCE 145 km
TEMPS DE ROUTE 2 jours
QUAND De mai à octobre. Il y a foule en été, quand les festivals et les salons battent leur plein.
À SAVOIR On peut pratiquer canoë et kayak sur le cours de la Dordogne.
INTERNET
www.bergerac-tourisme.com

Un peu d'histoire
Sur la D46, à l'est de La Roque-Gageac, **Domme** est l'une des bastides (villes fortifiées) les mieux préservées de la région. Perchée sur une falaise de la rive sud, elle abrite à l'ombre de ses murs du XIIe siècle des ruelles tortueuses ainsi qu'une place du marché aménagée au XVIIe siècle. Depuis le belvédère de la Barre, au bout de la Grand-Rue, la vue sur le fleuve et les châteaux des environs est magnifique.

Ci-contre : la Dordogne serpente à travers terres agricoles et vignobles. On aperçoit au loin la commune de Domme.

Sur les frises de l'Ermita de Quintanilla de las Viñas, le Christ et deux anges ; au-dessus, deux évangélistes

ESPAGNE
Sur le cours de l'Arlanza

Née dans la sierra de Urbion, au nord de l'Espagne, l'Arlanza serpente au fond d'une vallée enchantée pour rejoindre Lerma. Ce circuit débute à Burgos et traverse de somptueux paysages de campagne, piqués de vieux villages et d'églises médiévales.

Quittez Burgos par l'A1/E5 vers Madrid. Au bout de 34 km, franchissez le cours de l'Arlanza. Prenez la sortie « Lerma-Estacion » et suivez les panneaux indiquant la direction de Lerma. Vous pénétrez dans la ville en passant sous l'arche médiévale de Cárcel, puis traversez la Plaza Mayor, où se dresse le palais ducal (suivre « *todas direcciones* »). Récupérez la BU900 qui va à Santo Domingo de Silos. Vous sillonnez un paysage de vallons, de champs de blé et de villages traditionnels aux constructions de pierre. Vous voici dans le minuscule hameau de Santibañez del Val. Passez le cours de l'Ura pour déboucher dans un délicieux petit ermitage de pierre, l'Ermita Mozarabe de Santa Cecilia de Barriosuso. La BU900 vous entraîne maintenant jusqu'au superbe village médiéval de Santo Domingo de Silos et au non moins magnifique monastère du même nom. Faites demi-tour pour attraper la BU902 et rallier l'église du XVe siècle consacrée à San Cosme et San Damián, dans un autre village médiéval, Covarrubias. Laissez-vous guider par les indications pour San Pedro de Arlanza, sur la BU905/CL-110. Ce site du XIe siècle fut en son temps le monastère le plus influent de la Castille. La route emprunte une jolie vallée et quadrille le cours de l'Arlanza avant de gagner la N234 à hauteur de Hortigüela. Quelque 7 km plus loin, guettez la petite route sinueuse qui vous conduira à travers les champs de blé jusqu'à Quintanilla de las Viñas puis, à l'embranchement, vers l'extraordinaire chapelle du VIIe siècle de l'Ermita Visigótica. De retour [sur la N]234, vous passez devant les constructions troglodytiques de San Clemente avant de rentrer à [Burgos en] prenant l'A1/E5 à Saldaña de Burgos.

Temps forts

■ Exceptionnel, le cloître du monastère Santo Domingo de Silos est célèbre dans le monde entier, tout comme les somptueux chants grégoriens que ses moines entonnent chaque jour à la messe. Le musée du monastère est également remarquable.

■ L'église de San Cosme y San Damián de Covarrubias est une élégante construction de pierre blanche, de style gothique. Elle fut érigée en 1474. Ses orgues, vieilles de quatre siècles, fonctionnent encore. L'église abrite un musée qui présente des documents pontificaux, des tenues épiscopales et des œuvres d'art.

■ L'Ermita Visigótica de Quintanilla de las Viñas est l'édifice religieux le plus ancien de la région. Il date de la fin du VIIe siècle et est décoré de frises wisigothiques ouvragées d'oiseaux, de grappes de raisin et de monogrammes.

DÉPART/ARRIVÉE Burgos
ROUTES A1/E5, BU900, BU902, BU905/CL-110, N234
DISTANCE 142 km
TEMPS DE ROUTE 2 h 30
QUAND Toute l'année
INTERNET www.turismoburgos.org

Autres bonnes idées

❶ James River, États-Unis

En 1607, les premiers colons britanniques pénétrèrent dans les terres américaines en remontant la James River. Suivez la rivière depuis Richmond par la route 5 jusqu'à l'établissement de Jamestown et poursuivez vers Yorktown, ses musées et son bureau des douanes des années 1720.
www.dcr.virginia.gov

❷ Ashley River, États-Unis

L'Ashley River Road est un tronçon de 17 km de l'autoroute 61. Elle suit le cours de la rivière, sous une voûte végétale gracieusement orchestrée par les arbres qui bordent la chaussée. Arrêtez-vous à la plantation Magnolia et à Middleton Place, ainsi qu'aux églises Saint Andrew et Springfield.
www.byways.org

❸ Le pays de Mark Twain, États-Unis

Mark Twain a grandi à Hannibal, sur les rives du Mississippi. Partez de sa maison natale, visitez le musée qui lui est consacré, puis rendez-vous à la célèbre grotte de Mark Twain, abondamment décrite dans *Les Aventures de Tom Sawyer*. Piquez au sud sur la Mo. 79, flânez dans les galeries d'art de Louisiana. À Clarksville, regardez les barges aller et venir au fil du fleuve.
www.marktwaincountry.com

❹ Paradise Valley, États-Unis

Quittez Livingstone *via* l'U.S. 89 par la Paradise Valley, puis suivez la route 540 pour découvrir les paysages de la chaîne Gallatin. Retrouvez l'U.S. 89 qui mène à Gardiner. Ne ratez pas les chutes d'eau tonitruantes, les ravins sans fond et les larges vallées du parc national de Yellowstone – gigantesque conservatoire faunique.
www.yellowstoneparknet.com

❺ Oak Creek Canyon, États-Unis

Depuis Flagstaff, longez la gorge d'Oak Creek sur l'Ariz. 89A pendant 19 km, vers Sedona. Au belvédère d'Oak Creek, en bordure de la vertigineuse Mogollon Rim, vous contemplez un océan de pins qui déferle jusqu'au fond du canyon.
www.americansouthwest.net/arizona/sedona

❻ De Canada Hope à Kamloops, Colombie-Britannique, Canada

Via la Transcanadienne 1, suivez les traces de ces aventuriers qui, au XIXe siècle, franchirent les gorges de Fraser et Thompson pour gagner l'intérieur des terres – désertiques – de Colombie-Britannique, un périple de 322 km. Les curiosités géologiques sont nombreuses, comme la Hells Gate, où l'eau jaillit avec force d'un étroit passage rocheux.
www.canada.travel

❼ Vallée de Coto Brus, Costa Rica

En reliant Paso Real à Ciudad Neily, l'autoroute 237 emprunte une gorge qui entaille profondément les monts Talmanca et Fila Costeña. Elle grimpe ensuite à 3 554 m d'altitude, au sommet du pic Kamuk. À l'embranchement, suivez les panneaux *« Estación Tres Colinas »* et, à Jabillo, continuez vers Coto Brus, au fond de la vallée. Poursuivez votre ascension à travers les plantations de café. Traversez San Vito pour rattraper l'autoroute 16. Rendez visite aux hérons et aux grenouilles de la réserve toute proche avant de rallier Ciudad Neily.
www.tourism.co.cr

❽ Huon Valley Trail, Australie

Suivez la Huon Highway, enfouie sous les pins – ces arbres prisés des constructeurs de navires du XIXe siècle. Ralliez Geeveston et l'extraordinaire passerelle de Tahune Forest qui vous transporte au-dessus de la canopée. Poursuivez jusqu'au parc national de Hartz Mountains et rejoignez la Channel Highway. À Kettering, partez vers Margate et Kingston pour atteindre Hobart, la plus grande ville de l'île de Tasmanie.
www.discovertasmania.co.uk

❾ Gorge de Rugova, Kosovo

Des fleurs sauvages d'un violet éclatant s'accrochent aux parois de granite sombre qui s'élèvent à plus de 600 m au-dessus du cours du Drin, au fond de la gorge de Rugova. Régulièrement, la paroi semble s'arc-bouter au-dessus de la chaussée, et la vue disparaît momentanément, le temps de passer sous un tunnel.
www.mkrs-ks.org

❿ Vallée de la Wachau, Autriche

Depuis Melk et son fabuleux monastère baroque, prenez les routes 3 ou 33 le long du Danube. En route pour Krems, vous serpentez au cœur de la vallée de la Wachau, une région viticole depuis l'Antiquité. Le rôle des monastères émaillant le parcours fut déterminant dans l'histoire de la production locale : les moines surveillaient les vignobles et furent les premiers à commercialiser les vins de la région.
www.donau.com

⓫ Vallée du Rhin, Allemagne

La B9 suit le cours moyen du Rhin entre Coblence et Mayence. C'est ici que se dressent les plus beaux châteaux du Moyen-Âge – érigés pour percevoir les taxes des commerçants effectuant la navette sur le fleuve. Vous êtes ici au pays du riesling, un raisin blanc – le vignoble s'accroche sur les flancs abrupts de la vallée. Ne ratez pas Boppard et ses ruelles tortueuses. Offrez-vous également une balade sur le Rhin.
www.cometogermany.com

⓬ Vallée de la Marne, France

Flânez dans les anciennes ruelles de Saint-Dizier, à la recherche de ces remarquables ouvrages de fer forgé de style Art nouveau, œuvres de l'architecte Hector Guimard. Suivez la N67/E17 le long de la vallée de la Marne. Faites étape à Vignory pour admirer l'église Saint-Étienne (XIe siècle), un exemple exceptionnel d'architecture romane. Achevez votre périple à Chaumont, où vous contemplez la Marne du haut d'un éperon rocheux.
www.tourisme-hautemarne.com

⓭ Vallée de l'Exe, Royaume-Uni

Traversez du nord au sud la péninsule du sud-ouest de l'Angleterre en débutant votre circuit à Dunster, dominé par son château restauré au XVIIIe siècle. Là, prenez l'A396 et pénétrez dans le parc national d'Exmoor. Passé Wheddon Cross, la route suit la vallée boisée de la rivière Quarme, qui unit ses eaux à celles de l'Exe. La vallée de l'Exe, sinueuse, vous conduit à Tiverton puis à la cathédrale de la ville d'Exeter.
www.visit-exmoor.co.uk

CHAPITRE

4

Hors des sentiers battus

Voici des itinéraires réservés aux vrais aventuriers. Des routes isolées ou peu connues qui toutes ont pour destination des endroits du même genre. Certaines se trouvent dans le voisinage immédiat de sites célèbres qui attirent immanquablement les foules. D'autres relèvent du défi, exigent beaucoup de sang-froid et une préparation minutieuse. Alors, irez-vous dans le Montana à la rencontre des bisons qui vivent en liberté aux côtés des chevaux sauvages et des mouflons, dans un environnement sauvage et protégé ? Sillonnerez-vous les pistes des forêts pluviales du Costa Rica pour explorer la mangrove et la jungle, observer les tortues et les crocodiles ? Tenterez-vous l'incroyable traversée du continent africain du Caire au Cap ? Autant de voyages, autant de promesses d'aventures humainement enrichissantes…

Au bout de la route : les étonnantes formations rocheuses de Quebrada de las Conchas, au nord-ouest de l'Argentine.

Des randonneurs dans le paysage désolé du parc national du Gros Morne

CANADA

Sur les traces des Vikings

Fjords, falaises battues par les vagues, plages, forêts et vastes étendues balayées par les vents, la côte ouest de Terre-Neuve offre une vision de la nature à l'état sauvage. Les hommes sont pourtant présents dans la région depuis plus de quatre mille ans…

De North Sidney, comptez six heures de ferry pour rejoindre Port-aux-Basques. Quittez la ville par la Transcanadienne 1. Passé les austères montagnes Long Range, vous atteindrez Grand Codroy Ramsar Site, une vaste étendue protégée de zones humides englobant l'estuaire de la rivière Codroy. De là, la 490 conduit à une route panoramique qui mène jusqu'à la péninsule de Port-au-Port, berceau de la francophonie sur l'île. Prenez la 463 vers le nord ; après Lourdes, Picadilly et Long Point, tournez vers le sud-est pour découvrir la côte désolée de La Grand'Terre. Descendez au cap Saint George et prenez la 460 pour rejoindre la Transcanadienne 1. Une route vous emmènera jusqu'à Corner Brook, ville tournée vers l'industrie du bois, où vous pourrez visiter une galerie d'art, un musée consacré au chemin de fer et voir le monument dédié au capitaine James Cook. Continuez la route sur 50 km : vous traverserez la vallée de la Humber, où, en saison, on cultive des fraises. La 430 vous permettra alors de gagner le parc national du Gros Morne. Faites ensuite un arrêt au parc provincial des Arches pour admirer les formations calcaires que la mer a sculptées. Plus au nord, arrêtez-vous au site préhistorique de Port-au-Choix. À Eddies Cove, prenez la 436 pour visiter L'Anse-aux-Meadows, premier établissement européen en Amérique du Nord. Finissez par Saint Anthony et Fishing Point, d'où l'on observe les baleines, les oiseaux… et les icebergs.

Zoom C'est vers l'an mille que le Norvégien Leiv Eriksson fonda une colonie à l'emplacement de l'actuel site de L'Anse-aux-Meadows, soit près de cinq siècles avant l'arrivée de Christophe Colomb en Amérique (1492). Sur place, trois bâtiments d'époque ont été reconstitués, tandis que des guides en costumes évoquent, pour le plaisir des visiteurs, la vie de ces premiers colons.

DÉPART Port-aux-Basques
ARRIVÉE Saint Anthony
ROUTES Transcandienne 1, autoroutes 490, 463, 460, 430, 436
DISTANCE 1000 km
TEMPS DE ROUTE 2 jours
QUAND De mi-juin à mi-octobre
À SAVOIR Pensez à prendre des jumelles pour observer la faune.
INTERNET www.visitnewfoundland.ca

ÉTATS-UNIS
La Géorgie côté nature

Située au nord de la Géorgie, la forêt nationale de Chattahoochee offre aux visiteurs sa nature préservée. Au programme : rivières indomptées, chutes d'eau impressionnantes et montagnes, dont la Brass Bald, point culminant de l'État.

Commencez votre balade par la visite d'Helen, un petit village de montagne qui ne déparerait pas en Bavière. Prenez la direction du nord sur la Ga. 17/75 qui longe la rivière Chattahoochee jusqu'à la forêt du même nom ; c'est l'une des forêts à bois durs les plus productives de la planète. À Robertstown, un détour de 5 km par la Ga. 356 vous permettra de découvrir le parc d'État d'Unicoi et les très belles chutes d'eau d'Anna Ruby. Reprenez la 17/75. La route bordée d'arbres longe Andrew Creek puis gagne progressivement en altitude jusqu'à Unicoi Gap (3 947 m). Après le site panoramique de High Shoals, tournez à gauche sur la Ga. 180 qui sillonne les premières pentes de la Brasstown Bald (1 458 m), le point culminant de l'État. Laissez votre voiture au parking : vous pourrez faire une randonnée ou prendre la navette qui vous conduira quelque 800 m plus loin au sommet dénudé de la montagne et au centre d'information pour les visiteurs. Reprenez la 180 : vous allez traverser certains des plus beaux paysages de la chaîne des Blue Ridge. La route panoramique Richard Russell, accessible depuis la Ga. 348, remonte vers les sources de la rivière Nottely. Aux collines succèdent bientôt des pentes escarpées. Vous grimperez jusqu'à plus de 1 000 m d'altitude, passerez Tenastee Gap puis Hogpen Gap. La vallée accidentée de Lordamercy Cove s'étale en contrebas. Admirez la nature préservée du côté droit de la route alors que vous descendez de Piney Ridge. Les chutes de Dukes Creek se trouvent à 7 km ; n'hésitez pas à y faire une pause et suivre le court sentier de randonnée qui conduit à une plate-forme d'observation. Revenez sur la route et prenez la Ga. 75Alt pour retourner à Helen.

Excursion C'est à Dahlonega (48 km au sud-ouest d'Helen) qu'eut lieu en 1828 la première ruée vers l'or des États-Unis. Dans la petite ville, plusieurs mines sont aujourd'hui ouvertes au public. On s'y fait une bonne idée des conditions de travail des mineurs de l'époque et on peut même s'y essayer à laver du sable aurifère ! Une visite à compléter par celle du musée de l'Or de la bourgade.

DÉPART/ARRIVÉE Helen
ROUTES Ga. 17/75, 356, 180, 348, Russel-Brasstown Scenic Byway, 75 Alt
DISTANCE 66 km
TEMPS DE ROUTE 1 heure
QUAND De mai à octobre
À SAVOIR Vous pouvez prévoir de pique-niquer à Andrews Creek. Prenez des chaussures adaptées si vous comptez marcher.
INTERNET www.byways.org

Une belle lumière d'hiver sur les arbres couverts de givre, avec, au loin, l'imposante chaîne des Blue Ridge

ÉTATS-UNIS/CANADA

Aux confins du lac Supérieur

Couverte de forêts et de lacs, la côte déchiquetée du nord-ouest du lac Supérieur est une région privilégiée pour les amoureux d'espaces préservés. Depuis des siècles, les hommes ont tenté d'apprivoiser cette nature exigeante et d'exploiter ses innombrables richesses.

Temps forts

■ Faites une croisière dans le port de Duluth pour admirer le célèbre pont transbordeur (Aerial Lift Bridge). Ne manquez pas le passionnant musée des Transports du lac Supérieur pour sa belle collection de trains et la reconstitution de la ville au début du XXᵉ siècle.

■ Explorez les entrailles de la première mine souterraine du Minnesota dans le parc d'État de Soudan (accessible depuis la Minn. 169). Un ascenseur métallique s'enfonce à 800 m sous terre puis un petit train emmène les visiteurs à la découverte de la mine.

La forêt nationale Supérieure compte une population de 300 à 400 loups gris.

Prenez la Minn. 61 pour quitter Duluth. Arrêtez-vous au parc d'État des chutes de Gooseberry pour admirer ses cinq cascades, puis gagnez le phare de Split Rock. Le littoral devient plus montagneux alors que vous approchez du parc d'État de Tettegouche et de la forêt nationale Supérieure ; rendez-vous au bureau des rangers de Tofte pour prendre des cartes indiquant les chemins de randonnée et les endroits où camper. Plusieurs routes, dont Sawbill Trail, vous permettront d'entrer dans la forêt avec votre véhicule. Avant d'arriver à Grand Portage, près de la frontière canadienne, visitez la zone portuaire de Grand Marais et le monument national de Grand Portage (Minn. 61), où sont évoqués les premiers Européens qui s'y aventurèrent au XVIIIᵉ siècle. Non loin, la Gunflint Trail (102 km) s'enfonce dans la Boundary Waters Canoe Area Wilderness, immense réserve naturelle. Traversez la frontière du Canada pour gagner Thunder Bay, un port animé sur le lac Supérieur d'où vous pourrez partir en randonnée dans le parc provincial de Sleeping Giant et visiter le fort Williams, reconstitution d'un comptoir commercial du début du XIXᵉ siècle. Prenez la Transcanadienne 11/17 vers le parc provincial des chutes de Kakabeka (chutes d'eau, chemins de randonnée, possibilité de camping). Poursuivez jusqu'à Dawson Trail, l'un des points d'accès du parc provincial Quetico (454 154 ha), réputé pour ses falaises ornées de pictogrammes peints que l'on découvre en bateau. Regagnez les États-Unis par la Transcanadienne 11 ; à International Falls, prenez l'U.S. 53 jusqu'au parc national des Voyageurs. Plus au sud, la Mesabi Range est une chaîne de collines où l'on exploite le fer. Divers sites permettent de découvrir cette activité, comme l'Ironworld Discovery Center (U.S. 169) et le musée de Chisholm's Memorial Park. Continuez la route jusqu'à Hibbing, où le chanteur Bob Dylan passa son enfance, puis prenez l'U.S. 169 et la Minn. 169 jusqu'au parc d'État de Soudan. Poursuivez jusqu'à Ely ; vous pourrez faire du kayak sur l'un des lacs de la Boundary Waters Canoe Area Wilderness. Enfin, rendez-vous au centre international du Loup (Minn. 69), où vous verrez peut-être une meute.

Ci-contre : explosion de couleurs automnales dans la forêt nationale Supérieure

DÉPART Duluth
ARRIVÉE Ely
ROUTES Minn. 61, autoroute 587, Transcanadienne 11/17, Transcanadienne 11, U.S. 53, Minn. 73, U.S. 169, Minn. 169
DISTANCE 1191 km
TEMPS DE ROUTE 2 jours
QUAND De mai à octobre
À SAVOIR Pour faire du kayak dans la Boundary Waters Canoe Area Wilderness et dans le parc provincial Quetico, il faut demander un permis longtemps à l'avance.
INTERNET
www.northshorevisitor.com

ÉTATS-UNIS
La région des North Woods

Cette boucle au départ de la rive sud du lac Supérieur traverse le Wisconsin, région préservée de forêts et de lacs, de rivières bouillonnantes et de chutes d'eau. Un bonheur pour les amateurs de randonnée et de pêche !

Prenez la Wis. 35 à Superior, au bord du lac. Vous atteindrez le parc d'État de Pattison, où la Black River se jette dans les chutes de Big Manitou. Vous aurez ici un avant-goût des North Woods, une région qui s'étend jusqu'au lac Michigan. Des routes locales permettent de se rendre au parc naturel des chutes d'Amnicon, en retrait de l'U.S. 2, connu pour ses cascades spectaculaires. Poursuivez la route vers la forêt d'État de la rivière Brule, puis prenez la Wis. 27 jusqu'à Hayward et le National Fishing Fresh Water Hall of Fame, un espace consacré à la pêche en eau douce. La 27 rejoint la Wis. 77 qui conduit à la Great Divide Scenic Byway ; cette route panoramique sillonne sur 48 km la forêt nationale de Chequamegon. Sur la Wis. 13, ne manquez pas le Wisconsin Concrete Park, un espace vert planté de 250 statues de béton, puis arrêtez-vous au Rhinelander Logging Museum, où vous apprendrez tout de l'exploitation du bois. Plus au nord, la Wis. 17 dessert plusieurs lacs où l'on peut se détendre et pratiquer la motoneige. Prenez la Wis. 70 vers l'est, puis l'U.S. 51 afin de rejoindre la Wis. 47 à Woodruff et gagner Lac du Flambeau, ville située sur une réserve indienne ; un musée y est consacré aux Indiens Ojibwas, originaires de la région. Reprenez la Wis. 47 et l'U.S. 51, puis la Wis. 77 et la Wis. 169 pour vous rendre au parc d'État des chutes Copper, où des pistes de randonnées longent les canyons de la Bad River. Suivez la Wis. 13 jusqu'au lac Supérieur. À Ashland, le Northern Wisconsin History Center vous renseignera sur l'histoire de cet État. Apostles Islands National Lakeshore et le port de pêche de Bayfield seront l'occasion de moments de détente sportive avant de regagner Superior par la Wis. 13.

Zoom Depuis toujours, les 21 îles d'Apostle Islands National Lakeshore servent de refuge lorsqu'une tempête éclate sur le lac Supérieur. Les lieux ont beaucoup à offrir : musées (dont le musée de Tonnellerie de Bayfield et le musée historique de Madeline Island), excursions en bus, falaises battues par les vents et grottes (Devil's Island, l'« île du Diable »), phare ancien (Sand Island), mais aussi camping, pêche, chasse, kayak. Des bateaux emmènent les touristes faire le tour des îles.

DÉPART/ARRIVÉE Superior
ROUTES Wis. 35, U.S. 2, Wis. 27, 77, 13, U.S. 8, Wis. 17, 70, U.S. 51, Wis. 47, 169, 13, routes locales
DISTANCE 805 km
TEMPS DE ROUTE 12 heures
QUAND D'avril à octobre
À SAVOIR Emportez des bottes, un maillot de bain et tout ce qui pourrait vous être utile pour les activités de plein air, dont la voile.
INTERNET
www.explorewisconsin.com

Le kayak est un bon moyen de découvrir les falaises de Sand Island, sur le lac Supérieur.

Créé en 1908 pour protéger les bisons d'Amérique, le National Bison Range est l'une des réserves animalières les plus anciennes du pays.

ÉTATS-UNIS
Le pays des bisons

Ce itinéraire qui s'inscrit dans de superbes paysages de montagne réserve de multiples découvertes : la majestueuse nature du Montana, bien sûr, mais aussi une longue page de l'histoire américaine, une ville à l'allure victorienne et même des fouilles préhistoriques !

DÉPART/ARRIVÉE Missoula
ROUTES I-90, U.S. 93/Mont. 200, Mont. 40, U.S. 2, 89, 287. I-15, U.S. 279
DISTANCE 1046 km
TEMPS DE ROUTE 1,5 jour
QUAND De juin à octobre
INTERNET www.glaciermt.com

Pour atteindre la vallée boisée de la Jocko, quittez Missoula par l'I-90, puis prenez l'U.S. 93 vers le nord. À Ravalli, faites un crochet par la Mont. 200 pour vous rendre au National Bison Range où vivent quelque 500 bisons. Revenez à Ravalli et poursuivez sur l'U.S. 93 jusqu'à la mission Saint-Ignace, établie par des jésuites en 1854 – elle est aujourd'hui sur le site de la réserve indienne de Flathead. Allez admirer les collections d'art indien du musée Doug Allard, installé dans un ancien comptoir commercial. À Pablo, arrêtez-vous au People's Center : les Indiens y exposent leur vision de l'histoire de la région. Le lac Flathead, plus grand réservoir d'eau douce de l'Ouest américain, se trouve au nord de Polson. Continuez sur l'U.S. 93 qui longe des vignobles, le parc d'État du lac de Flathead et Dayton ; située sur le lac, l'île de Wild Horse abrite chevaux sauvages, mouflons, cerfs, aigles et faucons. Au nord du lac, la route passe par Kalispell et Whitefish ; prenez alors la Mont. 40 vers l'est. Pénétrez dans le parc national de Glacier par le village de West Glacier. L'U.S. 2 suit un canyon qui contourne la limite sud du glacier, et passe, parallèle à la tumultueuse Middle Fork de la rivière Flathead, par une route panoramique qui débouche dans la zone d'East Glacier. Empruntez l'U.S. 89 vers Choteau : allez voir le site où furent trouvés les premiers œufs de dinosaure d'Amérique du Nord. De retour à Choteau, suivez l'U.S. 287 vers le sud jusqu'à l'I-15 et prenez la sortie « portes des Rocheuses ». Reprenez l'I-15 pour découvrir Helena, capitale du Montana, qui compte de beaux bâtiments victoriens. Continuez sur l'I-15 vers le nord, prenez l'U.S. 279, traversez le col de Flesher et poursuivez sur la Mont. 200. Arrêtez-vous dans la ville fantôme de Garnett avant de regagner Missoula.

TOP 10

10 Nature aux États-Unis

Le pays est un bonheur pour les amoureux de la nature, auxquels il réserve bonnes routes, paysages splendides, faune abondante et variée.

❶ Victory Basin, Vermont

Un voyage à faire à l'automne : depuis Gallup Mills, suivez la Victory Road, une route partiellement goudronnée, pour traverser cette région où le changement de couleur des feuilles des arbres constitue le plus ravissant des spectacles. Vous aurez peut-être la chance d'apercevoir un chevreuil, un élan ou, plus rare, un pic à dos noir.

INTERNET www.vtfishandwildlife.com

❷ L'embouchure du Delaware, Delaware

De Newcastle, fondée par les Hollandais en 1651, la route 9 traverse le pont qui enjambe le canal Chesapeake-Delaware pour arriver à Port Penn, une cité qui doit son nom au fondateur de la Pennsylvanie. Ne manquez pas de vous arrêter à la réserve naturelle de Woodland Beach, zone de marécages soumise aux marées, où vous pourrez observer hérons bleus et aigrettes neigeuses, et à celle de Bombay Hook pour voir les oiseaux migrateurs. Prenez ensuite la route 8 jusqu'à Dover.

INTERNET www.fws.gov/northeast/bombayhook

❸ La route panoramique de l'Indian River Lagoon, Floride

Sur la côte atlantique de la Floride, la route 1 et la route A1A traversent, entre Wabasso et Titusville, l'un des estuaires les plus riches d'Amérique du Nord. Pas moins de trois parcs naturels nationaux, plusieurs parcs d'État et sanctuaires combleront les amateurs de faune et de flore. Les autres apprécieront sans doute le centre spatial Kennedy ou le musée McLarty où sont exposés les trésors d'épaves de galions espagnols.

INTERNET www.dot.state.fl.us

❹ La route panoramique de Loess Hills, Iowa

Cette belle route qui suit le cours du fleuve Missouri entre les villages d'Akron et de Hambourg traverse une zone de plaines et des falaises limoneuses couvertes de forêts. Au nord d'Akron, ne manquez pas les Broken Kettle Grasslands, une vaste prairie où l'on observe de nombreuses espèces de papillons.

INTERNET www.traveliowa.com

❺ La Creole Nature Trail, Louisiane

Cette route de 290 km vous permettra d'explorer une zone de l'arrière-pays louisianais, qui s'étend parallèlement au golfe du Mexique, où se succèdent bayous, marécages et plages. Elle traverse trois parcs naturels et un sanctuaire ornithologique ; la région, qui voit passer deux grands mouvements de migration chaque année, est en effet l'une des plus réputées du pays en matière d'observation de la faune aviaire. Plus de 300 espèces y ont été recensées : hirondelles bicolores, passereaux, martins-pêcheurs, loriots, coulicous à bec jaune... Mais dès que les beaux jours arrivent, place à l'observation des alligators !

INTERNET www.creolenaturetrail.org

❻ La route panoramique des montagnes de Wichita, Oklahoma

Cet itinéraire passe par la réserve naturelle des Wichita Mountains, l'une des plus anciennes du pays, où l'on trouve encore des zones de prairie mixte – végétation de l'Ouest américain – et où 50 espèces de mammifères, 240 espèces d'oiseaux, 64 espèces d'amphibiens et de reptiles ont été dénombrées. Vous y verrez des bisons d'Amérique dans leur habitat naturel, des élans des Rocheuses, des chevreuils et des bovins à longues cornes du Texas.

INTERNET www.okscenicbyways.org

Ci-contre : un alligator tapi dans un bayou, quelque part sur la Creole Nature Trail, en Louisiane

❼ La boucle de Selkirk, État de Washington/Idaho/Colombie-Britannique (Canada)

En 450 km, vous suivrez des rivières et des lacs, traverserez d'étroits canyons, sillonnerez des collines boisées et des prairies, contournerez des montagnes au sommet couvert de neige... À l'automne, des milliers de bernaches du Canada font étape dans la région lors de leur migration hivernale.

INTERNET www.selkirkloop.org

❽ Volcanic Legacy Scenic Byway, Oregon/Californie

De Crater Lake (Oregon) au mont Lassen (Californie), ces quelque 800 km au pays des volcans sont un régal pour les ornithologues. Au programme : Klamath Lake, où font étape un millions d'oiseaux migrateurs chaque printemps ; Clear Lake, site de nidification des pélicans et des cormorans à double crête ; Tule Lake, où les chanceux verront peut-être un aigle royal ; Crater Lake, où vivent grands-ducs et buses à queue rousse ; Bear Valley, où se concentre la plus grande population de pygargues à tête blanche des États-Unis continentaux.

INTERNET www.volcaniclegacybyway.org

❾ Wetlands and Wildlife Scenic Byway, Kansas

Deux des plus grandes zones humides de la planète se trouvent entre Cheyenne Bottoms et Quiviri. Plus de la moitié des oiseaux migrateurs vivant à l'est des Rocheuses passent par cette région. Au printemps, ils sont plus de 500 000 à se donner rendez-vous à Quiviri.

À SAVOIR La route fait 124 km.
www.kansaswetlandsandwildlifescenicbyway.com

❿ La route panoramique du mont Nebo, Utah

Entre Nephi et Payson, il suffit de 60 km pour grimper à plus de 2 700 m d'altitude. Sur la route, plusieurs aires dotées de panneaux explicatifs offrent une vue époustouflante sur la vallée de l'Utah, le mont Nebo – sommet de la chaîne des Wasatch – et la forêt nationale d'Uinta. Suivez le sentier de randonnée qui conduit au site de Devil's Kitchen, un amphithéâtre de grès rouge.

INTERNET www.utah.com/byways/nebo_loop.htm

Une symphonie de couleurs typiquement alaskienne : des sommets enneigés et le bleu du ciel qui se reflètent dans un lac de montagne.

ÉTATS-UNIS

Les grands espaces d'Alaska

Anchorage a beau être une ville des plus modernes, son environnement immédiat rappelle que, dans la région, la nature reprend vite tous ses droits. Cette balade dans le sud de l'État vous fera découvrir des communautés isolées et des paysages magnifiques.

Prenez la Glenn Highway vers le nord pour quitter la plus grande ville d'Alaska : vous ne tarderez pas à traverser de vastes étendues boisées. Après 20 km, faites un détour pour suivre Eagle River Road, la route qui conduit au parc d'État de Chugach : lacs, chutes d'eaux, anciens glaciers, forêts... Reprenez la route principale jusqu'au parc historique d'Eklutna pour visiter un hameau athabascan (XVIIe siècle). L'influence des Russes dans la région y est visible, notamment à travers l'église orthodoxe Saint-Nicolas et le cimetière aux sépultures colorées. Poursuivez vers le nord par la fertile vallée Mat-Su, jusqu'au bourg agricole de Palmer, puis prenez Archie Road pour rejoindre le parc historique d'Independence Mine State, où une mine d'or du début XXe siècle est ouverte au public. La route principale, que vous allez reprendre, suit le cours sinueux de la rivière Matanuska pour déboucher au glacier du même nom, le seul glacier d'Alaska accessible en voiture. La route redescend à travers une forêt de conifères dont les arbres sont inclinés selon des angles si étonnants que les habitants du coin l'ont surnommée la « forêt ivre » ! Passez Glennallen et tournez sur l'Alas. 4 vers le sud ; un superbe point de vue sur le mont Wrangell s'offre à vous. Ne manquez pas de vous arrêter dans la ville de Copper Center, où un musée retrace l'histoire des Indiens et des pionniers de la région. Poursuivez la route jusqu'à Willow Creek et prenez l'Alas. 10 qui longe la rivière Copper jusqu'à Chitina et McCarthy Road. Cette route cabossée de 96 km traverse de magnifiques paysages et mène à McCarthy. Le hameau isolé, que seul un pont enjambant la rivière Kennicott relie à la route, constitue une excellente base pour ceux qui veulent faire des randonnées, du rafting ou s'enfoncer plus encore dans la nature préservée d'Alaska.

DÉPART Anchorage
ARRIVÉE McCarthy
ROUTES Alas. 1/Glenn Highway, Eagle River Road, Archie Road, Alas. 4, McCarthy Road
DISTANCE 488 km
TEMPS DE ROUTE 8 heures
QUAND De mai à octobre
INTERNET www.travelalaska.com

ÉTATS-UNIS
Du sable blanc comme neige

C'est au sud du Nouveau-Mexique que se trouve le plus grand désert de gypse au monde. Partez à la découverte de ces étonnants paysages qui semblent sans cesse en mouvement. De loin, les sommets des montagnes San Andres semblent veiller sur les voyageurs.

Cette promenade à travers le désert de sable blanc du Nouveau-Mexique vous entraîne à la découverte de l'un des endroits les plus sauvages du pays. Commencez votre périple au centre destiné aux visiteurs de White Sands National Monument où vous apprendrez tout ce qu'il faut savoir de cette curieuse formation géologique… Y compris les précautions indispensables pour effectuer ce parcours difficile en toute sécurité. Ce sable blanc – des cristaux de gypse – résulte de l'évaporation, sous l'effet du soleil, des eaux du bassin de Tularosa voisin. Au fil des siècles, le vent a fait le reste, contribuant à former ces surprenantes dunes mouvantes. De rares espèces animales (rongeurs, lézards, serpents, scorpions) se sont adaptées à cet environnement extrêmement chaud et sec. Suivez la route qui longe les dunes sur 5 km ; çà et là se dressent quelques arbustes xérophytes. La Big Dune Trail commence sur la gauche. Cette piste de 1,6 km grimpe le long d'une dune de 18 m et vous permettra sans doute d'observer dans le sable les empreintes laissées par les animaux, peut-être même celles d'un grand géocoucou, une espèce d'oiseaux coureurs d'Amérique du Nord. La végétation disparaît progressivement, même si vous verrez encore à l'occasion un yucca elata, plante vivace dont les racines s'enfoncent jusqu'à 12 m dans le sol. Un peu plus loin, empruntez l'Interdune Boardwalk, sorte de promenade d'où vous pourrez admirer quelques espèces de délicates fleurs du désert. À la fin de cette route de 13 km, il est possible de laisser son véhicule et de partir à pied à la découverte des environs, voire de surfer sur les dunes ! L'Alkali Flat Trail (3,7 km) passe par plusieurs barrières de dunes et conduit au lit asséché du lac Otero. Essayez d'être là au coucher du soleil : la lumière du crépuscule donne au sable des tons bleutés et rosés étonnants, les ombres s'allongent sur les dunes… L'ambiance est réellement féerique.

DÉPART Centre pour les visiteurs, White Sands National Monument, Nouveau-Mexique
ARRIVÉE Alkali Flat Trail, Nouveau-Mexique
ROUTE Pistes à travers les dunes
DISTANCE 26 km
TEMPS DE ROUTE 30 min
QUAND D'octobre à mars
À SAVOIR Emportez de l'eau, des lunettes de soleil et de la crème solaire.
INTERNET www.nps.gov/whsa

Un yucca elata, solitaire dans les dunes de sable blanc du Nouveau-Mexique…

ÉTATS-UNIS
La Vallée de la Mort

Voilà l'endroit le plus chaud, le plus sec et le plus bas de toute l'Amérique du Nord. Dans ce vaste désert se succèdent des paysages fascinants qui permettent de retracer l'histoire géologique des lieux.

Cette balade, plus longue que la Death Valley Scenic Byway, débute à Olancha, à l'ouest de la Vallée de la Mort. La 190 passe par Owens Lake Bed puis grimpe à 1524 m d'altitude jusqu'au parc national de la Vallée de la Mort. Enfoncez-vous dans la vallée de Panamint, où vous verrez peut-être des avions militaires à l'entraînement, avant de remonter vers la chaîne Panamint. Tournez à droite pour découvrir le canyon voisin; après 19 km, une piste conduit à Harrisburg, une ville fantôme, et à la mine d'Eureka, puis à Aguerreberry Point où la vue sur les Black Mountains et la sierra Nevada est vertigineuse. Revenez sur la route principale pour rejoindre le hameau de Stovepipe Wells. Au canyon des Mosaïques, une route gravillonnée de 3 km permet de se promener entre les parois de roches dolomites et de marbre blanc creusées par l'érosion. Reprenez la 190 jusqu'à l'endroit où elle prend la direction du sud : faites un détour par Scotty Castle, une demeure du XIXe siècle, ou continuez jusqu'à l'embranchement pour Salt Creek. Un sentier longe le ruisseau, peuplé de poissons d'une espèce endémique *(Cyprinodon salinus salinus)*. De Furnace Creek (sources d'eau chaude, centre d'information pour touristes, terrain de golf), prenez la route de Badwater; au programme : Golden Canyon, Devil's Golf Course, Badwater. Revenez sur la 190, rejoignez Zabriskie Point; gagnez à pied le point de vue sur ce site étonnant, où vous découvrirez formations géologiques et sédiments déposés dans le lit de lacs asséchés. De retour sur la 190, poursuivez 20 km; un embranchement conduit à Dante's View, un superbe panorama sur la vallée à 1600 m d'altitude. Reprenez la route et tournez à droite : notre itinéraire s'achève à Death Valley Junction.

Zoom La boucle qui mène à Badwater permet de voir plusieurs sites impressionnants comme le Devil's Golf Course, zone de boue salée à 85 m en dessous du niveau de la mer, ou encore l'Artist Drive, une route de 16 km à suivre de préférence au coucher du soleil, qui traverse des paysages de roches fabuleusement colorées en raison de l'oxydation des métaux qu'elles contiennent.

DÉPART Olancha
ARRIVÉE Death Valley Junction
ROUTES Calif. 190, route de Badwater
DISTANCE 209 km
TEMPS DE ROUTE 3 heures
QUAND Toute l'année, mais l'été est extrêmement chaud
À SAVOIR Emportez beaucoup d'eau et ne partez pas sans avoir fait le plein d'essence.
INTERNET www.visitcalifornia.com

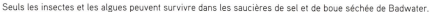

Seuls les insectes et les algues peuvent survivre dans les saucières de sel et de boue séchée de Badwater.

Dans la région de Holguín, on voit encore souvent des fermiers conduisant des chars à bœufs.

CUBA
Cuba l'insolite

La 6-241 est l'une des routes les plus pittoresques du pays. Des vallées verdoyantes aux rivages de la côte orientale de Cuba, elle trace son chemin à travers des paysages de collines calcaires, les mogotes, et permet de découvrir le passé précolombien de l'île.

Partez de Holguín en direction de l'est jusqu'à l'Avenida XX Anniversario qui rejoint la 6-241. La route ne tarde pas à moutonner dans la campagne entre maisonnettes coiffées de chaume, cactus et mogotes abruptes. Au bout de 34 km, tournez sur la gauche à Rafael Freyre en direction de Frey Benito, puis prenez à droite jusqu'au parc monument national Bariay, situé à l'endroit où Christophe Colomb débarqua en 1492. Revenez sur vos pas jusqu'à Rafael Freyre, où vous pourrez visiter un musée consacré à la culture de la canne à sucre et effectuer une balade en train à vapeur. De là, continuez jusqu'à la station balnéaire de Guardalavaca. La route traverse alors une région de mogotes à l'intérieur des terres. À Yaguajay, suivez sur la droite les panneaux indiquant le musée de Chorro de Maita, le site archéologique précolombien le plus important de l'île. Revenez sur la 6-241 qui descend bientôt vers le village de Cañadón. Elle se poursuit vers El Salado, dans un paysage de douces collines plantées de champs de tabac que dominent des palmiers royaux. Au-delà de Guardalavaca, cette route rejoint une large plaine qui s'ouvre sur la baie de Banes. En la suivant vers l'est jusqu'à Banes, vous traverserez de vastes champs de canne à sucre qui ondulent doucement sous la brise… À Banes, les amateurs apprécieront une baignade avec les dauphins, la visite de l'église Notre-Dame-de-la-Charité où, en 1948, eut lieu le mariage de Fidel Castro, et le Musée indo-cubain, réputé pour ses collections d'art précolombien, parmi lesquelles une exceptionnelle statuette en or dotée d'une coiffe en plumes. Avec ses maisons colorées et ses voitures américaines d'une autre époque, la ville possède beaucoup de charme et constitue une étape des plus agréables.

DÉPART Holguín
ARRIVÉE Banes
ROUTES Avenida XX Anniversario, route 6-241, routes locales
DISTANCE 96 km
TEMPS DE ROUTE 4 h 30
QUAND De mai à octobre
À SAVOIR Emportez votre maillot de bain ; en chemin, attendez-vous à rencontrer nids-de-poules, chars à bœufs et bicyclettes.
INTERNET www.dtcuba.com

Un homme gravit les pentes escarpées qui entourent le lac Atitlán, le plus profond d'Amérique centrale.

GUATEMALA
Villages et volcans

Les volcans qui occupent le centre du pays veillent sur de douces collines, de prospères plantations de café, de jolis villages, de belles villes coloniales et l'un des lacs les plus beaux qui soient.

D'Antigua, prenez la RN 14 qui chemine entre les volcans Agua et Fuego jusqu'à la ville industrielle d'Escuintla. Suivez alors la direction de l'ouest sur la CA 2 ; vous traverserez plusieurs communes avant de tourner sur la RN 11, au niveau de Cocales. La finca de Los Tarrales, plantation de café, se dresse à l'ombre de deux volcans qui dépassent 3 300 m d'altitude... Vous pourrez y passer la nuit avant de repartir vers Chicacao ; quittez la route principale et suivez la 14 vers Santiago Atitlán. Vous voilà sur le Camino Real (« chemin royal »), aménagé par les conquistadors sur les sentiers qu'empruntaient les Indiens, pour relier Mexico aux autres grandes cités de leur empire. La route est encore longue et difficile jusqu'à Santiago Atitlán, ville d'altitude construite sur les rives du lac Atitlán, un lac de caldeira que dominent des sommets volcaniques. La cité compte une importante population d'Indiens Tzutujils, l'un des 21 peuples mayas du pays. Visitez l'église catholique (1547), bâtie avec des blocs de pierre prélevés sur les temples mayas voisins ; elle est à l'image des croyances de beaucoup de Guatémaltèques : un syncrétisme des deux cultures.

DÉPART Antigua
ARRIVÉE Santiago Atitlán
ROUTES RN 14, CA 2, RN 11, route 14
DISTANCE 90 km
TEMPS DE ROUTE 2 heures
QUAND Toute l'année
INTERNET www.atitlan.com

Zoom Après une série de tremblements de terre, les Espagnols décidèrent d'abandonner La Antigua de Guatemala en 1776, mais une partie des habitants de l'ancienne capitale demeura sur place. Aujourd'hui, la ville abrite de nombreux bâtiments coloniaux, comme la cathédrale San José (XVIIe siècle) et l'église Saint-François (XVIe siècle), et il fait bon se promener à travers ses rues chargées d'histoire. Autres lieux à ne pas manquer : le parc central et le marché, avec ses allées labyrinthiques où l'on trouve de tout, du bétail aux objets d'artisanat !

COSTA RICA
Une randonnée côtière

La côte sauvage de la région de Nicoya, au sud-ouest du pays, est l'occasion d'une aventure des plus... authentiques. Pistes défoncées, promontoires escarpés, rivières infestées de crocodiles : à réserver à ceux qui n'ont pas froid aux yeux !

Ne quittez pas le village de Sámara sans être sûr que votre véhicule supportera les routes défoncées... La portion de la 160 qui va jusqu'à Estrada est goudronnée ; elle passe à l'intérieur des terres, parallèle à la côte et à Playa Carillo, une belle plage de sable blanc. Au niveau de Playa Islita, site de nidification des tortues luth et olivâtres, les choses se compliquent ! La plage est bordée par une piste poussiéreuse qui grimpe raide avant de redescendre en zigzag jusqu'au hameau de Islita – où l'on peut visiter un musée d'art contemporain en plein air –, de remonter jusqu'à Punta Baranquilla, puis de plonger vers Playa Corazalito. La piste se poursuit dans les terres, toujours parallèle au rivage que double une zone de marécages où la faune sauvage abonde. Passez Playa Bejuco, le hameau de Pueblo Nuevo, Playa Coyote, et allez jusqu'au carrefour de San Francisco de Coyote. L'aventure continue sur la 162. Non goudronnée, la route n'est pas à l'abri des inondations, mais tant que vous éviterez la mangrove qui la borde (crocodiles, serpents, tortues, aigrettes...), vous devriez vous en sortir. Après 6 km de virages, prenez à droite à l'embranchement, parmi les champs de canne à sucre. Vous voilà face au Rió Bongo, un cours d'eau peu profond dont la traversée vous donnera des sueurs froides ! Plus loin, vous arriverez à Salon La Perla India ; au croisement, prenez la route qui entre dans les terres, passez de nouveau le Rió Bongo, poursuivez jusqu'à Bajos de Ario et remontez en amont de la rivière sur 100 m jusqu'au hameau de Betel. Tournez à droite ; vous atteindrez bientôt Bello Horizonte (2,5 km). La piste cabossée passe par Punta Pochote puis longe Playa Santa Teresa. Soyez prudent s'il a plu. Continuez jusqu'à Malpaís, station balnéaire appréciée des surfeurs.

DÉPART Sámara
ARRIVÉE Malpaís
ROUTES 160, 162, pistes, 21
DISTANCE 91 km
TEMPS DE ROUTE 4 heures (aller simple)
QUAND Saison sèche (décembre-avril)
À SAVOIR Emportez de l'eau, des vêtements et des chaussures de rechange, une lampe de poche.
INTERNET www.nicoyapeninsula.com

Excursion La réserve naturelle de Cabo Blanco se trouve à la pointe sud de la péninsule, à quelques kilomètres de Malpaís. Inaugurée en 1963, c'est la plus ancienne du pays. Elle couvre 1 172 ha consistant essentiellement en forêt tropicale, et abrite une faune variée : cerfs à queue blanches, agoutis, coyotes, tatous, porcs-épics, ratons laveurs... Vous y trouverez deux sentiers de randonnée : Danes Trail, le plus court, et Sueco Trail, qui passe par la forêt et se termine sur la plage.

Playa Carillo : une plage paradisiaque et un village qui constitue une bonne base pour les amateurs de pêche.

TOP 10

10 Routes sauvages

Des parcours en forme de défi, pour les conducteurs comme pour les véhicules ! Au programme : nature à l'état brut et sensations fortes.

❶ Parc national du Mont-Tremblant, Canada

Sur les routes de ce parc, le plus grand et le plus ancien du Québec, lacs impressionnants, cascades dévalant les montagnes, rivières sont au rendez-vous. Vous traverserez aussi la plus vaste forêt d'érables de la province. C'est l'un des meilleurs endroits d'Amérique du Nord pour voir les feuillages changer de couleur à l'automne.

À SAVOIR L'automne est particulièrement beau, mais le parc est accessible toute l'année.
www.sepaq.com

❷ Dempster Highway, Canada

De Dawson City (Yukon), allez vers le nord pour plus de 700 km à travers la nature prise par les glaces. La route mène à Inuvik, la plus grande ville du cercle polaire. En hiver, les plus téméraires s'aventurent 194 km plus au nord : les eaux gelées de la rivière et de l'océan forment une route de glace qui conduit à Tuktoyaktuk.

À SAVOIR La seule station service et l'unique hôtel entre Dawson City et Inuvik se trouvent à Eagle Plains. www.nunavuttourism.com

❸ Hole-in-the-Rock Scenic Backway, États-Unis

Cette piste non bitumée de 92 km se termine de façon abrupte à Hole-in-the-Rock, une piste à même la roche de 366 m, forgée par 250 pionniers mormons en 1880. Ne manquez pas le Devil's Garden (« jardin du Diable »), une aire de pique-nique au milieu d'étonnantes formations rocheuses, Dance Halle Rock, un amphithéâtre calcaire et les canyons d'Escalante.

À SAVOIR La balade commence à 7 km à l'est d'Escalante sur la route panoramique 12. Prévoyez du temps pour une randonnée.
www.scenicbyway12.com

❹ Un stage de Land Rover dans la vallée de Carmel, États-Unis

Que vous soyez novice ou expérimenté, cet environnement vous permettra d'éprouver vos capacités avec tout le confort et la sécurité nécessaires. Les instructeurs mettent au point des programmes sur mesure (de 1 heure à plusieurs jours) à pratiquer sur un circuit de 32 ha.

À SAVOIR L'école est ouverte toute l'année.
www.landroverschool.com

❺ Boranup Drive, Australie

Des forêts de karris géants, des spots de surf, des fleurs sauvages, et, pour ceux qui ne conduisent pas, les vignobles de la vallée de Margaret : voilà ce qui attend les visiteurs du parc national Leeuwin-Naturaliste.

À SAVOIR Comptez 3 heures pour aller de la vallée de Margaret à Perth. Vous trouverez un camping juste au sud de Boranup Drive, à Hamelin Bay. www.westernaustralia.com

❻ Les plaines de Kalupahana-Horton, Sri Lanka

Autrefois baptisée « les marches de Satan », cette piste franchit plus de 1 200 m en 24 km à travers le plateau le plus élevé du pays. Les conducteurs expérimentés que les routes très sinueuses n'effraient pas seront récompensés par des superbes paysages de collines ponctuées de plantations de thé, des chutes d'eau (dont celle de Bambarakanda, la plus haute du pays) et un climat frais des plus agréables.

À SAVOIR La route va de Kalphuma (sur la nationale Colombo-Badulla) au centre pour les visiteurs du parc national des plaines d'Horton, en passant par la plantation d'Udaweriya. Vous aurez besoin d'un permis pour visiter d'autres parties du parc situées en zone protégée. La meilleure période de l'année : janvier-mars.
www.srilanka.travel

Ci-contre : les canyons d'Escalante, à Grand Staircase National Monument (Utah), comptent les routes parmi les plus sauvages du pays.

❼ Un stage de 4 x 4 avec Nature Explorer, Islande

Les forces d'intervention spéciales et les travailleurs humanitaires envoyés dans les zones de combat apprennent ici, sur des terrains aussi variés que difficiles, les secrets de la conduite en 4 x 4.

À SAVOIR Nature Explorer propose également des sorties « nature » tous publics en compagnie d'experts.
www.natureexplorer.is

❽ Un stage de tankiste, Royaume-Uni

Difficile de faire mieux en matière d'aventure ! Plusieurs centres dans le pays proposent cette initiation, mais celui-ci est probablement le plus sérieux, étant donné qu'il forme les soldats de l'armée britannique !

À SAVOIR Cet entraînement intensif dure deux jours ; les examens ont lieu le 3e jour.
www.svtraining.co.uk

❾ De Charm el-Cheikh au monastère de Sainte-Catherine, Égypte

Pour rejoindre ce monastère orthodoxe du VIe siècle, construit au pied du mont Sinaï sur les lieux où Dieu aurait donné à Moïse les Dix Commandements, vous traverserez le désert du Sinaï et ses belles formations calcaires colorées où vous croiserez des campements bédouins et des caravanes de chameaux.

À SAVOIR Seules quelques routes traversent le désert et il est indispensable d'avoir un 4 x 4. Comptez 6 heures pour faire l'aller-retour sans vous arrêter. Il vous faudra 6 heures de plus pour atteindre le sommet du mont Sinaï à pied ou à dos de chameau.
www.sinaimonastery.com

❿ Wadi Dayqah, Oman

Voici l'un des plus beaux sites du pays. Wadi Dayqah est situé au fond d'un canyon, à 90 km de Mascate – vous traverserez une centaine d'oueds (« wadis ») en chemin – et présente une grande variété de paysages : hautes falaises, vallées étroites, sources naturelles...

À SAVOIR Il est plus sûr de partir en convoi avec des conducteurs expérimentés ou en groupe, avec des guides locaux. Les mois d'été, très secs, offrent les meilleures conditions.
www.omantourism.gov.om

ARGENTINE
Le cœur de l'Argentine

Canyons de pierre rouge, dunes aux formes changeantes, vignobles verdoyants, villes coloniales, ruines précolombiennes et cactus imposants, voilà ce que réserve ce circuit qui fait une boucle au nord-ouest du pays. Consacrez-lui au moins trois jours.

De Salta, longez le réservoir d'Embalse Cabra Corral, apprécié des amateurs de kayak, et prenez la RN 68 vers le sud. Après 96 km, la route conduit à l'impressionnant canyon de Quebrada de las Conchas. Après avoir traversé le paysage de dunes de Los Médanos, vous arriverez à Cafayate, une ville à l'atmosphère coloniale entourée de vignobles; c'est une bonne étape pour la nuit. Faites un détour par la forteresse de Quilmes, bâtie à l'époque précolombienne, l'un des sites archéologiques les plus importants du pays (54 km au sud de Cafayate). Revenez sur vos pas et prenez la RN 40 vers le nord; la route n'est pas bitumée au-delà du village de San Carlos. Poussiéreuse, étroite et sinueuse, elle se poursuit à travers des paysages où affleurent les couches sédimentaires, ponctués de petites plaines alluviales dont la végétation très verte contraste avec les teintes monochromes des collines. Arrêtez-vous au village de Molinos (88 km au nord de San Carlos) et visitez l'Estancia Colomé (18 km à l'ouest), sans doute l'un des vignobles les plus en altitude qui soit. Pour atteindre Cachi, 46 km plus au nord, vous passerez par Saclantás, un hameau pittoresque. La RN 40 est goudronnée sur encore 11 km, jusqu'au village de Payogasta, où elle rejoint la RP 33, qui monte tout droit au parc national Los Cardones (plus de 3 400 m d'altitude); l'endroit est célèbre pour ses paysages ponctués de cactus Saguaro. À 9 km après l'entrée du parc, la route devient une piste et mène jusqu'à la Cuesta del Obispo (3 348 m). Elle redescend ensuite, très en pente et tortueuse, plongeant du désert d'altitude à la végétation subtropicale. C'est l'une des routes les plus impressionnantes du pays. Il suffit ensuite de reprendre la RN 68 vers le nord pour revenir à Salta.

DÉPART/ARRIVÉE Salta
ROUTES RN 68, RN 40, RP 33
DISTANCE 611 km
TEMPS DE ROUTE 8 heures
QUAND Toute l'année
À SAVOIR Faites le plein d'essence avant de partir.
INTERNET
www.norteargentino.gov.ar

Prolongations Avec leurs formations rocheuses étonnantes et colorées, comme El Sapo et Los Castillos, les superbes paysages de **Quebrada de las Conchas**, ou Quebrada de Cafayate, ne sont pas sans rappeler ceux de Bryce Canyon, dans l'Utah. Il n'y a rien sur la route, aussi emportez avec vous de quoi manger et prenez suffisamment d'eau pour partir à la découverte de sites comme La Garganta del Diablo et El Anfiteatro.

Dans la fertile vallée de Quebrada de Cafayate, on découvre de nombreuses formations rocheuses.

La Gibb River Road, également appelé «route du bœuf», a été construite pour permettre de conduire le bétail des ranchs isolés au marché.

AUSTRALIE
Gibb River Road

Cette longue route peu fréquentée qui permet de traverser la région du Kimberley, en Australie-Occidentale, est l'occasion d'une belle aventure à quatre roues sur le continent, avec, à la clé, grands espaces et liberté.

De Kununurra, suivez sur 40 km vers l'ouest la Great Northern Highway, qui traverse de beaux paysages de brousse. À Wyndham, prenez la direction du nord sur 3 km pour rejoindre la Gibb River Road sur la gauche. Les 250 premiers kilomètres passent par une jolie campagne, mais ce sont aussi les plus difficiles : vous risquez d'avoir des problèmes pour traverser plusieurs rivières. La direction d'El Questo Station est indiquée à 25 km du début de la route; ce vaste ranch organise des activités variées : équitation, pêche, découverte de la faune et de l'art aborigène... Le prochain arrêt sera Mount Barnett Roadhouse (nourriture, essence), à 337 km, mais vous pourrez aussi faire étape à Imintji Wilderness Camp, non loin de l'embranchement pour les gorges de Bell Creek, ou plus loin au lodge de Mount Hart Wilderness. À l'ouest de Mount Barnett Roadhouse, vous traverserez la King Leopold Range, une impressionnante chaîne de montagnes. Si vous cherchez de quoi vous loger ou faire des provisions, continuez 60 km après Mount Barnett Roadhouse, puis autant vers le nord jusqu'à Beverly Springs, ou poursuivez la route 64 km avant de prendre une piste à travers le bush pour rejoindre Mount Hart Homestead (48 km). De là, une route mène au parc national de Windjana Gorge (32 km), puis à celui de Tunnel Creek, où, au fil des siècles, la Lennard River a creusé des gorges; vous y découvrirez les grottes les plus anciennes de la région – peuplées de chauves-souris géantes – et pourrez admirer des exemples d'art aborigène (peinture sur roche). La Gibb River Road est bitumée sur 40 km avant d'arriver à Derby.

DÉPART Kununurra
ARRIVÉE Derby
ROUTES Great Northern Highway, Gibb River Road
DISTANCE 676 km
TEMPS DE ROUTE 9 heures
QUAND D'avril à septembre; la route est bloquée le reste de l'année.
À SAVOIR Mieux vaut disposer d'un 4 x 4; réservez le logement.
INTERNET www.gibbriverroad.net

AUSTRALIE
À travers l'*outback* australien

Partez sur les traces de l'explorateur John McDouall Stuart à travers les étendues désertiques et désolées de la région du Red Centre (« centre rouge »). Vous découvrirez Alice Springs et un certain nombre de petits hameaux très tranquilles.

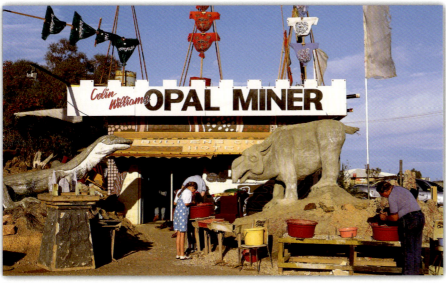

L'une des nombreuses boutiques de souvenirs de Coober Pedy

Temps forts

■ **Coober Pedy**, dont l'économie repose sur l'exploitation des mines d'opale, se situe dans un paysage désertique étrange et désolé. La petite ville offre néanmoins de nombreuses attractions aux visiteurs, notamment ses maisons troglodytiques appréciées aux heures les plus chaudes de la journée.

■ **Alice Springs** apparaît telle une oasis, coupée en deux par les monts MacDonnell, dans la région du Red Centre. C'est le point de départ idéal pour qui veut découvrir l'*outback* (nombreux chemins de randonnées dans les environs). Ceux qui souhaitent aller à Adélaïde sans prendre la route peuvent charger leur véhicule à bord du Ghan, l'express du désert, qui relie Darwin à Adélaïde *via* Alice Springs.

De Port Augusta, la Stuart Highway file jusqu'à Pimba, petite ville désolée proche du parc national de Lake Gairdner, connu pour ses dépressions salées. Il y a fort à parier que vous serez seul avec vos pensées sous le vaste ciel bleu – ouvrez l'œil et comptez les kangourous ! – jusqu'à Coober Pedy, une bonne halte pour la nuit. Le lendemain, vous passerez devant la *roadhouse* de Cadney Homestead, traverserez le petit hameau de Marla – l'endroit le plus chaud d'Australie-Méridionale – et poursuivrez à travers le désert jusqu'à Alice Springs. Les 1 500 km restant jusqu'à Darwin vous conduiront sur les terres rouges et désolées de l'*outback* australien, dans le Territoire du Nord. Vous découvrirez le hameau de Ti Tree, la Central Mount Stuart Historical Reserve et la Devil's Marbles Conservation Reverve où vous pourrez camper et vous promener à travers des formations rocheuses que les aborigènes considèrent comme les œufs du serpent Arc-en-ciel.

Traversez Tennant Creek, une ville qui fut le théâtre d'une ruée vers l'or dans les années 1930 et dont on visite la station télégraphique désaffectée. Passez le hameau de Renner Springs, où le climat désertique cède la place au climat tropical du nord. À partir de là, la végétation du bush se fait plus verte et plus haute. La ville de Daly Waters était, aux débuts de l'aviation, une étape essentielle pour faire le plein de carburant. Arrêtez-vous au Daly Waters Pub pour déjeuner et admirer des souvenirs aéronautiques : c'est là que les premiers passagers de la compagnie aérienne Quantas en route pour Singapour venaient se restaurer... Important poste militaire pendant la Seconde Guerre mondiale, Larrimah était le terminus du chemin de fer du Nord. Vous traverserez ensuite Mataranka, une cité dotée de sources thermales entourées d'une forêt tropicale, et Katherine, ville permettant de se rendre au parc national de Nitmiluk réputé pour ses gorges appréciées des kayakistes. La dernière portion de la route (320 km) traverse des paysages vallonnés. Au niveau de l'ancienne ville aurifère de Pine Creek, une route rejoint le parc national de Kakadu. De là, vous pouvez aller à Douglas Hot Springs, aux Robin Falls et aux gorges de la réserve naturelle de Daly River. Les maisons sont de plus en plus nombreuses et vous voilà arrivés à l'esplanade bordée de palmiers de Darwin et aux eaux du King Sound !

Ci-contre : pour les Aborigènes, les blocs de granit de Devil's Marbles (Karlu Karlu) sont sacrés.

DÉPART Port Augusta
ARRIVÉE Darwin
ROUTE Stuart Highway
DISTANCE 2 735 km
TEMPS DE ROUTE 7 jours
QUAND Toute l'année
À SAVOIR Emportez des provisions de base et de l'eau, pour vous et votre véhicule. Si vous allez dans le bush, vous aurez besoin d'un 4 x 4... et de l'avis des locaux.
INTERNET
www.exploringaustralia.com.au

TOP 10

10 Routes « nature »

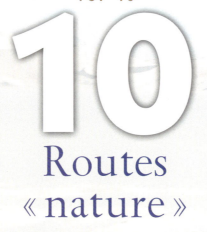

Le secret pour réussir ces aventures de l'extrême, difficiles mais très enrichissantes ? Une organisation rigoureuse et un bon 4 x 4.

❶ La Wilderness Road Heritage Highway, États-Unis

De Middlesboro à Bera en passant par le plateau de Cumberland, un col à 244 m d'altitude dans la Pine Mountain, cette route offre des points de vue impressionnants sur les Appalaches. Au programme : pentes couvertes de sapins, élans, étonnantes formations géologiques.

À SAVOIR La route couvre 151 km. Mieux vaut faire la balade en été ou en automne. www.byways.org, www.kentuckytourism.com

❷ La French Line, désert de Simpson, Australie

Cette route de 437 km, qui va de Dalhousie Springs à Birdsville, a été tracée entre deux bandes de dunes de sable rouge parallèles, les plus longues du monde ; il vous faudra négocier près de 1 200 crêtes, dont la plus importante est celle de Big Red (40 m).

À SAVOIR Vous trouverez un hôtel à Birdsville et un camping à Dalhousie. Il faut un permis pour entrer dans le désert (inaccessible nov.-fév.). www.southaustralia.com

❸ L'Outback Way, Australie

Longue de 2 713 km, cette route qui va de Laverton, en Australie-Occidentale, à Winton, dans le Queensland, en passant par Uluru (Ayers Rock), Kata Tjuta (chaîne des Olgas), Alice Springs, les déserts du centres et les territoires des Aborigènes, est l'une des plus belles du continent.

À SAVOIR Les mois d'avril à octobre offrent les meilleures conditions climatiques. Il faut un permis pour pénétrer les territoires des Aborigènes. www.outbackway.org.au

❹ Oulan-Bator – Elsen Tasarkhai – Karakorum, Mongolie

De la capitale actuelle du pays à Karakorum, celle de Gengis Khan (XIIIe siècle), cette route qui passe par le désert de Gobi offre un mélange de paysages (montagnes, forêts, dunes de sable). Vous y verrez aussi des formations géologiques uniques, des yourtes, des fossiles préhistoriques et des spécimens de la faune locale (chameaux de Bactriane, ânes sauvages, gazelles).

À SAVOIR Comptez deux jours. Essayez d'être à Oulan-Bator pour le Naadam, festival de lutte, de tir à l'arc et de courses hippiques (11-13 juillet). www.mongoliatourism.gov.mn

❺ La Transsibérienne, Russie/Kazakhstan

Il n'y a pas moins de 11 000 km de Saint-Pétersbourg, sur les rives de la Baltique, à la mer du Japon, et une bonne partie de la route passe par la taïga sibérienne qui semble interminable. Construite sur du pergélisol, la M58 (Tchita-Khabarovsk, 2 165 km), partiellement bitumée, constitue la partie la plus difficile.

À SAVOIR Pour plus de sécurité, dormez dans les stations routières situées à proximité des postes de police. Attendez-vous à camper souvent car les hôtels sont rares et éloignés les uns des autres. Prévoyez suffisamment de temps pour obtenir les différents visas. www.kazakhstan-tourist.com

❻ Kerman-Bam, Iran

Ce parcours de 194 km entre Kerman, Mahan et Bam vous fera apprécier l'amour des Perses pour les jardins et l'habileté de leurs ingénieurs qui ont réussi des prodiges en matière d'irrigation. La route longe la bordure occidentale du Dacht-e Lut (« désert du Vide »), l'un des lieux les plus inhospitaliers de la planète. Très endommagée par un séisme en 2003, la citadelle de Bam demeure la plus vaste construction en pisé au monde.

À SAVOIR Les meilleures époques pour faire ce voyage sont mars-juin et septembre-novembre. www.tourismiran.ir

Ci-contre : il est facile de se perdre parmi les hautes dunes de sable du Rub al-Khali (Arabie saoudite).

❼ Rub al-Khali, Arabie saoudite/ Émirats arabes unis/sultanat d'Oman/Yémen

L'un des plus grands déserts de sable du monde se trouve sur une zone où les frontières sont mal définies. Parmi les dangers qui guettent ceux qui s'y aventureront : vents corrosifs, chaleur et aridité accablantes (50 °C), dunes de sable aussi haute que des petites montagnes...

À SAVOIR Réservé aux conducteurs intrépides. Les visas pour l'Arabie saoudite sont difficiles à obtenir. www.sauditourism.com.sa

❽ La Ring Road, Islande

Parfait pour faire le tour de l'île par la côte (1 339 km) et découvrir d'étonnants paysages où se succèdent cratères sulfurés, sources chaudes, icebergs, calottes glacières, écoulements de lave. Vous verrez aussi des traces de l'activité humaine : pâturages où paissent des moutons, fumeries de poisson, jolies maisons colorées...

À SAVOIR À faire l'été, car l'hiver les routes sont verglacées. La route est étroite, souvent non goudronnée. www.visiticeland.com

❾ Addis-Abeba – Jinka, Éthiopie

Voici un challenge de 762 km à travers la vallée de l'Omo, région isolée. Vous y croiserez plusieurs tribus parmi lesquelles les Mursis, dont les femmes portent un ornement labial en plateau ; les Dorzé, qui vivent dans des huttes en bambou évoquant des ruches ; les Gurages, dont les maisons possèdent des toits de chaume.

À SAVOIR La route descend jusqu'à Jinka, près de la frontière avec le Kenya, en passant par Debre Zeyit, Awassa et Arba Minch. www.tourismethiopia.org

❿ La route de la Skeleton Coast, Namibie

Cette route traverse des étendues sauvages et désolées. Au premier abord, les dunes de sable coloré semblent inhabitées, mais vous pourrez y observer des plantes (lichens) et des animaux, oryx gazelles, chacals, zèbres, springboks, autruches, lions, et même dauphins ou baleines.

À SAVOIR La route côtière (C34) commence à Swakopmund, à 362 km à l'ouest de Windhoek, et suit le littoral jusqu'à la rivière Ugab. www.skeletoncoastsafaris.com

ROUTE D'EXCEPTION

OUZBÉKISTAN

La route de la soie

Pendant plus de 2 000 ans, des caravanes de chameaux, de chevaux et de mules ont sillonné l'Asie en direction de l'ouest. Elles ont permis d'importer en Occident de précieuses marchandises, mais aussi d'y diffuser des idées nouvelles.

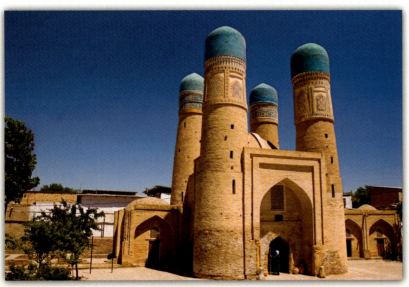

Les tours coiffées de dômes turquoise de la madrasa du Tchar Minar (début XIXe siècle), à Boukhara.

La route de la soie, qui relie la Chine à la Méditerranée, est en fait un réseau de plusieurs routes, lesquelles suivent chacune un tracé différent à travers des régions de hautes montagnes et de déserts. Sur ces axes, des postes commerciaux se sont développés, servant de refuge aux voyageurs aux prises avec les dangers de la route, intempéries et bandits. Certains sont devenus des cités prospères, centres artistiques, religieux et éducatifs renommés. Cela est particulièrement vrai en Ouzbékistan, où trois villes légendaires – Samarkand, Boukhara et Khiva – ont connu leur apogée pendant l'âge d'or de l'architecture islamique. La route de la soie évoque aussi le souvenir de Timur Lang (1336-1405), ou Tamerlan, le grand conquérant héritier des nomades mongols et ancêtre de la dynastie moghole en Inde.

Le voyage commence à Tachkent, capitale du pays, une métropole animée et moderne, reconstruite après un séisme en 1966 mais qui a conservé une vieille ville et compte plusieurs monuments et musées dignes d'intérêt. Il ne faut pas manquer le complexe Khazrat-Imam (XVIe siècle), qui regroupe mosquées et madrasas (écoles coraniques), ni le Musée historique des peuples d'Ouzbékistan ou encore le musée des Arts appliqués, excellente introduction aux arts et à l'architecture de la région.

La M-39 suit la direction du sud-ouest vers Samarkand (290 km), en passant par des régions cultivées. L'importance de la ville se reflète dans sa célèbre place principale, le Registan, décrite en 1889 par Lord Curzon, alors vice-roi des Indes, comme « l'espace publique le plus majestueux au monde ». C'est à Samarkand que se trouve le mausolée Gour-Emir, superbe édifice coiffé d'un double dôme à godrons couvert de faïence émaillée bleue, qui abrite le sarcophage de Tamerlan. Parmi les autres merveilles à découvrir : l'immense mosquée Bibi-Khanym, les mausolées Chakhi-Zinda, un complexe réputé pour ses mosaïques scintillantes, les ruines et le musée de la cité pré-islamique d'Afrassiab, les vestiges de l'observatoire d'Uluğ Beg.

> " Boukhara est un labyrinthe de mosquées, de maisons de thé et de bazars. Avec ses couleurs sable et ses formes inhabituelles, la cité dégage une impression organique, semblant surgir du désert. "
>
> SHERMAKAYE BASS,
> AUTEUR AU *NATIONAL GEOGRAPHIC*

De Samarkand, la M-37 prend la direction de l'est, passe par des collines et des pâturages avant d'arriver à Boukhara, 282 km plus loin. La ville doit son surnom de « Divine » à ses mosquées et madrasas du XVe et du XVe siècle. La mosquée Kalian (1514) est sans doute le plus impressionnant des monuments de Boukhara, avec son minaret haut de 48 m. Sur la place Lyabi-Khaouz, au cœur de la vieille ville, se dressent deux madrasas du XVIe siècle et une mosquée. La citadelle, ancienne résidence des émirs, est devenue un musée.

Histoire de la route de la soie

Empruntée par les commerçants, soldats, pèlerins et missionnaires durant des milliers d'années, la route de la soie a permis de transporter à travers l'Asie autant de marchandises précieuses que d'idées nouvelles. La route, qui s'étire sur quelque 6 437 km de la Chine à la Méditerranée, a joué un rôle essentiel dans le développement des grandes civilisations comme la Chine, l'Inde, la Perse, Rome. Elle doit son nom aux étoffes de soie venues de Chine, alors si convoitées par les Occidentaux. Le plus célèbre des voyageurs de la route de la soie est le Vénitien Marco Polo, qui incita les Européens à l'imiter, dont notamment Christophe Colomb, qui avait lu le récit de ses exploits.

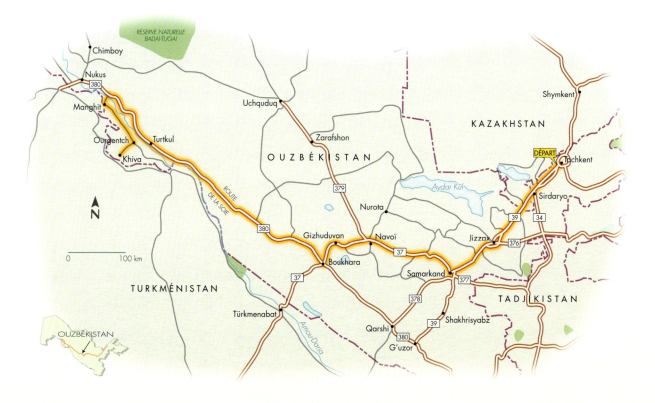

L'A-380 suit le cours de l'Amou-Daria (l'Oxus des Anciens) pour rejoindre Khiva, au nord-ouest, en passant par Ourgentch, la grande ville de la région. Vers la fin de ce long trajet de 628 km, les paysages désertiques accidentés et broussailleux laissent la place à des terres cultivées, ponctuées d'arbres et de fermes en pisé. La plupart des monuments de Khiva datent du XIXe siècle, même s'ils ont souvent été bâtis sur les restes d'édifices plus anciens. La cité est ceinte de murailles de briques du XVIIe siècle qui reposent sur des fondations creusées plus de sept siècles auparavant. Dans Itchan-kala, la « ville intérieure », on découvre le Kounia-Ark, citadelle dont le raffinement contraste avec le pouvoir tyrannique qu'exercèrent les khans de Khiva, ou encore la mosquée Djouma, dont la grande salle compte 212 piliers en bois sculpté (Xe-XVIIIe siècle). À l'extérieur de la vieille ville, le Tachkhaouli, palais des khans (XIXe siècle), donne une idée de l'immense pouvoir de ces souverains.

DÉPART Tachkent
ARRIVÉE Khiva
ROUTES M-39, M-37, A-380
DISTANCE 1200 km
TEMPS DE ROUTE 3 jours
QUAND De mi-mars à fin mai ou de septembre à début novembre
À SAVOIR Le principal aéroport international du pays est celui de Tachkent ; l'aéroport d'Ourgentch, près de Khiva, accueille les vols domestiques (liaisons avec Tachkent).
INTERNET www.visit-uzbekistan.com

Temps forts

- La place du Registan (Samarkand) est bordée sur trois côtés de madrasas des XVe, XVIe et XVIIe siècles à l'architecture éblouissante.

- Le palais Tachkhaouli (Khiva) abrite un superbe harem considéré comme l'un des plus beaux témoignages d'architecture civile en Asie centrale.

- Bâti au XVIIIe siècle, le mausolée de Pakhlavan Makhmoud (Khiva), dédié au patron de la ville, fourreur, poète et lutteur professionnel, est décoré de splendides carreaux de faïence.

Des bergers surveillent leurs moutons à Navoï.

ITALIE

Au cœur de l'Ombrie rurale

Une balade bucolique pour découvrir une Ombrie hors des sentiers battus et des petites villes qui semblent coiffer les sommets des collines entre Assise et Spolète. Au programme : de très beaux édifices médiévaux et de spectaculaires points de vue sur le mont Subasio.

Les murs de l'église Santa Maria Maggiore, à Spello, sont ornés de fresques du Pinturicchio (XVe siècle).

Temps forts

■ Construit au Moyen Âge, le monastère franciscain d'Eremo delle Carceri, au sud d'Assise, a vu les débuts de saint François et de ses disciples. Vous pourrez visiter la petite grotte où le patron de l'Italie venait prier. Les environs offrent de nombreuses possibilités de randonnées.

■ Montefalco compte des fresques magnifiques : ne manquez pas la galerie de l'ancienne église San Francesco, ornée d'œuvres de Benozzo Gozzoli. Les églises San'Agostino (via Umberto 1), Sant'Illuminata (via Verdi) et San Fortunato (au sud de la ville) méritent aussi une visite.

En quittant Assise, prenez vers l'est en direction d'Eremo delle Carceri, et tournez à gauche juste après le monastère pour prendre la route du Subasio qui monte à travers des forêts jusqu'aux pentes de la montagne du même nom. Couverte de gravillons, la route est sûre dans l'ensemble ; elle grimpe jusqu'à près de 1 300 m : vues imprenables garanties. Garez votre véhicule et profitez-en pour vous balader dans les prairies alentours. Redescendez ensuite jusqu'à Spolète, dont le centre médiéval se découvre à pied. La plupart des sites, parmi lesquels la porte romaine, se trouvent le long de l'artère principale. Partez ensuite par la SS75 vers Foligno. Passez la première grande intersection et suivez les panneaux pour Bevagna sur la SS316. Cette petite cité rurale perdue mérite un arrêt pour sa place médiévale sur laquelle deux églises du XIIe siècle se font face ; visitez également les ruines du temple et de l'amphithéâtre romains, ainsi que le musée d'histoire locale. Une route pittoresque relie Bevagna à Montefalco, petite ville vinicole située au sommet d'une colline d'où se découvre une vue panoramique sur la vallée de Spolète. Quittez la ville par le sud, tournez à gauche à l'intersection après San Fortunato et suivez les panneaux jusqu'au village de Trevi, que vous apercevrez depuis la route, perché sur une colline pyramidale. Visitez la Pinacothèque, qui abrite des œuvres de l'école ombrienne, et le musée consacré à l'huile d'olive. Redescendez dans la vallée et prenez la direction de Spolète par la SS3. Après Trevi, arrêtez-vous au temple de Clitumnus, sanctuaire du VIIIe siècle, puis aux sources et aux bassins de Fonti del Clitunno. De là, poursuivez 11 km jusqu'à Spolète, l'une des villes les plus charmantes du centre de l'Italie, qui regorge d'églises romanes.

Prolongations La petite ville de Spello possède plusieurs sites passionnants. Il faut absolument voir l'église Santa Maria Maggiore, décorée de fresques du Pinturicchio, l'un des plus grands artistes de la Renaissance en Ombrie, qui évoquent la vie de la Vierge. À la Pinacothèque, vous découvrirez l'histoire civile et religieuse de la cité. Allez jusqu'à l'Arc romain pour voir l'ancien amphithéâtre antique, malheureusement fermé au public, et visitez la villa Fidelia, qui renferme mobilier précieux, costumes, sculptures. S'il vous reste du temps, montez sur les hauteurs de la ville : la vue est magnifique !

Ci-contre : une vue impressionnante du pont médiéval et de l'aqueduc de Ponte delle Torri, à Spolète

DÉPART Assise
ARRIVÉE Spolète
ROUTES SS75, SS316, SS3
DISTANCE 86 km
TEMPS DE ROUTE 2 heures
QUAND Toute l'année
INTERNET www.ombrie.be

ROUMANIE

La paisible vallée de la Cerna

Cette agréable virée à travers la campagne roumaine vous permettra d'admirer de majestueux paysages de montagnes et de découvrir des petites villes parfaitement pittoresques.

Le nom de Târgu Jiu est indissociable de celui de Constantin Brancusi (1876-1957), devenu l'un des pères de la sculpture moderne. Dans la petite cité, on découvre plusieurs exemples émouvants de son œuvre, en particulier ses monuments à la Première Guerre mondiale. Suivez la DN67D vers l'ouest jusqu'au village de Peștișani, puis prenez la petite route sur la gauche en direction de Hobița où vous pourrez visiter le musée installé dans la maison où le sculpteur passa son enfance. Revenez à Peștișani et continuez en direction de l'est puis tournez sur la droite pour suivre les panneaux indiquant Tismana – la silhouette des montagnes de Cerna se dessine au nord-ouest. Traversez Tismana pour rejoindre le monastère du XIVe siècle qui s'inscrit dans un magnifique paysage de montagne. Reprenez la route principale et roulez vers l'ouest; vous passerez par les hauts plateaux boisés de Plaiul Cloșani pour atteindre le charmant village de Baia de Aramă. De retour sur la DN67D, suivez toujours la direction de l'ouest; vous traverserez les villages de Brebina, Titerlești, et Mărășești. La route grimpe ensuite jusqu'à un col situé à 1 050 m et sillonne une campagne ponctuée de maisons, de vergers, de prés et de hameaux sur lesquels les montagnes semblent veiller. Au niveau du col, vous pourrez laisser votre véhicule et suivre le chemin de randonnée à travers les forêts de hêtres et les prairies jusqu'au plateau de Mehedinți, ceint d'affleurements karstiques d'où émergent des sapins. Reprenez la route et filez jusqu'à la vallée de la Cerna, où vivent encore des ours bruns et des lynx. Suivez la Cerna vers le sud pour rejoindre Băile Herculane, une ville thermale connue depuis l'époque romaine.

Excursion Pour vous rendre à Ponoarele et dans la forêt de lilas sauvages de Ponoare, prenez la petite route sur la gauche depuis Baia de Aramă. Un peu plus loin se dresse un imposant pont naturel en pierre, appelé le «pont du Bon Dieu», car, si plusieurs voitures sont déjà sorties de la route à cet endroit, personne n'y a jamais perdu la vie dans un accident. Au sud, entre le pont et le lac Zaton, s'étend un impressionnant champs de pierres calcaires.

DÉPART Târgu Jiu
ARRIVÉE Băile Herculane
ROUTES DN67D, routes de campagnes
DISTANCE 113 km
TEMPS DE ROUTE 2 h 30
QUAND De mai à octobre; la DN67D peut être fermée en hiver en raison des chutes de neige.
À SAVOIR Attention aux nids-de-poule!
INTERNET www.guideroumanie.com

Près de Băile Herculane, les affleurements rocheux tranchent avec la verdure des montagnes de Cerna.

Partez à la découverte des rues de la petite cité médiévale d'Anghiari au crépuscule : c'est le meilleur moment.

ITALIE
La Toscane méconnue

Le sud de la Toscane attire de nombreux visiteurs, mais ils sont rares à profiter de la merveilleuse campagne qui entoure Arezzo. Nature préservée, hautes montagnes, forêts anciennes et abbayes perdues : la découverte de la région est un pur délice.

Prenez la direction de Ponte alla Chiassa par la SS71 en quittant Arezzo ; tournez à droite et suivez les panneaux indiquant Chiassa et Anghiari. Avant d'arriver à Anghiari, engagez-vous sur la route qui mène à l'église de Pieve di Sovara, une construction romane du IXe siècle. Revenez sur vos pas et partez à la découverte d'Anghiari, charmante cité qui possède de belles collections exposées au musée du palais Taglieschi. Prenez la seule route qui monte au nord jusqu'à Caprese Michelangelo, le village natal de Michel-Ange. La maison où l'artiste vit le jour abrite aujourd'hui un musée. Empruntez ensuite la route de montagne qui va jusqu'à Chiusi della Verna, à la jonction avec la SS208. Des panneaux indiquent La Verna, important sanctuaire franciscain : saint François d'Assise y aurait reçu les stigmates. Un chemin de randonnée mène au sommet du mont Penna, d'où la vue sur la vallée de l'Arno est magnifique. Reprenez la SS208 et tournez vers Bibbiena (26 km à l'est). Là, vous emprunterez la SS71, puis la SS70 avant de remonter vers jusqu'à Poppi ; vous y découvrirez le château des comtes Guidi et l'église San Fedele (XIIe siècle). Quittez Poppi par la même route, tournez en direction de Camaldoli et de l'ermitage qui se trouve au cœur du parc national des forêts Casentinesi. Cet espace protégé compte parmi les plus belles montagnes et forêts de la région ; plusieurs chemins de randonnée partent de Camaldoli. Non loin de l'ermitage, une unique route permet d'aller à Pratovecchio ; suivez les routes secondaires et les panneaux indiquant Florence et passez par l'église San Pietro di Romena, superbe construction du VIIIe siècle. Retournez à Pratevecchio : 46 km vous séparent d'Arezzo (SS310/SS70/SS71).

DÉPART/ARRIVÉE Arezzo
ROUTES SS71, routes secondaires, SS208, SS70, SS310
DISTANCE 208 km
TEMPS DE ROUTE 4 h 30
QUAND Toute l'année
À SAVOIR Emportez des chaussures de marche.
INTERNET www.toscane-toscana.org

ROYAUME-UNI
Une flânerie à travers la lande

Cette balade à travers le parc national des landes du Yorkshire du Nord réserve de beaux paysages, collines verdoyantes et falaises abruptes, et de charmants petits villages où il fera bon s'arrêter pour le *five o'clock tea*.

Les ruines de l'abbaye cistercienne de Rielvaux se dressent, majestueuses, au-dessus d'une paisible vallée.

Temps forts

- La ville portuaire de Whitby possède un charme incomparable. À voir : les ruines d'une abbaye du XIIIe siècle, l'église Sainte-Marie (XIIe siècle), le musée consacré au capitaine James Cook.

- Admirablement restauré, le château de Duncombe Park est l'un des plus beaux de la région ; on découvre ses ravissants jardins et ses intérieurs raffinés (ouvert d'avril à octobre).

- Du fait du terrain sur lequel elle a été bâtie, l'abbaye de Rievaulx, fondée par les cisterciens en 1123, était orientée nord-sud et non est-ouest comme c'est l'usage.

Avant de quitter Pickering, visitez l'église Saint-Pierre-et-Saint-Paul, qui recèle des fresques du XVe siècle. La ville est le point de départ du North Yorkshire Moors Railway, une ligne de chemin de fer sur laquelle des locomotives à vapeur entraînent les voyageurs à la découverte des paysages de lande alentour. Prenez l'A170 en direction de Thornton-le-Dale et tournez à gauche sur la route qui conduit au Dalby Forest Drive, un circuit panoramique de 15 km à travers la lande se terminant à Hackness. Continuez vers l'est jusqu'à Scarborough, la première station balnéaire du Yorkshire. La ville, qui semble posée sur un promontoire rocheux, s'organise autour des ruines d'un château du XIe siècle : calme et résidentielle à North Bay, animée et touristique à South Bay.

L'A165 vous mènera à Cloughton, où la route côtière zigzague jusqu'à Saintondale et Ranvescar. À Ravenscar, une agréable promenade permet de longer une voie ferrée désaffectée ; une autre, de suivre le sentier qui borde la falaise. Prenez l'A171 vers le nord et tournez sur la B1447 qui descend en pente raide jusqu'à Robin's Hood Bay ; ce village de pêcheurs, ancien repaire de contrebandiers, compte aujourd'hui plusieurs pubs et cafés qui ont beaucoup de cachet. La route se poursuit jusqu'à Whitby, où Bram Stoker a situé une bonne partie de l'action de son roman le plus célèbre : *Dracula*. De là, l'A174 vous conduira à Staithes, village natal du capitaine Cook, lequel, jeune homme, y fut commis d'épicerie. Continuez jusqu'à Easington, puis prenez l'A171 ; bientôt, vous emprunterez les routes qui traversent les villages de Danby, Castleton et Westerdale. Plus au sud, vous passerez par Ralph Cross, où, au Moyen Âge, les voyageurs avaient l'habitude de laisser de l'argent « pour les moins fortunés ». Poursuivez sur la gauche, dépassez White Cross et arrêtez-vous au bourg de Rosedale Abbey. De là, gagnez Hutton-le-Hole ; ne manquez pas les bâtiments anciens reconstitués au Ryedale Folk Museum. Lastingham se trouve à 3 km ; visitez l'église Sainte-Marie : selon la légende, sa crypte abriterait la sépulture de saint Cédric (VIIe siècle). Revenez à Hutton-le-Hole pour prendre l'A170. Tournez sur la droite afin de visiter la bourgade de Helmsey et le château de Duncombe Park, les abbayes de Byland et de Rievaulx. Reprenez l'A170 pour Pickering, votre point de départ.

DÉPART/ARRIVÉE Pickering
ROUTES A170, Dalby Forest Drive, A165, A171, B1447, A174
DISTANCE 193 km
TEMPS DE ROUTE 5 heures
QUAND De mai à octobre
À SAVOIR Pour profiter au mieux du parc, prévoyez de passer quelques nuits dans la région.
INTERNET www.moors.uk.net

Ci-contre : bateaux de pêche amarrés dans la Roxby Beck, rivière qui se jette dans la mer du Nord à Staithes

Un jeu de couleurs magnifique : les parois des gorges du Tarn se détachent de la verdure environnante.

FRANCE

Les gorges du Tarn

Au sud de la France, le Tarn et la Jonte ont entaillé les plateaux calcaires, créant des gorges et des canyons spectaculaires, parfois très profonds. Cette région très pittoresque abrite aussi de nombreux villages anciens.

Millau, ville spécialisée dans l'industrie du cuir, constitue un bon point de départ pour partir à la découverte des gorges du Tarn. Suivez le cours de la rivière vers le nord et l'est sur la N9-E11 et la D907. À proximité du village des Vignes, vers la moitié du canyon, prenez la D995 puis la D46 jusqu'au bien nommé Point Sublime d'où la vue sur les gorges et la rivière en contrebas n'est rien de moins que... sublime. La gorge se rétrécit au niveau des Détroits, avant d'arriver à La Malène, un joli village qui constitue l'un des seuls points de traversée du canyon. Plus loin, le château de la Caze (XVe siècle) abrite un excellent restaurant. Découvrez Sainte-Énimie et ses beaux édifices anciens en calcaire, et continuez jusqu'à Florac (D907, N106), une cité connue pour son château du XVIIe siècle. Prenez ensuite la direction du sud par la D907 pour atteindre les montagnes verdoyantes et les grands espaces du parc national des Cévennes. Suivez la D983, la D9 et la D260 sur 50 km jusqu'à Saint-Jean-du-Gard le long de la corniche des Cévennes. Cette voie tracée au début du XVIIIe siècle offre de superbes points de vue sur les collines et les vallées environnantes : les possibilités de faire des randonnées à pied ou à vélo sont nombreuses. À Saint-Jean-du-Gard, ne manquez pas le musée des Vallées cévenoles (95, Grand-Rue). De là, empruntez les D907/D996 vers l'est jusqu'à Meyrueis et passez par l'abîme de Bramabiau. Non loin, vous découvrirez les gorges de la Jonte et deux grottes renommées : celle de l'aven Armand, remplie de stalactites colorées, et celle de Dargilan. Reprenez les D996, D907 et N9-E11 pour retourner à Millau. Ne manquez pas le viaduc : conçu par l'architecte britannique Norman Foster et l'ingénieur français Michel Virlogeux, le pont le plus haut du monde enjambe la vallée du Tarn.

DÉPART/ARRIVÉE Millau
ROUTES N9-E11, D907, D995, D46, D907, N106, D983, D9, D260, D986, D996
DISTANCE 90 km
TEMPS DE ROUTE 3 heures
QUAND Hors saison, notamment pour éviter les foules estivales
INTERNET www.gorgesdutarn.net

TANZANIE
Un safari dans le Serengeti

Situé au nord de la Tanzanie, le parc du Serengeti (30 000 km²) est le théâtre de mouvements migratoires considérables : chaque année, deux millions de bêtes se dirigent vers le sud, suivant la progression des pluies.

Prenez l'A104 en 4 x 4 vers l'ouest au départ d'Arusha ; la route longe des champs de maïs et des pâturages herbeux où les Masai font paître leurs troupeaux. Au niveau de Makuyuni, prenez à droite sur la B144 vers Oldeani. Le parc national du lac Manyara mérite un détour pour sa population de flamants roses. De là, la B144 serpente à travers la vallée du grand rift jusqu'à une région de hauts plateaux. La route passe par une forêt de baobabs – des arbres au tronc aussi large qu'une locomotive ! – et des terres cultivées. À Oldeani, elle prend la direction du nord et entame une lente ascension jusqu'à la pente sud du cratère de Ngorongoro (à 60 km de Manyara), que recouvre une abondante végétation. Vous découvrirez la caldeira à 2 286 m d'altitude, à Heroes Point. Lodges et restaurants sont disséminés sur le bord sud du cratère. La route redescend ensuite abrupte vers le Serengeti. Le contraste avec la nature que vous venez de quitter vous frappera : la végétation luxuriante laisse la place à des paysages semi-désertiques. Après 40 minutes, vous atteindrez les gorges d'Olduvai : c'est là qu'en 1931 les anthropologues britanniques Louis et Mary Leakey découvrirent des fossiles humains vieux de plus de deux millions d'années. Naabi Hill Gate, entrée orientale du parc national du Serengeti, se trouve à une heure d'Olduvai. De décembre à mai, d'immenses troupeaux de gnous et de zèbres parcourent les plaines couvertes d'herbes rases qui s'étalent tout autour de vous. Comptez encore une heure pour atteindre Seronera, au cœur du parc, où vous trouverez lodges et terrains de camping.

DÉPART Arusha
ARRIVÉE Seronera
ROUTES A104, B144
DISTANCE 302 km
TEMPS DE ROUTE 4 h 30
QUAND Janvier-février et de juin à octobre
À SAVOIR Réservez vos hébergements longtemps à l'avance.
INTERNET www.madeintanzaniasafaris.com

À la rencontre de la faune Pénétrez dans le parc par l'entrée de Naabi Hill Gate et filez vers le sud jusqu'à un affleurement rocheux isolé baptisé Moru Kopjes. D'ici, vous aurez toutes les chances de voir zèbres et gnous cheminer en file de 1,5 km de long et plus. La nuit, vous entendrez sûrement les ricanements d'une hyène, les rugissements d'un léopard ou d'un lion, des sons à vous faire froid dans le dos !

Dans le cratère du Ngorongoro, les troupeaux de gnous et de zèbres ne semblent guère dérangés par les véhicules des touristes.

AFRIQUE
Du Caire au Cap

Une traversée de l'Afrique du nord au sud-est, des splendeurs du pays des pharaons aux rues colorées du Cap : prairies et montagnes, rivières et lacs, villes animées et espaces vides, c'est le voyage des extrêmes.

Des Masai conduisent leurs ânes à travers des pâturages arides en Tanzanie.

Temps forts

- En Égypte, visitez la Vallée des Rois, à Louqsor, lieu de sépultures des souverains du Nouvel Empire.

- Zanzibar, au large de la Tanzanie, a beaucoup à offrir : superbes plages, architecture aux influences variées, route des épices...

- Les chutes Victoria, sur le fleuve Zambèze, forment une frontière naturelle entre la Zambie et le Zimbabwe. Avec 1 700 m de large, elles sont particulièrement impressionnantes.

- Si vous vous promenez en *mokoro* (canoë) dans le delta de l'Okavango (Botswana), vous verrez sûrement des hippopotames, des éléphants et des buffles.

Ce parcours, véritable odyssée, ne traverse pas moins de dix pays : Égypte, Soudan, Éthiopie, Kenya, Tanzanie, Malawi, Zambie, Botswana, Namibie et Afrique du Sud. Il commence à Gizeh, dans les environs du Caire, face aux majestueuses pyramides. Poursuivez vers le sud en direction de Louqsor, mais, en chemin, ne manquez pas de passer une nuit à la belle étoile dans le désert Blanc. À Louqsor, une visite s'impose sur le site de la tombe de Toutankhamon dans la Vallée des Rois. Suivez le Nil jusqu'à Assouan, où vous embarquerez pour une traversée de 18 heures à bord d'un ferry sur le lac Nasser jusqu'à Wadi Halfa, au Soudan. Si la situation politique le permet, visitez les pyramides de Méroé (VIIIe siècle), puis Khartoum, la capitale du pays. Passez ensuite en Éthiopie, où vous découvrirez les ruines d'Aksoum et la cité monastique de Lalibela. À Addis-Abeba, la capitale, goûtez au café produit localement et admirez l'habileté des artisans du cru. Prochaine étape : le Kenya. Vous commencerez par y traverser les terres des nomades Samburus, avant de rejoindre des routes plus carrossables ; l'imposant mont Kenya apparaît toujours en toile de fond.

De Nairobi, capitale du Kenya, prenez la direction de la Tanzanie. Vous traverserez cette fois les terres des bergers Masai ; leurs femmes vendent le produit de leur artisanat dans la ville frontalière de Namanga. Arusha, au nord de la Tanzanie, est le point de départ des visites du parc national du Serengeti et du Kilimandjaro. Continuez votre route jusqu'à Dar es-Salaam, la capitale, d'où un ferry vous emmènera à Zanzibar, « l'île aux épices ». De retour sur le continent, rendez-vous à Iringa pour visiter le parc national de Ruaha, puis gagnez le Malawi. Profitez un moment du lac Malawi : vous trouverez un camping et un lodge à Chitimba et pourrez plonger dans la baie de Nkata. Passez ensuite en Zambie et arrêtez-vous à Lusaka, la capitale, en allant aux chutes Victoria. La prochaine étape vous fera découvrir le Botswana : le parc national de Chobe, puis Maun, porte d'entrée du delta de l'Okavango. En Namibie, ne manquez pas le parc national d'Etosha et la station balnéaire de Swakopmund, fondée par des colons allemands. Plus au sud, vous admirerez le canyon de la Fish River, puis, vous arriverez en Afrique du Sud. Une route qui passe par des vignobles et des terres cultivées vous conduira au Cap.

Ci-contre : jeux de lumières sur un sarcophage en or dans la tombe de Toutankhamon, Vallée des Rois

DÉPART Le Caire, Égypte
ARRIVÉE Le Cap, Afrique du Sud
DISTANCE 18 600 km
TEMPS DE ROUTE 10 semaines
QUAND D'octobre à février
À SAVOIR Partez en 4 x 4, car certaines portions du trajet sont des pistes. Vérifiez auprès du ministère des Affaires étrangères la situation politique des pays du parcours.
INTERNET
www.africaexpeditionsupport.com

Parc national de Chobe, région de Savuti : une lionne réprimande l'un de ses petits.

BOTSWANA

Le delta de l'Okavango

Situé au nord du Botswana, le delta de l'Okavango est l'une des plus belles oasis du continent africain. Le fleuve qui se perd dans le désert du Kalahari y a créé des marais riches en faune et en flore.

Essayez de les compter depuis votre véhicule : les éléphants qui paissent dans les plaines d'inondation du delta font comme si vous n'existiez pas tandis qu'ils broutent, barrissent et se jettent de la terre sur le dos. Des instants comme celui-ci vous feront oublier les kilomètres à parcourir pour arriver dans cette région qui borde l'est de l'Okavango, au cœur du parc national de Chobe. Pour commencer, quittez la ville de Maun en direction du nord après l'aéroport. Au grand rond-point, tournez à gauche sur la route goudronnée et poursuivez jusqu'à Shorobe (47 km). Peu après le bourg, une route sur la gauche conduit au Okavango Lodge and Crocodile Camp, une bonne base pour explorer le fleuve en bateau. Après Shorobe, la route est de plus en plus mauvaise : gravier, puis sable et enfin terre qui se transforme en boue dès qu'il a plu... Après le bâtiment du contrôle vétérinaire, prenez à gauche vers la réserve de Moremi, qui englobe une grande portion de la partie orientale du delta. Poursuivez 19 km jusqu'à l'entrée sud. De là, vous pouvez aller vers l'ouest dans la zone du camp de Third Bridge et de Xakanaxa où les chances de voir des lions et des lycaons sont grandes. Vous pouvez aussi choisir de prendre à droite après l'entrée sud et de poursuivre jusqu'à la porte nord et la région de la rivière Khwai au cœur d'une végétation luxuriante ; vous trouverez là plusieurs possibilités d'hébergement. Les animaux sont très nombreux et vous aurez tout loisir de les observer plusieurs jours durant. Quittez ensuite le village de Khwai en suivant la partie nord de la vallée. Après l'aérodrome, la route à droite de l'embranchement mène à Mababe Gate, entrée sud du parc national de Chobe, en passant par la crête de sable de Magwikhwe. L'endroit est célèbre pour sa grande population de pachydermes (quelque 120 000 éléphants). Faites-vous enregistrer et payez le droit d'entrée puis filez vers le nord sur la route principale jusqu'à Savuti (57 km), où plusieurs hébergements vous attendent.

DÉPART Maun
ARRIVÉE Savuti
ROUTES Locales
DISTANCE 220 km
TEMPS DE ROUTE 1 jour
QUAND De mai à octobre
À SAVOIR Faites le plein d'essence et d'eau avant de partir.
INTERNET www.okavango-delta.net

Autres bonnes idées

❶ Conduite sur glace, Territoires du Nord-Ouest, Canada

Un parcours de 600 km qui appelle une conduite un peu spéciale! De Yellowknife, prenez la direction des mines de diamants de l'Arctique. Les aurores boréales vous éclaireront la nuit, mais pour vous sentir moins seul, équipez votre véhicule d'une cibi pour bavarder avec les automobilistes.
www.spectacularnwt.com

❷ Une boucle dans les Badlands, États-Unis

Entre Pennington et Jackson, la route 240 traverse des paysages de prairie désolée et des terres modelées par l'érosion présentant buttes érodées, pinacles et flèches de pierre. Faites un détour par Roberts Prairie Dog Town pour voir des chiens de prairie.
www.badlands.national-park.com

❸ La route panoramique du Grand Canyon, États-Unis

La route 64 longe le bord sud du Grand Canyon sur 40 km, reliant Grand Canyon Village aux points de vues les plus orientaux de Desert View. Suivez à pied la piste de randonnée de Grandview – la montée est rude mais la vue à la hauteur de l'effort! – ou profitez du panorama époustouflant tout au long de la route.
www.nps.gov/grca

❹ Moapa Valley, États-Unis

La route 169 mène au parc de Valley of Fire («vallée du feu»), dont les formations de grès possèdent des couleurs rouge et orange dues à l'oxydation. Ne manquez pas les Seven Sisters («sept sœurs») ou l'Elephant Rock, à la forme évocatrice. À Rainbow Vista («point de vue de l'arc-en-ciel»), les roches brillent d'une multitude de couleurs sous le soleil.
www.parks.nv.gov/vf.htm

❺ Odyssée à Joshua Tree, États-Unis

Park Boulevard, dans le parc national de Joshua Tree, relie les routes I-10 et 62 en passant par le vaste désert de Californie (323 749 ha). À mi-parcours, admirez la nature autour de Queen Valley. Suivez aussi Geology Tour Road, une piste de 29 km qui chemine à travers les sculptures de pierre façonnées par l'érosion.
www.nps.gov/jotr

❻ La route de la chaîne des cratères, États-Unis

Cette promenade autour du volcan Kilauea vous fera voir de près les entrailles de la Terre! Partez du centre des visiteurs de Kilauea, où une exposition évoque ce volcan toujours en activité. La boucle fait 18 km et offre de nombreuses possibilités de randonnées autour de la caldeira du volcan: Devastation Trail vous fera découvrir une forêt tropicale ensevelie sous les cendres et les pierres ponces en 1959.
www.nps.gov/havo

❼ La Terre du milieu, Nouvelle-Zélande

Fans du *Seigneur des Anneaux*, le plateau volcanique de l'île du Nord vous invite à découvrir les décors naturels dans lesquels la trilogie a été tournée! Quittez Hamilton et la belle région de Waikato pour découvrir Hobbiton (filmé autour de Matamata). Plus au sud, s'étend l'inquiétante Terre du milieu, avec l'Emyn Muil et la montagne du Destin (filmé autour du mont Ruapehu). Le circuit se termine à Wellington où le réalisateur Peter Jackson a travaillé en studio.
www.tourism.net.nz

❽ Le tropique du Capricorne, Australie

Les 644 km de Budaberg, «porte de la Grande Barrière de corail», à Mackay vous feront voir lacs, villes côtières et montagnes. Prenez le ferry à Rosslyn pour profiter des plages de l'île de Great Keppel.
www.tourism.australia.com

❾ Le camp de base de l'Everest, Chine/Tibet

Prenez le temps de vous habituer à l'altitude à Lhassa, la capitale du Tibet, avant de vous lancer à l'assaut de l'Himalaya. La «route de l'Amitié» passe par des monastères isolés et des villages avant d'arriver au camp de base de l'Everest (5 208 m).
www.visit-himalaya.com

❿ Les Central Highlands, Islande

De nombreuses légendes évoquent des phénomènes surnaturels sur les routes qui traversent la région des Central Highlands à l'intérieur du pays... Entre Haukadalur et Blönduós, la F35 (route de Kjölur) est accidentée et exposée aux crues subites, mais elle vaut la peine avec ses grottes de glace et ses montagnes bouillantes.
www.icelandtouristboard.com

⓫ La DN57B, Roumanie

D'Oravița, prenez la DN57B vers le nord, une route tranquille couverte de fleurs au printemps, et rejoignez les petites villes minières de Steierdorf, en passant par Anina, où l'on a retrouvé les fossiles humains les plus anciens d'Europe (40 000 ans).
www.romaniatourism.com

⓬ Tolède-Cáceres, Espagne

Visitez Tolède (cathédrale, alcazar, maison du peintre le Greco) puis suivez la route sinueuse qui rejoint Guadalupe, où se trouve un sanctuaire à la Vierge parmi les lieux de pèlerinage les plus saints du pays. Poursuivez vers l'ouest pour découvrir Trujillo et Cáceres, deux villes étonnantes, qui ont profité en leur temps de l'or des Amériques: vous êtes en Estrémadure, patrie de nombreux conquistadors.
www.spain.info

⓭ Parc national de Peneda-Gerês, Portugal

De Ponte de Lima à Ponte de Barca, la N203 traverse des paysages verdoyants. Au programme: ajoncs, sapins, brebis noires, chevaux, chèvres et bœufs à longues cornes.
www.visitportugal.com

⓮ Le Caire-Kharga, Égypte

Un itinéraire qui passe par cinq oasis (Kharga, Dakhla, Farafra, Bhariya, Siwa), traverse une région de villes oubliées et de sites antiques, et vous conduit des dunes de sable aux formes énigmatiques créées par les vents du fameux désert Blanc.
www.egypt.travel

CHAPITRE

5

Chemins de campagne

Les villages semblent vivre hors du temps. Véritables perles des paysages de campagne, ils s'accrochent à la paroi rocheuse, se dissimulent aux confins d'un sentier discret ou s'épanouissent à l'ombre d'une imposante citadelle. Sur les cartes routières, leur nom s'écrit en tout petit – lorsqu'il est mentionné, ce qui n'est pas toujours le cas. Le voyageur sentimental le sait bien : les villages méritent le détour. Certes, la plupart sont minuscules, mais ils sont aussi variés que la mosaïque de décors naturels dans laquelle ils se perdent. En Caroline du Nord, les microscopiques bourgades de pêcheurs des Outer Banks se cachent au creux des dunes de sable. Les fermiers et les artisans du pays Amish préservent leurs traditions : calèches, travail du bois, maisonnettes immaculées… Au sud de la Transylvanie, en Roumanie, les bergers peignent leurs maisons de couleurs extraordinaires, vêtus de costumes qu'ils se transmettent de génération en génération. Dans le sud verdoyant de l'Angleterre, un escapade au cœur des Cotswolds rend hommage aux pierres à la teinte chaude du miel, aux clochers d'églises et aux abbayes en ruine qui jalonnent ses vallons.

Le vert des pâturages de Swaledale, dans les Yorkshire Dales (Angleterre), s'étend jusqu'à l'horizon. Les champs sont circonscrits par des murets de pierres. L'herbe de la région favorise la production d'excellents fromages.

CANADA
La vallée de la rivière Saint John

Fermes proprettes et villages aux élégantes maisons victoriennes s'égaillent au gré des collines boisées et des verts pâturages de la vallée de la rivière Saint John. À Fredericton, lancez-vous dans une partie de croquet, passe-temps typiquement victorien.

Vers 1785, la beauté sauvage et les bois de la vallée de la rivière Saint John attirèrent des colons français, britanniques et américains. Votre odyssée débute à Edmundston, cité francophone, par la visite de l'abri fortifié du Fortin du P'tit Sault, qui fit partie d'une ligne défensive britannique. Cette région suscita les convoitises : on comprend bien pourquoi en sillonnant la Transcanadienne 2 au cœur de ce paysage boisé verdoyant. La plupart des terres cultivées sont plantées de pommes de terre. La rivière, qui matérialise ici la frontière américano-canadienne, parvient à Grand Falls, plonge de plus de 20 m de haut dans un gouffre qui la conduit à un lit rocailleux, jalonné de piscines naturelles creusées par l'érosion. Passé l'ancienne gare de chemin de fer d'Aroostook, vous parvenez à Hartland : ici, le plus long pont couvert du monde (391 m) franchit la Saint John. Admirez les superbes édifices victoriens de Woodstock, la plus vieille ville du Nouveau-Brunswick, et roulez jusqu'à Kings Landing.

L'autoroute vous mène à Fredericton, capitale du Nouveau-Brunswick. La localité fut fondée à l'intérieur des terres afin de décourager les éventuelles incursions américaines. Les rues bordées d'ormes et les demeures de style Régence distillent une atmosphère tout à fait néo-coloniale. La présence de l'armée britannique est encore palpable dans le Garrison District – aujourd'hui le cœur culturel de la municipalité – qui vit au rythme des musées, de l'art, des reconstitutions historiques… et de la relève de la garde (en été). Les bâtiments les plus remarquables de Fredericton sont l'Assemblée législative provinciale (style second Empire) et la cathédrale de l'Église du Christ et ses flèches vertigineuses.

Un peu d'histoire Kings Landing est la reconstitution historique fidèle d'une ville du Nouveau-Brunswick dans les années 1780-1910. Sur un espace de 120 ha, des acteurs entretiennent champs, prairies, clôtures, jardins et bâtiments – maisons, scierie, minoterie, forge, épicerie, église, pub et théâtre. Vêtus de costumes d'époque, ils dévoilent leurs talents d'artisans et sont, pour les visiteurs, une précieuse mine d'informations.

DÉPART Edmundston
ARRIVÉE Fredericton
ROUTE Transcanadienne 2
DISTANCE 273 km
TEMPS DE ROUTE 3 h 30
QUAND Juillet-août
À SAVOIR La région est magnifique en hiver, mais la plupart des sites ne sont ouverts qu'en été. Pour les teintes automnales, préférez septembre et octobre.
INTERNET www.tourismnewbrunswick.ca

Avec le concours d'une paire de bœufs, les acteurs de Kings Landing travaillent la terre comme leurs ancêtres.

Au cœur du minuscule village de Stowe, une église traditionnelle de Nouvelle-Angleterre, datant de 1863

ÉTATS-UNIS
La Vermont 100

Cette route coupe l'État du Vermont en deux, en le traversant du nord au sud, le long des Green Mountains. Petits bijoux déposés dans un écrin montagneux, les villages de la Nouvelle-Angleterre sont tout simplement magnifiques.

En route pour le nord du Vermont au départ du village de Wilmington, *via* le mont Haystack et le bras nord de la rivière Deerfield ! Grimpez en direction de l'imposant bourg de West Dover, parcourez le sud de la forêt nationale de Green Mountain et piquez vers les restaurants, échoppes et boutiques d'artisanat de la bourgade de North Wardsboro. Dans la vallée de la West River, passé Jamaica, restez sur votre droite dans Rawsonville. Vous voici bientôt à Weston, village traditionnel du Vermont avec son kiosque à musique et son clocher blanc. Les collines boisées défilent en amont de l'ancienne ville industrielle de Ludlow. Vous découvrirez le lac Rescue, frangé d'arbres, puis les lacs Echo et Amherst – reliés par la Black River. En longeant le cours d'eau, montez vers le pic Killington (le *nec plus ultra* pour les amateurs de ski) et aventurez-vous en terrain montagneux à la lisière septentrionale de la forêt nationale de Green Mountain, jusqu'à Pittsfield. Sillonnant maintenant le fond de la vallée encaissée de White River, ses pâturages et ses champs de maïs, vous distancez Talcville et Rochester, une localité absolument ravissante. Après Granville, la vallée s'étrécit et la route pénètre dans la réserve de Granville Gulf, ombragée par des feuillages touffus (en été) et des escarpements rocheux. Entre les arbres, vous distinguez les cascades des chutes de Moss Glen. Après Waistfield, la chaîne des Green Mountains surplombe des terres agricoles au relief rythmé ; vous franchissez la Winooski à Waterbury pour atteindre bientôt Stowe, un village romantique blotti autour d'une église couronnée d'un haut clocher. La nature se fait plus sauvage passé Morrisville : guettez les orignaux et les ours ! Et savourez les paysages, grandioses, entre Lowell et Newport.

Temps forts

■ Au lac Amherst, prenez la Vt 100A jusqu'au site historique consacré au président Calvin Coolidge, niché dans le petit bourg de Plymouth Notch. Là, vous pourrez visiter l'usine de fromages fondée par le père du Président. Ne ratez pas non plus le bazar Ciley, le bureau de poste, les étables où sont exposés des outils d'époque (fin XIXe-début XXe siècle), ainsi que les bâtiments que le Président utilisait comme résidence d'été.

■ Après l'intersection avec l'I-89, au nord de Waterbury, se dresse l'usine de crèmes glacées Ben&Jerry's : visitez les infrastructures et… goûtez aux parfums du jour !

■ Juste après Ben&Jerry's, sur la droite, découvrez les secrets de la fabrication du cidre au moulin Cold Hollow Cider où sont pressées les pommes.

DÉPART Wilmington
ARRIVÉE Newport
ROUTE Vt 100
DISTANCE 303 km
TEMPS DE ROUTE 5 heures
QUAND De juin à novembre
INTERNET www.visit-vermont.com, www.vermontvacation.com

Dans le parc d'État de Kent Falls, à quelques kilomètres au nord de Kent, un affluent de la Housatonic River dévale le lit de marbre rongé par l'érosion.

ÉTATS-UNIS
Les vallons de Litchfield

Aux confins nord-ouest du Connecticut, à quelques heures de la frénésie new-yorkaise, la région de Litchfield Hills est l'archétype des paysages de campagne de Nouvelle-Angleterre. Découvrez de pittoresques villages et parcourez les plus beaux parcs de l'État.

Litchfield, au sud-ouest de Torrington (U.S. 202), fut fondée en 1719. Village typique de la Nouvelle-Angleterre, sa place est bordée d'ormes et de maisons coloniales. Ralliez le White Memorial Conservation Center, un sanctuaire faunique riche de 35 km de sentiers balisés à travers champs, mares, étangs et forêts. À Bantam, la Conn. 209 longe les rives du lac Bantam, le plus grand lac naturel du Connecticut, prisé des marins d'eau douce et des pêcheurs à la ligne. Dans le bourg de Washington, récupérez la sinueuse Conn. 199 qui conduit à l'Institut des études amérindiennes et son village algonquin entièrement reconstitué. Rejoignez ensuite la Conn. 67 pour New Milford, doté d'une place exceptionnellement vaste. Promenez-vous au bord de la rivière, flânez au gré de ses superbes vieilles maisons et de ses églises. Poursuivez sur l'U.S. 202 et le hameau pittoresque de Preston, criblé de boutiques d'antiquaires. Le parc d'État du lac Waramaug vous ouvre maintenant ses portes : baignez-vous et pique-niquez sur les berges de l'un des plus jolis lacs du Connecticut. Sur la rive vous trouverez l'entrée du vignoble Hopkins, que vous pouvez visiter (goûtez – avec modération ! – aux productions locales). New Preston Hill Road vous entraîne au bord de la Housatonic River, que vous franchissez par le pont couvert de Bulls Bridge. Rejoignez Kent par l'U.S. 7 : vieilles maisons merveilleusement préservées, antiquaires, galeries d'art... Votre périple continue par la Conn. 4. et le Centre Sharon Audubon consacré à la protection des oiseaux et de la faune – 18 km de sentiers aménagés parmi les étangs, les ruisseaux, les champs et les marais. Traversez Sharon par la Conn. 41 et faites une pause à Salisbury (après le lac Wononskopomuc). Roulez ensuite vers Canaan puis jusqu'à Norfolk et l'école d'art et de musique de l'Université de Yale. La Conn. 8 vous ramène à Torrington.

DÉPART/ARRIVÉE Torrington
ROUTES U.S. 202, Conn. 209, 109, 199, 67, U.S. 7, Conn. 4, 41, U.S. 44, Conn. 8
DISTANCE 150 km
TEMPS DE ROUTE 2 h 30
QUAND De juin à octobre
INTERNET www.litchfieldhills.com

ÉTATS-UNIS
Le circuit des Outer Banks

Un chapelet d'îles s'étire sur plus de 160 km le long des côtes, protégeant le littoral des vents féroces de l'Atlantique. Les Outer Banks accueillent des villages riches d'un exceptionnel patrimoine naturel et historique, ainsi que le superbe cap Hatteras.

Depuis le continent, traversez le détroit Albemarle *via* l'U.S. 158 pour rejoindre les Outer Banks et Kill Devil Hills : vous y verrez le mémorial consacré au premier vol que les frères Wright effectuèrent ici en 1903. Un peu plus loin, le parc d'État Jockey's Ridge abrite le plus haut système dunaire (40 m) de la côte Est – les amateurs de parapente s'y régalent. Récupérez la N.C. 12 qui longe le littoral et les maisonnettes du bord de plage à Nags Head et poursuivez en direction du cap Hatteras. Toute la zone littorale – à savoir plus d'une centaine de kilomètres – est classée, jusqu'à l'île Ocracoke. Franchissez les marais herbeux de l'île Bodie, les dunes de Coquina Beach (prenez le temps de regarder les jolis coquillages !) pour parvenir au phare de Bodie, en bordure du détroit.

Passé l'île Oregon, vous voici enfin sur l'île Hatteras. L'Atlantique s'étend à perte de vue à l'est, le détroit de Pamlico à l'ouest. Vous approchez du refuge faunique national de l'île Pea vers lequel convergent au printemps et à l'automne des millions d'oiseaux migrateurs. C'est également là que vient pondre la caouanne, une tortue marine menacée de disparition. Vous découvrez Rodanthe, Waves, Salvo, villages de bord de mer aux maisons alignées sur le sable. Les dunes et leurs broussailles continuent de défiler sur ce parcours qui vous entraîne à Buxton, un site apprécié des pêcheurs et des véliplanchistes. Ne manquez pas de visiter le phare du cap Hatteras. Aux confins de la forêt de Buxton, vous apercevez au large les Diamond Shoals, des bancs de sable où s'enlisent d'innombrables embarcations. La route serpente dans les bois, rallie Frisco puis Hatteras – cette commune de pêcheurs accueille le musée du Cimetière de l'Atlantique (ainsi est appelée cette région dangereuse pour les marins). À Hatteras, prenez le ferry (gratuit) pour l'île Ocracoke. Dominé par le deuxième plus vieux phare du pays, l'unique village de l'île, un hameau de pêcheurs, possède des ruelles ombragées, à la chaussée sablonneuse. C'est ici qu'habite le fantôme de Barbe-Noire, le célèbre pirate tué sur l'île en 1718, au cours d'une bataille épique.

DÉPART Kill Devil Hills
ARRIVÉE Ocracoke
ROUTES U.S. 158, N.C. 12
DISTANCE 129 km
TEMPS DE ROUTE 3 heures
QUAND D'avril à juin et d'octobre à décembre
À SAVOIR En été, le temps de trajet peut être plus long, les routes sont très chargées et les ferries ont parfois du retard.
INTERNET www.outerbanks.org

Avec ses 63 m, le phare du cap Hatteras est le plus haut phare en brique des États-Unis.

ÉTATS-UNIS
Le pays amish

Au nord de l'Indiana, le territoire amish dévoile ses champs impeccablement entretenus et ses villages au charme suranné. Rythmée par la religion, la vie s'écoule ici dans sa pleine ruralité, loin du vacarme des machines modernes.

Temps forts

■ Au sud d'Elkhart, le long de l'Ind. 19, une écurie de style amish abrite le marché des exploitants locaux. Venez le ventre vide et régalez-vous sur place des fruits, fromages et pâtisseries du pays amish.

■ Les automobiles de la marque Hudson ont un musée à Shipshewana. Vous y découvrirez plus de 50 modèles – voitures particulières et bolides de courses.

■ Le bureau d'informations touristiques Menno-Hof Amish/Mennonite de Shipshewana raconte l'histoire des anabaptistes venus s'établir en Indiana.

À Shipshewana, une boutique amish et ses produits gaiement colorés

Si vous conduisez un camping-car ou un mobil-home, vous serez les bienvenus à Elkhart, la « capitale mondiale du camping-car ». Prenez l'U.S. 20, toujours très fréquentée, puis la Ind. 13 pour Middlebury, petite communauté du cœur du pays amish. Engagez-vous sur East Warren Street sur la droite : vous pénétrez dans un autre monde. Des chevaux patientent devant les portes des magasins... lesquels vendent exclusivement des produits locaux. Ici, les écuries sont coiffées de toits coquets, et les maisons – bien alignées – sont d'une sobriété irréprochable. Les chevaux se régalent d'herbe grasse tandis que les champs de maïs, seigle ou avoine s'étendent à perte de vue. N'allez pas trop vite, votre route croisera certainement celle d'une calèche.

Arrêtez-vous à Guggisberg Deutsch Käse Hause, à 5 km à l'est de Middlebury, pour assister à la fabrication des fromages Colby et Colby Jack ; et poursuivez jusqu'à Shipshewana – son marché aux puces et ses nombreuses échoppes d'artisanat attirent les foules. Pour mieux connaître la communauté amish, allez au bureau d'informations touristiques Menno-Hof Amish/Mennonite par Van Buren Street (Ind. 5). Continuez sur Farver Street (200N). Voici, au bord de la route, Wana Cabinets & Furniture, fabricant de mobilier traditionnel en chêne. Ici, plus de la moitié des chefs de famille amish est employée dans la menuiserie et le travail du bois. Deux kilomètres plus loin, vous tombez sur Babers Blacksmith Shop (maréchal-ferrant) et M&M. Harness Shop (fabricant de harnais), emblématiques de l'industrie artisanale de la région. Parvenu à la Ind. 9, entrez dans Lagrange. Visitez le palais de justice du comté, bâtiment de brique datant de 1878.

DÉPART Elkhart
ARRIVÉE Lagrange
ROUTES U.S. 20, Ind. 13, County Rd 16, 250N, Ind. 5, 200N, Ind. 9
DISTANCE 45 km
TEMPS DE ROUTE 1 heure
QUAND De mai à octobre
INTERNET www.amishcountry.org

Prolongations
Il y a plusieurs musées remarquables à Elkhart, dont un consacré aux camping-cars et mobil-homes (les modèles les plus anciens datent de 1913 !). Le musée d'Art américain du Midwest expose des toiles de Norman Rockwell, George Luks et Thomas Sully. Le chemin de fer est également à l'honneur : un musée lui est dédié (le National New York Central Railroad Museum), où l'on voit des trains grandeur nature et miniature.

Ci-contre : dans les villages amish de l'Indiana, nul ne s'étonne de rencontrer une calèche tirée par des chevaux.

La petite maison où naquit Lyndon B. Johnson, dans le ranch qui porte son nom, près de Johnson City.

ÉTATS-UNIS
Les collines texanes

Les vallons et gorges encaissées de cette région du cœur du Texas ne sont pas sans rappeler les reliefs de la Vieille Europe. Au programme : une route spectaculaire, des villages colorés et le grand air de la campagne.

D'Oak Hill, l'U.S. 290 part à l'assaut des reliefs. En grimpant vers l'Edwards Plateau, vous discernerez quelques vues sur la plaine. Le paysage célèbre l'alliance d'affleurements calcaires, de chênes rabougris, de broussailles et de corniches. Non loin du hameau de Henry, prenez la direction du parc d'État des chutes Pedernales : une magnifique cascade y dévale une succession de dalles de calcaire. Plus au nord, sur l'U.S. 290, voici Johnson City, ville natale du président Lyndon B. Johnson, puis Fredericksburg – typique du XIXe siècle et résolument sous influence allemande. Faites un détour de 29 km qui en vaut vraiment la peine, via la Farm Rd 965, jusqu'à l'aire naturelle Enchanted Rock et son dôme de granite rose de 134 m – deuxième plus haut batholite du continent. De retour à Fredericksburg, la Tex. 16 traverse les terres de la rivière Pedernales. Tout d'un coup, les reliefs s'aplanissent, puis la route serpente, de plus en plus sinueuse, en piquant vers la vallée de la rivière Guadalupe. Après Kerrville, elle débouche dans un décor absolument exaltant : virages en épingle à cheveux, panoramas fantastiques, montagnes escarpées, ruisseaux cristallins... Et vous voici à Medina, « capitale texane de la pomme ». Poursuivez par Bandera, une vraie ville de cow-boys, et bifurquez à gauche à l'intersection avec la Tex. 46. Les basses collines cèdent bientôt la place à Boerne, également riche d'un précieux héritage allemand. Derrière les vallons plantés de chênes et de cèdres se cache New Braunfels, la plus ancienne communauté du Texas.

Temps forts

■ Le parc historique national dédié à Lyndon B. Johnson se situe à l'ouest de Johnson City, sur l'U.S. 290. On y a recréé la maison où le Président passa son enfance, ainsi que tous les bâtiments construits par ses ancêtres. À 21 km de là, vous visiterez le LBJ Ranch, où naquit Lyndon Johnson, ainsi que la pièce qui faisait office de salle de classe. Tout à côté, le site historique et le parc d'État Lyndon B. Johnson accueillent une ferme et un sentier balisé pour partir à la découverte de la faune locale.

■ À Fredericksburg, le site historique d'État Admiral Nimitz et le musée national de la Guerre du Pacifique honorent la mémoire de Chester Nimitz, commandant en chef de la flotte du Pacifique pendant la Seconde Guerre mondiale.

■ Le Museum of Western Art de Kerrville est consacré aux œuvres et artistes de l'Ouest américain.

■ À Bandera, le Frontier Times Museum fait revivre la folle histoire de l'Ouest et la fondation de la cité, en 1852.

DÉPART Oak Hill
ARRIVÉE New Braunfels
ROUTES U.S. 290, Farm Rd 965, Tex. 16, 46
DISTANCE 450 km
TEMPS DE ROUTE 6 heures
QUAND Toute l'année
INTERNET www.travel.state.tx.us

ÉTATS-UNIS
La ruée vers l'or

Sur les contreforts vallonnés et striés de cours d'eau de la sierra Nevada, la Calif. 49 relie mines et villes-champignons. La route est ainsi numérotée en souvenir de 1849, année de cette « ruée vers l'or » qui forgea l'histoire de la Californie.

Débutez votre périple au parc historique d'État de Columbia, là où l'esprit de la Ruée vers l'or est encore palpable. Prenez la Parrotts Ferry Road vers le système de grottes de Moaning (vous y descendrez par une corde ou un escalier en colimaçon). Allez à Angles Camp, ancien gisement de quartz aurifère, par la Calif. 4, puis rejoignez la Calif. 49 en direction de Mokelumne Hill, ville d'importance à l'époque de la Ruée vers l'or. À Jackson, visitez la mine Kennedy, la plus profonde du pays, puis ralliez Sutter Creek et sa charmante rue principale bordée de maisons d'époque. Faites demi-tour sur Ridge Road, traversez les prairies piquées de chênes du parc de Indian Grinding Rock, puis le village de Volcano, Rams Horn Grade et enfin Daffodill Hill – noyé sous les fleurs au début du printemps. Les diligences s'arrêtaient à Fiddleton, mais vous, vous récupérez la Calif. 49 pour Placerville, puis Coloma. Un peu plus loin, voici Auburn et son Gold Country Museum : un tunnel minier a été recréé et l'on y voit fonctionner un petit bocard. À 30 min de là, le parc Empire Mine abrite la plus vieille et la plus productive des mines, dont furent extraits quelque 164,4 millions de grammes d'or. Faites un détour rapide par la Calif. 49/20 et le musée Grass Valley pour y admirer la plus grosse turbine Pelton du monde, capable d'extraire le minerai aurifère des gisements de quartz. Jusqu'à Nevada City, la route quadrille des vallons plantés de pins, en passant par la pittoresque bourgade de Downieville. À moins de 2 km de la sierra Nevada s'étend le parc historique de sierra County et la mine Kentucky : vous y verrez des expositions variées, consacrées à la mine, au ski, à l'abattage des arbres et aux colons chinois.

Zoom À Coloma, le 24 janvier 1848, James Marshall découvre de l'or, sur un terrain appartenant à John Sutter, célébrité locale et propriétaire d'une scierie. Ce dernier renonça à consacrer ses terres à l'agriculture lorsque des hordes de chercheurs d'or déferlèrent sur le site. Dans le parc historique d'État Marshall Gold Discovery, la scierie de Sutter – c'est ici que fut précisément découvert l'or – a été reconstituée. Vous y verrez aussi un magasin chinois, une église et bien d'autres bâtiments.

DÉPART Parc historique d'État de Columbia
ARRIVÉE Parc historique et musée de sierra County, mine Kentucky, Californie
ROUTES Parrotts Ferry Road, Calif. 4, 49, local roads, Calif. 49/20
DISTANCE 315 km
TEMPS DE ROUTE 4 h 30
QUAND Toute l'année
INTERNET www.parks.ca.gov

L'imprimerie de Columbia a été magnifiquement conservée telle qu'elle était à l'époque de la ruée vers l'or.

CANADA/ÉTATS-UNIS
Le cercle d'or du Yukon

Des myriades de chercheurs d'or affluèrent au sud-ouest du Yukon pendant la ruée vers l'or du Klondike. La quête du précieux métal a pris fin, mais les paysages superbes – parmi les plus sauvages de l'Amérique du Nord – demeurent.

Temps forts

- À Whitehorse, le site historique national dédié au S.S. Klondike – bateau à aubes des années 1930 – mérite une visite. Des guides vous feront découvrir le pont, la salle des machines, les cabines et la timonerie.

- À Skagway, embarquez à bord du White Pass & Yukon Route Railroad, un train circulant sur une voie étroite qui emprunte la gorge de la rivière Skagway et débouche sur les prairies alpines du col White, effectuant ainsi une ascension de 915 m en 32 km seulement. Ce chemin de fer emmenait les mineurs jusqu'à la frontière canadienne. Il s'arrête encore à Bennetts, ville fantôme de l'époque de la ruée vers l'or. Comptez 3 heures pour l'aller-retour.

À Skagway, les échoppes de bois aux couleurs éclatantes ont été extraordinairement préservées.

Partez de Whitehorse, la capitale du Yukon qui vit le jour en 1897 à la faveur de la ruée vers l'or, par l'Alaska Highway 1. Longez la bordure septentrionale du plateau du Yukon. Arrêtez-vous à Long Ago People Place, à Champagne, où les traditions tutchones – un peuple qui évita tout contact avec les colons européens jusqu'aux années 1850 – perdurent. La route suit le cours de la Dezadeash, en direction de la chaîne des Kluane. Cette succession de sommets englacés dominant la bourgade de Haines Junction s'étire jusqu'aux confins orientaux de la réserve du parc national de Kluane. Piquez au sud par Haines Road (autoroute 3) et faites une pause au lac Kathleen, à l'ombre de pics de plus de 1 500 m d'altitude. À Klukshu, village en rondins, admirez comment les Tutchones attrapent, découpent et sèchent le poisson, en été et à l'automne, pendant la montaison. Ils se rassemblent aussi un peu plus au sud, à Dalton Post, pour pêcher le saumon à l'aide de longues gaffes. Encore quelques kilomètres et vous voilà en Colombie-Britannique.

Le col Chilkat marque la frontière avec l'Alaska. Vous entamez une folle descente (1 220 m de dénivelé) sur des versants accidentés couverts de glaciers et à travers d'épaisses forêts et rejoignez la vallée de la Chilkat. À la fin de l'automne, la zone est quadrillée par 4 000 pygargues à tête blanche – la plus forte concentration au monde. Perchés dans les peupliers, ils guettent le saumon. Dominant un fjord adossé à des cimes de 1 830 m, le port de Haines accueille le centre culturel et musée de Sheldon, qui retrace l'histoire des pionniers et décrypte la culture tlingit, principalement à travers l'artisanat et la gravure sur bois. Prenez le ferry pour Skagway. La ville connut son apogée pendant la ruée vers l'or, lorsqu'elle était aux mains des hors-la-loi et du gangster «Soapy» Smith. Toute son histoire est retracée au parc historique national de la Ruée vers l'or du Klondike. Poursuivez votre périple par l'autoroute 2, qui débouche d'une gorge à 1 000 m d'altitude, au col White ; puis sillonnez un paysage moins accidenté, éclairé d'immenses étendues lacustres. À Carcross, flânez dans le Matthew Watson General Store, le plus vieux magasin du Yukon, puis franchissez à nouveau la frontière canadienne pour rentrer à Whitehorse.

DÉPART/ARRIVÉE Whitehorse
ROUTES Autoroutes 1, 3, 2
DISTANCE 785 km
TEMPS DE ROUTE De 9 à 10 heures
QUAND Juillet-août
À SAVOIR Adaptez votre itinéraire aux horaires du ferry qui part de Haines. Les liaisons ne sont pas quotidiennes, les horaires peu pratiques, les ferries bondés... Pensez à prendre votre passeport pour passer la frontière.
INTERNET www.travelyukon.com

Ci-contre : sur l'Alaska Highway 1 déserte, un motocycliste en route pour la réserve du parc national de Kluane

À Yaviza, près de la frontière colombienne, cet homme transporte des légumes dans sa brouette.

PANAMÁ

Au bout de la route

Cette portion de la célébrissime Panaméricaine vous conduit littéralement au bout de la route, à la frontière que le Panamá partage avec la Colombie. Un parcours égayé de tenues multicolores et de danses traditionnelles sur fond de jungle et de montagne.

Partez de Chepo, une bourgade calme mais infiniment colorée, nichée au sud de la Panaméricaine, à 53 km de Panama City. Au barrage de police situé au pied de la statue de saint Christophe, patron des voyageurs, virez vers l'est. La chaussée ondule à l'ombre des montagnes de la Serrania da San Blás. Les eaux argentées du lac Bayano, 39 km plus loin, rehaussent l'éclat des tenues bariolées des femmes de la tribu kuna. Franchissez le lac par le pont métallique pour pénétrer dans le comarque de Kuna de Madugandi, territoire de la tribu kuna. Sur 32 km, la route est bordée par une forêt regorgeant de papillons et de perroquets. Passé Quebrada Cali, la vue s'ouvre largement sur les montagnes de la Serrania de Majé. Roulez en direction de Ipetí Kuna et Ipetí Emberá, villages où vous pourrez assister à des danses cérémonielles traditionnelles et découvrir certains aspects de la vie indigène. Des pâturages piqués d'acajous bordent la chaussée à l'approche de Tortí. Admirez le travail du cuir fourni dans les échoppes alignées sur la rue – on fabrique des selles pour le grand rodéo qui se déroule ici au mois de mars. Au-delà des plantations de teck, voici Aguas Frías et le panneau annonçant «Bienvenue au Darién». À 21 km de là, offrez-vous des créations artisanales de la communauté d'artistes d'Emberá Arimae. Plus loin encore, le ruban d'asphalte vient mourir dans le bourg afro-antillais de Zapallal. Au sud, à Metetí, vous trouverez une station-service et une banque, mais la police essaiera de vous dissuader de continuer votre périple tant la route est mauvaise. Ne vous y risquez surtout pas à la saison des pluies. Poursuivez (si vous l'osez) jusqu'à Canglón puis Yaviza, ville frontière où l'on se sent peu en sécurité malgré la présence d'une police lourdement armée. La chaussée achève de s'éteindre ici. L'épaisse jungle de la région du Darién, qui s'étire sur 159 km, vous empêche de toute façon d'aller plus loin.

DÉPART Chepo
ARRIVÉE Yaviza
ROUTE Panaméricaine
DISTANCE 204 km
TEMPS DE ROUTE 5 heures
QUAND À la saison sèche (mi-décembre/mi-avril)
À SAVOIR Vous devrez présenter votre passeport aux barrages de police. Il serait très dangereux de vous aventurer dans la jungle, aux mains de la guérilla armée.
INTERNET www.panama1.com

NOUVELLE-ZÉLANDE
Cap à l'Est

East Cape, situé sur la petite Île du Nord, en Nouvelle-Zélande, est resté insensible aux influences européennes. Les traditions maories y sont toujours très ancrées et les paysages – plages désertes, escarpements rocheux –, absolument fabuleux.

Abandonnez à regret les vignobles de Gisborne *via* la SH53. Les plages fréquentées par les surfeurs défilent, puis la route s'aventure brièvement à l'intérieur des terres avant d'arriver à Whangara, village littoral maori. Visitez le temple et son extraordinaire sculpture représentant un homme chevauchant une baleine – illustration de l'arrivée légendaire de la tribu dans la baie. Le périple se poursuit vers les falaises de schiste argileux de la baie de Tolaga. N'hésitez pas à randonner sur le Cook's Walkway qui vous mène au sommet de la falaise puis redescend vers le site où le capitaine Cook débarqua en 1769 (Cook's Cove). Continuez vers la baie de Tokomarù, un bourg vétuste pourtant situé sur un îlet magnifique, serti de montagnes. Le débarcadère et les bâtiments décrépis ont connu des jours meilleurs... À l'intérieur des terres, Ruatoria rassemble la communauté indigène Ngati Porou; de son côté, Tikitiki est réputé pour le portail sculpté de style maori et les décorations intérieures (tapisseries et sculptures) de l'église Saint Mary.

À mi-chemin, sur la baie grandiose de Kawakawa, voici Te Araroa, qui accueille le plus gros pohutukawa du pays, avec son tronc de 40 m de diamètre. Offrez-vous un détour de 19 km jusqu'au phare de East Cape, le bâtiment le plus à l'est de la Nouvelle-Zélande d'où l'on peut voir, chaque matin, le premier lever de soleil du monde. De retour sur la SH35, vous atteignez l'époustouflante plage de Hicks Bay et admirez, un peu plus loin, de spectaculaires panoramas à Lottin Point (à environ 4 km de la route). À partir de Waihau Bay, la SH35 longe 105 km de côtes, au rythme de plages de sable, de criques rocailleuses et de falaises. Vous traverserez de nombreux villages maoris, leurs maraes (lieu de rassemblement) ainsi que de vieilles églises. À Raukokore, une église surmontée d'un haut clocher est juchée sur un promontoire surplombant l'océan. Des plages désertes jalonnent la suite du parcours. Parvenu à Whanarua Bay, continuez sur le littoral vers Te Kaha. Un peu plus loin vous rencontrerez le cours de la Motu, dans un décor où s'unissent la montagne et la mer. La SH35 gravit la Maranui Hill – le point de vue sur la côte est inouï – puis s'en va rejoindre la ville maorie d'Opotiki.

DÉPART Gisborne
ARRIVÉE Opotiki
ROUTE SH35
DISTANCE 327 km
TEMPS DE ROUTE 4 h 30
QUAND Toute l'année
À SAVOIR Faites le plein avant de partir et prenez de bonnes chaussures de marche si vous envisagez de randonner.
INTERNET www.newzealand.com

Sur la piste qui relie Te Araroa à East Cape, vous êtes le premier, sur la planète, à voir le soleil se lever.

ROUMANIE

Les villages de Transylvanie

Les paysages bucoliques des monts Cindrel, au sud de la Transylvanie, sont piqués de villages traditionnels. Cet ensemble constitue la région de Marginimea, à la forte tradition pastorale. À découvrir à votre rythme.

Sur la place principale de Sibiu, des maisons colorées au toit percé de fenêtres typiques en forme d'œil

Temps forts

- Sibiu, une ville du XIIe siècle, mérite vraiment qu'on s'y attarde, avec ses bâtiments colorés aux portes arrondies et leurs toits percés de fenêtres en forme d'œil, protégées par une « paupière » d'ardoise. Flânez sur la grand-place, son patrimoine artistique est très riche.

- Le musée du village de Fântânele possède une belle collection d'icônes et d'artisanat rural exposée dans les deux salles de son bâtiment datant du XVIIIe siècle – une ancienne auberge.

- Le musée Zosim Oancea a trouvé refuge dans l'église de Sibiel. Il porte le nom du prêtre qui l'a fondé. On y admire plus de 700 icônes traditionnelles peintes sur verre.

Rășinari – ses ruelles pavées et ses ravissantes demeures – s'étend à 15 min en voiture de Sibiu la médiévale. Après avoir visité le musée, reprenez la direction de Sibiu, mais récupérez la 106D, une petite route de campagne qui franchit le cours de la Sebeș, vers Poplaca. Après Orlat et sa forteresse du début du XIVe siècle (Cetatea Scurtă), empruntez la 106A. Au bout de 3 km, allez à gauche vers les collines où s'égaillent les maisons multicolores de Fântânele et poursuivez jusqu'à Sibiel et son église de la Sainte-Trinité (Biserica Sf. Treime), merveille du XVIIIe siècle mâtinée d'influences byzantines. Plus loin, dans les rues de Săliște, des hommes vêtus de costumes noir et blanc exécutent des danses folkloriques transylvaniennes – căluș, brâu ou sârbă lui Ghiboi. Partez maintenant sur Tilișca et ses maisons de bois, haut lieu de la résistance à l'armée de Jules César sous la houlette de Burebista, roi de Dacie. Dépassez Rod et Poiana Sibiului, nichés dans les reliefs montagneux, pour atteindre Jina, l'un des villages les plus isolés de la région de Mărginimea (qui signifie « frontière » en roumain). Continuez vers Dobra à droite à l'embranchement en bordure du cours de la Dobra, puis à droite de nouveau pour vous retrouver sur la 67C qui vous emmène à Șugag et Mărtinie, puis à Căpâlna, bourgade annoncée par Dealul Cetății, la plus extraordinaire des citadelles daces de Transylvanie. Après Săsciori, longez la rivière Sebeș jusqu'à Sebeș, aux maisonnettes groupées autour d'une église romano-gothique aux sculptures absolument magnifiques. Faites une dizaine de kilomètres sur la DN1 puis la DN7, engagez-vous sur la 106F vers Cetatea Câlnic, une forteresse du XIIe siècle entièrement restaurée. Inscrite au Patrimoine mondial de l'Unesco, elle abrite un centre culturel.

Zoom Aménagé dans la forêt de Dumbrava, à 4 km au sud de Sibiu, le musée ASTRA est le plus grand musée ethnographique de plein air de Roumanie. Sur près de 100 ha d'étendues herbeuses percées de marais, lacs et étangs, le musée rend hommage à l'inventivité des paysans roumains – notamment dans leur traitement très ingénieux du bois. Un seul regret : il n'y a pas de sorcière dans la « maison de la sorcière »...

Ci-contre : moulins à vent en bois, ateliers et forges se visitent dans le musée de plein air de Sibiu.

DÉPART Rășinari
ARRIVÉE Cetatea Câlnic
ROUTES 106D, 106E, 67C, DN1, DN7, 106F
DISTANCE 105 km
TEMPS DE ROUTE 2 heures
QUAND Toute l'année
À SAVOIR Le circuit s'effectue de préférence avec un véhicule 4 x 4.
INTERNET www.romaniatourism.com

À Areópoli, le haut clocher de l'église des Taxiarchis (Archanges) surplombe une ruelle ombragée.

GRÈCE

Au cœur du Péloponnèse

Le Magne, péninsule méconnue du Péloponnèse, n'en finit pas d'intriguer. La région – austère mais fascinante – se décline au fil de villages dominés par d'étranges tours, des citadelles franques et des églises byzantines riches d'icônes colorées.

Laissez Areópoli, la plus grande localité de la côte ouest du Magne, par la route principale en direction du sud. Ne craignez pas de vous égarer : les routes secondaires se bornent à contourner les villages et rejoignent immanquablement la grande route. De petites églises jalonnent le parcours d'une heure et demie qui mène à Alika puis à Vatheia, ensemble remarquable de tours fortifiées étroites groupées au sommet d'une colline. Aujourd'hui désertées, ces tours typiques du Magne abritaient autrefois des familles ennemies – les guerres fratricides étaient alors monnaie courante. Si vous vous sentez l'âme d'un aventurier, filez à la pointe sud de la péninsule, *via* Porto Kagio, pour admirer la colline de Akra Tenaro (cap Ténare) – la porte menant aux Enfers, d'après la légende. Repartez à Porto Kagio et son château surplombant la baie avant de vous engager sur la route en lacets de Lagia, autre ensemble de tours. Ici, les montagnes plongent dans la mer, et le littoral est désertique. Remontez vers Areópoli par le col de Pirichos, puis attrapez l'autoroute 39 en direction de Githio, la plus importante ville de la côte est. Il y a de délicieux restaurants autour du port. Les vestiges de l'amphithéâtre romain et les immenses plages méritent également votre visite.

Un peu d'histoire L'antique cité byzantine de Mistra se situe à 50 km de Githio par l'E961, sur les bas reliefs du massif du Taygète. Le monument le plus remarquable du site est sans conteste sa citadelle, le Kastro, qui dispense de superbes points de vue. Plusieurs rois byzantins furent couronnés dans la salle du trône du palais des Despotes (XIVe siècle), merveilleusement préservée. En contrebas, voici la Métropole, une cathédrale bâtie en 1309 (ses fresques sont d'origine).

Temps forts

■ À Areópoli, suivez les indications pour **Spilia Dirou** (grottes de Diros), distantes de 8 km. Là, vous embarquerez pour une promenade de 30 min dans les entrailles de la Terre, hérissées de stalactites et stalagmites. Il y a beaucoup de monde en été.

■ Non loin des grottes de Diros, voici **Agios Georgios** et le village de Mezapos, et leurs panoramas superbes sur Tigani – littéralement « poêle à frire » –, petite péninsule rocailleuse accueillant les vestiges d'un château franc. À 15 min de Mezapos, Agia Kyriaki est le point de départ idéal d'une randonnée vers Tigani (comptez 1 heure environ).

DÉPART Areópoli
ARRIVÉE Githio
ROUTES Routes secondaires, autoroute 39
DISTANCE 110 km
TEMPS DE ROUTE 3 heures
QUAND Toute l'année
À SAVOIR Prenez de l'eau et de la nourriture. La péninsule peut être balayée par des vents violents, et il y fait très chaud en été. Quand les églises sont fermées, vous vous lancerez parfois à la recherche de la personne qui détient les clés...
INTERNET www.zorbas.de/maniguide

ITALIE
Le Val d'Aoste

Les plus belles vallées d'Europe déploient leurs paysages enivrants au nord-ouest de l'Italie, jusqu'au pied du mont Blanc, dans un décor de haute montagne ponctué de villages romantiques et de châteaux du Moyen Âge.

Réputé pour ses vignobles, Pont-Saint-Martin s'est développé autour d'un pont romain du 1er siècle av. J.-C., à quelques kilomètres, par la SS26, du fort de Bard, l'une des 70 citadelles qui font la célébrité du Val d'Aoste. Un peu plus loin, le château d'Issogne est encore plus impressionnant ; il fut érigé en 1498 par Georges de Challant, dont la famille contrôlait la vallée depuis des siècles. À Verrès, la silhouette toute militaire du château se dresse de l'autre côté de la rivière ; depuis le village, engagez-vous sur la SR45 en direction du val d'Ayas, l'une des plus jolies vallées latérales du circuit. Quelque 27 km plus loin, le téléphérique de Champoluc vous emmène contempler le mont Rose et le Cervin, les deux plus hauts sommets des Alpes après le mont Blanc (4 810 m). Redescendez sur Brusson et dévalez la route vertigineuse de Saint-Vincent, où se trouve l'un des plus grands casinos d'Europe. Filez maintenant vers le château de Fénis, riche de ses fresques magnifiques et de son mobilier. Encore 30 km et vous voici à Aoste, qui allie avec grâce ruines romaines, églises médiévales et une remarquable kyrielle de monuments. Poursuivez jusqu'au château de Sarre (1710), que le roi Victor-Emmanuel II utilisait volontiers comme pavillon de chasse. Votre route croise encore les deux châteaux de Saint-Pierre, tandis qu'elle part à l'assaut de la haute montagne. La station de sports d'hiver de Courmayeur se situe 30 km plus haut ; la petite station de La Palud la jouxte. Il est temps de sortir de votre voiture et de prendre le téléphérique pour découvrir les panoramas sublimes du massif du Mont-Blanc.

Prolongations Le parc national du Grand-Paradis, le plus ancien d'Italie, s'étire sur quelque 700 km² au cœur d'un décor montagneux absolument grandiose. Faites le trajet Sarre-Cogne – ce village offre de bonnes solutions d'hébergement, mais n'hésitez pas à vous aventurer plus loin dans le parc. À Lillaz, une courte marche vous entraîne au pied d'une superbe cascade. Partez de Valnontey, un village plus animé, pour rallier le refuge de Vittorio Sella : vous aurez ainsi réalisé la randonnée la plus appréciée du parc.

DÉPART Pont-Saint-Martin
ARRIVÉE La Palud
ROUTES SS26, SR45, routes secondaires
DISTANCE 145 km
TEMPS DE ROUTE 3 heures
QUAND Toute l'année
À SAVOIR Si vous effectuez l'intégralité du trajet en télécabine, prenez vos papiers d'identité, car vous franchirez la frontière française.
INTERNET www.regione.vda.it

Un chamois prend aimablement la pose dans le parc national du Grand-Paradis, un éden pour la faune sauvage, au cœur du Val d'Aoste.

TOP 10

10 Échappées méditerranéennes

Découvrez toutes les facettes de cette mer d'exception, les ports et les villages qui en ont fait l'histoire, ainsi que les reliefs magnifiques de ses îles.

❶ De Tibériade à Tel-Aviv, Israël

Partez de la ville de Tibériade, qui abrite, sur les rives du lac de Tibériade, le tombeau de Maïmonide, sage du XIIe siècle, en direction de l'est, long liseré de plages dorées. Ce périple de 160 km vous entraîne à Haïfa, sur les versants du mont Carmel, puis au port de Césarée et ses vestiges, et enfin à Tel-Aviv, une ville très animée.

À SAVOIR Préférez les mois de mai et octobre (évitez toutefois les vacances et jours fériés). www.goisrael.com

❷ De Khaniá à Paléochora, Crète

Le magnifique front de mer de Khaniá s'adosse à des reliefs tourmentés. Les routes de montagne serpentent sur 80 km au cœur de la Crète, jusqu'aux villages d'Alikianos et Aghia Irini, dont les habitants portent encore les traditionnelles bottes sur des pantalons noirs et amples. Contemplez les gorges de Samaria, les plus longues d'Europe, avant de rejoindre les plages de sable rose de Paléochora.

À SAVOIR Nombreuses solutions d'hébergement à Khaniá. www.cretetravel.com

❸ La péninsule du mont Pélion, Grèce

Ce circuit grandiose, tout en courbes, débute à Volos et part à l'assaut du mont Pélion jusqu'à Makrinitsa et ses maisons du XVIIIe siècle accrochées au flanc du versant boisé. Les villages coiffés d'ardoise, les vieilles églises et les vergers défilent à travers la montagne, tandis que vous roulez vers la côte est de la péninsule où des sentiers étroits vous conduisent à de superbes stations balnéaires – Agio Ioannis par exemple. Retournez à Volos *via* Milies.

À SAVOIR Partez en juin : le climat est idéal et il y a peu de monde. www.aroundpelion.com

❹ Jadranska Magistrala, Croatie

Voici le circuit le plus spectaculaire de Croatie : la Jadranska Magistrala (ou route Adriatique) sillonne sur 480 km le littoral rocheux qui sépare Rijeka de Dubrovnik, au rythme de parcs nationaux, de reliefs accidentés et de villages médiévaux. Le tronçon le plus mémorable longe la chaîne du Velebit, avec une vue sur l'île de Pag.

À SAVOIR Prenez votre passeport, car la route fait une incursion en Bosnie. www.croatia.hr

❺ Les falaises de Dingli, Malte

Dans la région la plus jolie et la mieux préservée de Malte, une route rase les falaises (300 m) qui tombent à pic dans la mer. Venez en fin d'après-midi, quand le soleil ardent se noie dans l'océan.

À SAVOIR Séjournez à Dingli ou à Rabat. Attention, le repérage GPS de l'île de Malte n'est pas très fiable. www.visitmalta.com

❻ De Leuca à Otrante, Italie

La région située dans le talon de la botte italienne est surnommée la « petite côte amalfitaine » : reliant les stations balnéaires d'Otrante et Leuca, la route (80 km) parcourt un littoral déchiqueté, jalonné de plages. En chemin, prenez le temps de pique-niquer, vous baigner, randonner. La vue est superbe du promontoire de Leuca.

INTERNET www.italia.it/fr

❼ De Gênes à La Spezia, Italie

Embarquez pour cette balade de 80 km à Gênes, une cité puissante des temps médiévaux. Longez le golfe de Gênes, et ne manquez pas de visiter Santa Margherita Ligure et Portofino, aux toits coiffés de tuiles rouges, enchâssés dans une péninsule verdoyante aux eaux piquetées d'embarcations. Faites la randonnée de La Spezia aux villages des Cinque Terre, reliés par des sentiers surplombant la mer.

À SAVOIR En hiver, les hôtels sont moins chers et la région peu fréquentée. www.italia.it/fr

Ci-contre : à 1,50 m au-dessus du niveau de la mer, Krapanj, île microscopique au large des côtes de la Croatie, se prélasse au soleil.

❽ La route des Crêtes, France

Âmes sensibles, s'abstenir ! La chaussée rase la falaise, la Méditerranée en contrebas... Quittez Cassis et ses maisons pastel, pour la ville littorale de La Ciotat, adossée au cap Canaille, l'une des plus hautes falaises maritimes d'Europe (396 m). Ce trajet de 19 km est émaillé de points de vue sur les eaux turquoise des calanques qui bordent la côte jusqu'à Marseille.

À SAVOIR Les plages de Cassis sont superbes, et la commune dispose de nombreuses solutions d'hébergement – la vue depuis l'hôtel des Roches Blanches est magnifique. Randonnez le long des calanques (les sentiers sont balisés) et faites une promenade en mer pour les admirer depuis les flots. www.ot-cassis.com, www.provenceweb.fr

❾ La Camargue, France

Des taureaux aux cornes acérées, des chevaux blancs, crinière au vent, en semi-liberté dans cette vaste zone humide au sud de l'antique Arles. C'est ici que se rassemblent près de 300 espèces d'oiseaux – y compris des volées entières de flamants roses, d'aigles, de faucons et de busards. Ne manquez pas le musée de la Camargue ni les Saintes-Maries-de-la-Mer, cœur battant de la région, au charme résolument ibérique. En mai, des milliers de gitans se retrouvent ici, en processions colorées, pour vénérer leur sainte patronne, Sarah.

À SAVOIR Logez aux Saintes-Maries-de-la-Mer. Pour observer les oiseaux et admirer taureaux et chevaux, préférez le printemps et la fin de l'automne. www.saintesmaries.com

❿ La route des vautours fauves en Sardaigne, Italie

La route accidentée qui part de la ville médiévale d'Alghero suit les falaises – érodées mais couvertes de lavande – qui tombent dans la mer. Scrutez le ciel pour tenter d'apercevoir un vautour fauve. À 48 km au sud d'Alghero, la ville historique de Bosa est dominée par une forteresse médiévale. Retournez à Alghero par l'intérieur des terres : la chaussée enchaîne les virages en épingle à cheveux et passe par le site préhistorique de Nuraghe Appiu.

À SAVOIR On observe mieux les vautours fauves au lever ou au coucher du soleil. Partez de préférence au printemps ou en automne. www.italia.it/fr

Les paysages du Val d'Orcia ont inspiré les plus grands artistes de la Renaissance.

ITALIE

Symphonie Renaissance

Ses vallons regorgent de petits villages écrasés de soleil. Ici, pendant des siècles, l'art et l'architecture ont régné en maîtres. Les vins sont inoubliables, et la cuisine exquise. Le sud de la Toscane se déguste avec les yeux… et les papilles.

Depuis Sienne, rejoignez Asciano et son église romano-gothique de la fin du XIIIe siècle en traversant un paysage inédit de collines calcaires dénudées. Prenez la petite route panoramique conduisant à l'abbaye bénédictine de Monte Oliveto Maggiore, qui renferme de magnifiques œuvres d'art médiévales. Un peu plus loin, vous trouverez Buonconvento : ses abords sont peu hospitaliers, mais le centre historique est joli. Partez maintenant à l'assaut de Montalcino, village fortifié perché au sommet d'une colline et dominé par un château fort digne d'une carte postale, avant de rallier la somptueuse abbaye de Sant'Antimo, seule au milieu d'un décor verdoyant. Poursuivez à la découverte du pittoresque Val d'Orcia, via la SS323 et Castiglione d'Orcia, gracieuse localité aux rues pavées, recroquevillée autour d'une imposante citadelle. Bagno Vignoni est tout proche : ici, la place principale est occupée par un vaste bassin qui recueille les eaux bouillonnantes d'une source chaude d'origine volcanique. Passé San Quirico d'Orcia, vous arrivez à Pienza. Au XVe siècle, le pape Pie II fit de son village natal une ville modèle de la Renaissance : admirez la cathédrale, la résidence pontificale et la place, cœur battant de cette localité à l'extraordinaire cachet. *Via* la SS146, achevez votre périple à Montepulciano, commune remarquable pour ses églises et ses palais du XVIe siècle.

Prolongations Pas de voyage en Toscane sans une escale à **San Gimignano**, à une heure de voiture à l'ouest de Sienne. Ce village médiéval est hérissé de tours – systèmes défensifs et symboles de puissance – bâties à partir de 1150. La ville fortifiée accueille d'impressionnantes églises ainsi qu'un beau musée abritant nombre de chefs-d'œuvre siennois et florentins. Organisez votre séjour à l'avance, San Gimignano est pris d'assaut en juillet et août ; vous aurez sans doute du mal à vous garer.

DÉPART Sienne
ARRIVÉE Montepulciano
ROUTES SS438, SS451, SS323, SS146, routes secondaires
DISTANCE 120 km
TEMPS DE ROUTE 2 h 30
QUAND Toute l'année
À SAVOIR Les amateurs de vin préféreront l'automne.
INTERNET www.turismo.intoscana.it

FRANCE
Le circuit des Dentelles

Dans les villages du nord de la Provence, le temps s'est arrêté : ruelles pavées, maisonnettes branlantes… Les châteaux du Moyen Âge, du haut de leur colline, surveillent les environs jalonnés d'anciens vignobles.

Après la visite de Vaison-la-Romaine – petite commune très animée –, franchissez le pont romain qui enjambe le cours de l'Ouvèze et prenez la D938 à gauche. Juste après le hameau de Crestet, tournez à droite sur la D76 et filez vers Le Crestet. Au sommet de la colline, le village est dominé par une église du XIe siècle et un château du IXe siècle. De retour sur la D938, continuez vers Malaucène puis récupérez la D90 qui vous entraîne à la découverte des paysages grandioses du col de la Chaîne et des Dentelles de Montmirail – ligne de crêtes calcaires délicatement ouvragée par l'érosion. Du hameau de Suzette – la vue sur la crête de Saint-Amand et les montagnes environnantes est magique –, allez à Lafare puis à Beaumes-de-Venise, réputé pour le muscat que vous dégusterez dans les caves jalonnant l'avenue Raspail, à l'ombre de la cathédrale Notre-Dame-d'Aubune, une construction du VIIIe siècle flanquée d'une pittoresque tour du XIIe siècle.

Poursuivez votre route à travers un plat pays planté de vignes avant d'atteindre Gigondas. La place Gabriel-Andéol est bordée de caves et de cafés, car on produit ici un vin puissant. Garez-vous et flânez dans les ruelles, sans manquer de visiter l'église Sainte-Catherine. Partez ensuite pour Séguret, l'un des « plus beaux villages de France », tout proche. Des maisons superbes et une kyrielle de restaurants frangent ses venelles étroites, sans oublier les galeries d'art et les fabriques de santons – les artistes peignent les figurines sous vos yeux. Rejoignez les routes D88 puis D975 afin de rentrer à Vaison-la-Romaine.

DÉPART/ARRIVÉE Vaison-la-Romaine
ROUTES D938, D90, D88, D975
DISTANCE 65 km
TEMPS DE ROUTE 2 heures
QUAND Toute l'année
À SAVOIR Visitez Séguret à pied. Il y a une aire de stationnement à l'entrée du village, sur la droite.
INTERNET www.provenceweb.fr

Zoom Dans toute la région, les villes et les villages accueillent chaque semaine un marché provençal traditionnel. On y trouve les spécialités gastronomiques du terroir, mais aussi des vêtements et des bibelots. Le temps d'une matinée, les ruelles de ces vieilles localités s'animent, envahies par les étals. Marché à Vaison-la-Romaine et Beaumes-de-Venise tous les mardis ; le mercredi à Malaucène. Pour faire de bonnes affaires, venez tôt.

Grimpez les ruelles pentues de Séguret, bijou de l'architecture médiévale.

ROUTE D'EXCEPTION

ROYAUME-UNI

Virées dans les Cotswolds

Très accessibles depuis Londres ou Oxford, les petits villages des Cotswolds et leurs maisons de pierre calcaire aux tons de miel figurent parmi les destinations les plus délicieuses et les plus typiques de l'Angleterre.

La rivière Windrush traverse le paisible village de Bourton-on-the-Water.

Typiquement anglais, les Cotswolds abritent d'antiques pubs aux terrasses ouvertes sur des étendues infinies d'herbe grasse. Voici deux circuits en un, articulés autour de Cheltenham, ville thermale du XVIIIe siècle.

Quittez la ville par l'A40, à travers des champs cerclés de haies. Vous arrivez à Northleach et son impressionnante église Saint-Pierre-Saint-Paul financée au XVe siècle par le commerce de la laine. Non loin de là, promenez-vous dans Burford pour admirer les bâtisses en pierre de style georgien – la rue principale est toujours très animée. Engagez-vous sur l'A424 en direction des ponts délicats qui enjambent le cours de la Windrush à Bourton-on-the-Water, puis des villages jumeaux de Upper et Lower Slaughter, tout proches, où des cottages s'alignent sagement le long de la rivière Eye.

La B4068 vous emmène dans la plus grande agglomération de la région, Stow-on-the-Wold, qui vit se dérouler des combats féroces durant la première révolution anglaise. On vend encore des moutons sur la place du marché, et les antiquaires sont très courus. Continuez sur l'A424. Vous verrez à Chipping Campden, dans l'église Saint James (XVe siècle), une splendide fresque du Jugement dernier. Le roi Charles Ier et Oliver Cromwell séjournèrent dans le désormais célèbre Lygon Arms Hotel de Broadway, le plus emblématique des villages des Cotswolds avec ses maisons élisabéthaines. Du sommet de la tour, sur Fish Hill, la vue sur la vallée de la Severn est splendide.

> ❝ Ces localités pittoresques [des Cotswolds] évoquent la campagne idéale que décrivent les livres d'enfants, une Angleterre immuable… la Grande-Bretagne par excellence. ❞
>
> STEPHEN McCLARENCE,
> AUTEUR AU *NATIONAL GEOGRAPHIC*

Plus au sud, découvrez Stanton et Stanway et leurs demeures en pierre des Cotswolds, ce calcaire qui prend au soleil un ravissant ton de miel. Plus loin, les gargouilles habillent l'église de Winchcombe – on y voit encore des gravures saxonnes, vestiges de l'antique abbaye bénédictine. Remontez le sentier balisé du Cotswolds Trail menant au château de Sudeley, puis reprenez votre véhicule pour Belas Knap, un tumulus vieux de plus de 5 000 ans. Descendez Cleeve Hill. Vous êtes de retour à Cheltenham. Ce que l'Angleterre compte de plus beau en termes d'architecture de style Régence – dont le bâtiment Pittville Pump Room conçu pour l'organisation de réceptions, de bals, de galas – est ici, autour de la longue promenade centrale bordée d'arbres.

Le second circuit pique au sud par l'A46 en direction de Painswick, jolie bour-

Une pinte… ou deux

Les pubs anglais, célèbres dans le monde entier, abondent dans les Cotswolds. Vous ne manquerez pas de les apercevoir, dans chaque village, cachés au détour d'une ruelle ou accrochés à flanc de coteau. Au nord de la région, la randonnée de **Donnington Way**, qui constitue une boucle de 100 km, relie pas moins de quinze établissements, propriétés de la brasserie Donnington : un véritable régal pour les amateurs de grand air et de bière fraîche. Traditionnellement, l'excursion débute dans le vieux bourg de Stow-on-the-Wold, mais vous pouvez évidemment effectuer cette pittoresque promenade comme bon vous semble. Moins de 3 km séparent les deux pubs les plus rapprochés.

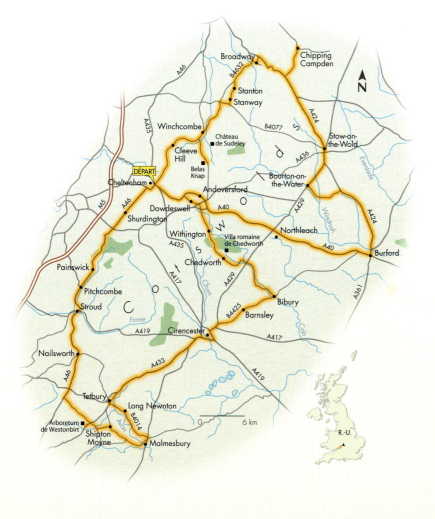

gade accrochée à un escarpement rocheux, aux maisons de calcaire gris se succédant dans des venelles pentues. Continuez vers Stroud et les moulins – anciennes filatures – de la Golden Valley, si densément boisée. La route grimpe à l'assaut des reliefs, la vue est fantastique. Tournez à gauche à 6 km au sud de Nailsworth pour rejoindre l'arboretum de Westonbirt qui rassemble une vaste collection d'arbres – érables, cèdres du Liban et une multitude d'essences rares sous nos latitudes. Récupérez l'A433, traversez Shipton Moyne et Malmesbury (dont l'abbaye normande est merveilleusement ouvragée).

Suivez la B4014 vers Tetbury, autre ville charmante dotée d'une église de style géorgien, puis l'A433 jusqu'au bourg de Cirencester. À l'époque romaine, Cirencester – la « capitale des Cotswolds » – était la deuxième plus importante cité du pays. Le musée Corinium est riche d'une belle collection d'objets britto-romains et l'église Saint-Jean-Baptiste est l'une des plus imposantes de la région.

La B4425 conduit à Bibury : les visiteurs photographient inlassablement les cottages des tisserands, docilement ordonnés depuis le XVIIe siècle. Engagez-vous dans la jolie Coln Valley qui vous emmène à la villa romaine de Chedworth. Passé Withington et Dowdeswell, récupérez l'A40 pour Cheltenham.

DÉPART/ARRIVÉE Cheltenham,
ROUTES A40, A424, B4068, B4632, A46, A433, B4014, B4425, petites routes
DISTANCE 225 km
TEMPS DE ROUTE 4 h 30
QUAND Toute l'année
INTERNET www.the-cotswolds.org

Temps forts

- Érigé au Xe siècle, le **château de Sudeley** possède d'immenses jardins et une belle collection de toiles. De mars à octobre, visites guidées organisées trois jours par semaine.

- Près de Broadway, **Snowshill Manor** abrite une collection de 22 000 objets – parmi lesquels une armure de samouraï – rassemblés par Charles Wade, architecte, poète... et collectionneur.

Chipping Camden, la localité la mieux préservée des Cotswolds

ROYAUME-UNI
Par monts et par vaux

Au nord de l'Angleterre, les bourgades ravissantes et les villages retirés de la région des Yorkshire Dales ont un irrésistible goût de « bout du monde ». Savourez le calme et la richesse de la nature, au rythme des vallons.

Situé à la frange des Dales (« vallons », en anglais), Knaresborough, bourg d'origine normande, se blottit autour des vestiges de sa forteresse du Xe siècle. Engagez-vous sur l'A59, saluez les élégantes maisons de pierre grise d'Harrogate, puis dirigez-vous vers le parc national des Yorkshire Dales. La région compte parmi les plus luxuriantes du pays, avec ses champs immenses circonscrits de murets de pierre sèche. La Wharfdale (vallée de la Wharfe) s'étire au pied de l'abbaye de Bolton et de son prieuré du XIIe siècle aux arches gracieuses. À 3 km au nord, le cours d'eau s'engouffre avec fracas dans une gorge encaissée d'à peine 2 m de large. Comme de nombreux touristes, vous remontez maintenant la B6160 vers Grassington, ses cafés, ses échoppes d'artisanat et ses petits hôtels ramassés autour d'une place joliment pavée. Plus loin se dessine la silhouette intrigante de Kilnsey Crag, une formation rocheuse spectaculaire prisée des grimpeurs. Voici Kettlewell, village typique du Yorkshire. Arrêtez-vous dans l'un de ses salons de thé, puis repartez pour Hubberholme, son pont en dos-d'âne et son église au jubé de l'époque Tudor, pièce exceptionnellement rare. La route monte et descend au gré des vallons vers West Burton, Wensleydate (réputé pour son fromage) et Aysgarth – ici, la rivière Ure dévale deux hautes marches de calcaire. Bifurquez brièvement plein nord à Bainbridge, puis prenez la première à gauche. Juste avant Hardraw, passez par High Shaw pour jouir des paysages les plus spectaculaires du parc. Virez à l'est sur la B6270 en direction des villages merveilleusement préservés de Swaledale, la vallée la plus accidentée des Dales. Après Reeth, le circuit s'achève à Richmond, au nord-est du parc.

Un peu d'histoire À 27 km à l'est de Knaresborough (*via* l'A59), York est certainement l'une des plus ravissantes villes d'Angleterre : fortifications, vieilles ruelles... sans oublier sa superbe cathédrale. De nombreux sites historiques se situent à proximité du centre, dont le musée du château et sa rue victorienne entièrement reconstituée. Ne ratez pas le Jorvik Viking Center, où une « machine à voyager dans le temps » remonte aux origines vikings de la cité.

DÉPART Knaresborough
ARRIVÉE Richmond
ROUTES A59, B6160, A684, B6270, routes secondaires
DISTANCE 108 km
TEMPS DE ROUTE 2 heures
QUAND Toute l'année
À SAVOIR Soyez prudents sur ces petites routes sinueuses, si étroites que les voitures peuvent à peine s'y croiser.
INTERNET
www.yorkshiredales.org.uk

Joyau du bourg de Knaresborough, ce viaduc de 23 m de haut, bâti au XIXe siècle, enjambe le cours de la Nidd.

En été, la longue étendue de sable et les eaux calmes de la Playa de los Genoveses attirent les foules.

ESPAGNE

Secrets d'Espagne

Aux confins sud-est de l'Espagne, les reliefs littoraux protègent farouchement des villages qui semblent retirés du monde, ayant miraculeusement échappé au développement fou du tourisme de masse.

DÉPART Níjar
ARRIVÉE Mojácar
ROUTES Routes secondaires
DISTANCE 110 km
TEMPS DE ROUTE 2 h 30
QUAND Toute l'année
INTERNET www.degata.com

Laissez derrière vous l'église de Níjar (XVe siècle), remontez la rue principale aux échoppes débordant de jarapas (tapis tissés), de paniers d'osier et de céramiques. Les forêts de yuccas et d'aloès et les champs émaillés de moulins à vent du parc naturel de Cabo de Gata-Níjar vous emmènent vers Almeria et San Isidro. Avant Pozo de los Frailes, prenez à gauche vers Rodalquilar et la citadelle Los Escullos (XVIIIe siècle) qui se dresse sur la côte ; tournez à droite en direction du village de pêcheurs d'Isleta del Moro. Arrêtez-vous au mirador de l'Amatista avant d'entrer dans Rodalquilar – on y extrayait de l'or autrefois. Plus au nord, bifurquez à droite vers Las Negras... et piquez tout droit vers la plage. De retour sur la route principale, partez sur Fernàn Pérez, puis à droite vers Agua Amarga parmi les amandiers, les cactus et les chèvres. La mer apparaît au détour d'un affleurement rocheux : à l'embranchement, engagez-vous sur la route pavée qui vous conduira à la station balnéaire de Agua Amarga. Passez Carboneras, contournez Playa la Galera, adossée aux reliefs. Les points de vue les plus magnifiques sont ici. De la Mojácar Playa, plongez à l'intérieur des terres jusqu'au village perché de Mojácar, dominant « la Grande Bleue ».

Prolongations San José, tout proche de Pozo, est le point de départ idéal pour sillonner la pointe sud-est de l'Espagne, bornée par un chemin non bitumé. Partez vers l'anse de la Playa de los Genoveses, ou vers la Playa de Monsul, couverte de sable noir, pour jouir d'une vue imprenable sur le phare du Cabo de Gata. Ces plages, très fréquentées, ont servi de décor à de nombreux films, parmi lesquels *Indiana Jones et la Dernière Croisade*.

ESPAGNE
Les blancs villages d'Andalousie

Explorez les paysages sinueux de la sierra de Grazalema, au sud de l'Espagne, criblés de blancs villages égayant la prairie ou perchés en équilibre précaire au sommet de hautes falaises ou au bord d'abîmes vertigineux.

Temps forts

- Randonnez le long de la Garganta Verde (Gorge verte) – 400 m de profondeur –, entre Grazalema et Zahara. Attention, par endroits le sentier est très raide.

- Ronda se porte garant du patrimoine tauromachique de l'Espagne. Visitez le Musée taurin, aménagé dans les arènes construites au XVIIIe siècle. La Feria Goyesca, organisée en mémoire du torero Pedro Romero, se déroule chaque année début septembre.

- Le magnifique palais de Mondragón, érigé à Ronda en 1314, fut la résidence du grand roi maure Abd el Malik.

Quelques spécialités d'une région réputée pour ses vins, ses fromages et son jambon cru

Arcos de la Frontera est l'une des portes d'accès au parc naturel de la sierra de Grazalema. Le bourg, juché au sommet d'une paroi rocheuse démesurée, se découvre à pied, au gré de ses ruelles tortueuses. Un mirador vous offre une vue exceptionnelle sur les vergers et les champs d'oliviers alentour. Sur la place principale se dresse une église de style gothico-mudéjar, les remparts mauresques du château des Ducs ainsi qu'une kyrielle d'édifices baroques et Renaissance. Laissez Arcos par la rocade en direction d'El Bosque. Les plantations d'oliviers, les exploitations agricoles et d'élevage défilent. La sierra de Grazalema est en vue. Les paysages sont de plus en plus spectaculaires à mesure que vous approchez d'El Bosque, niché au pied du versant – point de rencontre des randonneurs, des alpinistes, des pêcheurs à la truite et des parapentistes.

Quittez la ville par l'A372 en direction de Grazalema. La route grimpe au milieu des eucalyptus et des pins, mais, après le village de Benamahoma, la vallée s'ouvre largement sur un superbe décor de forêt et d'affleurements rocheux. Le pic granitique du mont Simancón vous escorte jusqu'au col de Puerto del Boyar (1103 m) et ses panoramas époustouflants sur les crêtes environnantes. Vous aurez peut-être la chance d'apercevoir un chevreuil, un chamois, un vautour fauve ou un aigle. La chaussée descend à présent sur les maisons blanches coiffées de tuiles rouges et les tours de l'église de Grazalema, enchâssée entre les sierras El Pinal et El Endrinal. Si vous avez un peu de temps devant vous, faites un crochet par Zahara (à moins de 2 km de Grazalema), un village absolument ravissant. Autrement, poursuivez par une vallée rocailleuse, à travers des massifs de chênes-lièges et de chênes verts. Vous arrivez sur de vastes terres cultivées piquetées de blanches *fincas* (fermes), et prenez l'A376 à droite vers les falaises de granite gris de Ronda. Le village attise la curiosité de nombreux touristes, car il est coupé en deux par une profonde faille et accueille la plus vieille arène du pays, ainsi qu'un musée consacré à la tauromachie.

DÉPART Arcos de la Frontera
ARRIVÉE Ronda
ROUTES A372, A376
DISTANCE 76 km
TEMPS DE ROUTE 2 heures
QUAND Toute l'année
À SAVOIR Au printemps, toutes les maisons sont blanchies ; venez donc au début de l'été pour découvrir la région dans ses plus beaux atours.
INTERNET www.andalucia.com

Ci-contre : dominant le cours de la Guadalevín, le village de Ronda s'accroche en bordure d'un ravin de 150 m.

Un Christ de pierre veille sur le village de Castelo Rodrigo et ses environs.

PORTUGAL
Forteresses médiévales

Au nord-est du Portugal, quatre villages fortifiés surveillaient autrefois la frontière avec l'Espagne. Malgré le peu de distance qui les sépare, ils ont tous une architecture originale et une identité propre.

DÉPART/ARRIVÉE Guarda
ROUTES N221, N332, N340, N324, A25/N16
DISTANCE 140 km
TEMPS DE ROUTE 2 heures
QUAND Toute l'année
INTERNET www.visitcentro.com

Partez de Guarda en direction de Pinhel par la N221, au rythme des petits murets de pierre sèche, les vignes et les vergers. Soudain, le paysage s'assèche et dévoile des affleurements rocheux. D'énormes blocs de pierre annoncent votre arrivé à Pinhel, à l'ombre des vestiges d'une citadelle du XIVe siècle. En contrebas, des venelles pavées, abruptes, sont bordées de maisonnettes aux façades couvertes de mousses. Le sommet de la colline est quant à lui couronné de deux robustes tours. Partez par le cimetière et la rue principale et poursuivez sur la N221 vers le nord. Vous aurez bientôt Castelo Rodrigo en ligne de mire. Visitez sa forteresse et le palais, assez endommagé, de Cristóvão de Moura. Les villageois l'incendièrent en 1640, persuadés que leur chef complotait avec les Espagnols. Récupérez la N332 jusqu'à l'énorme forteresse cernée de douves d'Almeida. Construite par Vauban, elle forme, vue du ciel, une étoile à six branches et fut longtemps utilisée comme dépôt de munitions, que les troupes de Napoléon assiégèrent et firent sauter en 1810. Après avoir flâné sur les remparts, allez, *via* les N340 et N324, au village fortifié de Castelo Mendo, qui s'ouvre sur une arche de pierre gardée par deux sangliers de granit. La localité tient son nom de Mendo Mendes, premier commandant du fort au XIVe siècle. L'A25/N16 vous ramène à Guarda.

Un peu d'histoire Au cours de la bataille de Fuentes de Oñoro, en mai 1811, l'armée française ne put relever les troupes qui assiégeaient Almeida, ce qui marqua un tournant dans la guerre d'indépendance d'Espagne conduite par le général britannique Wellington. Les étroites ruelles d'Almeida n'ont pas changé depuis cette époque, et l'on imagine aisément le carnage qui s'y déroula. Prenez un guide pour mieux vous repérer sur le champ de bataille. **Fuentes de Oñoro** se situe à 18 km à l'est de Castelo Mendo, à la frontière avec l'Espagne.

Autres bonnes idées

❶ Villages du Cap-Breton, Canada

Village de pêcheurs de Nouvelle-Écosse, Neils Harbour rejoint South Harbour par une route côtière périlleuse – un trajet difficile récompensé par des vues superbes. Les bateaux sont partis pêcher le homard. Pour goûter à leurs prises, remontez le Cabot Trail jusqu'à Pleasant Bay et son fameux restaurant, le Rusty Anchor.
www.cbisland.com

❷ Mohawk Trail, États-Unis

Ce circuit suit le tracé d'une ancienne route commerciale qui reliait les vallées du Connecticut et de l'Hudson. Ce tronçon de l'U.S.2 – l'une des premières autoroutes du pays – est jalonné d'églises et de jolies surprises, comme le Bridge of Flowers (« pont des Fleurs ») à Shelburne Falls.
www.mohawktrail.com

❸ U.S. 169, États-Unis

Quittez Woodstock (Connecticut) par l'U.S. 169 pour un périple de 50 km ponctué de terres cultivées et de vieux villages sublimés par les teintes automnales. La ville de Brooklyn est répertoriée au registre national des sites historiques. Achevez votre virée à Canterbury et sa place typique de la Nouvelle-Angleterre.
www.byways.org

❹ Comté de Door, États-Unis

La traversée de la péninsule relie les ports tranquilles de Green Bay aux vagues robustes du lac Michigan. Fondé en 1851, Baileys Harbor accueille l'un des plus vastes sanctuaires de fleurs sauvages du pays. Les clôtures et les clochers blancs d'Ephraim ne vous laisseront pas de marbre. Poursuivez sur l'U.S. 42 jusqu'à Alogma, où les panoramas sur les bateaux, les cabanes et le phare sont grandioses.
www.doorcounty.com

❺ Blue Mountains, Australie

La Great Western Highway, en Nouvelle-Galles du Sud, traverse une succession de villages dont Glenbrook, ses galeries d'art et ses jardins. Aménagée dans un cottage du début du XXe siècle, la Falls Gallery se situe à quelques minutes de marche de l'aire de pique-nique de Falls Reserve. Tous les ans en octobre, un festival consacré aux jardins se déroule à Leura. Achevez ce périple à Katoomba en admirant les formations rocheuses des Trois Sœurs.
www.openroad.com.au

❻ Villages himalayens, Népal

À 80 km au sud-ouest de Katmandou, l'autoroute de Tribhuvan rejoint Daman et ses panoramas splendides sur les plus hauts sommets du monde – des télescopes sont à votre disposition. Pour découvrir les pagodes et les sculptures sur bois traditionnelles, partez pour Bandipur et Sirubari. Contactez l'office de tourisme si vous souhaitez loger chez l'habitant.
www.visit-nepal.com/Villagetour.htm

❼ Corfou, Grèce

Depuis la capitale de l'île, également appelée Corfou (Kérkyra en grec), une route littorale file vers le nord et Gouvia. Bifurquez à gauche pour traverser Sgombou, puis les paisibles villages de montagne de Skripero et Troumbeta. La route descend maintenant vers la côte et Ropa, situé en bordure d'une plaine fertile. Plus à l'est, voici l'élégante station de Agios Stefanos. Rentrez à Corfou par la côte.
www.greeka.com/ionian/corfu/index.htm

❽ Les monts Iezer, Roumanie

Au nord de Curtea de Arges, villages et monastères ont trouvé refuge au creux des reliefs des monts Iezer-Papusa. Les routes sont peu indiquées, mais les villageois vous viendront en aide si vous peinez à rallier Bradet via la DN73C. Visitez le monastère orthodoxe de Bradet (XVe siècle); rejoignez ensuite Domnesti puis Corbi, très retiré.
www.romaniatourism.com

❾ La route des Contes de fées, Allemagne

Au nord-ouest de l'Allemagne, cette route qui va de Brême à Hanau, à proximité de Francfort, traverse plus de 70 villes et villages qui ont un lien avec les contes des Frères Grimm, comme *le Joueur de flûte d'Hamelin*. Le château romantique de Trendelburg, aujourd'hui transformé en hôtel, est surmonté par la tour de Raiponce, tandis que le musée de Schwalmstadt est en partie consacré au *Petit Chaperon rouge*. Vous parvenez enfin à Hanau, ville natale de Jacob et Wilhem Grimm.
www.germany-tourism.de

❿ La Gaume, Belgique

Partez du village de Torgny, coiffé de toits roses. Traversez la région de la Gaume pour l'abbaye Notre-Dame d'Orval, qui abrite une brasserie trappiste. Au nord se dévoile la vallée de la Semois. Vous ralliez Mortehan et Bouillon, dont le château surplombe les méandres de la rivière.
www.belgiumtheplaceto.be

⓫ Villages perchés, France

Au Moyen Âge, les villages étaient bâtis à flanc de muraille pour une meilleure protection. Gordes, Lacoste, Roussillon, Bonnieux et Ménerbes sont parmi les plus célèbres villages perchés du sud de la Provence. À Roussillon, la pierre locale confère aux maisonnettes une nuance rouge unique. Et partout des ruines castrales, restes de tourelles et de donjons.
www.frenchriviera-tourism.com

⓬ Dorset, Royaume-Uni

Commencez par Dorchester, cœur de la région célébrée dans les romans de Thomas Hardy. Poursuivez vers le nord-est jusqu'à Milton Abbas, un village de cottages aux toits de chaume qui fut développé au XVIIIe siècle sous la houlette du paysagiste « Capability » Brown. Allez aussi à Shaftesbury, une ville fondée en 800 av. J.-C. par le roi Alfred le Grand.
www.dorsetforyou.com

⓭ L'Anneau du Kerry, Irlande

Faites le tour de la péninsule Iveragh depuis Killarney. À Cahercireen, quittez la N70 pour aller à Doulus. De retour sur la N70, prenez vers Valentia Island, mosaïque de champs et d'aiguilles rocheuses. Passez la baie de Saint Finan puis Bolus Head. Une pause au pub de Caherdaniel s'impose avant de rentrer à Killarney via Kenmare.
www.ringofkerrytourism.com

CHAPITRE

6

Escapades en ville

Les villes posent à l'automobiliste un défi à part. Leur centre historique est souvent peu accessible, entre zones piétonnes, ruelles tortueuses et petites places cachées. Les voyages que nous vous proposons vous révèlent les meilleurs itinéraires (et les meilleurs moments) pour une virée en ville avec, à l'occasion, un petit crochet par les campagnes avoisinantes. À Los Angeles, ville tentaculaire où la voiture est reine, vous remonterez le Sunset Boulevard depuis les plages du Pacifique et les canyons arides jusqu'aux lumières du Sunset Strip et aux villas exubérantes du tout-Hollywood. Un voyage à travers les trois villes de Houston, Beaumont et Galveston vous fera découvrir un Texas riche en contrastes, du Centre spatial aux plus beaux musées d'art, et des manoirs des magnats du pétrole jusqu'au lieu de naissance de la légende du rock Janis Joplin. À Madras et Calcutta, vous plongerez dans une jungle urbaine, bigarrée et tourbillonnante. Dans un autre registre, vous admirerez au printemps les champs de tulipes des environs d'Amsterdam, qui évoquent de longues traînées de couleurs sur la toile d'un maître flamand.

L'église de l'Assomption, à Colmenar Viejo, au nord de Madrid, est un superbe exemple du gothique tardif espagnol. Remarquez les gargouilles qui ornent son clocher (50 m).

CANADA
À l'est de Montréal

Franchissez le Saint-Laurent par le pont Champlain et mettez le cap sur les splendides régions chargées d'histoire situées à l'est de Montréal : Montérégie la bucolique et les pittoresques Cantons-de-l'Est.

Arrachez-vous aux charmes de la métropole du Québec et suivez l'A-10 vers les grandes plaines de Montérégie, célèbre pour ses pommiers à cidre et ses érables, vignes et forêts. À 18 km environ du pont Champlain, prenez la sortie pour Chambly afin de visiter le lieu historique national du Fort-Chambly : érigée par les Français au XVIIIe siècle, cette forteresse domine les rives du Richelieu, que vous suivrez sur 40 km vers le sud sur la route 223. Juste après la ville de Saint-Paul-de-l'Île-aux-Noix vous attend un autre site historique fascinant : le Fort Lennox, construit par les Britanniques au début du XIXe siècle, sur une île de la rivière (vous vous y rendrez en ferry). De retour sur la 223, continuez vers le sud pendant 8 km, puis prenez la 202 vers l'est. Cette route vous fera traverser les vignobles du Québec, longer la rive nord du lac Champlain et arriver au village de Dunham, dans une plaine boisée au pied des Appalaches. Passé Dunham, continuez sur les routes 104, 243 et 245 pendant 40 min avant Bolton Centre, où vous emprunterez des routes locales jusqu'à Austin, puis suivez les panneaux pour l'abbaye de Saint-Benoît-du-Lac. Vous pourrez passer quelques moments de pure contemplation dans le domaine de ce monastère bénédictin surplombant le lac Memphrémagog avant de reprendre la route sur le joli chemin Nicholas-Austin jusqu'à Magog, dans les Cantons-de-l'Est. La route 112 vous emmènera à Sherbrooke, élégante capitale régionale, construite au confluent de la Magog et de la Saint-François. Au nord de Sherbrooke, la route 143 suit le tracé de la Saint-François jusqu'à Drummondville et son « village québécois d'antan », délicieux musée en plein air qui vous plongera dans le Québec rural du XIXe siècle. Vous rentrerez à Montréal par l'A-20.

Excursion Après Drummondville, continuez sur la route 143 : la terre s'aplanit, et l'air fleure bon l'herbe fraîche. Odanak possède un intéressant musée sur la culture des Abénaquis (peuple premier). Prenez la 132 vers le nord-est, puis franchissez le Saint-Laurent pour accéder à Trois-Rivières : fondée en 1634, c'est la deuxième ville la plus ancienne du Québec. Le « Chemin du Roy » (route 138), créé en 1737, vous conduira près du lac Saint-Pierre, élargissement du Saint-Laurent que vous pourrez franchir en ferry à Saint-Ignace-de-Loyola. Prenez la route 133, qui suit le Richelieu, puis rentrez à Montréal par l'A-20.

DÉPART/ARRIVÉE Montréal
ROUTES A-10, routes 223, 202, 104, 243, 245, chemin Nicholas-Austin, routes 112, 143, A-20
DISTANCE 432 km
TEMPS DE ROUTE 6 h 30
QUAND De la mi-mai à fin octobre : au printemps pour le sirop d'érable, à l'automne pour les pommes et les vendanges.
À SAVOIR Laissez votre voiture pour louer un bateau et explorer les nombreux cours d'eau et lacs navigables.
INTERNET www.bonjourquebec.com

Les couleurs d'automne ajoutent au charme de cette petite route des Cantons-de-l'Est.

Chutes du Niagara

CANADA
Deux lacs au départ de Toronto

Le temps d'un week-end, empruntez cette boucle au départ de Toronto pour admirer deux des cinq Grands Lacs, l'Ontario et l'Érié, ainsi que les fascinantes chutes du Niagara. Parcourez la promenade de Port Dover et savourez le charme de Niagara-on-the-Lake.

Partez du centre de Toronto, première ville du pays, et mettez le cap sur la rive du lac Ontario : vous emprunterez l'autoroute 2, l'une des King's Highways de la province, qui reprennent le tracé des anciennes routes de pionniers. Au bout de 72 km, vous arriverez à Hamilton, située au milieu du Golden Horseshoe, région en forme de fer à cheval embrassant l'ouest du lac. Prenez le temps d'explorer le centre de cette agréable ville et de visiter son jardin botanique, son musée (excellente collection de peinture canadienne) et le splendide château de Dundurn (XIXe siècle). Vous pourrez ensuite vous diriger vers la campagne et prendre l'autoroute 6 jusqu'à Port Dover, port et station balnéaire de la rive nord du lac Érié. Puis prenez l'autoroute 3 vers l'est et longez plantations de tabac et petits villages jusqu'à Port Colborne puis Fort Érié, avec son ancienne forteresse britannique restaurée. Montez sur ses remparts et regardez vers les États-Unis, de l'autre côté du Niagara : vous comprendrez aussitôt l'importance stratégique de ce fort en temps de guerre. Prenez l'autoroute 116 vers le nord et la coquette petite ville de Niagara Falls. Ne ratez pas la vue sur les Horseshoe Falls, la partie canadienne des spectaculaires chutes du Niagara. À Niagara-on-the-Lake, le Fort George, achevé par les Britanniques en 1802, trône au centre du quartier historique, où siégea le premier Parlement du Haut-Canada en 1792. Vous voici de nouveau sur la rive du lac Ontario. Prenez l'autoroute 87 vers l'ouest, puis la Queen Elizabeth Way, voie express qui vous ramènera en quelques minutes de l'autre côté de la baie de Burlington et jusqu'à Toronto.

Temps forts

■ Un crochet au sud-ouest de Port Dover vous emmènera au Long Point Provincial Park, situé sur un cordon de sable de 32 km s'avançant en plein lac Érié. C'est un refuge pour les tortues et de nombreuses espèces animales ainsi qu'une étape pour des milliers d'oiseaux migrateurs.

■ Aux chutes du Niagara, montez à bord du Maid of the Mist, l'un des quatre bateaux qui transportent les visiteurs depuis 1846.

■ Niagara-on-the-Lake a connu une histoire mouvementée : capitale du Haut-Canada dans les années 1790, incendiée par les Américains en 1813, elle est devenue une station de villégiature au début du XXe siècle. Elle accueille aujourd'hui le Shaw Festival (avril-octobre), consacré au théâtre de George Bernard Shaw et de son époque. La compagnie du festival est aussi l'une des meilleures troupes d'Amérique du Nord.

DÉPART/ARRIVÉE Toronto
ROUTES Autoroutes 2, 6, 3, 116, 87, Queen Elizabeth Way
DISTANCE 450 km
TEMPS DE ROUTE 7 heures
QUAND De mi-avril à octobre
À SAVOIR Port Dover est un bon endroit pour passer la nuit.
INTERNET www.ontariotravel.net

TOP 10

10 Circuits en ville

Roulez sur les traces des plus grands pilotes de course du monde avec cette sélection de circuits de Grand Prix et autres compétitions.

❶ Trois-Rivières, Canada
Ce circuit de 2,4 km longe l'hippodrome de Trois-Rivières, non loin du Saint-Laurent. Commencez sur l'avenue Gilles-Villeneuve et tournez dans le sens inverse des aiguilles d'une montre. Passez sous le monument de béton de la porte Duplessis, puis longez le stade de base-ball avant de tourner à gauche dans la rue de Calonne. Négociez le plus ardu des virages du circuit pour retrouver enfin l'avenue Gilles-Villeneuve.

À SAVOIR Vérifiez que le circuit n'est pas occupé par une course, foire ou autre événement. www.gp3r.com

❷ Saint Petersburg, États-Unis
Le circuit actuel du Grand Prix de Saint Petersburg emprunte une piste de l'aéroport : vous devrez donc retrouver le tracé d'origine de la Trans-Am de 1985 et commencer près du parking de Bayfront Arena. Prenez Beach Drive jusqu'à la 5e Avenue, puis longez l'embarcadère sur Bayshore Drive.

À SAVOIR Partez de bonne heure, surtout en haute saison (décembre-avril). www.gpstpete.com

❸ Los Angeles, États-Unis
L'animateur vedette et féru d'automobile Jay Leno recommande un circuit de 21 km au départ de Mulholland Drive, où ont été tournés de nombreux films et où Steve McQueen et autres stars ont souvent fait la course. Prenez ensuite vers l'est et le Laurel Canyon, puis deux fois à droite jusqu'au Sunset Boulevard. Traversez Beverly Hills et terminez par le Coldwater Canyon.

À SAVOIR Partez le matin pour éviter les encombrements. www.jaylenosgarage.com

❹ Montevideo, Uruguay
Près de la plage de Montevideo, le Parque Rodó a accueilli plusieurs Grand Prix et reste lié au sport automobile. Roulez le long des ramblas (promenades) de bord de mer et du golf de Punta Carretas (observez les perroquets dans les arbres) entre la playa Ramirez et la playa Pocitos.

À SAVOIR Punta Carretas est le meilleur endroit pour dîner à Montevideo. www.welcomeuruguay.com

❺ Melbourne, Australie
Tout le charme du circuit du Grand Prix d'Australie vient du fait qu'il fait le tour du lac d'Albert-Park, immense terrain de loisirs où les Melbournois viennent faire du jogging, du skate, du vélo, de l'aviron ou de la voile ou simplement pique-niquer (barbecues en accès libre). Le circuit s'étend sur 5,3 km autour du parc, avec 15 virages et peu de lignes droites pour doubler, mais vous n'êtes pas là pour cela !

À SAVOIR Le parc se trouve à quelques minutes du centre de Melbourne. Le Grand Prix a lieu en mars, à l'époque du carnaval. www.grandprix.com.au

❻ Bucarest, Roumanie
La « maison du Peuple » voulue par le dictateur Nicolae Ceauşescu, plus grand bâtiment administratif au monde, se trouve au centre du « Ring », circuit tracé en 2007 et qui accueille depuis différentes courses automobiles. Long d'environ 3 km, il emprunte la rue du 13-Septembre (à gauche du palais), puis la Strada Izvor et le boulevard de l'Unité nationale avant de revenir à son point de départ.

À SAVOIR La maison du Peuple, qui abrite aujourd'hui le Parlement, vaut la visite. Elle est ouverte tous les jours (sauf événements officiels, réservation à l'avance). www.bucharest-ring.com

Ci-contre : la piste du circuit de Monte-Carlo, au pied des Alpes plongeant à pic dans la Méditerranée.

❼ Paris, France
Ne tentez pas de renouveler l'exploit de Claude Lelouch, qui, en 1976, réalisa un plan-séquence de sa traversée de Paris à très grande vitesse : *C'était un rendez-vous* dure un peu moins de neuf minutes, le temps qu'il lui fallut pour relier la porte Dauphine au Sacré-Cœur *via* les Champs-Élysées et la place de l'Opéra. Ses excès de vitesse (jusqu'à 200 km/h, dit-il) et autres infractions lui valurent une convocation à la préfecture de police !

INTERNET www.axe-net.be/thematique/cetait-un-rendez-vous

❽ Monte-Carlo, Monaco
Monte-Carlo semble avoir été construit autour de son circuit. Celui-ci est le plus lent, mais aussi le plus difficile des Grands Prix de formule 1. Il part de l'arrière du port (deux pilotes se sont déjà retrouvés à l'eau !), puis serpente autour du casino et du Grand Hôtel avant de redescendre vers le port par un tunnel.

À SAVOIR L'hébergement est moins cher et le stationnement plus facile du côté français de la frontière. www.grand-prix-monaco.com

❾ Valence, Espagne
Le circuit du Grand Prix de Valence s'étend sur 5,3 km, non loin de la marina, devenue l'une des plus belles de toute la Méditerranée après sa rénovation pour la Coupe de l'America (2007). Le départ a lieu à l'arrière du port, emprunte un pont tournant construit spécialement pour la course, puis fait une boucle par les terres avant de revenir au port.

À SAVOIR Températures agréables en toutes saisons. www.valenciastreetcircuit.com

❿ Marrakech, Maroc
Ce circuit de 4,6 km récemment créé n'est qu'à 5 min de la médina, avec les remparts médiévaux de Marrakech en toile de fond. Prenez l'avenue Mohammed-VI, puis négociez un virage en épingle à cheveux pour vous engager sur la route de l'Ourika et revenir au point de départ. Terminez en beauté en allant prendre l'apéritif à La Mamounia !

À SAVOIR Le Grand Prix de Marrakech a lieu en avril. www.raceofmorocco.com

Ciel d'orage et lumière rasante sur les baraques du site de Valley Forge

ÉTATS-UNIS
Le circuit historique de Philadelphie

La Pennsylvanie cultive le souvenir de la guerre de l'Indépendance américaine. En une journée, vous verrez la cloche de la Liberté, deux champs de bataille, le camp de Washington à Valley Forge et les splendides jardins de Longwood.

Partez de Chestnut Lane, à Philadelphie, où vous pourrez admirer, pêle-mêle, l'Independence Hall (où fut signée la Déclaration d'indépendance et ébauchée la Constitution américaine), le Congrès et le pavillon de la cloche de la Liberté. Quittez la ville par la route U.S. 1, et vous pénétrerez en pays vigneron : bienvenue sur les terres des descendants des Du Pont de Nemours, dans un paysage vallonné fait de pâturages, de bois et de torrents. Près de Chadds Ford, le parc du champ de bataille de Brandywine abrite les fermes qui servirent de Q.G. au général Washington et à son allié le marquis de La Fayette en septembre 1777. Continuez vers l'ouest et les Longwood Gardens, ancienne propriété de l'industriel Pierre Du Pont : ces magnifiques jardins (et leurs 20 serres) s'étendent sur plus de 400 ha. Suivez ensuite la route Pa 52 vers le nord-est et l'élégante ville de West Chester. De là, la route U.S. 202/422 et la Valley Forge Road vous emmèneront jusqu'aux modestes abris en bois qui servirent à l'armée continentale de George Washington. Le parc historique de Valley Forge s'étend sur plus de 14 km² ; on peut y voir le camp où les insurgés passèrent les terribles mois d'hiver en 1777-1778 après leur défaite à Brandywine et l'impasse de Germantown. Ne ratez pas le musée de la Société historique de Valley Forge, situé à l'intérieur de la chapelle-mémorial du parc. Prenez ensuite l'I-76/476 et Germantown Pike jusqu'à la Germantown Avenue, qui traverse un ancien quartier chic de Germantown, site d'une autre bataille en octobre 1777. Pour bien comprendre le déroulement des opérations, visitez le manoir de Cliveden, que les Britanniques firent fortifier pour résister aux balles américaines. Continuez vers le sud sur Germantown Avenue pour regagner le centre de Philadelphie.

DÉPART/ARRIVÉE Philadelphie
ROUTES U.S. 1, Pa 52, U.S. 202, 422, Valley Forge Road, I-76, I-476, Germantown Pike, Germantown Avenue
DISTANCE 153 km
TEMPS DE ROUTE 2 h 30
QUAND De mars à novembre
À SAVOIR Vérifiez les horaires d'ouverture. Nombreux sites fermés le lundi.
INTERNET www.visitphilly.com

ÉTATS-UNIS
Houston et ses environs

À Houston, le luxe se fait souvent un brin tapageur, mais cette boucle vous fera découvrir un autre Texas : réserves naturelles, lieux historiques et Centre spatial de la NASA. Explorez notamment la Big Thicket National Preserve ou les élégantes villas de Galveston.

Après avoir fait le tour des nombreuses attractions de Houston, prenez la route I-45 vers Huntsville. Le musée situé sur le campus de l'université est consacré à Sam Houston, héros de l'histoire texane, qui en 1836 refoula le général Santa Anna et l'armée mexicaine. Suivez ensuite l'U.S. 190 vers l'est et l'Alabama and Coushatta Indian Reservation, réserve indienne où un guide vous fera découvrir la forêt, les danses traditionnelles et l'artisanat de sa tribu. Pour atteindre la Big Thicket National Preserve, l'un des parcs naturels les plus riches du Texas, avec ses pinèdes, sa savane et ses marécages, continuez vers l'est, puis vers le sud sur l'U.S. 69/287. À 48 km au sud, la ville de Beaumont se trouve au sommet du « Triangle d'Or », région qui fut bouleversée par la découverte du pétrole, l'« or noir », en 1901. La fabuleuse propriété de McFaddin-Ward vous donnera une idée des fortunes colossales qui virent le jour à l'époque. Suivez l'U.S. 287 jusqu'à Port Arthur, qui vit naître la grande Janis Joplin, puis la Tex. 73/124 jusqu'à High Island. Un petit crochet vous conduira jusqu'à la réserve nationale d'Anahuac : ses 135 km² de marais et d'étangs sont peuplés d'alligators, d'échassiers et autres oiseaux d'eau. High Island est réputée pour ses forêts, qui attirent de petits oiseaux migrateurs traversant le golfe du Mexique au printemps. De là, prenez la Tex. 87 jusqu'à Port Bolivar, puis le ferry pour Galveston Island : le port, jadis prospère, fut dévasté par un ouragan en 1900. Découvrez son patrimoine historique au Musée portuaire du Texas et au musée du Rail et admirez la Moody Mansion et le Bishop's Palace, deux somptueuses demeures de la Belle Époque. Rentrez à Houston par l'I-45 en faisant étape au Centre spatial, où se trouve le module de commande de la mission Apollo 17.

Zoom Houston mérite qu'on s'y attarde : les amateurs d'art iront à la chapelle Rothko, dont les 14 immenses monochromes du peintre Mark Rothko se conjuguent avec la lumière naturelle pour créer un espace de recueillement envoûtant. La collection Ménil et le musée des Beaux-Arts valent eux aussi le détour. Le musée des Sciences, enfin, possède, en plus de ses fascinantes collections, une serre tropicale peuplée de centaines de papillons multicolores.

DÉPART/ARRIVÉE Houston
ROUTES I-45, U.S. 190, 69, 287, Tex. 73, 124
DISTANCE 665 km
TEMPS DE ROUTE 8 h 30
QUAND Toute l'année, mais les étés sont très humides.
À SAVOIR Houston est également réputée pour son Opéra et ses compagnies de ballet.
INTERNET www.visithoustontexas.com

Le Centre spatial de Houston retransmet en direct les communications entre la NASA et la navette spatiale en orbite.

ÉTATS-UNIS
Du Puget Sound aux Cascades

Cette boucle spectaculaire suit d'abord une magnifique « coulée verte » classée, faite de forêts et de terres agricoles, qui relie le Puget Sound à la chaîne des Cascades. Au retour, vous franchirez de hauts cols et longerez des rivières et lacs aux eaux limpides.

Temps forts

- De nombreux sentiers de randonnée partent du col de la Snoqualmie (821 m) et de ses environs. Beaucoup vont vers le nord et les lacs (Alpine Lakes Wilderness), mais ils sont souvent pris d'assaut en été et le week-end. Essayez les sentiers situés au sud de l'I-90, comme l'Annette Lake Trail ou l'Asahel Curtis Nature Trail.

- Le Château Sainte-Michelle, aux portes de Woodinville, est l'un des meilleurs domaines viticoles de l'État de Washington. Vous pourrez explorer ses 35 ha de jardins et de vignes expérimentales tout en discutant des mérites comparés des différents cépages.

L'immense marché de Pike Place Market, à Seattle, accueille les petits producteurs.

Il n'y a pas meilleur endroit pour commencer ce voyage que le célèbre Pike Place Market de Seattle. Remplissez votre panier de victuailles puis quittez la ville par la route I-90. Au bout de 40 km, un petit crochet vous permettra d'admirer les chutes de la Snoqualmie (82 m). De retour sur l'I-90, vous commencerez à monter sur le versant ouest des Cascades pour atteindre le col de Snoqualmie Pass. Contemplez le splendide panorama, avec ses pics enneigés, sa forêt ancienne et sa toundra alpine. Passé le col, vous traverserez brièvement la forêt nationale de Wenatchee, puis longerez le lac Keechelus et descendrez dans la vallée de la Yakima. À Cle Elum, les routes Wash. 970 et U.S. 97 vous ramèneront vers la forêt de Wenatchee, d'où vous roulerez vers le nord à travers des terres boisées ou agricoles. Au bout de la route, prenez l'U.S. 2 vers Leavenworth : frappée par la crise dans les années 1960, cette petite ville s'est transformée en faux village bavarois pour attirer les touristes. Même le restaurant mexicain s'y est mis ! Il faut dire que le cadre s'y prête à merveille. La route U.S. 2 pénètre ensuite dans le spectaculaire canyon de Tumwater, creusé par le flot impétueux de la Wenatchee. Au bout de 24 km, prenez la Wash. 207, qui vous emmènera jusqu'au magnifique lac de Wenatchee et au parc d'État du même nom. Continuez sur cette route jusqu'à rejoindre l'U.S. 2 et franchissez un autre col des Cascades, le Stevens Pass. Jusqu'à Monroe, la route suit le cours de la Skykomish, qui méandre vers l'ouest jusque dans la vallée. Prenez la Wash. 522 pour arriver à la verdoyante Woodinville. De là, vous ne serez plus qu'à une demi-heure du centre de Seattle, par l'I-405 et la Wash. 520.

Un peu d'histoire Pour explorer Seattle, faites comme les colons qui fondèrent la ville en partant du bord de l'eau : remontez les 2,5 km qui bordent Elliott Bay (boutiques, restaurants, parcs, docks, point de départ des croisières, etc.). L'Aquarium (Pier 59) vous fera découvrir la faune aquatique du Puget Sound et une curieuse échelle à saumon. À 3 min à pied se trouve le Pike Place Market, fondé en 1907 pour lutter contre les abus des intermédiaires et fournir un revenu décent aux petits producteurs.

DÉPART/ARRIVÉE Seattle
ROUTES I-90, Wash. 970, U.S. 97, 2, Wash. 207, 522, I-405, Wash. 520
DISTANCE 441 km
TEMPS DE ROUTE 5 h 30
QUAND De mai à octobre
À SAVOIR L'I-90 est ouverte en hiver, mais vous aurez besoin de chaînes pour le col de Snoqualmie.
INTERNET www.mtsgreenway.org

Ci-contre : paysage d'hiver sur la rive du lac Wenatchee

ROUTE D'EXCEPTION

ÉTATS-UNIS

Sunset Boulevard

Suivez la partie ouest, plus calme, de ce boulevard mythique, depuis la baie de Santa Monica jusqu'aux célèbres hauteurs de Beverly Hills. Admirez les fabuleuses collections du Getty Center avant de jeter un œil aux villas de stars de Bel Air.

Faites un crochet par North Beachwood Drive pour une photo du « Hollywood » du Griffith Park.

Ne vous mettez pas en route avant d'avoir poussé la porte du Gladstone's Malibu, célèbre restaurant de Pacific Palisades, où le brunch avec mimosa (cocktail champagne-jus d'orange, à consommer avec modération, bien sûr!) est parfait pour se mettre dans l'humeur « bling-bling ».

Ainsi remonté, prenez la Pacific Coast Highway, puis, presque immédiatement à gauche, Sunset Boulevard à son extrémité ouest. Vous arriverez bientôt à l'entrée (à peine visible) de l'un des trésors secrets de la Cité des Anges : les magnifiques jardins et le lac d'un centre de yoga baptisé « Communauté de la réalisation du Soi ». Ne vous laissez pas rebuter par ce nom : ces quatre hectares sont un véritable havre de paix, où vous oublierez le tumulte de la ville en vous promenant près de cascades et de grottes, d'un monument au Mahatma Gandhi et de stèles symbolisant les grandes religions du monde.

De retour sur Sunset Boulevard, suivez la route qui serpente à travers les collines situées au pied des monts de Santa Monica, dont les pentes couvertes de prosopis et de sauge appartiennent, dans les hauteurs, au parc d'État de Topanga, sillonné de très nombreux chemins de randonnée. Si l'envie vous prend de vous dégourdir les jambes, prenez la Bienveneda Avenue, à 2,3 km après le centre de yoga, et arrêtez-vous tout au bout. Un panneau vous indiquera le Phil Leacock Memorial Trail : ce sentier de randonnée commence par une montée un peu fatigante, certes, mais vous offrira une vue fantastique sur l'océan et Pacific Palisades.

> « Entre le miroitement du Pacifique, les néons multicolores, les hôtels et les villas de Beverly Hills, Sunset Boulevard offre un concentré de Los Angeles sur 30 km. »
>
> LARRY PORGES,
> RÉDACTEUR EN CHEF
> AU *NATIONAL GEOGRAPHIC*

Retrouvez Sunset Boulevard : à moins de 1 km, vous passerez par le parc d'État de Temescal Gateway, relié au parc de Topanga et à ses sentiers. Plus loin sur la droite, vous pourrez faire quelques emplettes au célèbre Gelson's Market (chaîne californienne de supermarchés haut de gamme) en vue d'un pique-nique. Guettez ensuite sur la gauche la route menant au parc historique régional Will Rogers. Il porte le nom d'un célèbre acteur comique des années 1920 et 1930, qui légua sa propriété à l'État. Vous pourrez y visiter le ranch et son terrain de polo privé.

De retour sur Sunset Boulevard, continuez sur environ 5 km pour arriver à Brentwood, dont les nombreux cafés se prêtent parfaitement à une petite pause expresso. Continuez sur la San Diego Freeway (I-405) et North Sepulveda Boulevard et vous arriverez aux portes du Getty

Pink's : la légende du hot dog sauce piquante

Passé Beverly Hills, vous entrez à West Hollywood : le Sunset Boulevard porte ici le nom de Sunset Strip, dans un paysage de néons, night-clubs et restaurants. Prenez la North La Brea Avenue jusqu'au carrefour avec Melrose pour arriver au Pink's, sans doute le seul vendeur de hot dogs avec voiturier au monde ! Mais nous sommes à Hollywood, dans une authentique cantine de stars. Depuis 1939, ce fast-food propose des spécialités comme le *chili dog* (moutarde, piment et oignons), le *stretch chili dog* (hot dog géant de 25 cm) et le *chili cheese dog*. Entrez, passez votre commande et regardez votre hot dog se préparer sous vos yeux.

Center. Situé au sommet d'une colline, sur un domaine de 45 ha, ce musée vaut le détour ne serait-ce que pour la vue sur Los Angeles, entre les majestueux monts San Gabriel et l'océan Pacifique. Savourez le panorama, les magnifiques jardins et l'architecture audacieuse de cet écrin renfermant des chefs-d'œuvre de peinture et de sculpture européennes et américaines.

Revenez sur Sunset Boulevard : vous entrerez dans le quartier furieusement « people » de Bel Air. Le portail orné du côté nord donne le ton : bienvenue dans un dédale de petites rues où s'alignent quelques-unes des propriétés les plus chères de Los Angeles (mais pas forcément celles du meilleur goût). Attention aux plans vendus dans la rue : les stars ont tendance à déménager souvent ! Au sud de Sunset Boulevard, explorez le campus de l'Université de Californie ou continuez votre safari-photo vers l'est et le quartier de Beverly Hills. Votre itinéraire s'achèvera en beauté au Beverly Hills Hotel, le « palace rose ». Observez les agents d'Hollywood deviser gaiement au célèbre Polo Lounge ou régalez-vous d'une salade et d'un sandwich au Cabana Café, au bord de la piscine.

DÉPART Pacific Palisades
ARRIVÉE Beverly Hills
ROUTES Pacific Coast Highway, Sunset Boulevard, Bienveneda Avenue, San Diego Freeway (I-405), North Sepulveda Boulevard
DISTANCE 32 km
TEMPS DE ROUTE 1 heure
QUAND Toute l'année, mais le printemps et l'automne conviennent mieux à la randonnée.
À SAVOIR L'entrée au Getty Center est gratuite, mais le parking vous coûtera 15 $ (gratuit le samedi à partir de 17 heures). Musée fermé le lundi.
INTERNET www.latourist.com

Temps forts

- Le **Will Rogers State Historic Park** propose une boucle de 3 km aller-retour jusqu'au point de vue d'**Inspiration Point**. Marchez en fin d'après-midi, quand le brouillard s'invite dans le parc, pour le plaisir du soleil et du vent.

- Parmi les nombreux trésors du **Getty Center** se trouvent des chefs-d'œuvre de la peinture européenne (*Iris* de Van Gogh), des arts décoratifs français et des manuscrits du Moyen Âge. Inauguré en 1997, le bâtiment est l'œuvre de l'architecte Richard Meier. Ne ratez pas le magnifique **Central Garden**, dessiné par Robert Irwin, au cœur de l'ensemble.

Les monts de Santa Monica forment la toile de fond des plages mythiques de Pacific Palisades.

PANAMÁ
De Panamá à Azuero

Admirez l'architecture coloniale, les petits villages et les paysages spectaculaires de la péninsule d'Azuero. Remontez le temps aux côtés des chars à bœufs et découvrez l'artisanat traditionnel panaméen, de la poterie aux guitares à cinq cordes.

Depuis le Puente de Las Americas («pont des Amériques»), à Panamá, suivez l'autoroute panaméricaine vers l'ouest pendant trois heures et demie pour atteindre la ville de Divisa. Prenez ensuite la Carretera nacional vers le sud et pénétrez dans la péninsule d'Azuero. Passé la ville de Parita, avec son architecture coloniale et son église au charme d'antan, vous arriverez à La Arena, village réputé pour ses ateliers de céramique. Arrêtez-vous dans l'une de ses boutiques d'artisan, où la poterie va de reproductions de motifs précolombiens jusqu'aux vases et carillons éoliens. Plus au sud, la Carretera entre dans Chitré, dont le vieux centre, bien caché, vaut la visite pour ses églises blanchies à la chaux. Puis continuez jusqu'à Los Santos, ville chère au cœur des Panaméens, puisque c'est là que retentit le *grito* de la Villa de Los Santos, premier «cri» de ralliement pour l'indépendance nationale, le 10 novembre 1821. La petite place Simón Bolívar, au centre, est dominée par l'église Saint-Athanase, avec son simple intérieur en bois et son maître-autel doré de style baroque. Plus loin, Guararé est connue pour la facture de *mejoranas*, guitares traditionnelles à cinq cordes. Continuez jusqu'à la ville de Las Tablas, célèbre pour la *pollera*, ensemble formé d'une blouse et d'une jupe froncée qui sert de costume national féminin. Vous rejoindrez ensuite la très paisible Pedasí en traversant un paysage pratiquement désert : tout au plus croiserez-vous une charrette branlante tirée par des bœufs. Pour refermer la boucle vers Las Tablas, continuez vers l'ouest et suivez la rive sud de la péninsule d'Azuero jusqu'à El Cacao, puis tournez vers le nord. La dernière partie de la route traverse en sinuant un paysage de montagne avec une vue splendide sur les plaines et l'océan Pacifique.

Excursion Quittez la Carretera Nacional à 23 km au sud de Divisa pour arriver au **parc national de Sarigua**. Ses 41 km^2 allient un environnement aride – contrastant fortement avec les montagnes verdoyantes en toile de fond – et des lagunes et mangroves, le long de la côte pacifique, qui attirent plus de 160 espèces d'oiseaux. Peut-être y apercevrez-vous aussi quelques tatous. Pour une vue panoramique sur le parc, montez à la tour d'observation des gardes forestiers.

DÉPART Panama City
ARRIVÉE Pedasí
ROUTES Panaméricaine, Carretera nacional, petites routes
DISTANCE Environ 400 km
TEMPS DE ROUTE De 5 à 6 heures
QUAND Toute l'année
À SAVOIR Emportez votre maillot : plusieurs bonnes plages pour la baignade et le surf près de Pedasí.
INTERNET www.panamainfo.com

Paysage désertique du parc national de Sarigua : vieux tronc mort, dunes de sable et ravins creusés par le temps

La Torre del Caballito est l'un des gratte-ciel qui jalonnent le Paseo de la Reforma.

MEXIQUE
Paseo de la Reforma

En remontant la plus élégante avenue de Mexico, vous vous ferez une idée de la fascinante diversité culturelle du pays, des Aztèques aux conquistadors et de l'occupation française à la période contemporaine.

Construit sous le règne de l'empereur Maximilien (1864-1867), quand la France napoléonienne occupait le Mexique, le Paseo de la Reforma imitait les Champs-Élysées. L'avenue coupe la capitale du nord-ouest au sud-est. Partez du Zócalo, place marquant le centre de l'ancienne cité aztèque. Admirez les fresques de Diego Rivera au Palais national, siège du gouvernement mexicain, puis prenez les avenues Francisco I Madero et Juárez pour arriver au Paseo. Tournez vers le sud-ouest et admirez les *glorietas* (ronds-points construits toutes les trois intersections) : la première, au coin avec Morelos, possède un monument à la gloire de Christophe Colomb. Celle située au coin avec Insurgentes célèbre Cuauhtémoc, le dernier empereur aztèque, tandis que l'ange doré de la Révolution se trouve au croisement avec Florencia. En face de vous se trouve le plus haut gratte-ciel du pays, la Torre Mayor (225 m) : célèbre pour sa façade de verre convexe, elle possède la plate-forme d'observation la plus élevée de la ville, au 52e étage. Le Paseo s'enfonce dans le parc national de Chapultepec, qui s'étend autour d'une colline où trône un château de style néoclassique. Ancienne résidence de l'empereur Maximilien, celui-ci abrite désormais le Musée national historique.

Étape plaisir Le parc de Chapultepec possède des sculptures en plein air et trois des plus intéressants musées de la ville : le musée d'Art moderne, le musée Rufino Tamayo et le musée national d'Anthropologie. Vous y trouverez aussi des lacs avec pédalos, des montagnes russes à l'ancienne et un zoo.

DÉPART Mexico (Zócalo)
ARRIVÉE Mexico (parc de Chapultepec)
ROUTES Avenues Francisco I Madero et Juárez, Paseo de la Reforma
DISTANCE 14 km
TEMPS DE ROUTE 30 min
QUAND Tous les jours sauf le dimanche, quand le Paseo est réservé aux piétons.
À SAVOIR Une voiture avec chauffeur vous permettra de mieux profiter de la vue.
INTERNET www.mexicocity.com.mx

TOP 10

10 Échappées musicales

Accros de l'autoradio, ces itinéraires sont pour vous : partez en pèlerinage aux sources des différentes musiques du monde.

❶ Hip-hop à New York, États-Unis

Ce petit trajet à travers le Bronx et Harlem vous fera découvrir le berceau de la culture hip-hop : c'est au 1520 Sedgwick Avenue que le DJ Kool Herc inventa le break beat en mixant ses vinyles soul et funk dans les années 1970. Visitez également le Graffiti Hall of Fame, le Cotton Club et le mythique Apollo Theater, temple de la musique noire.

À SAVOIR Visites guidées avec spécialistes du hip-hop sur www.hushtours.com.

❷ Country à Nashville, États-Unis

Née à Nashville, la musique country ne l'a plus jamais quittée. Ne manquez pas le studio du Grand Ole Opry, plus vieille émission de radio au monde. Visitez aussi le Country Music Hall of Fame, la salle du Tootsies Orchid Lounge, où ont joué les plus grands, et les nombreux clubs de la Printers Alley.

À SAVOIR Célèbre festival de musique country en juin. www.visitmusiccity.com

❸ Salsa à Santiago, Cuba

La Casa de la Trova, dans le quartier de la calle Heredia, est sans doute la salle la plus célèbre de l'île. Elle propose de nombreux concerts de musique cubaine mêlant influences africaines et européennes. Les puristes lui préfèrent toutefois la Casa de las Tradiciones, plus intimiste.

À SAVOIR Visitez Santiago fin juillet pour assister à son carnaval. www.cubatourisme.fr

❹ Musique rajasthanie de Jaipur à Jodhpur, Inde

Commencez par une visite à la Nad Sadhna de Jaipur : cette école de musique s'est spécialisée dans les traditions populaires du Rajasthan. Rendez-vous ensuite à Jodhpur, où vous croiserez de nombreux musiciens de rue. Si vous partez en octobre, ne manquez pas le célèbre festival international de musique (RIFF), dans l'impressionnant fort de Mehrangarh.

À SAVOIR Réservez longtemps à l'avance si vous désirez assister au festival. www.nadsadhna.com, www.jodhpurfolkfestival.org

❺ Musique classique de Vienne à Salzbourg *via* Linz, Autriche

Mozart, Beethoven, Schubert et tant d'autres ont composé et joué dans ces trois villes. Commencez par le Theater an der Wien, à Vienne, où Beethoven vécut et créa plusieurs de ses symphonies, et réservez une soirée à l'Opéra. Ne manquez pas non plus le musée du Son, avec ses salles consacrées aux plus grands compositeurs. À Linz, la Brucknerhaus propose des concerts presque tous les soirs, tandis qu'à Salzbourg vous pourrez visiter la maison natale de Mozart ainsi que le mythique Festspielhaus.

À SAVOIR N'espérez pas voir le légendaire Philharmonique de Vienne si vous n'avez pas réservé au moins six mois à l'avance. www.wien.info, www.salzburg.info

❻ Opéra de Parme à Crémone, Italie

Ces deux villes du nord de l'Italie ont vu naître plusieurs monstres sacrés de l'art lyrique. À Parme, visitez les maisons de Verdi et Toscanini ainsi que la Casa della Musica avant d'assister à une représentation au célèbre Teatro Regio. À Crémone, la ville de Monteverdi, le fascinant musée Stradivarius présente les outils et instruments du célèbre luthier.

À SAVOIR Le Teatro Regio affiche complet plusieurs mois à l'avance. www.parmaitaly.com

Ci-contre : la fadista angolaise Ana María vous arrachera des larmes à la Taverna d'el Rey, dans le quartier de l'Alfama, à Lisbonne.

❼ Musique sacrée entre Oxford et Cambridge, Royaume-Uni

Les offices chantés des chapelles du Magdalen College (Oxford) et du King's College (Cambridge) sont de purs moments de grâce. Faites un crochet par Londres pour assister à un concert à Saint Martin in the Fields (Trafalgar Square) ou Covent Garden, ou encore visiter la maison de Händel (Mayfair).

INTERNET www.kings.cam.ac.uk, www.magd.ox.ac.uk, www.visitengland.fr

❽ Musique celtique en Irlande

Rien ne vaut un petit concert impromptu dans un pub irlandais de campagne… Si ce n'est une bonne pinte de Guinness, bien sûr ! Partez de la Leo's Tavern (comté de Donegal), où ont débuté plusieurs vedettes du genre, comme Enya et Clannad, et allez au Coleman Irish Music Centre (Gurteen). Plus à l'ouest vous attend le Matt Molloy's Bar (Westport) tandis qu'au sud, le comté de Clare possède des pubs avec concerts.

À SAVOIR Le festival de Corofin (comté de Clare) a lieu en mars. www.discoverireland.com

❾ Fado de Lisbonne à Coimbra, Portugal

Chant lancinant accompagné à la guitare sèche, le fado est le blues du Portugal. Sa version lisboète, la plus populaire, s'écoute dans les quartiers de l'Alfama et de la Mouraria. Pour un fado plus raffiné, le bar àCapella, dans la ville universitaire de Coimbra, accueille de nombreux concerts.

À SAVOIR Le fado se joue souvent au restaurant. www.visitportugal.com

❿ Musique africaine à Bamako, Mali

Grâce à Ali Farka Toure et Salif Keita, la capitale du Mali a trouvé sa place sur la carte de la world music, mêlant les sonorités traditionnelles de l'Afrique et les rythmes bluesy. Depuis le mythique Djembé, à Lafiabougou, les clubs se succèdent tout au long de la route de Koulikoro et jusqu'au quartier de l'Hippodrome.

À SAVOIR Les clubs sont parfois difficiles à trouver : demandez votre chemin aux Bamakois. www.africaguide.com/country/mali

Les chutes de l'Iguaçu (vues ici du côté argentin) surgissent de la forêt tropicale.

ARGENTINE
Vers les chutes de l'Iguaçu

Ce voyage épique qui flirte avec la frontière de l'Uruguay et du Paraguay vous emmènera de Buenos Aires jusqu'au nord-est de l'Argentine, à travers une nature luxuriante et jusqu'aux spectaculaires chutes de l'Iguaçu, sans doute les plus belles au monde.

Laissez Buenos Aires, aussi tentaculaire qu'envoûtante, pour prendre l'avenue du général-Paz à trois voies puis sortir de la ville par la RN 9. À Zárate, prenez la RN 12 vers le nord et franchissez le large delta du río Paraná. Vous vous trouvez alors dans la province d'Entre Ríos, région fertile cernée à l'ouest par le Paraná et à l'est par le fleuve Uruguay. À Ceibas, prenez la RN 14 jusqu'à Gualeguaychú, ville renommée pour son carnaval, que les connaisseurs préfèrent à celui de Rio, jugé surfait. La route traverse ensuite 420 km de paysages sauvages et luxuriants, le long du fleuve Uruguay, qui marque la frontière avec le pays du même nom et le Brésil. Peu après être passé de l'Entre Ríos à la province de Corrientes, suivez la RN 14 vers l'est au croisement avec la RN 119 et la 127. À 90 km de là, gardez votre gauche pour éviter de prendre l'embranchement vers la ville d'Uruguaiana, située au Brésil. Quelque 185 km plus loin, vous direz enfin adieu au fleuve pour couper vers le nord. Les vastes Esteros del Iberá sont des marécages qui s'étendent sur plus de 10 000 km² sur votre gauche, et la route commence dès lors à se faire plus vallonnée. Près de San José, peu après l'entrée dans la province de Misiones, prenez la RN 105 sur la gauche, en direction de Posadas, ville arrosée par le Paraná, à la frontière avec le Paraguay. Quelques kilomètres avant cette ville, tournez à droite au niveau de Villalonga : la RN 12 vous emmènera jusqu'à destination, épousant les méandres du Paraná à travers les premières montagnes de votre itinéraire. Arrivé à la frontière brésilienne, vous franchirez l'Iguaçu, qui se jette ici dans le Paraná, en empruntant le puente de la Fraternidad (pont de la Fraternité). Savourez ce cadre absolument spectaculaire, récompense bien méritée après un si long voyage, et prenez un jour ou deux pour vous reposer et admirer quelques-unes des 275 cascades qui composent les chutes.

DÉPART Buenos Aires
ARRIVÉE Puerto Iguazú
ROUTES RN 9, 12, 14, 105, 12
DISTANCE 1295 km
TEMPS DE ROUTE 16 heures
QUAND D'octobre à fin mars
À SAVOIR Les *rutas nacionales* sont des routes à péage : prévoyez de la monnaie.
INTERNET www.turismo.gov.ar

BRÉSIL
De Rio au parc d'Itatiaia

Traversez des plantations de café et la colonie finlandaise de Penedo pour arriver au parc national d'Itatiaia. Le dépaysement est total ; vous n'êtes pourtant qu'à trois heures de la très urbaine et trépidante Rio.

Le voyage de tous les contrastes : en rejoignant la voie express Via Dutra (BR 116) depuis l'Avenida Brasil, dans le quartier du port, vous découvrirez le vrai Rio, comme très peu de touristes le voient. Un monde sépare ces immeubles en béton ternes, dans lesquels vit la majorité de la classe ouvrière carioca, et les villas des quartiers chics du bord de mer, comme Copacabana ou Ipanema ! Quittez la ville et voyez la grisaille céder progressivement le pas devant un paysage de petites fermes où l'on cultive la banane, le manioc et autres produits comme il y a plusieurs siècles. Ce tronçon de la Via Dutra longe un paysage vallonné, de petites villes de province et, ici ou là, les vestiges d'une plantation de café, souvenir de l'époque où les trois quarts de la production mondiale provenaient du travail des esclaves. Juste après la ville de Resende se trouve Penedo, la seule colonie finlandaise du Brésil. Prenez la RJ 163 vers le nord, puis la Rua Ribeirão das Pedras vers l'est pour visiter Pequena Finlândia, la « Petite-Finlande », avec ses boutiques d'artisans, ses restaurants et ses rues proprettes qui perpétuent le souvenir de la vie à la finlandaise dans les années 1930. Vous y verrez des tisserands travailler sur leur métier, visiterez une chocolaterie et pourrez emprunter l'un des nombreux sentiers de randonnée qui partent du village. L'étape suivante est le parc national d'Itatiaia : fondé en 1937, il abrite une quantité étourdissante d'espèces végétales et animales. De retour sur la Via Dutra, tournez au km 330 pour rejoindre la partie supérieure du parc ou allez jusqu'au km 316 pour sa partie inférieure.

DÉPART Rio de Janeiro
ARRIVÉE Parc national d'Itatiaia
ROUTES BR 116 (Via Dutra), RJ 163, rua Ribeirão das Pedras, routes locales
DISTANCE 250 km
TEMPS DE ROUTE 3 heures
QUAND De mai à fin septembre
À SAVOIR Il fait froid en hiver (juin-août) dans la partie supérieure du parc, dont les sentiers sont à réserver aux très bons marcheurs.
INTERNET www.embratur.gov.br

Prolongations Le parc national d'Itatiaia est riche en paysages. Sa partie inférieure possède une flore et une faune tropicales et des sentiers de randonnée avec de nombreuses cascades. Dans la partie supérieure (planalto), vous admirerez une vue époustouflante sur les pics déchiquetés et leurs flancs boisés. Empruntez le chemin de terre qui monte jusqu'à l'Abrigo Rebouças, refuge situé sur les pentes du Pico das Agulhas Negras, cinquième sommet du pays (2 791 m).

Penedo, excellent point de départ pour explorer le parc national d'Itatiaia, a des airs de bourgade finlandaise.

INDE
Madras

Temples, églises et monuments de l'ère victorienne sont au programme de ce circuit à travers Madras, quatrième ville d'Inde. Vous suivrez la Marina, promenade de bord de mer, jusqu'au musée de la ville.

Temps forts

- Poussez la porte de l'église Sainte-Marie (1680) et admirez sa balustrade en teck d'époque, ses fonts baptismaux en granite noir de Pallavaram et son impressionnant ensemble de monuments funéraires.

- Visitez le musée de Madras, qui abrite des collections parmi les plus belles de l'Inde : statuaire bouddhique ancienne, bronzes, miniatures mogholes, peintures de Thanjavur, instruments de musique, photographies anciennes, etc.

Pêcheurs remontant leur barque sur la plage de Madras

Commencez par une visite à la cathédrale San Thome, qui abrite les reliques de saint Thomas. Arrivé en Inde depuis la Palestine vers l'an 52, l'apôtre de Jésus y serait mort en martyr en 78. Longez ensuite la Marina, promenade de 3 km construite de 1881 à 1886 et aujourd'hui rebaptisée Kamarajar Salai. Le soir venu, les habitants de Madras aiment s'y promener et déguster des fritures de poisson. Admirez sur votre gauche le bâtiment à la façade ronde (Vivekananda House) : cette ancienne glacière exploitée par la Tudor Ice Company servait à entreposer d'immenses blocs de glace importés d'Amérique du Nord. Plus loin se trouvent la Maison des Examens de l'université et le Presidency College, construits en style indo-mauresque et néo-roman. Puis viennent les Public Water Works et le Chepauk Palace, splendide palais que se fit construire le nabab Mohammed Ali dans les années 1760. Le siège administratif de l'université (Senate House), de style indo-byzantin, date de 1873 : admirez sa maçonnerie et ses arcades polychromes ainsi que la statue de Victoria Ire, impératrice des Indes, érigée à l'occasion de son jubilé. Continuez vers le nord et le fort Saint-George, première forteresse britannique en Inde (1639). Il abrite l'église Sainte-Marie, le plus ancien lieu de culte anglican de toute l'Asie. Pratiquement en face du fort se dresse le palais mauresque de la Haute Cour du Tamil Nadu : admirez la statue du premier juge indigène, sir T. Muthasamy Iyer, et montez aux étages pour admirer les salles d'audience aux beaux vitraux et carreaux. Longez enfin la gare centrale de Madras, sur High Road, pour trouver sur votre droite l'église Saint-André (XIXe siècle). Considérée comme la première église néoclassique du pays, elle a gardé ses portes à claire-voie et ses bancs en canne. Finissez par le musée de la ville, sur Pantheon Road.

Excursion À 1 km de la cathédrale Saint-Thomas se dresse le célèbre temple de Kapalishwar, consacré au dieu Shiva. Construit au XVIe siècle, c'est un lieu très animé, avec ses musiciens et ses boutiques. Plus au sud, vous pourrez voir le mont Saint-Thomas, où l'apôtre aurait été lapidé à mort, ainsi que l'ancien cantonnement britannique, avec ses vieilles villas coloniales. Admirez aussi le champ de course et l'ancien palais du gouverneur Thomas Munro (Raj Bhawan).

Ci-contre : le gopura du temple de Kapalishwar est peuplé d'une multitude de divinités hindoues.

DÉPART Église Saint-Thomas
ARRIVÉE Government Museum Complex
ROUTES Kamaraj Road, High Road, Pantheon Road
DISTANCE 6 km
TEMPS DE ROUTE 20 min
QUAND De novembre à février
À SAVOIR Louez une voiture avec chauffeur : la conduite en Inde est éprouvante !
INTERNET www.tamilnadutourism.org

Taxi jaune typique de Calcutta devant la façade richement stuquée d'un immeuble colonial

INDE
La cité de la Joie

Immergez-vous dans la riche culture bengalie et savourez le charme désuet de l'ancienne capitale de l'Empire des Indes, avec ses édifices publics, églises, monuments et demeures des XVIIIe et XIXe siècles.

Levez-vous tôt pour admirer les lueurs de l'aube sur l'Hooghly à Babu's Ghat. Regardez de l'autre côté du Maidan, parc situé devant le Fort William (XVIIIe siècle), et vous aurez une idée du visage de la ville coloniale. Roulez le long de l'Esplanade, passez le Town Hall de style palladien (1813) et le Raj Bhavan (siège du gouvernement du Bengale), puis l'hôtel Oberoi sur Jawaharlal Nehru Road, et tournez dans Lindsay Street pour faire quelques emplettes dans le quartier de New Market. De retour sur J. N. Road, visitez le Musée indien qui, malgré son aspect défraîchi, abrite de magnifiques sculptures issues de tout l'est du pays. Plus loin, vous passerez devant l'Asiatic Society of Bengal, fondée par le linguiste sir William Jones en 1784. Prenez Park Street, puis Middleton Row pour admirer le couvent Notre-Dame-de-Lorette. Après Camac Street, sur Shakespeare Sarani, le Royal Calcutta Turf Club (fondé en 1820) est l'un de ces nombreux clubs ayant très peu changé depuis l'époque coloniale... la nationalité de ses membres mise à part, bien sûr! Promenez-vous au cimetière de South Park, puis revenez sur vos pas pour vous arrêter à la cathédrale Saint-Paul. Vous arriverez au symbole de l'impérialisme britannique, le Victoria Memorial, devant lequel se dressent une statue de l'impératrice en majesté et une autre du mystique Aurobindo... lui tournant le dos!

Zoom La fête la plus importante de Calcutta est *durga puja* (fin septembre/octobre) : toute la ville se mobilise pour célébrer la victoire du Bien, incarné par la déesse guerrière Durga, épouse de Shiva, sur le Mal. Des artisans travaillent toute l'année pour créer des centaines de statues éphémères à dix bras, en paille et argile crue, peintes de couleurs vives. Installées dans des temples de fortune qui attirent les croyants par milliers pendant neuf jours et neuf nuits, elles sont finalement emmenées en procession et immergées dans les eaux de l'Hooghly le dixième jour (Vijaya dashami).

DÉPART Babu's Ghat
ARRIVÉE Victoria Memorial
ROUTES Esplanade, Lindsay Street, Jawaharlal Nehru Road, Park Street, Middleton Row, Camac Street, Shakespeare Sarani
DISTANCE 10 km
TEMPS DE ROUTE 20 min
QUAND De septembre à mars
À SAVOIR Il vaut mieux arriver au Musée indien à l'ouverture (10 heures).
INTERNET
www.westbengaltourism.gov.in

NORVÈGE
D'Oslo aux fjords

Partez de la trépidante Oslo pour le sud sauvage de la Norvège, avec ses fjords au bleu profond, ses majestueux sommets enneigés et ses cascades. Un itinéraire pour les amateurs de conduite sportive et de contemplation sereine.

Prenez l'autoroute E18 à Oslo en direction de Drammen. Au bout d'un quart d'heure, prenez l'E16 vers le nord et montez jusqu'au village de Sollihøgda. Passez le col et admirez le panorama sur les plaines fertiles de Ringerike et ses montagnes. Au grand rond-point de Hønefoss, prenez la route touristique RV7, qui s'enfonce en forêt pour aller vers Gol. Faites étape à Krøderen, dont la gare du XIXe siècle a été transformée en musée : en été, vous pourrez y prendre un train avec locomotive à vapeur et wagons de bois jusqu'à Vikersund. Après avoir longé la rive est du paisible et brumeux lac Krøderen, vous entrerez dans le Hallingdal, vallée encaissée très appréciée des skieurs en hiver et des randonneurs en été. Montez jusqu'à Flå et Gol puis continuez le long de la rive nord du Strandefjorden. À l'approche de l'église en bois rouge de Hol, la plus grande de la région, restez sur la RV7 pour monter jusqu'à la station de sports d'hiver de Geilo, puis jusqu'au pied du plateau de Hardangervidda. Vous verrez au nord le massif du Hallingskarvet, qui se dresse comme un mur et culmine à 1930 m. La route descend ensuite dans les gorges des Måbødalen (prenez le sentier menant à la spectaculaire cascade de Vøringsfossen, qui tombe à pic sur 183 m) puis arrive au niveau du Hardangerfjorden, troisième plus long fjord au monde. Restez sur la RV7 et traversez le fjord en prenant le ferry de Brimnes à Bruravik. Dirigez-vous ensuite vers Voss, sur la RV7/13, en empruntant le tunnel de Vallavik et la RV13. À Voss, l'E16 vous conduira en deux heures jusqu'à Bergen, où vous attendent de nombreux autres fjords.

DÉPART Oslo
ARRIVÉE Bergen
ROUTES E18, E16, RV7, RV7/13
DISTANCE 480 km
TEMPS DE ROUTE 7 h 30
QUAND De mai à fin septembre
À SAVOIR Certaines routes peuvent être fermées en hiver. Un pont permettra de relier Brimnes à Bruravik à partir de 2013.
INTERNET www.visitnorway.fr

Excursion Gorges encaissées et virages en épingle à cheveux sont au programme après Voss. Prenez l'E16 vers les gorges de Stalheim, bordées de l'une des routes les plus raides du pays et des impressionnantes cascades de Stalheimfossen et Sivlefossen (126 et 165 m respectivement). Un peu plus loin, vous admirerez le célèbre chemin de fer de Flåm. Le trajet de 50 min vous emmènera jusqu'à Myrdal à travers un paysage spectaculaire fait de montagnes, chutes d'eau tonitruantes et prairies. À Flåm, vous pourrez également embarquer pour une croisière sur le Nærøyfjord, particulièrement étroit et encaissé.

Le ciel, la montagne et le joli petit village d'Eidfjord se reflètent dans les eaux paisibles du Hardangerfjord.

TOP 10

10
Nocturnes urbains

À la tombée du jour, le paysage urbain se pare de mille feux. Dix circuits pour se convaincre que, décidément, c'est beau, une ville, la nuit !

❶ Cinquième Avenue, New York, États-Unis

La nuit venue, les vitrines de la Cinquième Avenue rutilent et scintillent. Cette artère mythique de 8 km est à sens unique : partez de Frawley Circus, au nord de Central Park. Passé le Metropolitan Museum of Art, admirez l'hôtel Plaza et les boutiques de luxe, puis le grand magasin Saks Fifth Avenue, le Madison Square Park et le Washington Square.

À SAVOIR La circulation devient plus fluide après 20 heures. www.visit5thavenue.com

❷ Washington, États-Unis

Les monuments de la capitale américaine sont encore plus impressionnants de nuit. Le Capitole et la Maison-Blanche, en particulier, semblent se draper dans une blancheur virginale. Faites un circuit depuis le Lincoln Memorial en descendant par Independence Avenue et remontant par Constitution Avenue.

À SAVOIR Des visites guidées de nuit sont proposées aux visiteurs. www.washington.org

❸ Paris, France

Partez de la place de la Bastille et descendez les quais de la Seine en admirant les façades illuminées : Notre-Dame, l'Institut de France, le palais Bourbon, les Invalides et la tour Eiffel. Prenez le pont de l'Alma pour monter jusqu'à l'arc de triomphe, puis descendez les Champs-Élysées jusqu'à la Concorde et au Louvre.

À SAVOIR La tour Eiffel scintille de mille feux pendant 5 min à chaque heure jusqu'à 1 heure (2 heures en été). www.parisinfo.com

❹ Tokyo, Japon

Partez d'Akibahara, célèbre pour ses boutiques high-tech, puis allez à Ginza, quartier de la mode et des tendances. Admirez ensuite l'architecture futuriste de l'île artificielle d'Odaiba et le front de mer d'Aqua City, puis allez dîner dans un restaurant avec vue sur la baie de Tokyo et le Rainbow Bridge ou montez jusqu'aux collines de Roppongi, pour un panorama inoubliable au Tokyo City View.

À SAVOIR Tokyo est riche en quartiers de plaisirs, mais prévoyez un budget conséquent. www.tourisme-japon.fr

❺ The Strip, Las Vegas, États-Unis

Bienvenue dans la ville du jeu. Prenez le Boulevard South, plus connu sous le nom de Strip, véritable océan de néons sur 6 km. De la fausse tour Eiffel du Paris Las Vegas Hotel jusqu'au campanile Saint-Marc du Venetian Resort Hotel Casino, et du célèbre Flamingo au non moins réputé Caesar's Palace, difficile de tout voir en un seul passage : il vous faudra probablement faire plusieurs allers-retours !

À SAVOIR Foule monstre en fin de semaine. www.vegas.com

❻ Sydney, Australie

Édifiée autour d'un splendide port naturel, la ville de Sydney se prête particulièrement bien à la conduite de nuit : vous trouverez même des limousines et des motos en location. Empruntez le tunnel du port pour vous rendre au Luna Park, puis revenez par le célèbre pont avec vue sur l'Opéra. Montez ensuite jusqu'à l'Observatoire pour jouir d'une vue panoramique sur les lumières de la ville : le parc est ouvert jusqu'à 22 heures, et le site accueille les férus d'astronomie en soirée (attention : sur réservation uniquement).

À SAVOIR Péage sur le pont de Sydney dans le sens nord-sud. www.sydneyobservatory.com.au

Ci-contre : cette réplique illuminée de la statue de Liberté se dresse devant le New York-New York Hotel & Casino de Las Vegas.

❼ Rome, Italie

Les fontaines et monuments de la « Ville éternelle » sont particulièrement spectaculaires une fois illuminés. Commencez par le Colisée, puis passez le Forum et allez jusqu'à la piazza Venezia. Prenez le corso Vittorio Emanuele II pour franchir le Tibre : le château Saint-Ange semble attendre la scène finale de *Tosca*. Terminez par la basilique Saint-Pierre.

À SAVOIR La circulation est un peu plus fluide le dimanche soir et en août. www.rome.info

❽ Kurfürstendamm, Berlin, Allemagne

Large avenue bordée de platanes, le « Ku'dam » fut l'artère principale du Berlin des années folles et reste un lieu de promenade très prisé en soirée. Commencez par la partie ouest, plus calme. Restaurants, boutiques et boîtes de nuit se succèdent jusqu'au clocher de la Kaiser-Wilhelm-Gedächtniskirche, détruite par un bombardement en 1943 et partiellement reconstruite dans les années 1960.

À SAVOIR Avenue très animée tous les soirs jusqu'à minuit environ. www.visitberlin.de

❾ Londres, Royaume-Uni

Il suffit de parcourir les 3,5 km séparant Buckingham Palace de Saint Paul pour s'offrir le *best-of* du *London by night*. Descendez le Mall et admirez la Carlton House Terrace, au blanc immaculé, puis l'arche de l'Amirauté et Trafalgar Square, où les projecteurs sont braqués sur la colonne de l'amiral Nelson. Prenez ensuite le Strand, qui longe le West End, et admirez l'hôtel Savoy, puis Fleet Street, d'où vous verrez la façade illuminée de la cathédrale.

À SAVOIR Si le Mall est fermé, prenez Birdcage Walk jusqu'à Big Ben, puis remontez la Tamise jusqu'à Trafalgar Square. www.visitlondon.com

❿ Le Cap, Afrique du Sud

Les couchers de soleil du Cap sont célèbres. Partez de Blouberg Beach pour admirer les tons chauds de la montagne de la Table. Puis rentrez en ville et allez à Signal Hill, où vous pourrez admirer la Croix du Sud étinceler dans le ciel et les lumières de la ville à vos pieds.

À SAVOIR Trajet d'environ 24 km. www.tourismcapetown.co.za

GRÈCE
Fantastique Attique

Oubliez les embouteillages et le smog d'Athènes en longeant la côte jusqu'au cap Sounion, puis Agios Stefanos. Vous y verrez un résumé de toute la Grèce : collines, stations balnéaires, petits villages, vieilles églises, sans oublier de fascinants sites antiques.

Depuis Athènes, suivez Leof. Syngrou jusqu'à l'autoroute 91, puis tournez à gauche au niveau du Pirée et prenez la route de bord de mer vers le sud. La mer Égée déploie ses eaux étincelantes sur votre droite. À une demi-heure environ se trouve Vouliagmeni, station balnéaire très appréciée des Athéniens. Un petit temple à Apollon se trouve juste au sud de la ville. Continuez sur cette route jusqu'au majestueux temple de Poséidon (vers 440 av. J.-C.), que vous apercevrez à la pointe sud de la péninsule. Ne vous avisez pas d'imiter l'exemple du poète romantique lord Byron, qui crut bon d'y graver son nom dans la pierre ! De retour sur la 91, tournez à droite : la route prend presque aussitôt le numéro 89 en remontant vers le nord. Elle suit la côte un moment avant de s'enfoncer dans les terres fertiles des environs de Markopoulo. Passé cette petite ville, revenez sur la 89 et tournez à gauche, puis presque aussitôt à droite pour prendre l'autoroute 85, qui vous conduira à Rafina. Vous pourrez vous y restaurer dans l'une des tavernes du port. Reprenez la 85 et continuez vers le nord pour atteindre la petite station de Nea Makri, où vous rejoindrez l'autoroute 83 et tournerez à droite vers Marathon, site d'une célèbre bataille remportée par Athènes sur les Perses. Pour visiter le Tymfos Marathona, tertre funéraire où furent inhumés les soldats athéniens, roulez sur 4 km environ au sud de Marathon et suivez les indications. Le petit musée archéologique situé au nord, à gauche sur la 83, vaut lui aussi le détour. De Marathon, continuez sur la route, qui se met à tourner, jusqu'à atteindre le verdoyant village d'Agios Stefanos. Vous rentrerez à Athènes par l'autoroute de Thessalonique (1/E75).

Un peu d'histoire En 490 av. J.-C., 10 000 Athéniens vainquirent 25 000 Perses à Marathon. Les Grecs ne perdirent que 192 hommes, l'ennemi, 6 400. L'un des soldats, Phidippides, courut jusqu'à l'acropole d'Athènes vêtu de son armure pour annoncer la bonne nouvelle. Arrivé sur place, il mourut d'épuisement, le devoir accompli. Le mot « marathon » commémore cet exploit et tous les ans en octobre, une course a lieu sur le parcours d'origine, d'une longueur de 42 195 km.

DÉPART/ARRIVÉE Athènes
ROUTES Leof. Syngrou, autoroutes 91, 89, 85, 83, 1/E75.
DISTANCE 190 km
TEMPS DE ROUTE 4 heures
QUAND Toute l'année
À SAVOIR Pensez à vous hydrater en été.
INTERNET www.grece.infotourisme.com

Les ruines du temple de Poséidon, sur la péninsule du cap Sounion, sont visibles à des kilomètres à la ronde.

Ce château tout droit sorti d'un livre d'images trône au-dessus du village de Manzanares el Real.

ESPAGNE

Sur les hauteurs de Madrid

Cette excursion d'une journée au départ de Madrid vous fera traverser de spectaculaires paysages et vous donnera mille occasions de respirer l'air pur de la sierra de Guadarrama, chaîne de montagnes qui sépare les plaines de la Manche et de Castille.

Une fois que vous aurez fait le plein d'art dans les trois magnifiques musées que compte Madrid – le Prado, la collection Thyssen-Bornemisza et le Centre d'art Reina Sofía – prenez le Paseo de la Castellana, puis la M-607 vers le nord. Passé Colmenar Viejo, prenez la M-609, puis suivez la M-608 à travers le Parque Regional de la Cuenca Alta del Manzanares vers Manzanares el Real, célèbre pour son imposant château du XVe siècle, parfaitement conservé. Continuez vers Cerceda, puis prenez la M-607 en direction de Navacerrada. La route commence à monter après le réservoir sur votre gauche. Avec son église du XVIe siècle et ses bons restaurants, Navacerrada est très prisée des Madrilènes en fin de semaine. Prenez ensuite la M-601 pour monter au col de Navacerrada. Au sommet, tournez à droite sur la M-604 vers Cotos. L'ancienne station de ski du col de Cotos, aujourd'hui réserve naturelle de Peñalara, n'est qu'à 10 min en voiture. Arrêtez-vous pour vous dégourdir les jambes sur l'un de ses sentiers de randonnée bien balisés (dépliants à retirer au centre d'accueil). La route serpente ensuite sur 700 m de dénivelé jusqu'à la vallée de Lozoya, où vous pourrez admirer le monastère royal Sainte-Marie de El Paular (1390). Passé Rascafría, qui possède plusieurs bons restaurants, prenez la M-611 vers Miraflores de la Sierra. Franchissez la rivière Lozoya : la route remonte en lacets jusqu'au col de Morcuera (1796 m), d'où vous aurez une vue splendide sur les plaines de Castille. Redescendez sur le village de Miraflores de la Sierra, entouré de chênaies, où vous pourrez flâner et prendre un café. Pour rentrer à Madrid, revenez sur vos pas à partir de Soto del Real.

DÉPART/ARRIVÉE Madrid
ROUTES Paseo de la Castellana, M-607, M-609, M-608, M-601, M-604, M-611, M-609
DISTANCE 177 km
TEMPS DE ROUTE 3 heures
QUAND D'avril à fin octobre
INTERNET www.whatmadrid.com

PAYS-BAS
Le printemps hollandais

Au printemps, les balcons, parcs et marchés aux fleurs d'Amsterdam sont envahis de tulipes, mais le spectacle est plus impressionnant encore à Haarlem, où le plat pays de Hollande est rehaussé d'un véritable patchwork de couleurs vives.

Temps forts

- Visitez la petite ville côtière de Noordwijk aan Zee, avec ses interminables plages de sable bordées de dunes. Les véliplanchistes seront comblés.

- Frans Hals (†1666), le célèbre peintre spécialiste du portrait, vécut à Haarlem. Visitez le Frans Hals Museum qui possède la plus riche collection de ses œuvres au monde.

- L'église Saint-Bavon, à Haarlem, est de style gothique tardif (XVIe siècle). Ses grandes orgues, dont joua Mozart, datent de 1738.

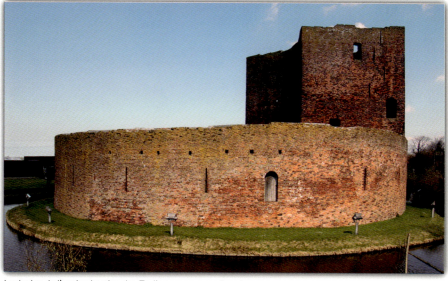

Le donjon de l'ancien bastion des Teylingen a conservé sa douve.

Quittez le centre d'Amsterdam par la Vijzelstraat, puis prenez la S100, la S106 et l'A10/E22 pour atteindre l'A4/E19 vers le sud-ouest. À la sortie n° 4 (Nieuw-Vennep), prenez la N207 puis, à l'embranchement avec la N208, tournez à gauche pour aller à Lisse. Cette jolie petite ville est située au cœur du Bloembollenstreek, la région de culture des fleurs à bulbe, dont les champs multicolores s'étendent sur plus de 30 km entre Haarlem et Leyde. À Lisse, le musée de la Tulipe noire (Grachtweg 2A, fermé le lundi) se consacre à la fascinante histoire de cette fleur originaire de Turquie et introduite aux Pays-Bas dans les années 1550. Elle y prit une telle valeur que certains dépensaient des fortunes pour s'offrir les plus beaux bulbes. Quittez la ville par le nord pour entrer au Keukenhof, parc de 32 ha servant de vitrine à la floriculture néerlandaise. De mi-mars à mi-mai, c'est un déferlement de couleurs et de parfums, spectaculaire et ininterrompu, car les bulbes sont plantés en couches pour assurer une floraison continue. Certains jardins ont un thème (nature, eau, mystère et histoire) et l'on trouve même des labyrinthes. Du Keukenhof, revenez à Lisse, puis suivez la N208 vers le sud à travers les champs de fleurs. En bordure de Sassenheim se trouve la jolie « Ruïne van Teylingen », vestige d'un château fort du XIIIe siècle. Suivez la N443, puis prenez la N206 près de Noordwijk aan Zee. Cette route vous conduira à Haarlem en vous faisant longer des champs parmi les plus bigarrés de la région. Visitez Haarlem avant de rentrer à Amsterdam par l'A9/10.

DÉPART/ARRIVÉE Amsterdam
ROUTES Vijzelstraat, S100, S106, A10/E22, A4/E19. N207, N208, N443, N206, A9
DISTANCE 100 km
TEMPS DE ROUTE 2 h 30
QUAND De fin mars à mi-mai
À SAVOIR Le Keukenhof ferme à la fin de la saison (mi-mai).
INTERNET www.holland.com, www.keukenhof.nl

Excursion Faites un crochet jusqu'à Zandvoort, station balnéaire la plus proche d'Amsterdam, par la N206 et la N201. Derrière la plage, les divers biotopes du parc national Zuid-Kennemerland attirent de nombreux oiseaux rares, tel le grand gravelot. Des sentiers bien signalisés sinuent à travers un paysage fait de dunes, d'étangs et de petits bois et vous aurez plaisir à vous promener sur la longue plage de sable, de l'autre côté des dunes. Rentrez à Amsterdam par la N201 via Hoofddorp, où le Museum de Cruquius vaut la visite (mars-octobre) : vous y apprendrez tout sur la création des champs de fleurs au milieu du XIXe siècle.

Ci-contre : muscaris et tulipes forment une rivière de couleur dans les jardins du Keukenhof.

Le célèbre château de Stirling s'élève sur le point culminant de la ville.

ROYAUME-UNI

De Glasgow à Saint Andrews

Cet agréable circuit vous conduira au nord et à l'est de Glasgow dans un pays joliment vallonné jusqu'à Stirling et son magnifique château. De là, vous prendrez une route de campagne au sud des Ochil Hills jusqu'à Saint Andrews, berceau du golf.

Quittez Glasgow, ville un peu terne, mais riche en culture, et prenez la sortie n° 17 de la M8 pour emprunter la route de Dumbarton (A82) et l'A81 vers le nord. Suivez la vallée de Strath Blane, puis prenez l'A811, qui descend dans la large vallée de Forth. Devant vous, la jolie ville médiévale de Stirling se dresse au sommet d'un long éperon rocheux. Vous admirerez en particulier l'église de la Sainte-Croix (XVe siècle), où Jacques VI fut couronné roi d'Écosse en 1567, à l'âge de treize mois. Succédant à sa mère, la reine Marie Ire Stuart, contrainte à l'abdication, il deviendrait plus tard roi d'Angleterre sous le nom de Jacques Ier. Ne manquez pas non plus le manoir des ducs d'Argyll (1632), ni la façade du Mar's Wark, résidence imposante, quoique inachevée, du premier comte de Mar (XVIe siècle). Mais le plus beau fleuron de Stirling est son château, siège de la cour royale d'Écosse de 1488 à 1625. De là, l'A91 vous conduira jusqu'au rempart naturel que forment les verdoyantes collines d'Ochil. À Dollar, tournez à gauche puis marchez sur l'étroit et abrupt Dollar Glen. Très haut sur la colline se trouvent les ruines mystérieuses du château de Campbell (NTS), imposante forteresse du XVe siècle. L'A91 s'enfonce ensuite dans les terres agricoles du pays de Fife avant d'atteindre la petite ville de Saint Andrews, sur la mer du Nord.

DÉPART Glasgow
ARRIVÉE Saint Andrews
ROUTES M8, A82, A81, A811, A91
DISTANCE 153 km
TEMPS DE ROUTE 3 heures
QUAND Toute l'année
À SAVOIR Attention : les journées sont très courtes en hiver !
INTERNET www.visitscotland.com

Prolongations Surplombant des plages de sable et des baies rocheuses, Saint Andrews est aussi un paradis du golf, qui possède le plus ancien green au monde. Les amateurs de vieilles pierres se délecteront des ruines de la cathédrale et des deux universités (Saint Salvador et Saint Mary's). Le château est réputé pour son sinistre donjon en forme de bouteille et son tunnel creusé lors du siège de 1546, qui permit aux assiégés de passer sous les remparts pour attaquer l'ennemi par-derrière.

Autres bonnes idées

❶ Au sud d'Ottawa, Canada

Depuis Ottawa, allez au sud-ouest vers la vieille ville d'Almonte, puis la ville historique de Perth, sur la Tay. Continuez jusqu'à Kingston, au nord-est du lac Ontario, où vous admirerez entre autres la Bellevue House : cette splendide villa des années 1840 fut la demeure de sir John Macdonald, premier Premier ministre du Canada. Terminez la journée par une croisière au départ de Gananoque.
www.ontariotravel.net

❷ Long Island, New York, États-Unis

Roulez vers l'est sur Long Island et passez les îles chics de Hamptons, North Fork et Shelter Island. Suivez la NY 25 depuis le centre de Manhattan jusqu'à Riverhead et faites le plein de fruits rouges, haricots, tomates et citrouilles vendus sur le bord de la route. À Greenport, le ferry vous emmènera en 10 min sur Shelter Island, avec ses plages (West Neck Harbor) et ses sentiers de randonnée (réserve de Mashomack).
www.northfork.org

❸ De Genève à Montreux, Suisse

Partez de la plus cosmopolite des villes de Suisse, siège de nombreuses organisations internationales, et longez la rive nord du Léman jusqu'à Lausanne. Vous y admirerez la cathédrale (XIIIe siècle) et le Musée olympique puis continuerez votre route à travers le vignoble en terrasses de Lavaux, inscrit au patrimoine mondial de l'Unesco. Vous terminerez à Montreux, dont le festival de jazz a lieu tous les ans en juillet.
www.leman-sans-frontiere.org

❹ Villes de Rhénanie, Allemagne

Partez de Bonn, ville natale de Beethoven et capitale de la RFA de 1949 à 1990, et descendez le Rhin jusqu'à Cologne, célèbre pour sa cathédrale gothique. De là, continuez à longer le fleuve pour atteindre Düsseldorf et la mégalopole de la Ruhr, autour d'Essen, ou prenez l'E40 pour aller à Aix-la-Chapelle, ancienne cité romaine, ville thermale et capitale de Charlemagne.
www.allemagne-tourisme.com

❺ Rabat-Tanger, Maroc

L'axe Rabat-Tanger (autoroute A1) n'est pas le plus pittoresque qui soit, mais vous aurez plaisir à circuler en dehors des sentiers battus du tourisme de masse et pourrez faire étape dans deux parcs nationaux. À Rabat, explorez la médina, le souk et la casbah des Oudaïya. À Tanger, succombez au charme sulfureux d'une ville qui enchanta Delacroix, Matisse et Jean Genet.
www.visitmorocco.com

❻ Damnoen Saduak, Thaïlande

Échappez à la fournaise de Bangkok (mais pas à la foule, ni au bruit) en prenant la route de Phetkasem (route 4) vers l'ouest pour longer sur 100 km le marché flottant de Damnoen Saduak. Celui-ci se tient sur un *khlong* (canal), où s'entassent de fines pirogues vendant des fruits (fraises, pitayas), condiments, nouilles sautées, salades épicées et riz gluant. Rentrez à Bangkok *via* Nakhon Pathom, qui possède le plus haut stupa d'Asie du Sud-Est.
www.bangkok.com

❼ Colombo-Galle, Sri Lanka

Quittez la capitale économique du Sri Lanka par la route de bord de mer (A2). Adonnez-vous au farniente ou au surf sur la plage de Hikkaduwa, puis continuez jusqu'au port historique de Galle, au sud-ouest de l'île. L'influence néerlandaise y est encore visible, avec ses luxueuses villas coloniales du bord de mer.
www.srilankatourism.org

❽ Anneau d'Or de Moscou, Russie

L'Anneau d'Or est une boucle rassemblant plusieurs villes historiques au nord-est de Moscou. Vladimir, qui est aussi la première étape du transsibérien, fut la capitale de la Russie au XIIe siècle. La route de 678 km traverse des paysages extrêmement variés, des combinats de l'ère soviétique jusqu'à la magnifique Pereslavl-Zalesski, sur le lac Pleshcheyevo, où Pierre Ier le Grand s'était fait construire une petite flottille.
www.waytorussia.net

❾ Porvoo et Loviisa, Finlande

Deuxième plus ancienne ville de Finlande, Porvoo, à 40 min d'Helsinki, fut un grand centre commercial au Moyen Âge. Prenez l'E18 jusqu'à Loviisa, avec ses maisons de bois et ses remparts construits pour se protéger des Russes au XVIIIe siècle.
www.visitfinland.com

❿ Nelahozeves, République tchèque

À 24 km au nord de Prague se trouve l'élégant château de Nelahozeves, qui conserve des manuscrits de Mozart et Beethoven et des œuvres de Bruegel, Velázquez et Rubens. Le village abrite aussi la maison natale du compositeur Antonín Dvořák.
www.aroundprague.com

⓫ Cercle d'Or, Islande

Cette boucle baptisée « Cercle d'Or » relie les principaux sites touristiques du pays. Elle passe par Hveragerði, dont les serres sont chauffées par l'eau des sources volcaniques, et le lac de cratère de Kerið. Si le soleil est de la partie, arrêtez-vous pour admirer la cascade de Gullfoss, avec ses arcs-en-ciel à foison.
www.icelandtouristboard.com

⓬ Édimbourg-Newcastle upon Tyne, Royaume-Uni

Prenez l'A68 vers le sud et traversez les collines des Borders. Passez le col de Carter Bar pour entrer en Angleterre : le parc national du Northumberland présente un riche patrimoine culturel (mur d'Hadrien) et naturel (loutres sauvages). Déjeunez dans un pub de campagne, à Falstone par exemple, puis continuez vers Newcastle.
www.northumberlandnationalpark.org.uk

⓭ Lisbonne-Porto, Portugal

De Lisbonne, allez à Leiria, célèbre pour son château. Régalez-vous de sardines fraîches à Figueira da Foz, puis faites un crochet par la ville universitaire de Coimbra. Admirez les canaux et les maisons blanchies à la chaux d'Aveiro. Sur l'estuaire du Douro, laissez-vous charmer par les ruelles et les bars de la ville de Porto.
www.portugal-live.net

CHAPITRE

7

Voyages dans le temps

Chacun des voyages de ce chapitre est une tranche d'histoire : marchez sur les traces des explorateurs et pionniers, revivez les grandes batailles de l'humanité ou découvrez des cultures depuis longtemps disparues. En parcourant les rues pittoresques et les allées ombragées de l'est du Massachusetts, vous prendrez la route qu'emprunta Paul Revere en 1775 pour alerter les insurgés américains de la progression des troupes britanniques. Vous visiterez les champs de bataille en repensant à la marche des héros de l'Indépendance. La route épique du Dakota du Nord, le long du Missouri, suit quant à elle l'expédition de Lewis et Clark en 1804. À l'autre bout du monde, un petit trajet dans l'État de Goa, ancien comptoir portugais en Inde, vous présentera un bric-à-brac hétéroclite fait de temples hindous et d'églises baroques. Une odyssée à travers la Turquie vous plongera en pleine Antiquité, avec les vestiges de civilisations aussi raffinées et complexes que la nôtre : cités fondées par Alexandre le Grand et temples gréco-romains. Les châteaux cathares du sud-ouest de la France témoignent quant à eux de la croisade contre les Albigeois.

Sur le site précolombien de Yagul, au Mexique, les vestiges de la cité zapotèque contiennent le Palacio de los Seis Patios (palais des Six Cours), sans doute à vocation résidentielle.

Le gigantesque Viking de Gimli rappelle que cette ville fut fondée par les Islandais.

Temps forts

- Si vous voyagez avec des enfants, ne ratez pas le tout nouveau **Manitoba Children's Museum**, à Winnipeg : vraie locomotive d'époque, expériences sensorielles et chimie amusante au programme !

- Le **Mennonite Heritage Village** est un musée en plein air de 16 ha qui reconstitue un village traditionnel du XIXe siècle. L'exposition retrace l'histoire des persécutions qui poussèrent la communauté mennonite à s'établir dans le Nouveau Monde.

- Le lieu historique national de **Lower Fort Garry**, près de Lockport, remonte à 1830, ce qui en fait le plus ancien ensemble en pierre parfaitement conservé lié au commerce des fourrures en Amérique du Nord.

CANADA

Le cercle de Winnipeg

Chargée d'histoire et de culture, cette fascinante boucle vous fera traverser les prairies du sud-est du Manitoba, avec de splendides paysages et plusieurs musées et sites historiques révélant le passé mouvementé de cette province.

DÉPART Winnipeg
ROUTES Autoroute 75, route 305, autoroutes 52, 12, Transcanadienne 1, route 206, autoroutes 59, 101, 9, routes 238, 231, autoroute 7
DISTANCE 322 km
TEMPS DE ROUTE 5 heures
QUAND De mai à fin octobre
INTERNET www.travelmanitoba.com

Située sur un ancien axe commercial, au confluent de la rivière Rouge et de l'Assiniboine, Winnipeg est l'une des plus anciennes villes de l'ouest du Canada. Dans sa banlieue sud se trouve la petite maison à colombages où grandit Louis Riel, héros et fondateur de la province. Au-delà de l'histoire familiale, ce « lieu historique national » rend hommage à la culture des Métis, ces descendants d'Indiens et de négociants en fourrure européens. Depuis Winnipeg, prenez l'autoroute 75 jusqu'au village de Sainte-Agathe, puis la route 305 et l'autoroute 52 jusqu'à Steinbach, la capitale, et faites étape au village mennonite. Prenez l'autoroute 12, la Transcanadienne 1 et la route 206 pour admirer les collines et forêts ainsi que le lac artificiel du parc de Birds Hill. Depuis sa porte ouest, prenez l'autoroute 59 vers le sud, la 101 vers l'ouest puis la 9 vers le nord pour arriver sur la River Road Heritage Parkway : cette agréable route longe la rivière Rouge et des constructions typiques de l'architecture britannique du XIXe siècle. Promenez-vous parmi les tombes des années 1840 à l'église Saint Andrews, au sud de Lockport, puis allez visiter le lieu historique national du presbytère Saint Andrews (1854), qui retrace les activités des missionnaires anglicans. Continuez vers le nord jusqu'à East Selkirk pour monter à bord d'un bateau à vapeur de 1897 au musée de la Marine du Manitoba. Visitez Gimli, ancien village de pêcheurs islandais sur le lac Winnipeg, puis prenez la route 231 et l'autoroute 7 jusqu'à Stonewall, où les trois tours de l'ancienne briqueterie, fermée dans les années 1960, surplombent la plage du Quarry Park. Vous pourrez visiter les marais d'Oak Hammock en canoë avant de rentrer à Winnipeg.

ÉTATS-UNIS
En route vers l'Indépendance

En 1775, un vent d'émancipation se mit à souffler sur ce coin de la Nouvelle-Angleterre. Marchez dans les traces des insurgés en visitant quelques-uns des sites les plus remarquables de l'histoire des États-Unis.

Remontez la Massachusetts Avenue de Lexington – où Paul Revere chevaucha en pleine nuit pour alerter la ville de l'avancée des Britanniques – et visitez le musée du Patrimoine national pour mieux comprendre les événements qui entraînèrent la guerre de l'Indépendance américaine. De retour sur la route, vous passerez la Munroe Tavern – qui servit d'hôpital de campagne aux soldats britanniques – puis arriverez sur les communs de Lexington (Battle Green), où furent tirés les premiers coups de feu, le 19 avril 1775. Non loin se trouve la Buckman Tavern, où se réunissaient les Minutemen (volontaires) et dont l'intérieur a retrouvé son état d'origine. Continuez sur Massachusetts Avenue et quittez Lexington. Suivez la route que prirent les Britanniques pour rejoindre Concord en franchissant l'I-95/Mass. 12, tournez à droite dans Wood Street, puis à gauche dans Old Massachusetts Avenue et encore à gauche sur la Mass. 2A. Vous entrez alors dans le parc national historique de Minute Man, dont le cadre a été préservé. Laissez votre véhicule à l'accueil et promenez-vous sur Nelson Road, tronçon de la Battle Road ayant gardé les cailloux qui revêtaient toute la route au XVIIIe siècle. Passez ensuite devant le monument érigé à l'endroit où Paul Revere fut capturé. Tournez à droite sur Lexington Road vers Concord, et passez Meriam's Corner, où les colons attaquèrent les Britanniques se repliant sur Boston. Depuis le « green » de Concord, tournez à droite sur la Mass. 62, puis à gauche et à nouveau à droite sur Monument Street. Les insurgés remportèrent leur première victoire et endiguèrent l'avancée britannique à North Bridge, sur la rivière Concord. Visitez le centre d'exposition ou rentrez à Concord.

DÉPART Lexington
ARRIVÉE Concord
ROUTES Massachusetts Avenue, I-95/Mass. 12, Wood Street, Old Massachusetts Avenue, Mass. 2A, Lexington Road, Mass. 62, Monument Street
DISTANCE 18 km
TEMPS DE ROUTE 30 min
QUAND De mai à fin octobre
INTERNET www.visitlex.com

Étape plaisir Concord ne se limite pas à son passé révolutionnaire. Au début du XIXe siècle, la ville vit naître le transcendantalisme, mouvement littéraire et philosophique incarné par deux enfants du pays, Ralph Waldo Emerson et Henry David Thoreau. Vous en saurez plus au musée de la ville, à la Ralph Waldo Emerson House et à la Old Manse, où vécurent Emerson et l'écrivain Nathaniel Hawthorne.

La Hartwell Tavern (XVIIIe siècle) s'élève sur Battle Road, où s'affrontèrent insurgés et Britanniques.

TOP 10

10 Routes historiques

Retracez l'histoire des États-Unis, de la culture des peuples premiers jusqu'à la guerre de Sécession et de la conquête de l'Ouest à l'émancipation des Noirs.

❶ George Washington Memorial Parkway, Virginie

Cette jolie promenade commence à Mount Vernon, où George Washington vécut de 1754 à 1799. La route suit la rive du Potomac, fleuve bordé de hêtres, érables et chênes, jusqu'au port colonial d'Alexandria. Vous traverserez des marais pour observer les oiseaux avant d'arriver à Washington.

À SAVOIR Évitez l'heure de pointe. L'itinéraire (40 km) se termine au croisement avec l'I-495. www.nps.gov/gwmp

❷ Hallowed Ground, Pennsylvanie/Maryland/Virginie

Partez de Gettysburg pour un cours accéléré sur l'histoire de la guerre de Sécession (« hallowed ground » sont deux mots tirés d'un célèbre discours d'Abraham Lincoln). Le circuit vous permettra de voir plusieurs champs de bataille historiques, dont Antietam et Manassas, l'Eisenhower National Historic Site et les résidences des présidents J. Madison et T. Jefferson.

À SAVOIR Circuit de 290 km sur les routes US 15 et Va. 20. Période idéale : du printemps à l'automne. www.hallowedground.org

❸ Washington Heritage Trail, Virginie-Occidentale

Cette boucle de 218 km dans l'étroit corridor de l'est de l'État permet de retracer des étapes importantes de la vie de George Washington. Elle part de Harpers Ferry, où l'abolitionniste John Brown prit les armes en 1859, et passe par Shepherdstown, Martinsburg, l'ancienne station thermale de Berkeley Springs et le parc d'État de Cacapon. Charles Town fut dessinée en 1786 par le frère de Washington, Charles.

À SAVOIR Du printemps à l'automne. Empruntez les routes US 340, W. Va. 230, 480, 9, US 522, W. Va. 11, 20, 51. www.washingtonheritagetrail.org

❹ Wilderness Road Heritage Highway, Kentucky

Le pionnier Daniel Boone défricha cette route du Cumberland Gap pour coloniser le Kentucky au XVIIIe siècle. Partez du parc historique national, près de Middlesboro, puis allez vers le nord jusqu'à Berea.

À SAVOIR Itinéraire de 151 km suivant les routes US 25E, Ky. 229 et US 25. www.byways.org

❺ Selma to Montgomery March Byway, Alabama

Cet itinéraire suit la route US 80 et retrace plusieurs événements clés du mouvement des droits civiques des Noirs américains. Le dimanche 7 mars 1965, une manifestation entre Selma et Montgomery, capitale de l'État, à 87 km, fut réprimée dans le sang : ce fut le « bloody Sunday ». Martin Luther King organisa une nouvelle marche pacifique le 25 mars : partis 3 000, ils arrivèrent 25 000 cinq jours plus tard. Divers monuments, bornes et expositions témoignent de cette époque trouble de l'histoire américaine.

À SAVOIR Prévoyez au moins 4 heures pour prendre le temps de vous arrêter en route. www.byways.org

❻ Route 66, Illinois

La route 66 fut commandée en 1926 pour relier Chicago à Los Angeles, sur près de 4 000 km. Elle fut remaniée et réalignée au fil des ans, mais le tracé historique est toujours là. Le tronçon de l'Illinois, le premier achevé, part de Lake Shore Drive (Chicago) et suit la route I-55, avec ses immeubles des années 1930 à 1950, pour arriver à East Saint Louis, sur le Mississippi.

À SAVOIR Comptez deux ou trois jours (du printemps à l'automne de préférence). Variante après Springfield par la route Ill. 4. www.illinoisroute66.org

Ci-contre : terres arides et buttes de schistes et de grès rouges emblématiques de la Monument Valley (Utah, Trail of the Ancients).

❼ Billy the Kid Trail, Nouveau-Mexique

Cette boucle en montagne au départ de Ruidoso traverse les sites associés à la légende du célèbre hors-la-loi. Le Byway Interpretive Center et le musée Hubbard sur l'Ouest américain vous diront l'essentiel, tandis qu'au Lincoln State Monument vous verrez le tribunal où le « Kid » attendit la pendaison avant de s'enfuir. Il mourut par balles à Fort Sumner.

À SAVOIR Comptez au moins 3 heures pour cet itinéraire de 135 km qui suit les US 70, 380 et N. Mex. 48. www.byways.org

❽ Trail of the Ancients, Colorado/Utah

Cette double boucle (772 km), à cheval sur quatre États, traverse un territoire peuplé d'Indiens depuis des temps immémoriaux. Admirez ses paysages faits de roche nue et érodée. Vous partirez de Cortez, près du parc national de Mesa Verde, et passerez par le parc tribal navajo de Monument Valley et le Centre du patrimoine anasazi.

À SAVOIR Suivez les routes US 160, Colo. 145, 184, US 491, CR 10, US 191, Utah 95, 275, 261, US 163, 162 et 262. www.byways.org

❾ Pioneer Historic Byway, Idaho

Partez de Franklin et traversez le coin sud-est de l'Idaho sur 204 km jusqu'à Freedom. Vous suivrez en partie l'Oregon Trail, le long de la Bear River, où la guerre contre les Shoshone entraîna un terrible massacre en 1863, près de Preston. Un crochet vous conduira à la ville fantôme de Chesterfield, fondée par les Mormons en 1881.

À SAVOIR Comptez au moins une demi-journée. Empruntez les routes US 91, Okla. 34 et US 30. www.pioneerhistoricbyway.org

❿ San Luis Obispo North Coast Byway, Californie

Partez de la mission San Luis Obispo de Tolosa, fondée en 1772, et longez la côte vers le nord. Vous admirerez plusieurs autres missions, des musées du Rail et le Hearst Castle, opulent manoir du magnat de la presse William Randolph Hearst, près de San Simeon. Terminez à la frontière du comté de Monterey, au sud de Big Sur.

À SAVOIR Itinéraire de 92 km suivant l'autoroute 1. www.byways.org

Chaumière et grenier à maïs dans le « Grand Village » des Indiens Natchez

ÉTATS-UNIS
Sur la piste des Natchez

Tracée par les bisons, élargie par les peuples premiers et empruntée par les aventuriers, desperados, missionnaires et soldats voyageant entre le Cumberland et le Mississippi, la Natchez Trace Parkway est l'une des pistes les plus célèbres des États-Unis.

De Nashville, capitale du Tennessee, prenez la Tenn. 100 vers Franklin, lieu d'une célèbre bataille de la guerre de Sécession en 1864, puis la Tenn. 96 pour accéder à la Trace Parkway. Après quelques méandres en forêt, vous accéderez aux terres fertiles du Tennessee, vouées au cheval et à l'agriculture. Vous passerez Gordon House, l'un des rares bâtiments d'époque, et le parc consacré à l'explorateur Meriwether Lewis, qui contient sa tombe ainsi qu'une reconstitution de la cabane en rondins où il mourut en 1809. Franchissez la rivière Buffalo et tournez à gauche pour accéder à une boucle particulièrement pittoresque de l'ancienne route. Vous quitterez les bois pour un paysage d'openfield, mais les arbres reviendront à Sweetwater Branch, où la route est bordée de fleurs sauvages au printemps. Les forêts de chênes et de hickorys laisseront bientôt place aux plaines rouges et aux champs de coton de l'Alabama. Franchissez le Tennessee à Colbert Ferry, où George Colbert, Indien Chickasaw, exigea 75 000 dollars d'Andrew Jackson pour faire traverser la rivière à son armée. Vous entrerez dans le Mississippi et franchirez le pont Jamie L. Whitten sur le canal Tennessee-Tombigbee. Ouvrez l'œil pour repérer les tumulus de Pharr, huit tertres funéraires typiques de la civilisation des *mound-builders* (Ier-IIe siècle). Vous traverserez ensuite une région marécageuse où niche le grand héron, puis des champs de coton, de soja et de sorgho. À River Bend, admirez le panorama sur la Pearl puis suivez le Ross Barnett Reservoir pour arriver à Ridgeland, dont le centre d'artisanat du Mississippi vend des paniers, poteries, édredons et autres objets de la culture choctaw. Visitez l'élégante capitale du Mississippi, Jackson, puis traversez les terres agricoles et la plaine alluviale de Big Bayou Pierre. La route longe des fermes et des zones humides avant de prendre de la hauteur pour déboucher sur l'U.S. 61, où elle prend fin. Vous n'êtes alors plus qu'à un quart d'heure de Natchez.

DÉPART Nashville
ARRIVÉE Natchez
ROUTES Tenn. 100, 96, Natchez Trace Parkway
DISTANCE 715 km
TEMPS DE ROUTE 8 h 30
QUAND Toute l'année
À SAVOIR Une seule station-service en route, au km 193.
INTERNET www.nps.gov/natr

ÉTATS-UNIS
Une balade en pays cajun

L'Old Spanish Trail, en pays cajun (Louisiane), est une piste de l'époque des pionniers doublée d'une route de commerce traversant chênaies moussues, marais peuplés d'alligators, champs de canne et anciennes plantations.

La ville de Houma est réputée pour sa musique et sa gastronomie : goûtez au *jambalaya* et au *gombo* avant de prendre la route U.S. 90 vers l'ouest. Remarquez les panneaux vantant les croisières sur les marais du bassin de l'Atchafalaya, les plus vastes de tout le continent américain. Coupez à travers les champs de canne à sucre, puis faites un crochet pour aller visiter l'élevage d'alligators et les cabanes de trappeurs des Wildlife Gardens. De retour sur l'U.S. 90, longez les installations pétrolières avant de franchir le pont menant à Saint Mary Parish, le long du bayou Bœuf, où niche le pygargue à tête blanche. Passez l'immense chantier naval de McDermott, puis entrez dans le port de Morgan City. Suivez les panneaux pour Berwick (La. 182), franchissez l'Atchafalaya sur le pont de Long-Allen et traversez les villages de Berwick et Patterson. Vous vous trouvez au centre de l'industrie sucrière de la Louisiane, dont les plantations et les moulins à sucre furent florissants jusqu'à la guerre de Sécession. La route La 182 rejoint l'U.S. 90 avant de s'enfoncer dans les champs de canne. À quelques kilomètres se trouve Centerville, ancienne plaque tournante du sucre, avec ses élégantes demeures et maisons de planteur. Passé la petite ville de Garden City, la route se transforme en un élégant boulevard du centre historique de Franklin. Continuez vers le nord-ouest pour arriver à Jeanerette, dont le musée du Bicentenaire vous renseignera sur l'industrie sucrière et la vie dans le bayou. La route serpente à travers les champs de canne jusqu'à la jolie ville historique de New Iberia. Prenez la La 31 sur votre droite et continuez jusqu'à Saint Martinville, surnommée le « Petit Paris ». Vous terminerez cet itinéraire par la chaleureuse ville de Breaux Bridge.

DÉPART Houma
ARRIVÉE Breaux Bridge
ROUTES U.S. 90, La 182, 31
DISTANCE 174 km
TEMPS DE ROUTE 2 heures
QUAND De mars à fin novembre
À SAVOIR Breaux Bridge organise une fête à l'écrevisse le premier week-end de mai.
INTERNET www.drivetheost.com

Un peu d'histoire Lafayette, capitale du pays cajun, n'est qu'à 32 km de New Iberia par la route La 182. Cette ville animée possède de nombreux restaurants et salles de concert où vous pourrez écouter la musique locale, le zydeco. Le parc d'attractions de Vermilionville vous renseignera sur le patrimoine cajun, tout comme le Centre culturel acadien, consacré à ces colons francophones qui s'installèrent en Louisiane à la fin du XVIIIe siècle.

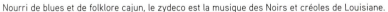

Nourri de blues et de folklore cajun, le zydeco est la musique des Noirs et créoles de Louisiane.

ROUTE D'EXCEPTION

ÉTATS-UNIS

Lewis et Clark

Marchez dans les traces des deux explorateurs Meriwether Lewis et William Clark avec cet itinéraire longeant le Missouri. L'histoire indienne y est partout à l'honneur, des premiers peuplements, il y a 10 000 ans, aux guerres du XIXe siècle.

Cette maison traditionnelle du parc d'État de Fort Abraham Lincoln est construite en mottes de terre.

Au début du XIXe siècle, les tout jeunes États-Unis ne savaient rien des territoires de l'Ouest. En 1804, le président Thomas Jefferson confia à une équipe d'aventuriers intrépides, menés par Meriwether Lewis et William Clark, la mission d'explorer ces terres sauvages en remontant le Missouri et en allant jusqu'au Pacifique. Cet itinéraire suit en partie la route que prirent Lewis et Clark, le long de la rivière. Partez de sa rive est et dirigez-vous vers le nord depuis la capitale de l'État, Bismarck, sur la N. Dak. 1804 (baptisée en l'honneur de l'année de l'expédition). Vous traverserez bientôt le site historique de Double Ditch, ancien village des Mandans, l'une des premières tribus indiennes croisées par les explorateurs. De là, continuez sur 48 km jusqu'à Washburn et suivez les panneaux indiquant le North Dakota Lewis and Clark Interpretive Center, qui vous renseignera sur l'expédition et plus particulièrement sur son séjour à Fort Mandan. Vous y verrez aussi des objets fabriqués par les différentes tribus indiennes rencontrées en route. Non loin de là, le Fort Mandan a été reconstitué à quelques encablures de l'emplacement où les explorateurs passèrent l'hiver 1804-1805. Lewis et Clark y firent la connaissance du marchand québécois Toussaint Charbonneau, dont l'épouse, Sacagawea, Indienne de la tribu shoshone, leur servit de guide.

Les tribus mandans et hidatsas

L'habitat traditionnel des Mandans et Hidatsas du Dakota du Nord se caractérisait par une ossature en bois couverte de branches de saule, d'herbe et de mottes de terre. Chaque foyer pouvait accueillir jusqu'à 17 personnes et était placé sous la responsabilité d'une matriarche, responsable de sa construction et de son entretien, ainsi que des cultures, du travail du cuir et de la couture. Ce sont les Mandans, apparus plus tôt, qui auraient appris aux nomades hidatsas l'art de construire ces maisons et de faire pousser maïs et légumes. Ils créèrent d'importants points d'échange sur le Missouri et se dotèrent de villages puissants et bien défendus.

> « Les falaises que nous avons vues aujourd'hui faisaient plus de cent pieds de haut… Une quantité considérable de pierres ponces et de lave se détache sous l'effet des pluies et de la fonte des neiges. »
>
> — MERIWETHER LEWIS

Pour voir l'une des rares terres sauvages des environs, faites un détour de 24 km au sud de Washburn par la N. Dak. 200A jusqu'au parc d'État et la réserve naturelle de Cross Ranch. Le paysage n'a pas changé depuis deux cents ans, quand la rivière coulait à sa guise à travers les prairies. Le parc possède des sentiers de randonnée, des terrains de camping et des canoës en location.

Retournez à Washburn et continuez vers le nord sur l'U.S. 83. Vous traverserez le cœur houiller de l'État jusqu'au Audubon National Wildlife Refuge, ensemble de zones protégées où viennent s'abriter la bernache du Canada, le pélican blanc, le pluvier siffleur (espèce menacée) et la grue du Canada. De là, suivez la N. Dak. 200 vers l'ouest en longeant la rive du lac Sakakawea. Vous franchirez le barrage de Garrison, l'un des plus grands barrages-remblais en terre au monde. À Pick City, continuez vers le sud sur la N. Dak. 200 jusqu'à la route 37, et suivez les indications pour arriver aux villages indiens classés de la rivière Knife. Continuez vers le sud

et traversez la paisible ville de Stanton, puis vers le sud-est sur la N. Dak. 200A jusqu'au site historique de Fort Clark, où vous pourrez vous promener à travers les vestiges archéologiques d'un village de terre mandan ainsi que le fort en lui-même, important comptoir du commerce des peaux construit en 1831. De là, mettez le cap au sud sur les N. Dak. 48 et 25, puis à l'est sur l'I-94 et suivez les panneaux du parc d'État de Fort Abraham Lincoln. C'est là que vécut le lieutenant-colonel George Custer, qui livra son dernier combat aux Sioux et aux Cheyennes à la bataille de Little Bighorn. Prenez la N. Dak. 1806 (année du retour des explorateurs) pour entrer dans le Dakota du Sud. À Mobridge, vous verrez la tombe de Sitting Bull, vainqueur de Little Bighorn, qui fut tué vers 1890, ainsi qu'un monument élevé à Sacagawea. Suivez la N. Dak. 1804 pour repasser dans le Dakota du Nord. Prenez l'U.S. 83 et traversez Strasburg, puis arrêtez-vous à la ferme qui vit naître un très célèbre musicien et animateur de télévision américain, Lawrence Welk, avant de rentrer à Bismarck.

DÉPART/ARRIVÉE Bismarck
ROUTES N. Dak. 1804, 200A, U.S. 83, N. Dak. 200, Country Road 37, N. Dak. 48, 25, I-94, N. Dak. 1806
DISTANCE 644 km
TEMPS DE ROUTE 7 heures
QUAND D'avril à fin octobre
INTERNET www.lewisandclarktrail.com

Temps forts

- Le site historique des villages indiens de la rivière Knife a été habité pendant des milliers d'années par des tribus de chasseurs-cueilleurs. L'exposition du centre d'accueil, la maison en terre traditionnelle et la visite des deux villages hidatsas lèvent un coin de voile sur leur mode de vie.

- Parmi les nombreuses attractions du parc d'État de Fort Abraham Lincoln, admirez le village mandan reconstitué à On-A-Slant et le QG où vécut le général Custer.

Maison de terre reconstituée avec son mobilier et ses outils dans le village de la rivière Knife

ÉTATS-UNIS
Les Black Hills

Riches en or et en histoire, les hautes crêtes et grottes profondes des Black Hills sont sacrées pour les Indiens lakotas. Préhistoire, ruée vers l'or, vie sauvage, formations rocheuses impressionnantes et sculptures monumentales sont au programme de cet itinéraire.

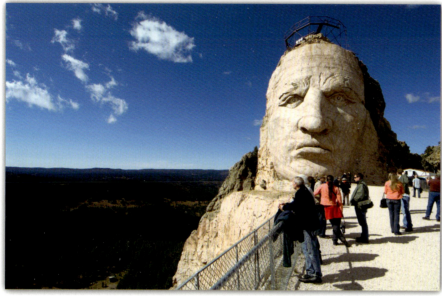

Commencé en 1948, le monument au chef indien Cheval Fou est toujours inachevé.

Temps forts

- La grotte du monument national de Jewel Cave, près du monument à Cheval Fou, regorge de cristaux. C'est la deuxième plus longue au monde, avec plus de 200 km cartographiés.

- Visitez le parc d'État de Custer, qui jouxte le parc national de Wind Cave, pour observer bisons, cerfs, antilopes et chiens de prairie en liberté.

- Les Reptile Gardens, à 5 min au nord du parc Bear Country USA, feront le bonheur des enfants : serpents (dont des boas constricteurs), lézards, tortues, alligators, etc.

Visitez le musée de Géologie de Rapid City, à l'est des Black Hills, pour comprendre comment s'est formé le relief des environs. Puis prenez la route I-90 (U.S. 14) vers le nord-ouest et passez le cimetière militaire pour aller à Sturgis, où se trouve un intéressant musée de la Moto. À l'est de la ville, sur la S. Dak. 34, se trouve le musée de Fort Meade, poste-frontière érigé après la bataille de Little Bighorn. Revenez sur vos pas et prenez l'I-90 vers Spearfish, où vous verrez l'écloserie nationale historique de D.C. Booth, ouverte en 1896 pour introduire la truite dans la région. Dirigez-vous ensuite vers le sud sur la Spearfish Canyon Scenic Byway (U.S. Alt. 14) pour atteindre Lead, ville créée en pleine ruée vers l'or, où vous visiterez le Black Hills Mining Museum et la mine de Homestake. Plus loin se trouve Deadwood, connue pour son casino, où le musée Adams vous racontera l'histoire locale, dont celle de « Wild Bill » Hickok, qui fut tué dans un saloon en pleine partie de poker. Faites-vous orpailleur à la mine de Broken Boot avant de prendre l'U.S. 385 vers le sud et le monument érigé à la mémoire du chef indien Cheval Fou, plus grand que celui du mont Rushmore. Puis prenez la S. Dak. 89 et l'U.S. 18 vers l'est pour atteindre le site paléontologique de Hot Springs, où ont été retrouvés des ossements de mammouths. L'U.S. 385 vous conduira au parc national de Wind Cave, dont le réseau de grottes est l'un des plus étendus au monde. Continuez vers le nord sur la Needles Highway (S. Dak. 87), à travers un paysage d'aiguilles de granite, et prenez l'U.S. Alt. 16 jusqu'à Keystone, avec ses restaurants et boutiques. L'U.S. 16 vous emmènera au parc animalier de Bear Country USA, où grizzlis et ours noirs s'ébattent en liberté. Vous rentrerez à Rapid City en 10 min.

Excursion Depuis Keystone, un petit crochet par la S. Dak. 244 vous conduira au plus célèbre monument des États-Unis : le mémorial du mont Rushmore. De 1927 à 1941, les visages des présidents Washington, Jefferson, Lincoln et (Theodore) Roosevelt y furent sculptés, essentiellement à la dynamite : 450 000 tonnes de roche furent arrachées à la paroi. Celle-ci est éclairée les soirs d'été et vous pourrez l'admirer avec un discours, un petit film et l'hymne américain en sus !

Ci-contre : aiguilles granitiques du parc d'État de Custer

DÉPART/ARRIVÉE Rapid City
ROUTES I.-90 (U.S. 14), S. Dak. 34, U.S. Alt. 14, U.S. 385, S. Dak. 89, U.S. 18, S. Dak 87, U.S. Alt. 16, U.S. 16
DISTANCE 415 km
TEMPS DE ROUTE 6 heures
QUAND Toute l'année
INTERNET
www.blackhillsbadlands.com

ÉTATS-UNIS
Sur la trace des dinosaures

Canyons de roche ocre et rivières bordées de peupliers coulant à travers des plaines arides : cet itinéraire de toute beauté vous impressionnera encore plus par les fossiles et empreintes de dinosaures que vous verrez dans ses musées.

La ville de Dinosaur doit son nom à ses tout premiers habitants : quittez-la vers l'ouest par la route U.S. 40 et vous les découvrirez, sous forme de milliers de fossiles, à la carrière de dinosaures de Jensen. Puis continuez vers Vernal pour visiter le Dinosaur Garden au musée du parc Utah Field House of Natural History, qui possède 18 dinosaures grandeur nature, dont le célèbre Utahraptor, énorme prédateur découvert en 1991. La route passe par la forêt nationale d'Ashley et s'engage dans l'Indian Canyon. Elle grimpe ensuite jusqu'au col d'Indian Creek (2 772 m), bordé d'abruptes parois rocheuses et de conifères, avant de redescendre sur la petite ville de Helper. Suivez la rivière Price vers la ville du même nom et visitez le musée de la Préhistoire du College of Eastern Utah, puis roulez vers le sud-est sur 96 km à travers un paysage vallonné pour rejoindre l'I-70. Tournez à nouveau vers le sud en prenant l'U.S. 191 en direction de Moab. Au bout de 26 km, faites un petit crochet sur la droite (route en terre, impraticable par temps de pluie) pour découvrir les fossiles du Mill Canyon Dinosaur Trail. Juste avant Moab, bifurquez pour aller au parc national d'Arches. Laissez votre voiture pour admirer les formations rocheuses qui ont fait la célébrité de la région. Prenez ensuite la Colorado River Scenic Byway (Ut. 128) à Moab et allez jusqu'à Fruita (Colorado) pour visiter un autre musée consacré aux dinosaures. De là, faites un crochet pour aller au Colorado National Monument, parc célèbre pour ses gorges et monolithes, et savourez la vue depuis la route panoramique (Rim Rock Drive, 37 km). Rentrez à Dinosaur par les routes Colo. 139 et 64, le col Douglas (2 510 m) et l'espace historique national du « canyon peint », couvert d'au moins 200 peintures et sculptures rupestres amérindiennes.

Excursion Pour visiter la **carrière de dinosaures de Cleveland-Lloyd**, principale collection d'ossements dinosauriens du jurassique, quittez Price vers le sud par la route Ut. 10 sur 19 km jusqu'à l'Ut. 155. Puis prenez la direction d'Elmo et suivez les panneaux. Plus de 12 000 os et un œuf ont été exhumés à ce jour, mais d'autres attendent encore sous terre. Le centre possède un squelette complet d'allosaure, l'un des plus grands carnivores du jurassique, ainsi qu'un stégosaure reconstitué.

DÉPART/ARRIVÉE Dinosaur
ROUTES U.S. 40, 191, 6, I-70, Ut. 128/ Colorado River Scenic Byway, Colo. 139, 64
DISTANCE 770 km
TEMPS DE ROUTE 10 heures
QUAND De mai à octobre
À SAVOIR Les petites routes latérales, en terre, sont parfois impraticables en cas de pluie ou de neige.
INTERNET www.dinosaurdiamond.org

Paléontologues dégageant méticuleusement un fossile à la carrière de dinosaures de Cleveland-Lloyd

Cactées et fleurs de printemps dans un canyon des Superstition Mountains

Temps forts

■ **Goldfield** est une ville fantôme que le tourisme a su ressusciter : petit train panoramique avec trajet commenté (3,5 km), visite de la réplique de la mine et des musées, équitation, restaurants et saloons.

■ Le centre d'accueil du **Theodor Roosevelt Dam** vous expliquera comment les quatre lacs de la région furent créés au début du XXe siècle. Vue imprenable depuis la plate-forme d'observation.

■ Les Salados vivaient dans des grottes bien défendues autour du Tonto Basin. Le centre d'accueil du **monument national de Tonto** propose un sentier de randonnée jusqu'aux grottes les plus basses, avec 20 pièces bien conservées. Celles du haut sont encore plus spectaculaires, mais la randonnée qui y conduit (circuit de 3 heures) est à réserver à l'avance.

ÉTATS-UNIS

La piste apache

Suivant les anciennes sentes des Apaches, cette route pas entièrement bitumée offre une vue époustouflante sur les Superstition Mountains, massif escarpé de l'est de Phoenix, les canyons arides de la Salt River et des lacs de désert aux eaux limpides.

Pour traverser les splendides Superstition à la façon des Indiens ou des pionniers européens, partez d'Apache Junction et prenez la route Ariz. 88, qui va vers le nord et passe par la ville fantôme de Goldfield avant de prendre de l'altitude. La légende veut qu'un certain Jacob Waltz, dit le Néerlandais, y ait découvert une mine d'or et caché son trésor dans les années 1870. Vous pourrez faire un crochet par la Weaver's Needle, aiguille volcanique (1 387 m) visible au nord. À l'intérieur de l'immense forêt nationale de Tonto, la route serpente entre les cactus jusqu'à un point de vue sur le Canyon Lake, dont le bleu vif tranche sur le fond rocailleux des falaises. La route contourne le lac sur plusieurs kilomètres, monte puis redescend sur Tortilla Flat : cette ancienne étape pour les diligences, unique ville de ce parcours, semble tout droit sortie d'un décor de western, avec son bar où l'on s'assied sur des selles et qui sert un « killer chili » ! Passé Mesquite Flat, la route, en terre, se dirige vers Fish Creek Hill, principale attraction de votre itinéraire. Un court crochet à flanc de falaise vous offrira une vue panoramique sur le spectaculaire Fish Creek Canyon. Puis la route descend de près de 250 m en moins de deux kilomètres, avec des virages en lacet à peine plus larges que votre véhicule. Franchissez le pont à voie unique, puis suivez la crique et de petits torrents jusqu'à arriver en vue du lac Apache et des murailles de pierre *(painted cliffs)* des monts Mazatzal. La route serpente sur près de 15 km le long du lac et passe près de l'aire de loisirs de Burnt Corral pour atteindre le Theodore Roosevelt Dam. Entrez dans le monument national de Tonto pour admirer l'habitat traditionnel préhistorique du peuple salado.

DÉPART Apache Junction
ARRIVÉE Monument national de Tonto
ROUTE Ariz. 88
DISTANCE 74 km
TEMPS DE ROUTE 3 heures
QUAND Toute l'année, mais fortes chaleurs de juin à septembre
À SAVOIR Route de terre : évitez de rouler par temps de pluie.
INTERNET
www.arizonascenicroads.com

TOP 10

10 Pistes indiennes

Aussi belles que sacrées et chargées d'histoire, ces routes vous feront découvrir quelques-uns des plus beaux sites indiens des États-Unis.

❶ Mohawk Trail, Massachusetts

Le Mohawk Trail (route 2), au nord-est du Massachusetts, fut la première route panoramique classée des États-Unis (1914). Si vous aimez la randonnée et le rafting, faites étape dans la forêt régionale, où coule la Deerfield. Le parc de West Charlemont est consacré à la tribu mohawk et vous verrez des comptoirs indiens à Shelburne.

À SAVOIR Pour atteindre cette route de 61 km depuis Boston, prenez les autoroutes 90 et 91 jusqu'à la sortie pour l'autoroute 2. www.mohawktrail.com

❷ Minnesota Scenic Byway, Minnesota

Cette route à la beauté sauvage offre de superbes vues sur des forêts de feuillus, des escarpements de granite et de vastes prairies. Visitez le site historique de la Lower Sioux Agency, près de Morton, et celui du parc d'État de Fort Ridgely pour en savoir plus sur les Dakotas, premiers occupants de ces terres. Près de Mankato, la Winter Warrior Sculpture marque l'endroit où 39 d'entre eux furent pendus, en 1862.

À SAVOIR Itinéraire de 485 km suivant la Minnesota à l'est de Minneapolis. www.exploreminnesota.com

❸ Native American Scenic Byway, Dakota du Nord et du Sud

Cette route panoramique traverse quatre réserves de Sioux Lakotas. Un monument rend hommage au chef Sitting Bull à Standing Rock, tandis qu'un mémorial situé près de la Cheyenne marque le site du massacre de Wounded Knee (1890), qui scella la conquête de l'Amérique du Nord par les Européens.

À SAVOIR Itinéraire de 490 km partant de Pierre (Dakota du Sud) et suivant le Missouri vers le nord. www.byways.org

❹ Peter Norbeck Scenic Byway, Dakota du Sud

Cette boucle de 115 km au départ de Custer serpente à travers les Black Hills, sacrées pour les Sioux, et leur paysage de pics boisés, d'aiguilles rocheuses et de lacs aux eaux limpides. Ne manquez pas le Peter Norbeck Visitor Center et le Black Elk Wilderness.

À SAVOIR Partez de préférence en début d'été ou d'automne. www.byways.org

❺ Geronimo Trail National Scenic Byway, Nouveau-Mexique

Le territoire du chef apache Geronimo, l'un des adversaires les plus rusés de l'armée américaine, n'a presque pas changé en cent trente ans. Entre les montagnes densément boisées s'étendent d'immenses mesas arides où vivent élans et cerfs hémiones. Ne manquez pas le quartier historique et le musée de la ville de Truth or Consequences, qui doit son curieux nom à une émission de radio. Près de Winston se trouve la ville fantôme de Chloride.

À SAVOIR Demi-boucle de 250 km entre San Lorenzo et Beaverhead. www.geronimotrail.com

❻ Taos Enchanted Circle Drive, Noveau-Mexique

La région de Taos possède une nature magnifique et cet itinéraire de 130 km vous en fournira un excellent aperçu. Vous roulerez au nord et à l'est de la ville, en pleine forêt nationale de Carson, et longerez le Wheeler Peak, point culminant de l'État. Au centre se trouve le pueblo de Taos : ce village indien, habité sans interruption depuis plus de mille ans, est le seul à être inscrit à la fois au patrimoine mondial de l'Unesco et sur la liste des National Historic Landmarks.

À SAVOIR Voyagez de préférence de la fin du printemps à l'automne. www.go-newmexico.com

Ci-contre : les murs du pueblo de Taos, au Nouveau-Mexique, sont faits d'adobes, briques crues en terre mêlée de paille.

❼ Tuba City-Canyon de Chelly, Arizona

Le temps semble s'être arrêté quand on voit les familles hopis porter l'eau jusqu'à leur pueblo, au sommet de mesas. Cette route passe par le monument national Navajo, où vous pourrez marcher jusqu'aux villages de Keet Seel et Betatakin (XIIIe siècle), et va au monument national de Canyon de Chelly (vestiges de 2500 av. J.-C.).

À SAVOIR Routes empruntées : autoroute 160, Ariz. 564, Reservation Route 59, autoroute 191, Reservation Routes 12, 64 et South Rim Drive. www.arizonaguide.com

❽ Southeast Border Drive, Arizona

Le sud-est de l'Arizona est une région à la biodiversité unique, qui vit les chefs apaches Cochise et Geronimo faire la guerre aux Européens. Visitez le bastion de Cochise, près de Sunsites, et Tombstone, ville qui cultive le souvenir du far west.

À SAVOIR Les autoroutes 10, 80, 82 et 19 forment une boucle au départ de Tucson (485 km environ). www.arizonaguide.com

❾ Volcanic Legacy Scenic Byway, Californie/Oregon

Cette route de 800 km traversant les hauts plateaux volcaniques du nord de la Californie et du sud de l'Oregon passe par des sources chaudes, de vastes réserves naturelles et des chutes d'eau spectaculaires. Ne manquez pas le Lava Beds National Monument, le Mount Shasta et le Crater Lake.

À SAVOIR Depuis l'I-5 (Californie), prenez l'autoroute 36 jusqu'à Mineral et suivez la route panoramique jusque dans l'Oregon. www.volcaniclegacybyway.org

❿ Bigfoot Scenic Byway, Californie

Cette route suit le tracé du fleuve Klamath sur quelque 160 km, à travers un paysage parmi les plus sauvages de la Californie. Le sasquatch (Bigfoot), hominidé géant, y aurait été aperçu. Les tribus des Yuroks, Hupas et Karoks, au mode de vie très traditionnel, vivent le long du Klamath, où elles pêchent le saumon et la truite arc-en-ciel.

À SAVOIR Prenez l'autoroute 96 à Willow Creek. La route se termine à Yreka. Évitez l'hiver, froid et pluvieux. www.byways.org

ÉTATS-UNIS
La route 66

Cette route mythique reliant Chicago à Santa Monica a été inaugurée en 1926. Le tronçon que nous vous proposons vous plongera dans le décor d'un film hollywoodien des années 1950, avec ses restoroutes et ses motels.

Immortalisée par la chanson et le cinéma, la route 66 a été supplantée par bien d'autres autoroutes, mais continue d'exister sous forme de tronçons. Partez de Glenrio, ville pratiquement abandonnée à la frontière entre le Texas et le Nouveau-Mexique, et suivez la route d'origine vers l'ouest (I-40). Au bout de 65 km de terres arides, vous atteindrez Tucumcari, où le temps s'est arrêté en 1950. Quittez la route au niveau de Moriarty et prenez la N. Mex. 333 jusqu'à Albuquerque, dont la Central Avenue a conservé de nombreux bâtiments de l'âge d'or de la route 66, comme le KiMo Theatre, de style indiano-Art déco (1927). Reprenez l'I-40 pour accéder au pueblo indien de Laguna, puis suivez les N. Mex. 122 et 118 et entrez en Arizona. Rejoignez l'I-40 à la frontière, avant de faire un crochet par Holbrook, où vous admirerez le Wigwam Motel et ses 15 chambres-tipis en béton. Prenez l'U.S. 180 pour accéder à Flagstaff, porte d'entrée du Grand Canyon, en longeant les motels d'époque. Puis rejoignez l'I-40, qui s'enfonce dans un paysage de pins ponderosa, et sortez aussitôt après Ash Fork pour accéder au plus long tronçon demeurant de la route 66 d'origine. Seligman est la première d'une longue série de petites villes ayant conservé le charme des années 1950, avec leurs motels, leurs *drive-in* et leurs boutiques. Le paysage se fait de plus en plus désertique, et vous arrivez à Kingman, qui abrite un musée entièrement dédié à la route 66. De là, franchissez le col de Sitgreaves pour entrer dans Oatman, tout droit sortie d'un western, avec ses pseudo-duels au pistolet et ses mules semi-sauvages errant dans les rues. Vous roulerez enfin en plein désert avant de rejoindre l'I-40 et le fleuve Colorado à Topock.

DÉPART Glenrio
ARRIVÉE Topock
ROUTES I-40, N. Mex. 333, 122, 118, U.S. 180
DISTANCE 1180 km
TEMPS DE ROUTE 10 heures
QUAND Toute l'année
À SAVOIR La vieille route 66 n'est plus indiquée sur les cartes, mais on la voit longer l'I-40.
INTERNET www.historic66.com

Excursion Depuis Flagstaff, prenez l'U.S. 180 vers le nord pour arriver à la frontière sud du Grand Canyon, à 2 heures environ. Le Colorado s'est creusé un lit dans la roche rouge sur 450 km de long et jusqu'à 2 000 m de profondeur. Comme la route 66, ces gorges sont emblématiques des États-Unis. Admirez l'impressionnant panorama, promenez-vous le long du précipice ou descendez au fond à dos de mule. La vue sur le canyon à l'aube ou au coucher du soleil est un spectacle inoubliable.

Scène typique de la route 66, les néons de ce restoroute attirent les conducteurs adeptes de fast-food.

Ces petites barques de pêche ajoutent leurs couleurs au bleu irisé de la rivière, près d'Ocho Rios.

JAMAÏQUE

Sur les traces des flibustiers

Découvrez l'univers des pirates des Antilles, qui hantaient les mers dans le sillage des galions espagnols. Cet itinéraire vous conduira de savane verdoyante en champ de canne à sucre et de la montagne à la mer des Antilles.

Partez de Port Royal, qui fut un temps surnommée la «ville la plus vicieuse de la chrétienté», avant d'être anéantie par un séisme en 1692, avec ses milliers de pirates, de filles de joie et de réaux de huit. Redevenue petit port de pêche, la ville possède quelques intéressants vestiges, comme l'église Saint-Pierre (1725), qui abrite un ensemble de vases liturgiques en argent, offert, dit-on, par le pirate de légende Henry Morgan. Admirez aussi les créneaux de Fort Charles, relativement épargné par le tremblement de terre, même s'il s'est affaissé de 1 m. De Port Royal, empruntez les Palisadoes, route courant sur un isthme de 14 km, pour arriver à la capitale, Kingston. Prenez l'autoroute A1 vers l'ouest et vous passerez devant la maison de Bob Marley (musée) pour arriver à Spanish Town, qui possède d'intéressants vestiges de l'architecture coloniale. Continuez vers l'ouest sur l'A2 jusqu'à Negril, puis prenez vers le nord et offrez-vous un verre au très chic hôtel Round Hill, qui jouit d'une vue époustouflante sur la mer. De là, une route spectaculaire de 102 km longe la côte nord en passant par Montego Bay et jusqu'à Ocho Rios, où vous admirerez les chutes du Dunn, série de cascades et de lagons de 274 m de dénivelée. Sur la même route, devenue A3, Firefly, juste en dehors de Port Maria, fut la propriété de l'auteur britannique sir Noel Coward, non loin d'une cabane de pirate qui servit au capitaine Morgan. Continuez le long du littoral (A4) et passez Port Antonio, au pied des Blue Mountains. Arrêtez-vous au village de Boston Bay pour déguster le meilleur *jerk pork* de l'île, puis longez la pointe est pour redescendre sur Kingston.

DÉPART/ARRIVÉE Port Royal/Kingston
ROUTES A1, A2, A3, A4
DISTANCE 612 km
TEMPS DE ROUTE 6 heures
QUAND Toute l'année
À SAVOIR Prévoyez du temps car la route n'est pas toujours excellente.
INTERNET www.visitjamaica.com

FRANCE
À l'ombre du volcan

Beauté de la nature et tragique de l'histoire se mêlent intimement sur cet itinéraire : la végétation est luxuriante au jardin de Balata et dans la forêt tropicale, mais les ruines de Saint-Pierre rappellent la catastrophe de 1902.

La bibliothèque Schoelcher fut acheminée depuis Paris après l'Exposition universelle de 1889.

Temps forts

- Le jardin de Balata est un vrai paradis tropical appartenant à une villa créole des environs de Saint-Pierre. Vous y flânerez entre arbres fruitiers, orchidées, anthuriums et hibiscus.

- Le Musée vulcanologique de Saint-Pierre, fondé en 1932, expose des photographies et des objets autour de l'éruption de 1902, dont la cloche de la cathédrale déformée par la chaleur.

- Paul Gauguin vécut cinq mois près du Carbet. Visitez le musée Gauguin, qui conserve des reproductions de ses œuvres, sa correspondance et du mobilier d'époque.

Le 8 mai 1902, le volcan de la montagne Pelée entra en éruption après des siècles de sommeil, semant la mort et la désolation sur l'île de la Martinique. Partez de Fort-de-France, dont le boulevard du Général-de-Gaulle (RN 3) suit la rivière Madame vers Le Morne-Rouge avant de monter dans les faubourgs. Pour jouïr d'une vue imprenable sur la capitale, arrêtez-vous à l'église du Sacré-Cœur. Ce « Montmartre martiniquais » fut érigé en hommage aux victimes de la Première Guerre mondiale. La route continue ensuite de monter en lacets et passe devant le jardin de Balata tandis que l'air se rafraîchit nettement. Passez les deux Pitons bordés de bambous hauts de 30 m, de fougères et de végétation tropicale. Au carrefour de Deux-Choux, prenez la D1 en direction de Saint-Pierre et roulez vers la côte à travers un paysage de bananeraies. Jadis surnommé le petit Paris des Antilles, le port de Saint-Pierre prospéra jusqu'à l'éruption de 1902, durant laquelle une nuée ardente d'une température supérieure à 2 000 °C s'abattit brusquement sur la ville. Vous pourrez admirer l'escalier de l'ancien théâtre, la façade de la cathédrale, reconstruite à l'identique, ainsi que le cachot souterrain où était détenu celui qui fut le seul survivant de la catastrophe, un certain Louis Auguste Cyparis. Le train touristique proposant une visite commentée à travers les ruines porte d'ailleurs son nom. Prenez la RN 2 et longez la côte jusqu'à l'anse Turin, où vécut le peintre Paul Gauguin. Vous regagnerez Fort-de-France par cette même route, en passant par le village du Carbet, un lieu historique important car c'est ici qu'accosta Pierre Belain d'Esnambuc, futur fondateur de Saint-Pierre, et qu'il prit possession de l'île pour le compte de la France, en 1635.

DÉPART/ARRIVÉE Fort-de-France
ROUTES N3, D1, N2
DISTANCE 65 km
TEMPS DE ROUTE 2 heures
QUAND Toute l'année
INTERNET
www.martiniquetourisme.com

Un peu d'histoire Les férus de volcanologie ne manqueront la maison du Volcan sous aucun prétexte. Ce petit musée du Morne-Rouge (fermé le dimanche) est à 10 min de Saint-Pierre par la N2 et la N3. En plus des explications sur les phénomènes volcaniques, un film de 45 min présente des images de la ville avant et après l'éruption de 1902, ce qui permet de prendre conscience de l'ampleur de la catastrophe.

Ci-contre : la petite ville du Morne-Rouge, dans son écrin de verdure luxuriante

La sculpture mixtèque (ici à Mitla) se caractérise par ses motifs géométriques, qui supplantèrent le style figuratif des Zapotèques.

MEXIQUE
Un sentier précolombien

Des montagnes bleutées forment la toile de fond de cet itinéraire à l'est de la capitale de l'État d'Oaxaca, territoire traditionnel des Zapotèques et Mixtèques. L'architecture baroque y côtoie celle de fascinants sites archéologiques précolombiens.

Depuis la somptueuse et baroque Oaxaca, prenez l'autoroute 190 vers Santa María del Tule. Ce petit village s'enorgueillit d'un cyprès vieux de deux mille ans et large de 42 m, qui surplombe son église du XVIIe siècle. Roulez 10 min, puis prenez à droite vers Tlacochahuaya, village zapotèque dont l'église et le monastère s'élèvent à l'emplacement d'un temple préhispanique, dont ils recyclèrent les matériaux. Admirez les fleurs et les angelots sculptés, ainsi que les grandes orgues de 1620 restaurées. Un peu plus loin, prenez à droite la route en terre menant à Dainzú, cité en terrasse qui fut habitée vers 300 av. J.-C. Remarquez les bas-reliefs représentant un jeu de balle, sur les fondations d'un édifice pyramidal. Continuez votre route et tournez à gauche pour rejoindre Teotitlán del Valle, réputée pour ses tentures et tapis tissés main, ou roulez encore 10 min jusqu'à l'ancienne mine de sel de Lambityeco (VIIIe siècle). Puis vient Tlacolula de Matamoros, dont l'église de la Vierge renferme une chapelle baroque couverte de stucs polychromes et de miroirs. Tournez ensuite à gauche pour visiter Yagul, ancienne cité zapotèque fortifiée s'élevant sur une colline où plus de 30 tombes ont été mises au jour. Vous n'êtes plus très loin de votre destination, Mitla.

DÉPART Oaxaca
ARRIVÉE Mitla
ROUTE Autoroute 190
DISTANCE 56 km
TEMPS DE ROUTE 1 heure
QUAND Toute l'année
À SAVOIR Le site de Mitla est fermé le lundi.
INTERNET www.advantagemexico.com

Zoom À 4 km à l'est de l'autoroute 190 se trouvent les impressionnants **vestiges de Mitla**. Les Zapotèques, qui l'appelaient *Lyobaa* («lieu de repos» ou «cimetière»), y édifièrent une nécropole. Le site fut ensuite repris par les Mixtèques vers le XIe siècle. Il se compose de cinq ensembles d'édifices, dont deux entièrement excavés. Le plus spectaculaire est le *grupó de las Columnas*, sculpté dans le calcaire, avec ses patios, son escalier et ses motifs géométriques.

VIÊT NAM
En zone démilitarisée

Le Viêt Nam a été durablement marqué par la guerre. Une visite guidée à travers cette petite bande de terre comprenant l'ancienne zone démilitarisée vous plongera au cœur de l'histoire douloureuse de ce pays enchanteur.

Dông Ha, qui abritait une base de marines américains pendant la guerre (1965-1968), est le point de départ de cet itinéraire. Quittez la ville par l'autoroute 1. Vous apercevrez des tanks américains rouillant en plein air, le canon symboliquement tourné vers le bas, avant d'arriver au fleuve Bên Hai, à 15 km. Celui-ci a longtemps formé la frontière entre le Viêt Nam du Nord et celui du Sud, avec un no man's land sur 5 km de part et d'autre. Divers monuments s'élèvent sur la rive, dont le pont de Hiên Luong, détruit par les bombardiers américains en 1967. Revenez ensuite vers Dong Ha et prenez la route 9 vers l'ouest. Juste avant d'arriver à Cam Lô, où se trouvait une base d'appui américaine, vous pourrez tourner à droite pour aller à Côn Thiên, à 12 km : en 1967, la photo des soldats américains qui y étaient assiégés fit le tour du monde. De retour sur la route principale, vous trouverez à l'ouest de Cam Lô un sentier menant au sommet du Firebase Fuller (544 m), colline d'où l'artillerie projetait ses obus jusqu'à Khe Sanh, à 40 km. Continuez sur la route 9 pour accéder à la plantation située à l'emplacement du Camp Carroll, principale base de la zone avec ses 22 pièces d'artillerie. La route contourne un rocher pour arriver au «Rockpile», colline culminant à 230 m, ancien poste d'observation et position d'artillerie. Traversez des terres fertiles en direction du pont de Da Krông et cherchez la plaque marquant le point d'intersection avec la piste Hô Chi Minh. À l'ouest se trouve la principale base de combat américaine de la zone démilitarisée, Khe Sanh. De janvier à avril 1968, c'est là que la guerre fit rage avec le plus de violence. Le site a été transformé en musée.

Un peu d'histoire Au nord du fleuve Bên Hai se trouvent les tunnels de Vinh Môc, seul réseau de galeries souterraines préservé sur les 14 que compta la région. Les réfugiés d'un village de pêcheurs détruit par les bombes américaines y creusèrent pendant dix-neuf mois un tunnel de près de 2 km, avec des cellules familiales, des salles de lecture et même une maternité. De décembre 1967 à janvier 1973, près d'une centaine de familles y vécurent, sous un déluge de bombes quotidien, mais sans qu'une seule personne ne mourût. Dix-sept enfants y virent même le jour, symbole de la résistance d'un peuple. Environ 400 m de galeries sont aujourd'hui accessibles aux visiteurs.

DÉPART Dông Ha
ARRIVÉE Khe Sanh
ROUTES Autoroute 1, route 9
DISTANCE 102 km
TEMPS DE ROUTE 2 h 30
QUAND Toute l'année
À SAVOIR Les services d'un guide sont indispensables. Les mines ont déjà fait quelque 7 000 victimes depuis la fin de la guerre : ne vous aventurez pas en dehors des sites et des chemins balisés.
INTERNET
www.footprintsvietnam.com

Le pont Hiên Luong, sur le fleuve Bên Hai, a longtemps marqué la frontière entre les deux Viêt Nams.

CAMBODGE
Autour d'Angkor

Découvrez la riche civilisation khmère le long de cet itinéraire, entre son plus célèbre sanctuaire et le lit sculpté d'une rivière à Kbal Spean, en passant par des temples tapis au fond de jungles luxuriantes.

Le temple d'Angkor Vat se reflète à la tombée du jour dans son bassin aux tons lavande.

Temps forts

- Angkor Vat, le « temple de la ville » (XIIe siècle), est l'un des sanctuaires khmers les plus spectaculaires et les mieux conservés. Comptez au moins 3 à 4 heures pour en admirer l'architecture et les ornements sculptés, mais sachez que de nombreux visiteurs optent pour le passe trois jours.

- Situé à côté du parc national de Phnom Kulen, l'Angkor Centre for Conservation of Biodiversity œuvre à préserver la nature et la vie sauvage. Profitez de la visite guidée gratuite du site. Peut-être y verrez-vous un pangolin ou un porc-épic.

L'ancien village de Siem Reap est devenu un haut lieu du tourisme de masse, mais allez vers le nord et vous verrez bientôt le splendide sanctuaire d'Angkor Vat et le temple-montagne de Prè Rup, consacré en 961. Continuez sur la route 204 pour atteindre le prasat Phnom Bok, au sommet d'une colline de 212 m, à 24 km de Siem Reap. Ce temple, l'un des trois que fit ériger Yashovarman Ier (889-vers 900), le fondateur d'Angkor, possède des bas-reliefs bien conservés et des tours en ruine que vous pourrez escalader. L'endroit est parfait aussi pour assister au lever du soleil. Revenez sur vos pas jusqu'à Preah Dak et rendez visite à l'Association cambodgienne d'artisanat, où les villageois vendent leur production ainsi que du sucre de palme. Après les splendeurs d'un passé lointain, la route 67 vous conduira vers les horreurs d'un passé récent : le musée des Mines antipersonnel apporte un témoignage poignant sur ces armes, vestiges de la guerre entre les Khmers rouges et le Viêt Nam à la fin des années 1970. Continuez vers le nord et traversez Khnar Sanday pour arriver au Bantéay Srei, ou « citadelle des femmes », chef-d'œuvre de la période angkorienne. Ce temple présente une élégante structure en grès rose et de délicats bas-reliefs. À 18 km au nord coule la Kbal Spean, affluent de la Siem Reap. La culture khmère considérait l'eau comme un élément sacré, et les rochers formant le lit de la rivière sont richement ornés de sculptures religieuses. Vous pourrez les admirer le long d'un chemin ombragé et sans grande difficulté (1,5 km) dans le parc national de Phnom Kulen, où vivent 145 espèces d'oiseaux. Le mont Kulen avait une dimension religieuse avant Angkor, et vous pourrez admirer ses somptueuses cascades, si toutefois vous êtes prêt à débourser le droit d'entrée pour les étrangers.

Prolongations À 8 km au nord de Siem Reap par la rue Charles-de-Gaulle, le site d'Angkor Thom, ou « grande cité », est centré autour du Bayon, temple bouddhique construit par Jayavarman VII (1181-vers 1218). Il se distingue par ses tours ornées de gigantesques visages souriants et par ses bas-reliefs commémorant la victoire du souverain sur les Chams, en 1181. On peut aussi y voir des scènes de la vie quotidienne à Angkor.

Ci-contre : richement orné et de petites proportions, le temple de Bantéay Srei n'en a que plus de charme.

DÉPART Siem Reap
ARRIVÉE Kbal Spean
ROUTES 204, 67
DISTANCE 65 km
TEMPS DE ROUTE 2 heures
QUAND Toute l'année
À SAVOIR Achetez vos passes pour le parc archéologique d'Angkor au moins 24 heures à l'avance.
INTERNET www.tourismcambodia.org

INDE
Une tranche de Goa

Le long du littoral goanais se côtoient deux univers aussi fascinants l'un que l'autre : l'Inde hindoue, avec ses temples bariolés et son exubérance, et l'Inde des comptoirs portugais, avec ses églises baroques et ses monastères.

Le vieux Goa fut la capitale de l'empire portugais des Indes jusqu'en 1843, quand le gouvernement fut transféré à Nova Goa (aujourd'hui Panaji). Avant de vous mettre en route, flânez sur la place principale du vieux centre, à l'ombre de la cathédrale Sainte-Catherine, de la basilique du Bom Jesus et de l'église Saint-François-d'Assise, qui renferme de superbes fresques. Celle-ci abrite aussi le musée le plus intéressant de la ville, avec une collection de sculptures et une galerie de portraits des anciens gouverneurs. Partez des docks, où accostaient à une époque plus de mille bateaux par an, et montez sur Holy Hill, colline dominée par le clocher de 46 m de l'abbatiale Saint-Augustin. Puis quittez Velha Goa et prenez la NH 4A vers le sud. La route serpente en montant dans les collines, bordée d'anacardiers et de jaquiers. En une demi-heure, vous serez à Priol et Ponda, où vinrent se réfugier les brahmanes quand les missionnaires jésuites eurent fait détruire leurs temples. Vous trouverez trois grands sanctuaires à visiter : celui de Sri Mangesh, situé avant Priol, avec sa coupole jaune et blanc, est le plus richement orné, mais celui de Sri Lakshmi Narasimha, dans la jungle paradisiaque de Velinga, le surpasse sans doute en beauté. Le plus populaire, toutefois, est le temple de Sri Shanta Durga, près de Queula, si l'on en juge par la quantité de pèlerins achetant des offrandes de fleurs pour la prière de 13 heures. De là, la route traverse Borim et franchit la Zuari. Après le village de Camurlim, faites un crochet par le séminaire de Rachol, fondé en 1574. Son musée d'Art sacré possède plusieurs chefs-d'œuvre. Aux abords de Madgaon, vous longerez des églises érigées entre les rizières. La capitale commerciale de l'État a gardé son côté provincial ainsi que son cachet portugais et mérite la visite.

Excursion Roulez sur 13 km à l'est de Madgaon pour atteindre le village de Chandor. Vous y verrez la splendide Menezes-Bragança Mansion, joyau d'architecture portugaise du XVIe siècle. Sa façade est la plus longue de Goa, et sa décoration intérieure est une caverne d'Ali Baba d'antiquités et d'œuvres d'art. Les chambres à l'étage possèdent des miroirs dorés, des lits à baldaquin et de beaux fauteuils sculptés. La salle de bal renferme des chandeliers italiens, des miroirs flamands et un portrait du fondateur des lieux, Antônio Francisco Santana Pereira. La visite est gratuite, mais un don sera apprécié.

DÉPART Vieux Goa
ARRIVÉE Madgaon
ROUTES NH 4A, routes locales
DISTANCE 32 km
TEMPS DE ROUte 1 heure
QUAND Toute l'année
INTERNET www.goa-tourism.com

L'église Saint-Cajetan (XVIIe siècle), dans le vieux Goa, s'inspire de Saint-Pierre de Rome.

Ce paysage de champs vallonnés avec leurs meules de foin est typique du nord de la Roumanie.

Temps forts

- Pas moins de huit églises de la région sont inscrites au patrimoine mondial de l'Unesco, parmi lesquelles la biserica Sfintii Arhangheli, ornée de fresques anonymes (vers 1800). Demandez la clé au presbytère.

- À environ 1 km de Budeşti, la route donne l'impression de monter alors qu'elle descend. Cette illusion d'optique vaut le détour !

- Budeşti possède deux églises en bois, dont la superbe église Saint-Nicolas (1643). Construite pour l'aristocratie locale, elle possède quatre flèches à la base de son clocher, signe que la justice était rendue dans le village. Ses icônes sont du XVe siècle et les fresques d'Alexandru Ponehalschi, de 1762.

ROUMANIE

Bucoliques Maramureş

Ce paisible voyage à travers un paysage vallonné vous fera découvrir des villages où le temps semble s'être arrêté : les femmes y filent encore la laine à la main et la vie s'y écoule au rythme des semailles, des récoltes et des foins.

Depuis le centre de Baia Sprie, ancienne cité minière, prenez la DJ184 vers le sud et grimpez jusqu'à Şişeşti. Le musée-mémorial Vasile Lucaciu y retrace la vie de ce prêtre orthodoxe qui se battit pour les droits des Roumains de Transylvanie et fut surnommé le « Lion de Şişeşti ». Le bâtiment comprend un presbytère, une école et une bibliothèque, une église de 1890 et une autre, beaucoup plus vieille, en bois joliment orné. Continuez vers le sud-est jusqu'à Şurdeşti et tournez vers Copalnic-Mănăştur. Suivez les panneaux indiquant la biserica (« église »). Au bout d'une allée plantée de noyers se dresse l'église Sfintii Arhangheli (« des Saints Archanges »), dont le clocher culmine à 54 m, ce qui en a longtemps fait la plus haute des églises en bois d'Europe. Les faneurs se fient au son de ses cloches pour commencer et interrompre le travail aux champs. Les artisans fabriquent des râteaux, des fourches à foin et même des bijoux en bois. Revenez sur la DJ184 et tournez à droite pour atteindre la station de sports d'hiver de Cavnic. Repérez la falaise sur laquelle est peint le drapeau roumain : une légende dit que les rochers qui s'y trouvent sont en réalité des bottes de foin que saint Pierre pétrifia pour punir un paysan qui avait osé travailler le jour du Seigneur. Passé Cavnic, la route serpente à travers les sapins avant de franchir le col de la Neteda. Admirez la vue de l'autre côté, avec ses vertes prairies et les pics des Carpates à la frontière avec l'Ukraine. Descendez dans la vallée entre myrtes et bottes de foin jusqu'à arriver à Budeşti, l'un des principaux villages des Maramureş.

DÉPART Baia Sprie
ARRIVÉE Budeşti
ROUTES DJ184, routes locales
DISTANCE 40 km
TEMPS DE ROUTE 1 h 30
QUAND Toute l'année
À SAVOIR Les habitants portent leur costume traditionnel pendant l'Avent.
INTERNET www.visitmaramures.ro

TURQUIE

La « Côte d'Azur » turque

Comme il fait bon s'attarder sur cet itinéraire qui dévoile l'histoire de l'Asie Mineure ! Vous y découvrirez quelques-uns des sites et sanctuaires les plus célèbres de l'Antiquité, le long du rivage enchanteur de la mer Égée.

Élégantes colonnades du temple d'Apollon, à Didymes

Temps forts

- **Éphèse** fut longtemps la deuxième ville de l'Empire romain. Le site comprend un gymnase, un théâtre, un temple à Hadrien et de vastes demeures en terrasses. Admirez la façade de la bibliothèque de Celsus, soigneusement restaurée, ainsi que la basilique Saint-Jean, qui s'élèverait au-dessus du tombeau de l'apôtre.

- À **Fethiye**, visitez le tombeau d'Amyntas, creusé dans la falaise vers 350 av. J.-C. Vous pourrez aussi faire une croisière le long de la côte pour atteindre la vallée des Papillons, magnifique calanque où vit l'écaille chinée.

Smyrne, l'une des villes les plus cosmopolites de l'Empire ottoman, a laissé place à la moderne Izmir. De nombreux édifices témoignent de sa longue histoire, mais les plus beaux sont ceux de l'Antiquité, comme l'agora d'Alexandre le Grand, remaniée au IIe siècle par l'empereur romain Marc Aurèle. Vous visiterez aussi la forteresse d'Alexandre, sur la colline de Kadifekale, de préférence au coucher du soleil. Flânez enfin dans le bazar, au cœur de la ville, avant de prendre l'E881 vers l'ouest, puis de tourner vers le sud en prenant la route 35-39 à Çamlıçay pour arriver à Seferihisar en 45 min environ. Un crochet de 5 km vers l'ouest vous fera découvrir la cité grecque de Téos (remparts, théâtre, gymnase et temple à Dionysos). Prenez la D515 vers le sud sur 80 km pour atteindre Selcuk et les ruines d'Éphèse, qui fut un temps la deuxième ville de l'Empire romain. Reprenez la D515, puis la D525, jusqu'à Akköy et le site antique de Milet, réputé pour son grand théâtre, construit par les Grecs et agrandi par les Romains. Admirez aussi les thermes, le temple à Sérapis et les entrepôts. Continuez ensuite vers le sud sur environ 3 km pour arriver à Didymes. À l'époque antique, la route venant de Milet était bordée de statues en l'honneur de l'un des principaux temples du monde grec : le sanctuaire oraculaire d'Apollon (VIe siècle av. J.-C.). Ses vestiges ont gardé de leur majesté, avec des colonnes larges de 2,4 m et pouvant atteindre 20 m de haut. De là, empruntez les routes locales pour aller à Milas et continuez vers l'est en traversant Muğla et Ortaca, sur environ 120 km. À Ortaca, prenez vers l'ouest sur 5 km et traversez la paisible Dalyan pour atteindre Kaunos, célèbre pour ses tombeaux rupestres. Puis prenez la D400 et terminez à Fethiye, ancienne cité lycienne devenue station balnéaire, avec de nombreux sites à explorer.

Prolongations À environ 100 km au nord d'Izmir par la D650 se trouve Bergama, l'ancienne Pergame, haut lieu de la culture hellénistique. Ville à l'atmosphère détendue, elle abrite surtout de nombreux trésors archéologiques, dont un magnifique temple à Dionysos et un autre à Asclépios, qui servait de centre médical. C'est là qu'officia et enseigna le grand médecin grec Galien au IIe siècle apr. J.-C.

Ci-contre : la bibliothèque de Celsus (en haut) est considérée comme l'un des plus beaux édifices d'Éphèse.

DÉPART Izmir
ARRIVÉE Fethiye
ROUTES E881, routes 35-39, D515, D525, routes locales, D400
DISTANCE 523 km
TEMPS DE ROUTE 8 heures
QUAND Toute l'année
À SAVOIR De mi-juin à mi-juillet a lieu le festival international de Musique et de Danse à Izmir et Éphèse. Selcuk accueille entre autres un festival de lutte turque au mois de mai.
INTERNET www.goturkey.com

TOP 10

10 Routes de l'Antiquité

Si les grandes voies romaines rectilignes ont souvent disparu, les monuments de l'Antiquité, eux, demeurent, pour le plaisir de l'automobiliste.

❶ Damas-Alep, Syrie

La Via Recta, le fameux « chemin de Damas » de saint Paul, a gardé de belles arcades et colonnades. Prenez la M1 vers le nord et traversez les cités antiques de Hama et Homs avant d'arriver à Alep. Admirez ses sept portes ainsi que sa citadelle, qui connut une histoire pour le moins mouvementée.

INTERNET www.syriagate.com

❷ Corinthe-Mycènes-Épidaure, Grèce

De Corinthe, roulez vers le sud-ouest pour admirer les vestiges de la cité antique, avec son temple d'Apollon. Puis revenez sur vos pas et allez à Mycènes. L'ancienne capitale des Atrides servit de cadre à de nombreuses tragédies grecques. À une heure de route à l'est se trouve Épidaure, avec son sanctuaire d'Asclépios et son théâtre remarquablement bien conservé.

À SAVOIR Emportez une traduction d'Homère pour vous mettre dans l'humeur !
www.gnto.gr

❸ Pula-Split, Croatie

À six heures environ au nord de Pula et de son vaste amphithéâtre (pouvant accueillir 20 000 spectateurs) commence la Dalmatie, le « cœur » de la Croatie. Admirez le palais de Dioclétien (vers 300), à Split, mais aussi les sites archéologiques gréco-romains de l'île de Vis et de Salone.

À SAVOIR Visitez le musée des Monuments archéologiques croates à Split.
www.istria-pula.com

❹ Pompéi-Herculanum-Paestum, Italie

En 79, les cendres de l'éruption du Vésuve pétrifièrent la ville de Pompéi. Le site, à 40 min de Naples, est impressionnant à visiter, mais ne manquez pas le passionnant musée archéologique d'Herculanum, qui abrite les objets les plus fragiles. De là, prenez l'A3 jusqu'à la côte et Paestum, dont la « basilique » – ainsi appelle-t-on le temple d'Héra –, le forum et le temple de Poséidon sont tous bien conservés.

À SAVOIR Pour un détour gourmand, Battipaglia, près de Paestum, est réputée pour sa mozzarella au lait de bufflonne.
www.pompeiisites.org

❺ Agrigente-Sélinonte, Italie

Agrigente, l'une des plus belles cités de l'Antiquité, garde toute sa superbe. Remontez la Via Sacra d'est en ouest et admirez les temples d'Héra Lacinia, de la Concorde et de Zeus. De là, vous longerez la Méditerranée pendant deux heures sur la SS115 pour aller visiter les nombreux temples grecs de Sélinonte.

INTERNET www.regione.sicilia.it

❻ Nîmes-Arles, France

Depuis les remarquables arènes romaines de Nîmes (1er siècle), parcourez 19 km vers le nord-est pour arriver au pont du Gard et, à l'ouest, à la Via Domitia, qui traverse les vignes du Languedoc. Continuez vers le sud-ouest jusqu'à Arles, où vous admirerez d'autres arènes ainsi que la nécropole romaine des Alyscamps.

INTERNET www.tourisme.ville-arles.fr

❼ Mérida-Cadix, Espagne

De nombreux objets de la cité antique ont rejoint les collections du musée national d'Art romain, mais vous pourrez tout de même admirer le temple de Diane et l'arche de Trajan. De là, vous roulerez trois heures vers le sud et Cadix pour arriver au Prado del Rey et à Ubrique (Ocuri), site antique qui comprend un théâtre datant de 45 av. J.-C.

INTERNET www.cadizturismo.com

Ci-contre : après les courses de char et les combats de gladiateurs, les arènes d'Arles se sont reconverties dans la tauromachie.

❽ Le mur d'Hadrien, Royaume-Uni

Le mur d'Hadrien s'étend sur 117 km, soit 80 miles romains, mesurés à l'époque par le nombre de petites garnisons placées le long du tracé. Commencé en 122, cet ouvrage immense est le plus grand monument de l'Antiquité du nord de l'Europe. Il comprenait plus de 30 forts et servit longtemps à marquer la frontière de l'Empire romain. Partez de Newcastle, à l'est, et longez le mur jusqu'à Bowness-on-Solway en suivant l'A69 et la B6318.

À SAVOIR Le site du mur d'Hadrien (en anglais uniquement) propose d'excellents itinéraires thématiques avec carte interactive.
www.hadrians-wall.org

❾ Tripoli-Leptis Magna-Cyrène, Libye

Port naturel et capitale de la Libye, Tripoli porte la marque de plusieurs grandes civilisations, témoin l'arc romain de Marc Aurèle, bien conservé. À 130 km à l'est, la célèbre cité romaine de Leptis Magna (Lebda) possède quelques-uns des plus beaux vestiges antiques d'Afrique, notamment des thermes splendides. Toujours le long de la côte, mais à quatorze heures de route de Leptis Magna, la cité gréco-romaine de Cyrène étend ses ruines à travers le djebel Akhdar.

À SAVOIR Passez par une agence de voyages pour obtenir votre visa.
www.libyan-tourism.org

❿ Carthage-Bulla Regia-Dougga, Tunisie

Après avoir rasé Carthage en 146 av. J.-C., les Romains édifièrent sur ses ruines de grands monuments, des théâtres et les impressionnants thermes d'Antonin pour en faire la capitale de leurs colonies d'Afrique. Retournez vers Tunis et continuez sur 170 km jusqu'à Bulla Regia, dont les villas souterraines renferment de splendides mosaïques. Au pied des monts de Téboursouk, la ville romaine de Thugga (Dougga) est l'une des mieux conservées du continent.

À SAVOIR Le palais du Bardo, à Tunis, conserve les originaux des œuvres prélevées sur les sites.
www.tourismtunisia.com

TOP 10

10 Châteaux d'Europe

Au fil des siècles, les châteaux d'Europe ont perdu de leur vocation défensive et guerrière pour gagner en finesse et en grâce.

❶ Transylvanie, Roumanie

Avec leurs remparts, tourelles et pont-levis, les églises fortifiées de Transylvanie ont de vrais airs de châteaux. Partez de la ville de Sibiu, puis décrivez une boucle vers le nord et l'est *via* Braşov et les églises de Valea Viilor, Biertan, Saschiz, Dârjiu, Viscri, Prejmer et Cristian. Non loin de Braşov se trouve le château de Bran, plus traditionnel, dans lequel vécut le terrible Vlad l'Empaleur, dit Dracula (XVe siècle).

INTERNET www.romaniatourism.com

❷ Zagorje, Croatie

Le nord de la Croatie est parsemé de châteaux, de la côte jusqu'aux vignobles du Zagorje et au Danube, à l'est. La région fit longtemps office de zone-tampon entre l'empire des Habsbourg et celui des Turcs ottomans. Prenez vos quartiers à Varaždin, ville baroque dont vous admirerez le vieux centre fortifié (Stari Grad). De là, partez visiter Trakošćan et Veliki Tabor, deux des plus beaux châteaux du pays.

INTERNET www.croatia.hr

❸ Pouilles, Italie

À Otrante se trouve la forteresse qui inspira le premier roman noir « gothique » de l'histoire, écrit par Horace Walpole en 1764. Elle n'a pourtant pas grand-chose d'effrayant. De là, partez visiter les nombreux châteaux des Pouilles, talon de la « botte » italienne, construits ou restaurés par Frédéric II : Monopoli, Trani, Manfredonia, Monte Sant'Angelo et Lucera, pour finir par celui de Fiorentino (Torremaggiore), où le roi de Sicile et empereur germanique s'éteignit en 1250.

À SAVOIR La ville baroque de Lecce est un excellent point de départ.
www.viaggiareinpuglia.it

❹ Lac Léman, Suisse

Le château de Chillon, à l'extrémité orientale du Léman, est le monument le plus visité de toute la Suisse, bien que le lac soit tout entier bordé de châteaux et musées. Depuis Chillon, longez la rive nord en passant par les châteaux de Morges (collection de figurines historiques), Prangins (Musée national suisse), Nyon et Coppet.

INTERNET www.lake-geneva-region.ch

❺ Burgenstrasse, Allemagne/République tchèque

La route des châteaux, dessinée dans les années 1950, relie Mannheim à Prague sur plus de 1 200 km. Au programme, quelque 90 sites historiques, palais et manoirs. Vous admirerez l'impressionnant château de Heidelberg avant de traverser la Franconie et la ville de Bayreuth, rendue célèbre par Richard Wagner, et de passer en République tchèque. Fin de parcours à Karlštejn, aux portes de Prague, dont le château du XIVe siècle semble tout droit sorti d'un livre d'images.

INTERNET www.burgenstrasse.de

❻ Châteaux teutoniques, Pologne/Lituanie

L'ordre Teutonique, fondé au XIIe siècle, était à l'origine un ordre hospitalier chargé de veiller sur les pèlerins en Terre sainte. C'est lui pourtant qui créa la plus grande forteresse en brique au monde, à Marienburg (aujourd'hui Malbork, au nord de la Pologne). Couvrant 21 ha, elle pouvait loger jusqu'à 3 000 personnes. Partez du fort de Bytów, puis roulez vers l'est pour admirer Malbork et le château de Reszel. Puis entrez en Lituanie pour visiter les châteaux de Kaunas et Trakai, tout de brique et de pierre.

À SAVOIR Le passage de la frontière sur la via Baltica (E67) peut prendre du temps en été.
www.imperialteutonicorder.com

Ci-contre : situé au pied des sommets alpins, sur la rive du Léman, le château de Chillon est on ne peut plus romantique.

❼ Châteaux des îles, Danemark

Kronborg, près d'Helsingør (Elseneur), sur l'île de Sjaelland, est l'endroit où Shakespeare situa l'action d'*Hamlet*. Non loin se trouve l'ancien château royal de Frederiksborg. Roulez vers l'ouest et l'île de Fyn (Fionie) pour admirer le château d'Egeskov, avec ses douves (habité, mais ouvert au public en été), et celui de Holckenhavn, bijou Renaissance doté d'un agréable parc.

À SAVOIR Tous ces châteaux sont accessibles depuis Copenhague. www.visitdenmark.com

❽ Châteaux de la Loire, France

Le Val de Loire est une région idéale pour les promenades en voiture, avec ses nombreux châteaux, ses petites villes et ses grands vignobles. D'est en ouest, visitez Chambord, Chaumont, Chenonceau, Amboise (où mourut Léonard de Vinci), Villandry et Saumur. Vous pouvez leur consacrer une journée chacun !

À SAVOIR De nombreux châteaux proposent des spectacles son et lumière en été.
www.chateaux-de-la-loire.fr

❾ De Cashel à Killarney, Irlande

Commencez par le spectaculaire « Rock » de Cashel, résidence des rois de Munster. Roulez ensuite vers le sud et Cahir, puis Blarney, dont le château contient une pierre qui, si on lui donne un baiser, confère, dit-on, le don d'éloquence. Sacrifiez à la tradition ! Revenez ensuite à Blackrock, près de Cork, et finissez par le château de Ross, au parc national de Killarney.

À SAVOIR Pour vivre la vraie vie de château, passez une nuit dans un hôtel historique.
www.discoverireland.ie

❿ Algarve, Portugal

Partez de la jolie ville d'Évora, à l'est de Lisbonne, et roulez vers le sud-est et les villes de Valonga et Monsaraz, où des corridas ont lieu entre les remparts. Puis admirez les châteaux de Beja et Mértola avant d'arriver à Silves, qui fut la capitale de l'émirat d'Algarve. Vous y admirerez les vestiges d'un splendide palais mauresque, reproduit en plus petit dans la ville proche de Paderne.

À SAVOIR Après Silves, admirez la Punta de Sagres, point le plus à l'ouest du continent européen, et sa forteresse du XVIe siècle.
www.visitportugal.com

ALLEMAGNE
La Route romantique

Découvrez un univers féerique, fait de palais et de châteaux, de villes fortifiées et de merveilles de la nature le long de la mythique *romantische Strasse*, dans le sud de l'Allemagne (Bavière et Bade-Wurtemberg).

Temps forts

- Aujourd'hui comme hier, on n'entre dans Dinkelsbühl que par l'une de ses quatre portes. Derrière ses murs se découvrent les riches demeures des marchands et la **cathédrale Saint-Georges** (XVᵉ siècle), dont l'intérieur gothique inspire une immédiate sensation de sérénité.

- Le Musée municipal de Nördlingen possède une reconstitution d'une bataille de la guerre de Trente Ans (1634) avec 6 000 soldats de plomb.

Écrivains et artistes de l'ère romantique éprouvèrent le charme de Rothenburg ob der Tauber.

La célèbre Résidence des princes évêques de Würzburg, qui régnèrent sur la ville jusqu'en 1808, est le point de départ de cet itinéraire. Admirez la splendeur baroque de son escalier monumental et du plus vaste plafond peint au monde, œuvre du Vénitien Giovanni Battista Tiepolo (XVIIIᵉ siècle). Puis quittez la ville et suivez les panneaux de la *romantische Strasse* pour arriver au village vigneron de Tauberbischofsheim. Remontez ensuite la Tauber jusqu'à la ville thermale de Bad Mergentheim, où vous admirerez le palais Renaissance des grands maîtres de l'ordre des chevaliers Teutoniques. Puis viennent Weikersheim, dont le château est entouré de douves, et Creglingen, dont l'église du Seigneur (Herrgottskirche) est réputée pour son retable de la Vierge en bois de tilleul. Derrière ses remparts, Rothenburg ob der Tauber cache une ville médiévale parfaitement conservée. Plus au sud, Feuchtwangen possède une jolie vieille place de marché ainsi que des cloîtres romans. Toujours plus au sud, après la ville fortifiée de Dinkelsbühl, la route traverse l'intéressant paysage du Ries, cratère géant de 25 km de diamètre formé par l'impact d'une météorite il y a environ 15 millions d'années. Vous en aurez un bon aperçu en montant au clocher de l'église Saint-Georges de Nördlingen, autre jolie ville médiévale protégée par une ceinture de remparts avec 16 tours et cinq portes. De là, franchissez le Danube à Donauwörth et contournez Augsbourg. Le Lechfeld, au sud de la ville, fut en 955 le site d'une bataille décisive pour l'avenir de l'Europe, quand Otton Iᵉʳ le Grand, roi de Germanie, mit fin aux incursions hongroises païennes. Les contreforts des Alpes commencent après Landsberg am Lech, et la Route romantique prend fin à Füssen.

Étape plaisir Perché sur son rocher au milieu de la forêt, à 4,5 km à l'est de Füssen, le château de Neuschwanstein est une « folie » romantique commandée par Louis II de Bavière en 1868. C'est le point final – ou le point d'orgue – de la *romantische Strasse*. La plus belle vue est celle que l'on a depuis le Marienbrücke, pont suspendu à 90 m au-dessus d'un torrent de montagne. La décoration du château s'inspire des opéras de Wagner et d'une vision idéalisée du Moyen Âge.

Ci-contre : ruelles pavées du centre de Rothenburg ob der Tauber

DÉPART Würzburg
ARRIVÉE Füssen
ROUTES *Romantische Strasse*, routes locales, B25, B17
DISTANCE 350 km
TEMPS DE ROUTE 6 heures
QUAND Toute l'année
À SAVOIR Goûtez aux excellents blancs secs de Franconie, connus pour leur bouteille à large panse (*Bocksbeutel*).
INTERNET www.romantischestrasse.de

ITALIE
Les Pouilles historiques

Loin d'être la plus touristique, la région des Pouilles est magique, faite de plaines et de petites collines calcaires, à la pointe sud-est de la péninsule italienne. Parmi ses nombreux trésors figurent de splendides églises romanes.

Partez de la ville de Bari, dont le port et la banlieue semblent oppresser le vieux centre (*città vecchia*), avec son labyrinthe de ruelles et ses nombreux monuments. Admirez tout particulièrement la basilique San Nicola et la cathédrale San Sabino, les deux plus beaux exemples de l'art roman des Pouilles (XIIe siècle). Suivez ensuite la route SS16 en longeant la côte vers le nord-ouest et Trani, autre port animé aux maisons blanchies à la chaux et à la remarquable cathédrale romane (célèbre porte de bronze). Un peu plus loin, vous apercevrez la ville de Barletta, avec son église romane du Saint-Sépulcre et sa statue colossale en bronze (5 m) représentant l'un des derniers empereurs romains. Allez vers le sud sur la SS170 et traversez Andria, puis suivez les panneaux indiquant l'un des monuments les plus mystérieux du sud de l'Italie : le Castel del Monte, vaste forteresse de l'empereur germanique Frédéric II de Hohenstaufen. Construit vers 1240, ce château trahit une véritable obsession pour le chiffre huit : de plan octogonal, il comporte une cour à huit angles elle aussi, cantonnée de huit tours possédant chacune deux étages de huit pièces. Personne n'a encore percé ce mystère, mais le chiffre huit n'est certainement pas dû au hasard, car le Castel del Monte ne ressemble à aucun autre des quelque 200 châteaux que se fit construire Frédéric II à son retour des croisades. Arrachez-vous au charme fascinant des lieux et de leur cadre pour rouler vers l'est sur la SS170 jusqu'à Ruvo di Puglia, qui possède une autre cathédrale romane digne d'intérêt. Le dernier sanctuaire de votre itinéraire, de style roman lui aussi, se trouve à Bitonto, entre vignes et oliveraies. Vous n'aurez plus que 20 km à parcourir pour retourner à Bari par la SS98.

DÉPART/ARRIVÉE Bari
ROUTES SS16, SS170, SS98
DISTANCE 143 km
TEMPS DE ROUTE 2 h 30
QUAND Toute l'année
À SAVOIR Ne manquez pas de goûter au *canestrato pugliese* : ce délicieux fromage au lait de brebis et au goût corsé se sert traditionnellement râpé sur un plat.
INTERNET www.viaggiareinpuglia.it

Excursion La ville de Matera, à 65 km au sud-est de Bari, est réputée pour ses habitations troglodytiques. La Strada Panoramica vous permettra d'apercevoir les grottes, mais rien ne remplacera leur découverte à pied. Visitez notamment quelques-uns des 120 sanctuaires rupestres creusés dans la roche par les moines entre le VIIIe et le XIIIe siècle.

Profitez du *lungomare*, élégante promenade de bord de mer, à Bari.

Perché sur son piton, le château de Puilaurens domine la vallée de la Boulzane.

FRANCE

Sur les traces des cathares

Quand le catharisme se répandit dans le midi de la France, au début du XIIe siècle, l'Église lança une violente croisade pour éradiquer l'hérésie : une période trouble que retrace cet itinéraire reliant des châteaux spectaculaires sur les contreforts des Pyrénées.

Le donjon du château d'Arques (XIIIe siècle), dans son écrin de verdure, constitue le point de départ de votre itinéraire. Savourez la beauté de la vallée et visitez la maison de Déodat Roché (1877-1978), célèbre spécialiste de la question cathare. Prenez ensuite la D613 vers l'est, puis le nord et le château de Termes, dont les ruines s'élèvent sur le site d'un ancien bastion cathare tombé en 1210 face à l'armée de Simon IV le Fort. Reprenez la D613 pour vous rendre à Villerouge-Termenès, dont l'imposant château date du XIIIe siècle. La visite avec audioguide vous racontera l'histoire du dernier chef cathare, ou « parfait », Guillaume Bélibaste, qui fut condamné au bûcher en 1321. Revenez sur vos pas sur 3 km, puis allez vers le sud à travers les gorges du Torgan jusqu'au village de Padern, niché dans une vallée fertile entre des pics rocheux. De là, roulez sur 13 km jusqu'au château de Peyrepertuse, dont une partie remonte à l'époque des cathares. Le chemin qui grimpe au château vous prendra près d'une demi-heure, mais vous permettra d'admirer la chapelle fortifiée et le donjon. La vue sur la mer et les pics des Pyrénées est tout simplement éblouissante. L'étape suivante se trouve à 11 km au sud-est, avec le château de Quéribus, dont le donjon et la chapelle dominent la plaine du Roussillon. Mettez le cap au sud, puis à l'ouest en longeant la D117 pour admirer l'impressionnant château de Puilaurens, dressé sur son piton rocheux. La D117 vous conduira ensuite à Puivert, dont le château, malgré de robustes défenses, relève déjà plus du palais que du fort. Vous terminerez votre route au pied de Montségur.

Temps forts

■ Construit au pied d'un autre piton surmonté d'un château, Padern se trouve au cœur du vignoble des Corbières. Pour goûter au vin de cette appellation, rendez-vous aux Terroirs du Vertige, coopérative villageoise ouverte toute l'année. Cucugnan, (château de Quéribus) possède aussi une coopérative et des caves à visiter.

■ Le « pog » de Montségur est un éperon de roche volcanique culminant à 1 207 m au-dessus du petit village du même nom. Le lieu est associé à l'un des épisodes les plus sanglants de l'histoire des cathares : en 1244, ce fut le dernier grand bastion à être écrasé par l'armée royale. La montée est difficile, mais une vue superbe vous attend au sommet, ainsi que la possibilité de visiter les ruines du château du XIIIe siècle, construit sur un castrum antérieur. Juste derrière le château se trouvent les fondations du village cathare.

DÉPART Arques
ARRIVÉE Montségur
ROUTES D613, D117, routes locales
DISTANCE 182 km
TEMPS DE ROUTE 3 h 30
QUAND Toute l'année
À SAVOIR La spectaculaire ville fortifiée de Carcassonne, inscrite au patrimoine mondial, fait une excellente base de départ.
INTERNET
www.languedoc-france.info

FRANCE
Le Val de l'Indre

L'Indre n'a rien à envier à la Loire, dont il est l'affluent, pour ses châteaux et ses paysages. Remontez la rivière du confluent jusqu'à l'ancienne ville fortifiée de Loches, l'une des plus belles de la région Centre.

Le château de Montrésor renferme un riche intérieur Renaissance.

Temps forts

■ Le château d'Azay-le-Rideau (XVIe siècle) se dresse sur une île de l'Indre. Ses fondations surgissent littéralement de l'eau. Magnifiquement restauré, il possède un mobilier d'époque Renaissance.

■ Un petit crochet au sud-est d'Azay-le-Rideau vous conduira au village de Villaines-les-Rochers, réputé pour sa vannerie d'osier. Faites un tour par la boutique de la Coopérative de vannerie pour découvrir ses nombreux produits : paniers, corbeilles, hottes, etc. Admirez aussi les habitations semi-troglodytiques.

Situé sur la commune de Rigny-Ussé, le château d'Ussé semble tout droit sorti d'un conte de fées, avec ses tourelles se découpant sur la forêt. Vous ne serez donc pas surpris d'apprendre qu'il inspira Charles Perrault au moment d'écrire *la Belle au bois dormant*. Visitez le château, puis prenez la D7 vers l'est, avec l'Indre d'un côté et la forêt domaniale de Chinon de l'autre. De nombreuses routes latérales vous inviteront à explorer les petits villages situés au sud. Passez Azay-le-Rideau pour arriver à Saché, dont le château du XVIe siècle, niché entre les châtaigniers, servit de refuge à Honoré de Balzac. Il a été transformé en musée, et vous y verrez les éditions d'origine des œuvres du romancier ainsi que des épreuves soigneusement annotées.

La D17 continue à travers un joli paysage de vergers, châteaux, moulins, vallées boisées et villages au bord de l'eau. À Montbazon, montez au sommet du donjon (XIe siècle) pour savourer la vue. La petite ville de Cormery abrite les vestiges d'une abbaye bénédictine ainsi qu'une paroissiale du XIIe siècle, intéressante pour ses fresques et ses statues. Cormery est également réputée pour ses macarons. Continuez sur la D143 et la D17 vers Azay-sur-Indre, d'où vous accéderez à Loches *via* Chambourg-sur-Indre par la D17 et la D25. Avec son vieux centre érigé sur un promontoire surplombant l'Indre, Loches mérite amplement que vous lui consacriez quelques heures. Explorez ses rues bordées de maisons Renaissance et visitez son château, dont le donjon (XIIe siècle) fut construit par le roi Henri II Plantagenêt. Au XVe siècle, Charles VII offrit le château à sa favorite, Agnès Sorel, qui y vécut dans l'opulence. Elle repose à la collégiale Saint-Ours.

DÉPART Rigny-Ussé
ARRIVÉE Loches
ROUTES D7, D17, N143, D25, routes locales
DISTANCE 70 km
TEMPS DE ROUTE 2 heures
QUAND Toute l'année
À SAVOIR La vallée de l'Indre est sillonnée de nombreux sentiers de randonnée : achetez une carte à l'office de tourisme du Val de l'Indre (Montbazon).
INTERNET www.ot-valdelindre.com

Excursion Demeure du XVIe siècle entourée de remparts du XIe siècle, le château de Montrésor, à 24 km à l'est d'Azay-sur-Indre, vaut le détour. Vous y accéderez par la D10, qui longe la vallée de l'Indrois, affluent de l'Indre. Admirez le château et son parc à l'anglaise, puis flânez dans le village (impressionnante église du XVIe siècle) ou sur les berges de la rivière.

Ci-contre : le mariage du gothique tardif et du style Renaissance fait tout le charme du château d'Ussé.

Épreuve de lancer de tronc d'arbre aux jeux de Braemar : le kilt est de rigueur !

ROYAUME-UNI

Le Royal Deeside

La reine Victoria Iʳᵉ et le prince Albert furent si enchantés par la vallée de la Dee qu'ils y firent construire le château de Balmoral, leur résidence d'été. Parcourez la vallée depuis Aberdeen pour découvrir ses forêts, montagnes et châteaux romantiques.

Le port d'Aberdeen exerce un tel charme sur ses visiteurs qu'il est difficile de se résoudre à en partir. Ne manquez pas la Provost Skene's House (XVIᵉ siècle), le musée d'Art, qui possède une intéressante collection d'œuvres de l'école coloriste écossaise (début du XXᵉ siècle) et le musée de la Marine. Admirez les reflets du soleil sur le granite local de couleur pâle, qui vaut à Aberdeen son surnom de Granite City : en été, l'effet de scintillement est magique ! Prenez l'A93 vers l'ouest et tournez à droite juste après Peterculter pour accéder aux jardins et château de Drum (impressionnant donjon du XIIIᵉ siècle, palais du XVIIᵉ siècle). De retour sur l'A93, repérez les panneaux indiquant le château (hanté, dit-on) de Crathes : vous le reconnaîtrez à sa haute tour (XVIᵉ siècle). À Banchory, tournez à gauche pour prendre la High Street et faire un petit crochet jusqu'à Bridge of Feugh, où, au printemps et à l'automne, vous pourrez admirer le spectacle des saumons remontant les chutes vers leur lieu de reproduction. L'A93 continue vers l'ouest et Aboyne, puis Ballater, station thermale autrefois très courue. Puis la route longe la rive boisée de la Dee jusqu'à Crathie, dont la petite église reçoit d'illustres paroissiens en la personne de la reine Élizabeth et de la famille royale quand celle-ci séjourne à Balmoral. Vous apercevrez le château à travers la végétation du côté sud de la route. La ville de Braemar, au pied des monts Cairngorm, est célèbre pour son rassemblement sportif, où les clans écossais s'affrontent régulièrement au lancer de tronc ou de marteau. En fin de semaine, vous pourrez aussi visiter son imposant château, géré par une association locale. De Braemar, suivez les panneaux pour le Linn of Dee, l'un des points de vue favoris de la reine Victoria Iʳᵉ, paraît-il, où la rivière forme des rapides à travers un étroit passage rocheux.

DÉPART Aberdeen
ARRIVÉE Linn of Dee
ROUTES A93, petites routes
DISTANCE 109 km
TEMPS DE ROUTE 2 h 30
QUAND Toute l'année
À SAVOIR Le Royal Deeside et les monts Cairngorm sont un paradis pour la faune : on y aperçoit écureuils, martres et balbuzards.
INTERNET www.discoverroyaldeeside.com

Autres bonnes idées

❶ Le chemin du Roy, Canada
Cette route historique, construite dans les années 1730, relie la ville de Québec à Montréal. Remontez le Saint-Laurent sur quelque 280 km pour retracer l'histoire de la Nouvelle-France à travers quelques-uns des plus beaux villages du Québec et la charmante ville de Trois-Rivières.
www.lecheminduroy.com

❷ Le circuit des romans de Steinbeck, États-Unis
Cet itinéraire de 105 km relie les lieux où se déroulent plusieurs grands romans de John Steinbeck. À Salinas, sa ville natale, visitez le National Steinbeck Center et la Roosevelt School (West End School dans *À l'est d'Eden*), puis allez à Soledad (*Des souris et des hommes*), King City (*le Poney rouge*) et Jolon (*À un Dieu inconnu*).
www.steinbeck.org

❸ Archéologie sur la « côte d'or » de Hawaii, États-Unis
Cette boucle de 196 km au départ de Waimea traverse des parcs nationaux et des sites archéologiques majeurs avec vue sur la montagne et la mer. Admirez les pétroglyphes de Puako, le parc historique de Kaloko-Honokohau et le temple et autres vestiges de Pu'ukohola Heiau. Vous suivrez les routes 250, 270, 19, 190, la Hawaii Belt Road et de petites routes locales.
www.gohawaii.com

❹ Addis-Abeba-Lalibela, Éthiopie
Cet itinéraire de deux jours vous fera découvrir les fascinants hauts plateaux éthiopiens. D'Addis-Abeba, la capitale, partez explorer Bahir Dar et les chutes du Nil Bleu. Puis continuez vers l'est et les remarquables églises taillées dans la roche de Lalibela.
www.destination-ethiopie.com

❺ La route des Oliviers, Israël
La route des Oliviers d'Israël a été créée en 2008 pour promouvoir les valeurs de la paix, de la tolérance et du développement durable. Les quatre itinéraires proposés, de la Galilée au Néguev, sont une excellente occasion de découvrir les lieux sacrés et chargés d'histoire de Terre sainte.
www.routedesoliviers-israel.com

❻ Macao, Chine
La route historique reliant l'ancien port chinois à la ville portugaise, fondée en 1557, est classée au patrimoine mondial de l'Unesco. Vous y découvrirez un véritable patchwork architectural, du temple taoïste A-Ma (XVe siècle) à l'église de la Mère-de-Dieu, dont ne subsiste que la façade (1627). Admirez aussi la forteresse de Guia (1622).
www.macautourism.gov.mo

❼ La route Napoléon, France
La route Napoléon (N85) relie Golfe-Juan à Grenoble en suivant le trajet emprunté par l'Empereur de retour de l'île d'Elbe en 1815. Vous passerez par Grasse, capitale mondiale de la parfumerie, Digne-les-Bains, réputée pour sa lavande, et Gap, où le col Bayard (1248 m) vous fera accéder à la haute vallée du Drac.
www.route-napoleon.com

❽ L'arrivée des conquistadors, Mexique
Au début du XVIe siècle, l'expédition de Hernán Cortés entraîna la chute de l'Empire aztèque. Cet itinéraire de 80 km vous présente les traces de l'histoire préhispanique et de la conquête espagnole, de Quiahuiztlán, au sud, sur l'autoroute 180, jusqu'au port de Veracruz, fondé en 1519, à la « Villa Rica de la Vera Cruz » et aux vestiges de Cempoala.
www.visitmexico.com

❾ Bangkok-Ayuthia-Sukhothai, Thaïlande
À 64 km au nord de Bangkok se trouve la capitale historique du Siam, Ayuthia. Construite au XVe siècle, elle possède trois palais et 400 temples, dont l'immense Wat Yai Chai Mongkhon. Continuez cinq heures sur les routes 23 et 117 pour arriver à une capitale plus ancienne encore : Sukhothai (XIIIe siècle). Admirez ses ruines bien conservées sur 70 km² autour du Wat Mahathat.
www.sacred-destinations.com/thailand

❿ Le triangle moghol, Inde
Si vous ne craignez pas de partager la route avec les vaches et les dromadaires, partez du Fort Rouge de Delhi et roulez vers le sud (NH 2) jusqu'à Agra, ville du sublime Tadj Mahall, puis vers l'ouest pour admirer Jaipur et le fort d'Amber.
www.incredibleindia.org

⓫ La route des Saints, Pologne
La route des Saints relie 16 magnifiques églises de Cracovie. Visitez aussi la cathédrale de la colline du Wawel (XIVe siècle), avec ses 18 chapelles et sa nécropole royale. Montez au sommet du clocher pour admirer sa célèbre et énorme cloche.
www.krakow-info.com

⓬ Les villes du Moyen Âge, Allemagne
La Burgenstrasse (*voir aussi p. 271*) parcourt 1 207 km entre Mannheim et Prague. Vous y découvrirez des villes au charme rustique et médiéval, telles que Mosbach, Bad Wimpfen, Schwäbisch Hall et Rothenburg, dont vous admirerez les maisons à pans de bois et les églises gothiques.
www.cometogermany.com

⓭ Les châteaux d'Aragon, Espagne
Cet itinéraire de 120 km entre Huesca et Jaca présente un patrimoine islamique et chrétien. Visitez la Colegiata, église Renaissance construite sur les ruines d'un château mauresque à Bolea, le castillo de Loarre, château fort du XIe siècle sur des remparts romains, et le monastère Saint-Jean de la Peña (vestiges du XVIIIe siècle).
www.turismodearagon.com

⓮ Des tombeaux historiques, Irlande
À Glencolumbkille vivait un peuple pratiquant l'agriculture il y a 5 000 ans. Admirez ses tombes à Mainnéar na Mortlaidh et An Clochán Mór. Celles, moins élaborées, de Málainn Mhóir remontent pour certaines à 2000 av. J.-C. Puis allez vers Siglio pour visiter le cimetière mégalithique de Carrowmore, avec ses dolmens et cromlechs.
www.irishtourism.com

CHAPITRE

8

ROUTES GOURMANDES

Pour qui veut faire bon vin, bonne chère, tous les chemins mènent aux arômes. Les explorateurs du goût aiment conduire à travers les vignes et les vergers aux fruits gorgés de soleil, les marchés de rue croulant sous les victuailles, les fermes vendant leurs produits frais aux visiteurs, les ports de pêche à l'heure de la criée et ces auberges de campagne où une marmite fume toujours sur le feu. Les itinéraires que nous vous proposons sont un régal pour les yeux autant que pour les papilles. Découvrez les campagnes du Michigan, où au mois d'août, on se régale de cerises juteuses à souhait. Les amateurs de café et d'aventure iront chercher le meilleur nectar au fin fond de la forêt tropicale du Costa Rica, non loin d'une ville nommée Paradis. Une boucle à travers les vastes étendues de la vallée du Hunter, en Australie, vous fera découvrir une région viticole qui produit quelques-uns des plus grands crus du Nouveau Monde. Et en Sicile, vous admirerez de superbes sites archéologiques tout en sacrifiant aux plaisirs simples d'Épicure : miel, herbes aromatiques, raviolis aux pistaches et huiles d'olive parfumées provenant du fruit d'arbres centenaires... Bonne route et bon appétit !

À Cotignac (Var) comme dans de nombreux villages du bassin méditerranéen, on aime passer le temps aux terrasses des cafés, pour une pause gourmande à l'ombre.

ÉTATS-UNIS
Kentucky Bourbon Trail

Passez une journée ou deux dans les collines du centre du Kentucky. Les distilleries ne sont jamais à plus d'une heure de route l'une de l'autre et vous y goûterez aux meilleurs bourbons du monde, produits ici depuis des siècles.

Partez de Lexington et prenez l'U.S. 60 vers l'ouest et Versailles (sic!) en suivant les panneaux pour la Woodford Reserve, première distillerie sur votre route. Vous traverserez de vastes herbages où vivent de splendides pur-sang (ne manquez pas le Kentucky Derby, début mai). Quittez Versailles par l'U.S. 62 en direction de Lawrenceburg et faites étape à la distillerie Wild Turkey, dont les techniques de fabrication n'ont pas changé depuis des générations. De Lawrenceburg, roulez vers le sud sur 6 km sur l'U.S. 127 pour arriver à la distillerie Four Roses. Celle-ci propose une visite complète, avec dégustation du white dog, liqueur de maïs tirée de l'alambic et prête à être mise en fût. À 1 km environ sur l'U.S. 127 commence la Bluegrass Parkway, route touristique traversant les collines du Bluegrass. Allez vers l'ouest et Bardstown, autoproclamée « capitale mondiale du bourbon », et faites étape à l'Old Talbott Tavern, où cette liqueur ambrée est servie depuis plus de deux cents ans. Un petit crochet par la Ky 245 vous conduira à la distillerie Jim Beam, la plus grande de la région, en activité depuis sept générations. L'étape suivante est le Heaven Hill Bourbon Heritage Center, fondé à la fin de la prohibition, dans les années 1930. Remarquez les entrepôts qui ponctuent le paysage en continuant sur la Ky 49 et passant Loretto. Ne manquez pas la dernière distillerie, Maker's Mark, dont les splendides bâtiments noir et rouge tranchent sur le vert émeraude des collines avoisinantes. À ce décor de carte postale s'ajoutent des pelouses de toute beauté, où vous pourrez vous promener. Rentrez à Lexington en roulant vers l'ouest et Springfield, puis vers le nord sur la Ky 555 avant de reprendre la Bluegrass Parkway.

Prolongations Après la troisième ou quatrième distillerie, il sera grand temps de faire une pause ! Prenez l'U.S. 31 au centre de Bardstown et parcourez 40 km vers le sud-ouest. Vous arriverez à Hodgenville et à l'**Abraham Lincoln Birthplace National Historic Site**. Visitez le musée et voyez la ferme où Lincoln passa ses cinq premières années (Knob Creek Farm). Sa famille y louait une partie des terres. Knob Creek est aussi une célèbre marque de bourbon.

DÉPART/ARRIVÉE Lexington
ROUTES U.S. 60, 62, 127, Bluegrass Pkwy, Ky 245, 49, 555, routes locales
DISTANCE 317 km
TEMPS DE ROUTE 5 heures
QUAND Toute l'année
À SAVOIR Vérifiez les horaires d'ouverture des différentes distilleries. Le taux d'alcoolémie maximum toléré est de 0,8 g/l dans le Kentucky.
INTERNET www.kybourbontrail.com

La distillation traditionnelle du bourbon fait appel à ces alambics en cuivre.

Les vignes de Californie sont généralement vendangées en octobre.

ÉTATS-UNIS

Les vignobles de la Napa Valley

Les vignobles des vallées de Sonoma et Napa sont facilement accessibles depuis San Francisco. Cet itinéraire vous fera découvrir les charmes du nord de la Californie, avec ses forêts de séquoias, ses plages secrètes et ses jolis petits villages.

Partez de San Francisco vers le nord par l'U.S. 101 et franchissez le pont du Golden Gate. Passé le tunnel vous attend la jolie ville de Sausalito, avec une vue imprenable sur la baie. Quand vous aurez atteint Petaluma, construite au XIXe siècle, prenez la Calif. 116 vers l'est et la vallée de Sonoma, berceau de la viticulture californienne. Plusieurs grands domaines y furent créés dans les années 1850. Arrêtez-vous à Sonoma, sur la Calif. 12, et visitez le parc historique régional, avec sa mission de 1823 et autres curiosités. La route serpente ensuite à travers les terres. Arrivé dans les faubourgs de Santa Rosa, prenez la route de Calistoga sur votre droite. Au croisement avec la Petrified Forest Road, tournez à nouveau à droite. À 6 km environ avant Calistoga, vous atteindrez la forêt pétrifiée, dont les séquoias succombèrent à une éruption volcanique il y a 3,4 millions d'années puis se fossilisèrent au fil des siècles. Vous entrerez alors dans la Napa Valley, avec ses nombreux domaines tels que Krug, Beaulieu ou Beringer. Les sources thermales de Calistoga et son geyser (Old Faithful) attirent les visiteurs depuis 1859. Pour rentrer à San Francisco, roulez vers le sud et traversez Saint Helena et Napa (Calif. 29), puis longez San Pablo Bay sur la Calif. 37 avant de rejoindre l'U.S. 101.

DÉPART/ARRIVÉE San Francisco
ROUTES U.S. 101, Calif. 116, 12, Calistoga Road, Petrified Forest Road, Calif. 29, 37
DISTANCE 274 km
TEMPS DE ROUTE 4 h 30
QUAND Toute l'année
À SAVOIR En cas d'infraction, votre responsabilité peut être engagée à partir de 0,5 g/l en Californie.
INTERNET www.napavalley.com

Zoom Le zinfandel est l'un des cépages rouges les plus utilisés par la viticulture californienne. Généralement vinifié en rouge, il produit des vins aux notes de poivre, de framboise ou de cerise, auxquels les tanins confèrent de belles textures. Le comte Ágoston Haraszthy, fondateur du domaine historique de Buena Vista Carneros, fut le premier à introduire ce cépage en Californie. La cave d'époque (1862) organise encore des dégustations quotidiennes.

TOP 10

10 Produits frais américains

Les États-Unis ne sont pas que le pays du fast-food : faites le plein de produits frais sur ces routes de campagne pour vous en convaincre !

❶ Le fromage du Vermont

En hiver, saison du fromage artisanal, suivez la Vt 22a à travers les collines et pâturages du Cheese Trail, de Bennington à Middlebury (sept petits producteurs dans les environs), puis Burlington. En plus du célèbre cheddar affiné, les artisans se mettent à produire divers fromages au lait de chèvre et de brebis.

À SAVOIR La fête des Fromagers du Vermont a lieu tous les ans en juillet. www.vtcheese.com

❷ Les myrtilles du Rhode Island

Prenez la RI 77 de la ville historique de Tiverton Four Corners à Sakonnet Point et admirez un paysage fait de prés aux murets de pierre, de forêts et de vignes. Après une dégustation de vin, arrêtez-vous à Sakonnet pour un bon bol d'air marin. Rentrez à Tiverton pour savourer la glace à la myrtille de chez Gray's.

À SAVOIR Vous trouverez des myrtilles et des épis de maïs en vente au bord de la route au mois d'août. www.gonewport.com

❸ Citrouilles et chocolat de Pennsylvanie

De Philadelphie, prenez l'US 30 vers l'ouest jusqu'à Lancaster, où le musée de Landis Valley célèbre la récolte des citrouilles tous les ans en octobre. Le même week-end, la ville de Lititz organise une visite sur le thème du chocolat à travers plus de 20 lieux de dégustation. Faites comme les Amish : montez à bord d'une carriole à cheval à Bird-in-Hand ou Ronks et savourez les couleurs de l'automne.

À SAVOIR Les mordus du chocolat iront visiter le parc à thème Hershey, au nord-ouest de Lititz. www.padutchcountry.com

❹ Les pêches de Géorgie

La pêche est la spécialité de la Géorgie. Partez de Macon et allez vers Byron. Les fruits sont bien mûrs et juteux en juin. Assistez au Peach Festival de Fort Valley, où vous pourrez admirer (et goûter) le plus grand gâteau aux pêches au monde : avec ses 3,50 m de diamètre, c'est à la pagaie qu'il faut étaler la pâte à biscuit sur les morceaux de fruit !

À SAVOIR La route de la Pêche est la Ga 49, au sud de Byron. www.gapeachfestival.com

❺ Les cerises du Michigan

Début juillet, saison des cerises à travers le Michigan, Traverse City organise le festival national de la Cerise, créé en 1926. Le fruit s'y décline sous toutes ses formes (eau-de-vie, cheesecake, tourtes, soupes, etc.), et vous assisterez à de nombreuses démonstrations. Puis roulez vers le nord-ouest (goûtez au vin de cerise avec modération !) dans un paysage de vergers, de vignes et de forêts jusqu'à Glen Arbor, où toutes sortes de friandises vous attendent au Cherry Republic Shop.

À SAVOIR Réservez vos places pour la plupart des événements du National Cherry Festival. www.absolutemichigan.com

❻ Les vins du Missouri

Au XIXe siècle, les immigrants allemands fondèrent des domaines viticoles à l'ouest de Saint Louis. Visitez Hermann, charmante petite ville d'inspiration rhénane, à 129 km par l'US 44 et la Mo. 19. Le Hermann Wine Trail (Mo. 100) serpente sur 32 km à l'est, le long du Missouri, jusqu'à Berger, autre petit village vigneron. Plusieurs domaines de la route ouvrent leurs caves aux touristes pour des visites et dégustations.

À SAVOIR Hermann et Berger célèbrent toutes deux une fête du Vin en octobre. www.hermannwinetrail.com

Ci-contre : en septembre et octobre, la Pennsylvanie récolte ses citrouilles.

❼ Libre cueillette dans l'Idaho

À partir de l'été, pommes de terre, pommes et abricots abondent dans les potagers et vergers de montagne de l'Idaho. Pour remplir vos paniers, roulez vers le nord-ouest au départ de Boise et passez par Eagle pour aller à Emmett, dans le comté de Gem, à travers bois et vergers. Début août, recherchez les abricots Tilton, délicieusement acidulés. En septembre, diverses variétés de pommes vous attendent dans les fermes.

À SAVOIR Durant les mois d'été, les étals du bord de la route ploient sous le poids des fruits frais. www.rockypointorchard.com

❽ Les crustacés du Mississippi

Prenez l'US 90 pour longer la spectaculaire côte du golfe du Mexique. Les bateaux de pêche à la crevette mouillent au petit port de Biloxi et à Pass Christian, où vous dégusterez ces délicieux crustacés. Que vous les préfériez roses ou grises, munissez-vous d'une glacière ! Début mai, assistez à la bénédiction de la flotte, pittoresque coutume lancée en 1929 par des pêcheurs d'origine croate.

À SAVOIR La pêche a été affectée par la marée noire de 2010. www.gulfcoast.org

❾ Les agrumes de l'Arizona

Dans la région de Mesa, en mars et avril, roulez fenêtres ouvertes pour humer le doux parfum des orangers en fleur. Prenez l'Ariz. 202 jusqu'à la Reebs Road, qui vous conduira vers le sud jusqu'à la Val Vista Drive et l'East Brown Road. Stands et boutiques sont fermés de mai à octobre, mais vous pourrez continuer à acheter des tangerines à l'arrière des camionnettes.

À SAVOIR Mesa est à une demi-heure de route à l'est de Phoenix. www.mesa-goodlife.com

❿ Les crustacés de l'État de Washington

La saison du crabe commence en juin : c'est la période idéale pour découvrir les trésors culinaires du Puget Sound. Partez de Tacoma sur l'I-5 jusqu'à Bellingham en contournant Seattle et déjeunez de fruits de mer. Faites un détour par Whidbey Island en empruntant le ferry à Mukilteo.

À SAVOIR Cette région magnifique mérite bien une semaine. www.experiencewa.com

COSTA RICA
Un café au Costa Rica

Cette boucle vous emmène au sud-est de Paraíso, au cœur de la grande région caféicole du Costa Rica. Vous traverserez le splendide canyon de la sierra de Talamanca en longeant la rive du paisible lac de Cachí.

Paraíso mérite bien son nom de « paradis » : la ville est nichée au cœur d'un véritable jardin d'Éden et vous trouverez de fabuleux produits frais sur son marché paysan. Suivez la route serpentant sur 2,4 km pour arriver au mirador d'Orosí, d'où vous aurez une vue panoramique sur la vallée. La route descend ensuite à pic dans le canyon. Franchissant le río Aguacaliente, vous traverserez des plantations de caféiers au feuillage luisant jusqu'au village d'Orosí, adossé à des collines boisées. Admirez sa charmante église San José, dont les épais murs d'adobes et la charpente massive ont survécu à de nombreux tremblements de terre, puis visitez les bains thermaux situés à la sortie du village. Au sud d'Orosí, l'usine de café Beneficio Orlich se trouve à l'orée du parc national Tapanti Macizo de la Muerte, forêt humide à la végétation luxuriante et aux nombreuses cascades. Ce parc ravira les amoureux des oiseaux, pour qui il ouvre ses portes à 6 heures. Restez sur la route principale, qui franchit le río Grande d'Orosí sur un étroit pont suspendu. Tournez aussitôt à gauche pour suivre le cours de la rivière sur un tronçon de route en mauvais état. Au bout de 6 km, vous retrouverez une chaussée correcte près de la rive sud du lac de Cachí. Créé dans les années 1960 par la construction d'un barrage hydroélectrique sur le río Reventazón, il abrite aujourd'hui un abondant gibier d'eau. À la Casona del Cafetal, plantation de café et auberge du bord du lac, vous pourrez faire du bateau et pêcher, ou encore partir en randonnée à pied ou à cheval. Continuez vers l'est jusqu'à la Casa del Soñador, où vécut le sculpteur et « songeur » Macedonia Quesada, dont les enfants perpétuent l'art et vous offriront une tasse de café. La route tourne bientôt vers l'ouest et franchit le barrage de Cachí. À 8 km, guettez les panneaux indiquant Ujarrás, réputée pour son église. Continuez vers l'ouest pour rentrer à Paraíso.

Un peu d'histoire Les ruines d'Ujarrás s'élèvent au bord du lac de Cachí. L'église Notre-Dame de l'Immaculée Conception date de 1681, mais fut abandonnée en 1833 quand la vallée fut inondée. Du fait de la récurrence des inondations et des séismes, elle ne fut jamais reconstruite. Ses paroissiens ont laissé place aux pique-niqueurs.

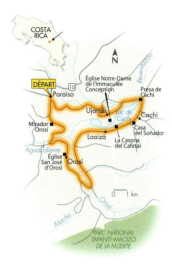

DÉPART/ARRIVÉE Paraíso
ROUTES 10, routes de montagne
DISTANCE 30 km
TEMPS DE ROUTE 1 heure
QUAND La saison sèche va de décembre à avril.
À SAVOIR Cet itinéraire peut se faire en une journée depuis la capitale San José.
INTERNET
www.visitezlecostarica.com

Le café de la vallée d'Orosí se récolte de septembre à février.

Le domaine de Cloudy Bay est l'un de ceux qui ont fait la réputation du sauvignon blanc du Marlborough.

Temps forts

- Le festival du Vin de Marlborough (février) est l'occasion de découvrir les meilleurs vins de la région, à marier avec de délicieux produits locaux.

- Au sud-est de Blenheim, le domaine Brancott, pionnier de l'industrie vinicole néozélandaise, propose des visites, un restaurant et une aire de jeux pour enfants.

- Dégustez les meilleurs fruits de mer et adonnez-vous aux sports nautiques dans le cadre sublime des Marlborough Sounds, où se trouve une réserve naturelle maritime.

NOUVELLE-ZÉLANDE

Le circuit du Marlborough

Le Marlborough est la principale région viticole de Nouvelle-Zélande. La vallée de la Wairau, inondée de soleil, assure plus de 70 % de la production. Au-delà du sauvignon blanc, les principaux cépages sont le riesling, le chardonnay et le pinot noir.

DÉPART/ARRIVÉE Blenheim
ROUTES New Renwick Rd, Terrace Rd, Rapaura Rd, Jefferies Rd, Jackson Rd, Hammerichs Rd
DISTANCE 42 km
TEMPS DE ROUTE 1 heure
QUAND Toute l'année
À SAVOIR Le restaurant Herzog's est fermé de mi-mai à mi-octobre.
INTERNET
www.destinationmarlborough.com

Située à la pointe nord de l'île du Sud et à quelques minutes de la côte seulement, la petite ville de Blenheim fait un excellent point de départ pour explorer cette région, avec plusieurs dizaines de domaines et de caves aisément accessibles. Promenez-vous en ville et goûtez à la cuisine locale dans les cafés et restaurants du centre. Puis roulez vers le sud en direction de Fairhall sur New Renwick Road et arrêtez-vous à Wither Hills, qui possède l'un des plus grands et plus impressionnants chais de la vallée. Plus loin se trouve le vaste domaine de Matua, réputé pour ses vins Shingle Peak : demandez qu'on vous montre le sommet auquel ils doivent leur nom depuis le jardin. Traversez la Cross Renwick Road pour arriver à Renwick, paisible endroit pour passer une nuit au cœur de cette région viticole. Passé la ville, roulez vers le nord sur Terrace Road jusqu'à Rapaura Road : son abondance de domaines, dont la plupart sont ouverts aux visiteurs, lui a valu le surnom de « Golden Mile ». Celui de Wairau River est une maison familiale, où vous pourrez déjeuner à la porte du chai. Goûtez notamment à la morue bleue, pêchée dans le détroit de Marlborough. À moins que vous ne préfériez le domaine du Français Georges Michel, plus au sud, sur Vintage Lane, et son petit restaurant niché entre les vignes. Le joli cottage Herzog's, que vous atteindrez par Jefferies Road, sert une cuisine aux influences méditerranéennes. De retour sur Rapaura Road, prenez la Jackson Road vers le sud pour arriver à Cloudy Bay, où vous dégusterez quelques-uns des meilleurs crus de la région. Le restaurant Gibb's, tout proche, sert une excellente cuisine dans un cadre bucolique. Rentrez à Blenheim par Hammerichs Road, où vous attendent d'autres domaines.

INDE
Bombay

Au cœur du Bombay colonial, perdez-vous dans le dédale des marchés aux épices et goûtez à la cuisine de rue, délicieuse et variée. Oubliez vos hamburgers : le fast-food en version indienne se mange tout frais, brûlant et diablement relevé.

La Haute Cour de Bombay, de style néogothique, fut achevée en 1878.

Temps forts

- Non loin de la Gateway of India, visitez le marché aux poissons de Colaba à l'aube, quand les femmes en sari trient la pêche.

- Le soir venu, la plage de Chowpatty a des airs de fête foraine : savourez l'atmosphère unique de ce lieu de rendez-vous des Mumbaikars (habitants de Bombay).

- Goûtez à la *kulfi* : cette glace aux parfums traditionnels (pistache, amandes, safran, figue, etc.) est un dessert rafraîchissant après un repas épicé.

La jetée d'Apollo Pier, au sud de la presqu'île de Bombay, est connue pour la *Gateway of India* (1924), arc monumental construit pour commémorer la visite de l'empereur George V en 1911. Ce fleuron de l'architecture coloniale est aujourd'hui l'une des principales attractions de la ville. Sur les quais grouillant de vie, des vendeurs de rue proposent des épis de maïs grillés à la braise tandis que les pêcheurs rentrent au port. En face du monument se dresse l'hôtel Taj Mahal, inauguré en 1903, avec sa coupole rouge. Prenez Mayo Road et admirez quelques-uns des fleurons de l'architecture néogothique, dont la Haute Cour et les imposants bâtiments de l'université, avec vue sur un parc où s'improvisent souvent des matchs de cricket. Tournez à droite dans Veer Nariman Road pour arriver à la fontaine de Flora, richement ornée. Juste derrière se trouve Horniman Circle, à la limite du périmètre de l'ancien fort, qui formait le cœur de la ville au XVIIIe siècle et a gardé un charme à part. Vous y trouverez de nombreux petits restaurants, souvent spécialisés dans les épais caris d'Inde du Sud à base de noix de coco, aux œufs de poisson et même au bébé requin ! Prenez Frere Road (P. D. Mello Road) pour arriver à la gare (Victoria Terminus), impressionnant bâtiment de style néogothique inscrit au patrimoine mondial. Sur les trottoirs avoisinants, de nombreux vendeurs de rue satisfont l'appétit des voyageurs pressés. Juste au nord de la gare, sur Dr D. N. Road, se trouve le marché Crawford, où le parfum des fruits et légumes frais flotte dans l'air. Certaines frises ainsi que la fontaine de ce bâtiment d'inspiration médiévale sont l'œuvre d'un certain Lockwood Kipling, le père de Rudyard, auteur du *Livre de la jungle*. Roulez ensuite sur Lokmanya Tilak Road (Carnac Road) et explorez les petites rues situées au nord si vous le désirez : vous y trouverez des aliments exotiques, des vêtements et des bijoux. Une fois arrivé à Marine Drive, remontez le front de mer jusqu'à Chowpatty Beach, plage emblématique de Bombay. Le soir venu, on vient s'y promener en famille et déguster des en-cas (*chaat*) aussi bien froids que chauds. Retournez-vous pour admirer la vue sur Marine Drive, à qui son chapelet de réverbères a valu le surnom de Queen's Necklace, autrement dit « collier de la reine ».

Ci-contre : souvent désertes l'après-midi, les plages de Bombay s'animent en fin de journée.

DÉPART Gateway of India (Bombay)
ARRIVÉE Chowpatty Beach (Bombay)
ROUTES Mayo Rd, Veer Nariman Rd, Frere Rd, Dr D. N. Rd, Lokmanya Tilak Rd, Marine Drive
DISTANCE 13 km
TEMPS DE ROUTE 30 min
QUAND D'octobre à février
À SAVOIR Soyez prudent si vous avez l'estomac sensible.
INTERNET www.mumbai.org.uk

AUSTRALIE
Les vins de la vallée du Hunter

Roulez à travers la basse vallée du Hunter, où la vigne prospère grâce à un riche sol volcanique. La région est parsemée de domaines viticoles, grands et petits : n'hésitez pas à vous aventurer de part et d'autre de la route.

Partez de Cessnock et roulez vers le nord sur Allandale Road. Vous arriverez à la Hunter Valley Wine Society, qui représente 80 vignerons de la région et propose une initiation au vin et à sa dégustation. Juste derrière, la Petersons Champagne House est spécialisée dans les mousseux, que vous pourrez déguster au bar à huîtres avec vue sur le lac. Puis prenez Broke Road vers l'ouest et tournez à gauche dans Halls Road pour faire étape au domaine de Pepper Tree, où vous trouverez un hôtel et un restaurant dans un cadre bucolique. Continuez vers l'ouest pour arriver au Blaxlands Restaurant & Wine Centre, où vous pourrez déguster un verre de vin du cru autour d'un feu de camp ou dîner en plein air (goûtez notamment à la langouste au wasabi). Au croisement entre Broke Road et McDonalds Road, suivez les panneaux indiquant les McGuigan Cellars et la Hunter Valley Cheese Company, qui organisent des visites jumelées : les fromages corsés s'accommodent à merveille avec les vins locaux. Quant au Smelly Cheese Shop, tout proche, c'est une épicerie fine où vous trouverez des fromages, de la charcuterie et des olives du monde entier. Plus au sud sur McDonalds Road se trouve le domaine de Tamburlaine : participez à l'une des visites suivies de dégustation pour écouter les employés défendre avec passion la philosophie de la viniculture bio. Sur une colline surplombant le domaine Lindemans, véritable institution datant de 1843, se trouve la meilleure aire de pique-nique de la vallée. Vous profiterez peut-être de la musique d'une soirée en contrebas ! Légèrement à l'écart de Marrowbone Road, le McWilliams Mount Pleasant Estate est une autre valeur sûre. Pour rentrer à Cessnock, prenez Marrowbone Road et Mount View Road et roulez vers l'est sur 8 km.

Prolongations Que vous ayez bu tout votre soûl ou souhaitiez approfondir votre découverte des vins australiens, la haute vallée du Hunter, à quelques minutes au nord de Cessnock par la New England Highway, vaut le détour. Vous y trouverez 27 autres domaines, ainsi que des paysages de toute beauté, où le Hunter s'est creusé un lit en forme de labyrinthe. Montez sur les éperons rocheux pour admirer le fleuve et les vestiges de la culture aborigène.

DÉPART/ARRIVÉE Cessnock
ROUTES Allandale Rd, Broke Rd, Halls Rd, McDonalds Rd, Marrowbone Rd, Mount View Rd
DISTANCE 26 km
TEMPS DE ROUTE 30 min
QUAND Toute l'année
À SAVOIR Les petites routes latérales ne sont pas toujours pavées. Le taux d'alcoolémie au volant est limité à 0,5 g/l.
INTERNET
www.winecountry.com.au

Mieux vaut garder ses distances avec les kangourous égarés dans les vignes de la vallée du Hunter.

L'excellent Deidesheimer Hof a souvent reçu la visite du chancelier Helmut Kohl.

ALLEMAGNE
La Weinstrasse

Située à l'est de l'immense forêt du Palatinat, longeant les collines du Haardt, la route allemande du Vin traverse une enfilade de villages vignerons et de petites villes où histoire et gastronomie font toujours bon ménage.

Une porte monumentale, construite dans les années 1930, marque le point de départ de la *Weinstrasse* (« route du Vin »), à Schweigen-Rechtenbach, à la frontière avec l'Alsace. La route part vers le nord et passe devant des auberges jusqu'à Rhodt, village de charme aux ruelles bordées de maisons à pans de bois. Guidez-vous aux panneaux jaunes ornés d'une grappe noire et continuez vers le nord, à travers les vignes, la plupart plantées en riesling. L'ombre de ces collines boisées réussit aussi très bien aux kiwis, figues et citrons. Aux abords de Neustadt, admirez le château de Hambach : ce bastion du XIe siècle est un symbole de la démocratie allemande depuis le 27 mai 1832, quand des milliers de patriotes y réclamèrent l'unité nationale et une Constitution. En mars, la campagne du nord de Neustadt est transfigurée par les milliers d'amandiers en fleur. Deidesheim possède plusieurs bons restaurants, souvent situés dans d'imposantes demeures historiques, tout comme Bad Dürkheim, dont vous admirerez aussi la jolie place : tous les ans s'y déroulent un marché aux saucisses et une fête du vin. Vous arriverez enfin à Bockenheim, dont l'église Saint-Lambert renferme une Vierge à l'Enfant dans laquelle Jésus tient une grappe de raisin.

Zoom De mars à octobre, les fêtes se succèdent le long de la route du Vin. Le coup d'envoi est donné par la fête des Amandiers en fleur, dans le village de Gimmeldingen. Les boulangeries vendent des gâteaux en forme de fleur et l'on déguste un riesling fruité à souhait. En septembre, Bad Dürkheim accueille un marché aux saucisses et une fête du vin : créée il y a six cents ans, la *Weinfest* se targue d'être la plus importante au monde.

DÉPART Schweigen-Rechtenbach
ARRIVÉE Bockenheim
ROUTES *Weinstrasse* (routes 38, 271)
DISTANCE 85 km
TEMPS DE ROUTE 2 h 30
QUAND Toute l'année
À SAVOIR Le taux maximal d'alcoolémie autorisé est de 0,5 g/l (0 g pour les jeunes conducteurs).
INTERNET
www.allemagne-tourisme.com

FRANCE
À travers le haut Médoc

Cet itinéraire dans le haut Médoc (la partie sud, plus proche de Bordeaux) met en vedette plusieurs vignobles parmi les plus célèbres au monde. La région rassemble près de 400 producteurs sur quelque 4 500 ha.

À Château-Margaux, le vin vieillit deux ans en fût de chêne avant la mise en bouteille.

Temps forts

- Château-Siran, au splendide mobilier, fut la propriété des ancêtres du peintre Henri de Toulouse-Lautrec.

- Rare exemple du style palladien en France, Château-Margaux possède une majestueuse allée plantée menant à une façade à péristyle.

- À Château-Mouton-Rothschild, vous pourrez visiter les salles de réception et de banquets et admirer les étiquettes dessinées par de grands artistes, de Jean Cocteau à Keith Haring en passant par Braque, Dalí, Miró et Picasso.

DÉPART Bordeaux
ARRIVÉE Château-Cos-d'Estournel
ROUTES D2, N215, D1
DISTANCE 105 km
TEMPS DE ROUTE 2 h 30
QUAND À la mi-septembre, juste avant les vendanges
À SAVOIR La plupart des domaines ne se visitent que sur rendez-vous (jusqu'à un mois à l'avance en été). Tous ne sont pas ouverts au public.
INTERNET
www.bordeaux-tourisme.com

Pour cet itinéraire œnophile, prenez la D2, ou « route des Châteaux », au nord de Bordeaux. Vous traverserez des vignes plantées sur les coteaux caillouteux situés entre l'estuaire de la Gironde et la forêt des Landes. Arrêtez-vous tout d'abord au joli domaine de Château-Siran, qui produit un sublime margaux, tout en finesse et en velours. Non loin de là, Château-Margaux, surnommé le « Versailles du Médoc », est célèbre depuis le Moyen Âge pour son vin, dont Richard Ier Cœur de Lion, duc d'Aquitaine, était déjà très friand. À peine moins réputé, le vaste et beau domaine de Château-Beychevelle vous offre la possibilité de visiter ses chais (dégustation sur rendez-vous uniquement). Humez un grand bol d'air frais en approchant du port de Pauillac, d'où des panneaux vous orienteront vers des vignobles mythiques : Château-Mouton-Rothschild, dont la cave a été transformée en musée (peinture, sculpture, tapisserie, céramique et verrerie sur le thème du vin, bien sûr), ou Château-Lafite, situé au cœur d'un vaste parc et qui appartient à une autre branche de la famille Rothschild depuis 1868. Son vin fut introduit à la cour de Louis XV par le duc de Richelieu. Thomas Jefferson, ambassadeur des États-Unis en France de 1785 à 1789, y prit goût à son tour. Continuez vers le Château-Cos-d'Estournel, fondé au XIXe siècle par Louis-Gaspard d'Estournel. Celui-ci exportait ses vins exceptionnels jusqu'aux Indes, ce qui lui valut le sobriquet de « maharaja de Saint-Estèphe ». Il eut ainsi l'idée de transformer son château en un palais baroque orientalisant. Vous y trouverez l'un des cinq grands crus (vins de qualité exceptionnelle) de Saint-Estèphe, petite commune dont le vignoble est l'un des plus anciens de la région. Descendez l'estuaire de la Gironde pour arriver dans le Médoc proprement dit. Si vous souhaitez retourner à Bordeaux, prenez la route en sens inverse ou, plus rapidement, la N215 et la D1.

Zoom Contournez la commune de Margaux et faites un crochet par la D5 jusqu'à Château-Maucaillou et son musée des Arts et des Métiers de la Vigne et du Vin. Depuis le Fort-Médoc, forteresse en étoile dessinée par Vauban (XVIIe siècle), se découvre une vue panoramique sur la Gironde et les vignobles des côtes de Blaye.

Ci-contre : dragon et toit en pagode à Château-Cos-d'Estournel

Petite épicerie au charme d'antan dans le midi de la France

FRANCE
Domaines viticoles de Provence

Villages historiques, forêts, coteaux plantés de vignes et dégustations du célèbre rosé vous attendent tout au long de cet itinéraire dans l'immense aire de l'appellation Côtes-de-Provence, formée de trois terroirs distincts.

Partez des Arcs-sur-Argens, joli village médiéval avec son château, puis prenez la N7 vers le sud-ouest et passez devant la Maison des Vins, excellente introduction aux Côtes-de-Provence. Passé Vidauban, prenez la D84 vers Le Thoronet : la route serpente une vingtaine de minutes à travers des collines boisées, parsemées de vignes et de hameaux. La D17 et la D79 vous conduiront jusqu'à l'ancienne abbaye cistercienne, construite en pierre rose dans le style roman. Suivez la petite D279, puis la D13 jusqu'à Carcès, en vous arrêtant éventuellement pour une petite dégustation en route. À 8 km se trouve Cotignac, village de caractère au pied de son rocher, où les anfractuosités de la roche servirent de caves, et même d'habitations. Prenez la D50 pour Entrecasteaux, autre village pittoresque du Moyen Âge. Vignes et pinèdes alternent le long de la D31, qui vous conduira à Salernes, réputée depuis le XVIIIe siècle pour ses tomettes hexagonales. Suivez la D51 sur 5 km jusqu'à Villecroze, dont les vieilles maisons sont décorées de fleurs. Elle aussi est adossée à une falaise, avec des grottes troglodytiques que vous pourrez visiter. Reprenez la D557 jusqu'à la D51 et montez au sommet du Tourtour, d'où la vue est à couper le souffle. Descendez par la D77, la D557 et la D10 à travers un paysage de roche et de pinède. Vous passerez devant le monastère orthodoxe de Saint-Michel-du-Var (1985), ouvert aux visiteurs, avant d'arriver à Lorgues, jolie ville aux nombreux châteaux et domaines viticoles à découvrir pour une dégustation. Rentrez aux Arcs par la D10 et la D57.

Zoom Depuis Les Arcs, suivez la D91 sur 7 km jusqu'au château Sainte-Roseline, ancienne abbaye dont les vignes produisent un excellent vin depuis le XIVe siècle, aujourd'hui cru classé. Fille du marquis de Villeneuve, sainte Roseline fut mère prieure de l'abbaye de 1300 à 1329. Sa dépouille est exposée dans la chapelle (œuvres de Chagall et Giacometti).

DÉPART/ARRIVÉE Les Arcs sur Argens
ROUTES N7, D84, D17, D79, D279, D13, D50, D31, D51, D557, D77, D10, D57
DISTANCE 90 km
TEMPS DE ROUTE 2 h 30
QUAND De juin à septembre inclus
À SAVOIR La Maison des Vins des Arcs propose des dégustations gratuites tous les jours et possède un excellent restaurant.
INTERNET
www.provencebeyond.com

ROYAUME-UNI
Du whisky dans le Strathspey

Eau de source, tourbe et orge maltée : il n'en faut guère plus pour créer les single malts des Highlands, tous différents et tous uniques. Cet itinéraire autour de la vallée de la Spey vous fera découvrir de grandes distilleries ancrées dans la tradition.

Dufftown, petite ville sur le Fiddich et le Dullan, entourée de collines où pousse la bruyère, possède six distilleries. La plus célèbre est celle de Glenfiddich, aux whiskys maintes fois primés. Cette capitale du single malt écossais est l'endroit idéal pour se forger un « nez ». Les connaisseurs pourront visiter le musée du Whisky (collection d'objets historiques) ainsi que le célèbre Whisky Shop. Après ces préliminaires, prenez l'A941 vers le nord et traversez de très anciens bois jusqu'à Rothes, qui possède quatre distilleries. Visitez celle de Glen Grant, dont le whisky au bel or clair est apprécié pour son nez frais, et explorez son splendide jardin du XIXe siècle. La ville est également réputée pour la pêche et vous pourrez faire des randonnées dans les collines des environs. De retour sur l'A941, continuez vers le nord jusqu'à l'élégante Elgin. Faites des provisions chez Gordon & Macphail, boutique mythique pour tous les connaisseurs, puis admirez la place du marché et les ruines de la cathédrale (XIIIe siècle). Glen Moray, l'une de sept distilleries du lieu, propose visites et dégustations. Prenez l'A96 vers l'ouest sur environ 15 km jusqu'à la vieille ville de Forres, connue pour ses jardins et ses sculptures florales, Findhorn Bay, où vous pourrez apercevoir phoques et dauphins, et la distillerie historique de Dallas Dhu. Visitez aussi la plus petite distillerie du Strathspey, Benromach. Roulez ensuite vers le sud sur l'A940 et l'A939, traversez Grantown-on-Spey, puis prenez l'A95 vers l'est et Ballindalloch. Ce magnifique château appartient à la famille McPherson-Grant, qui dirige aussi la distillerie Glenfarclas. L'autre distillerie de la ville, Cragganmore, propose des visites guidées ; vous verrez qu'on y utilise encore les cuves en bois d'autrefois pour faire vieillir le whisky. Plus au nord-est se trouve Charlestown of Aberlour, étape inévitable pour tout connaisseur : sa distillerie, située dans un cadre splendide, vous permet même de remplir vos propres bouteilles ! Rentrez à Dufftown par l'A941.

Zoom À 18 km au nord-est de Dufftown se trouve la ville de Keith, dont la distillerie **Strathisla** est connue pour sa marque Chivas Regal. En activité depuis 1786, c'est la plus ancienne distillerie des Highlands. C'est aussi la plus charmante, avec sa cour pavée et une touraille séchoir logée dans deux bâtiments au toit pyramidal.

DÉPART/ARRIVÉE Dufftown
ROUTES A941, A96, A940, A939, A95
DISTANCE 147 km
TEMPS DE ROUTE 2 h 30
QUAND De mai à octobre
À SAVOIR Dufftown possède de bons restaurants, et Findhorn de bons fruits de mer, tandis qu'Aberlour offre un cadre spectaculaire et des hébergements de qualité. Le taux maximum d'alcoolémie toléré est de 0,8 g/l.
INTERNET www.maltwhiskytrail.com

Ces deux séchoirs confèrent au whisky de la distillerie Strathisla ses précieuses notes tourbées et fumées.

FRANCE
La route du vin d'Alsace

Les coteaux du vignoble alsacien, avec 51 grands crus, s'étendent sur plus de 200 km au pied des Vosges. La viticulture et la gastronomie locales méritent amplement qu'on s'y attarde, mais pour les plus pressés, voici un itinéraire à faire dans la journée.

Temps forts

- À Saint-Hippolyte, visitez le château du Haut-Kœnigsbourg, d'où vous aurez une vue imprenable sur la plaine d'Alsace jusqu'au Rhin. Construit au XVe siècle, il fut restauré de 1900 à 1908 sur l'ordre de Guillaume II.

- À Scherwiller, le Sentier gourmand propose tous les ans en septembre une randonnée de 6 km ponctuée d'étapes-dégustations (vins et produits locaux). Le nombre de participants est limité : réservez tôt !

Les vignes des environs de Niedermorschwihr sont sillonnées de chemins de randonnée.

Les vins blancs d'Alsace vont des rieslings les plus secs aux vins liquoreux issus de vendanges tardives. Obtenus à partir d'un cépage unique, ils portent généralement le nom de leur producteur. Pour accéder à la route du Vin, prenez d'abord la D417 de Colmar à Wintzenheim, puis tournez vers le nord sur la petite route qui franchit la Fecht pour aller à Turckheim, dont vous admirerez l'enceinte médiévale. De là, suivez les panneaux et montez à travers les vignes pour atteindre le village de Niedermorschwihr, qui produit un grand cru, le Sommerberg. La route décrit une boucle d'est en ouest jusqu'à Katzenthal, réputée pour ses rieslings, puis vers le nord jusqu'au village d'Ammerschwihr, où l'on compte une cinquantaine de domaines, dont certains produisent le grand cru Kaefferkopf (gewurztraminer) en bio. Prenez la N415 jusqu'à Kaysersberg, ville natale du célèbre docteur Schweitzer, puis suivez la D28 avant de tourner à gauche sur la D1B. Un crochet vous conduira à Riquewihr, puis vous reprendrez la D1B pour admirer la ville médiévale de Ribeauvillé, qui fait face au versant sud, parsemé de châteaux, et possède plusieurs excellents restaurants.

Continuez vers Bergheim, où se tient un marché tous les mercredis sur la grand-place, puis Saint-Hippolyte, dont les remparts moyenâgeux sont dominés par les tours du château du Haut-Kœnigsbourg. Ce dernier fut remanié à partir de 1900 par le kaiser Guillaume II, quand l'Alsace était une province allemande (elle ne revint dans le giron français qu'après la Première Guerre mondiale). À partir de Saint-Hippolyte, la D35 serpente vers le nord en traversant un chapelet de villages vignerons : Orschwiller (petit musée du vin), Scherwiller, qui produit du riesling, la vieille cité de Dambach-la-Ville, Ottrott, où le pinot noir est vinifié en rouge, et Rosheim, dont la maison Païenne (1170) serait la plus ancienne construction en pierre d'Alsace.

Zoom Un petit détour par la D3 vous conduira à Riquewihr, magnifique ville fortifiée du XVIe siècle. Observez attentivement les maisons à colombages de ses étroites ruelles pavées : vous y découvrirez une quantité de charmants détails. Humez le parfum du raisin pressé et goûtez au produit fini dans les nombreuses winstubs (bars à vins).

Ci-contre : cette maison à colombages et le clocher de Turckheim sont typiques de l'architecture alsacienne.

DÉPART Colmar
ARRIVÉE Rosheim
ROUTES D417, N415, D28, D1B, D35 (route du Vin)
DISTANCE 85 km
TEMPS DE ROUTE 1 h 30
QUAND D'avril à octobre inclus
À SAVOIR Les vignerons indépendants (signalés en route) proposent visites et dégustations. Diverses fêtes et manifestations ont lieu à partir du mois d'avril.
INTERNET www.vinsalsace.com

ROUTE D'EXCEPTION

ITALIE

La vallée des Langhe

Région du barolo et de la truffe blanche, le Piémont est un paradis du goût. Cet itinéraire traverse la fertile vallée des Langhe, avec ses petits domaines viticoles et ses jolis villages aux toits rouges, comme Alba et Barolo.

Coteaux aux grappes gorgées de soleil au pied du château de Serralunga d'Alba

Les meilleurs vins rouges des collines des Langhe sont protégés par une appellation d'origine contrôlée (DOCG). Ils sont produits par des domaines artisanaux, familiaux le plus souvent. Cet itinéraire à travers les parties centrale et occidentale des Langhe vous offre de nombreuses occasions de les découvrir et de les déguster.

Quittez Alba sur le corso Enotria en prenant la S29 vers le sud. Au bout de quelques minutes, tournez à droite sur la route qui serpente en montant vers Diano d'Alba, où l'on produit un vin sans prétention, le *dolcetto*. L'église Saint-Jean-Baptiste (XVIe siècle) offre une vue panoramique sur les collines. Plus à l'ouest, à Grinzane, le superbe château de Cavour (XIe siècle) abrite un musée ethnographique ainsi qu'une « œnothèque régionale », où vous pourrez goûter et acheter les vins du cru ainsi que des grappas et spécialités locales soigneusement sélectionnées.

Continuez vers le sud-ouest *via* Gallo d'Alba jusqu'à La Morra, d'où vous aurez une vue dégagée et qui possède un centre historique plein de charme. Suivez l'exemple de Jules César, qui vint y goûter le vin il y a plus de 2000 ans, en allant à la Cantina Communale, où sont représentés 50 vignerons locaux. De La Morra, allez vers le sud et Barolo, qui donne son nom au plus célèbre des rouges du Piémont, un vin

> ❝ La vallée des Langhe est sillonnée de routes de campagne serpentant à travers un patchwork de grands vignobles et grimpant jusqu'à de petits villages perchés en hauteur. ❞
>
> TIM JEPSON,
> AUTEUR AU *NATIONAL GEOGRAPHIC*

à la robe claire, avec une belle jambe et un nez généreux. En une dizaine de minutes, vous serez à Monforte d'Alba, centre de la production. Gianfranco Alessandria, Aldo Conterno et Domenico Clerico y signent de très beaux produits. Roulez sur 10 km, à travers des collines plantées de vignes, traversez Castiglione Falletto, puis tournez avant Gallo d'Alba pour arriver à Serralunga d'Alba. Avec son majestueux château, c'est l'un des villages les plus pittoresques des Langhe et un excellent endroit pour faire bon vin, bonne chère.

D'autres jolies routes vous conduiront *via* Roddino et Serravalle Langhe à Bossolasco, dont la pâtisserie est célèbre dans la région. Plus au sud, Murazzano est un village perché sur sa colline, qui a donné son nom à un fromage de brebis. De là, mettez le cap sur Viglierchi en suivant la route de la crête, avec une belle vue sur la vallée, et passez par Mombarcaro et Niella Belbo.

Un peu après Cravanzana, tournez à droite pour descendre dans la vallée de la Bormida. Visitez Cortemilia, village fondé avant la période romaine et devenu la capitale semi-industrielle des Langhe. Quelques poches de vieille ville médié-

La magie de la truffe

Le Piémont est réputé pour la truffe blanche (*Tuber magnatum*), l'un des produits les plus rares et les plus chers qui soient. Connue des Babyloniens et des Grecs, la truffe était aussi très prisée des Romains, qui lui prêtaient des vertus aphrodisiaques. Véritable curiosité de la nature, ce champignon délicat pousse sous terre, entre les racines des chênes, noisetiers, hêtres et tilleuls. Arrivé à maturité (en novembre, généralement), il exhale un parfum intense de sous-bois et se ramasse quelques jours durant à l'aide d'un chien dit truffier. Vous en trouverez alors à la carte des restaurants et sur les marchés aux truffes d'Alba et des environs.

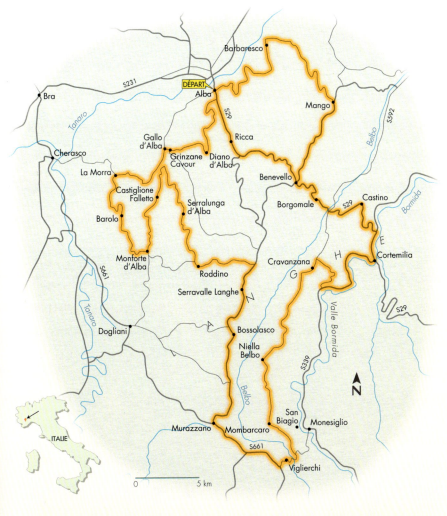

vale sont préservées entre les immeubles modernes des deux rives. Revenez ensuite vers Alba en empruntant la route panoramique S29 : vous roulerez sur 31 km de paysages idylliques, monterez à Castino et redescendrez jusqu'à Borgomale, dont le château date du XIIIe siècle. Un peu plus loin, à Benevello, vous pourrez continuer tout droit jusqu'à Alba *via* Ricca ou faire un crochet par Mango, au nord-est, où vous admirerez le château des marquis de Busca, qui abrite l'œnothèque Colline del Moscato. Vous pourrez y acheter muscats et astis et y dîner au restaurant Castel di Mango.

Continuez sur Barbaresco, qui donne son nom à l'autre grand rouge de la région. Visitez l'œnothèque régionale et le domaine d'Angelo Gaja, l'un des viticulteurs les plus en vue d'Italie. La route qui serpente jusqu'à Alba est devant vous. Mais si vous en avez le temps, faites un dernier crochet de 16 km jusqu'à Bra, capitale du *« slow-food »*, mouvement qui milite pour un retour aux saveurs authentiques et aux produits de l'agriculture durable.

DÉPART/ARRIVÉE Alba
ROUTES S29, routes locales
DISTANCE 134 km ; 152 km par Mango et Barbaresco
TEMPS DE ROUTE 3 h 30
QUAND De mai à mi-octobre
À SAVOIR La plupart des routes de la région ne portent pas de numéro et suivent l'axe nord-sud du relief. Les points de passage transversaux sont rares. En automne, une légère brume confère aux montagnes une beauté presque irréelle. Le taux d'alcoolémie maximum autorisé est de 0,5 g/l.
INTERNET www.piemonteitalia.eu

Temps forts

- L'œnothèque régionale du castello comunale Falletti di Barolo vous permet de goûter et d'acheter une centaine de barolos et autres vins. Vous y trouverez aussi un centre d'accueil, un musée de la viticulture et la cantina dei Marchesi di Barolo, cave et domaine historique.

- De Viglierchi, faites un crochet par la route qui part vers Monesiglio et allez jusqu'au hameau de San Biagio. Le minuscule sanctuaire de Sainte-Marie dell'Acqua Dolce, de style roman, possède de très anciennes fresques du Christ et des saints.

Le château de Grinzane (XIIIe siècle) propose des dégustations de vins.

ITALIE

Les monts Iblei

Cet itinéraire à travers les plateaux semi-désertiques du sud-est de la Sicile mêle le plaisir du palais (huile d'olive, miel et spécialités locales) à celui des yeux, avec ses grands sites de l'Antiquité et son architecture baroque.

Partez de Syracuse, colonie grecque de l'Antiquité, et roulez vers l'ouest sur la route de Belvedere. Passez sous l'autoroute et tournez à droite, puis à gauche après 5 km, vers l'Anapo. Au pont Diddino, engagez-vous à droite sur la route panoramique de Sortino, où se tient une fête du miel en octobre. Pour les Grecs, les herbes et fleurs des monts Iblei servaient à produire le nectar des dieux. Autre spécialité locale succulente, le *pizzolo* est une sorte de calzone au fromage, à la viande ou aux légumes. Il en existe même des sucrés, servis au dessert. De Sortino, continuez vers l'ouest et Buccheri, sur une petite route montant sur les flancs du Monte Santa Venere. Au bout de 16 km, tournez à gauche vers Ferla, puis encore à gauche et roulez sur 9 km au-dessus de la vallée de l'Anapo pour atteindre la spectaculaire nécropole de Pantalica, avec plus de 5 000 tombes préhistoriques creusées dans la roche. Revenez sur vos pas et roulez vers l'ouest à partir du hameau de montagne de Buccheri. De là, la route de la crête (S124) vous conduira à Vizzini. Cette ville qui vit naître l'auteur vériste Giovanni Verga fait également figure de capitale de la ricotta. Roulez vers le sud et Giarratana, où l'on cultive d'énormes oignons doux (certains atteignent 2 kg !). Une fête leur est même consacrée en été, où vous pourrez vous régaler de *focaccia* à l'oignon et de fromage à la confiture d'oignon. Prenez vers l'est et Palazzolo Acreide, qui possède des palais baroques et un intéressant musée sur la vie rurale, mais est surtout connu pour les vestiges d'Akrai, première colonie des Grecs de Syracuse (VIIe siècle av. J.-C.). Le village mérite aussi une petite pause gastronomique : goûtez aux champignons (*porcini* et *ovoli*), à la charcuterie, aux raviolis aux pistaches et à la crème à la caroube. Suivez la S124 et vous retournerez en un peu moins de 1 heure à Syracuse, où vous vous régalerez d'une *pasta fritta alla siracusana* (spaghettis panés et sautés aux anchois), de thon grillé ou de salade de poulpe, à arroser d'un bon *nero d'Avola*.

DÉPART/ARRIVÉE Syracuse
ROUTES Locales, S124
DISTANCE 153 km
TEMPS DE ROUTE 3h30
QUAND D'avril à fin octobre
À SAVOIR Au printemps, la région se couvre de fleurs. Les étés sont très chauds, mais l'automne, saison des récoltes, apporte des températures plus clémentes.
INTERNET www.bestofsicily.com

Zoom **Chiaramonte Gulfi**, réputée pour la délicieuse huile d'olive des monts Iblei, se trouve à une petite demi-heure de route au sud-ouest de Giarratana par la S194. Le domaine familial de Frantoi Cutrera n'utilise que la première récolte d'olives vertes de variété Tonda Iblea et les presse à froid pour obtenir un jus à la fois doux et corsé.

Fromages, huile d'olive et autres produits locaux au marché de Palazzolo Acreide

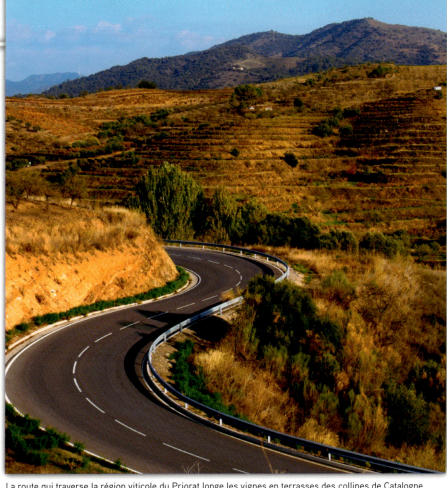

La route qui traverse la région viticole du Priorat longe les vignes en terrasses des collines de Catalogne.

Temps forts

- À Falset, admirez la coopérative vinicole, dessinée par Cèsar Martinell, disciple d'Antoni Gaudí, mais aussi le château, l'église baroque et les arcades de la plaça Quartera.

- À moins d'un kilomètre du petit village d'Escaladei se trouvent les pittoresques ruines du monastère de La Cartoixa (XIIe siècle). C'est ici que les moines introduisirent les techniques de culture de la vigne et de vinification. Escaladei possède un domaine viticole où vous pourrez goûter et acheter des vins ainsi que l'exquise huile d'olive de Siurana.

- L'impressionnant castell de Miravet, de l'ordre militaire et religieux des Templiers, est l'un des plus beaux exemples d'architecture militaire de l'époque. La vue panoramique est impressionnante.

ESPAGNE

Le vignoble du Priorat

Cet itinéraire à travers la sierra de Catalogne vous fera découvrir une région viticole reculée ainsi qu'un impressionnant bastion des Templiers. Mais aussi de petits et paisibles villages ainsi que les monastères à l'origine de la viticulture dans la région.

Prenez la N420 de Tarragone à Reus, puis tournez à droite sur le périphérique (Rondes), en suivant les panneaux vers Montblanc, puis Falset. Vous longerez les vignes plantées au pied de la Serra de la Mussara, monterez à 548 m, puis descendez à travers des pinèdes jusqu'à Falset, jolie cité d'histoire et de traditions vigneronnes. Suivez la T710 pour accéder aux collines reculées du Priorat. À Gratallops, vous pourrez goûter et acheter du vin et de l'huile d'olive dans l'une des trois coopératives, dont le Celler Cecilio, qui perpétue des méthodes ancestrales. Reprenez la T710, puis la T711, route plus étroite qui serpente dans un paysage semi-aride jusqu'à Torroja del Priorat, petit village perché sur sa colline. Admirez ses vieilles façades et ses ruelles pavées, puis retournez sur la T711 et tournez à droite pour accéder au pittoresque hameau d'Escaladei. De là, un crochet de 5 km vous conduira à la Morera de Montsant, village perché au pied du pic de Seyales (1 115 m). De retour à Escaladei, prenez la T702 sur votre droite pour longer la sierra jusqu'à la Vilella Baixa. Rejoignez la T710 et allez jusqu'à Falset, d'où vous suivrez les panneaux pour Móra d'Ebre sur la N420 à travers champs. Franchissez l'Èbre et prenez la T324 pour Miravet et suivez les panneaux pour monter au castell de Miravet. Quand vous aurez exploré la vieille ville, longez le fleuve jusqu'à Pas de Barca et prenez le ferry pour traverser. Suivez la C230 sur 32 km en longeant les méandres du fleuve et traversant de grandes orangeraies jusqu'à atteindre la cité historique de Tortosa, avec sa cathédrale gothique et son impressionnant château en hauteur (La Zuda), aujourd'hui transformé en hôtel de luxe.

DÉPART Tarragone
ARRIVÉE Tortosa
ROUTES N420, périphérique (Rondes), T710, T711, T702, N420, T324, C230
DISTANCE 145 km
TEMPS DE ROUTE 2 h 30
QUAND D'avril à fin octobre
À SAVOIR Le ferry de Pas de Barca ne fonctionne pas entre 13 et 15 heures, ni par mauvais temps. Les routes sont parfois mauvaises dans les villages de montagne. Le taux d'alcoolémie maximum autorisé est de 0,5 g/l.
INTERNET www.turismepriorat.org/fr

TOP 10

10 Saveurs d'Europe

Du paprika de Hongrie aux melons de Cavaillon, dix itinéraires vous sont proposés dans les régions d'Europe les plus gourmandes.

❶ Les fruits de mer de Crète, Grèce

Suivez la route de la côte nord de l'île (E75/90) de la capitale Iráklion vers Khaniá. Faites étape dans l'ancien port vénitien de Rethymno et dînez de calamars frits et de poisson grillé dans une *psarotaverna* (restaurant de poissons). Repartez tôt pour Khaniá et sa baie, au pied des étincelantes montagnes Blanches (Lefka Ori). Visitez les halles, où vous achèterez de l'huile d'olive, des pâtisseries (halva et baklavas) et de l'origan.

INTERNET www.decouvrirlacrete.com

❷ Le paprika de Hongrie

La route 51, au départ de Budapest, traverse les grandes plaines du Puszta jusqu'à la ville de Kalocsa. En septembre, les piments doux des environs y sont cueillis, séchés, moulus et célébrés lors de la fête du Paprika de Kalocsa. Visitez le musée du Paprika pour tout savoir sur cette épice. Vous apprendrez par exemple que son arôme est rehaussé si vous la faites revenir à l'huile avant de l'ajouter à un plat.

INTERNET www.hongrietourisme.com

❸ Les cornouilles d'Autriche

Depuis Sankt Pölten, à 65 km à l'ouest de Vienne, suivez la B39 à travers la vallée de la Pielach pour assister à la récolte des cornouilles, fin août. Six semaines durant, dans la région du Kirschberg, ces petites baies rouges bourrées de vitamine C sont cueillies et transformées en confitures et gelées, sans oublier le célèbre schnaps. Vous en trouverez sur les marchés et chez les petits producteurs.

INTERNET www.austria.info

❹ Les truffes d'Ombrie, Italie

La cuisine rustique d'Ombrie atteint des sommets quand arrivent les truffes noires de Norcia. Quittez la SS3 à Spolète et traversez Vallo di Nera, puis Cerreto di Spoleto pour assister au Nero Norcia, salon-marché qui a lieu deux week-ends de suite (février/mars). Ragoût de sanglier, lentilles de Castelluccio et truffes noires sont au menu, avec un vin fin d'Ascoli Piceno. Pensez aux chaînes pour rouler en montagne !

INTERNET www.neronorcia.it

❺ Les harengs de la Baltique, Suède

En automne, la route E20/E6, qui longe la côte sud-ouest de la Suède de Malmö à Göteborg, est un paradis pour les amateurs de hareng. Allez jusqu'au canal Rosenlunds, à Göteborg, et entrez au *Feskekôrka*, marché où vous attendent des centaines de variétés de poissons frais ou fumés. Montez à l'étage pour déjeuner au Gabriel, qui sert différentes variétés de harengs comme le *glasmästar sill* (mariné et épicé) ou le *sotare* (grillé au barbecue) sur de fines tranches de pain de seigle. Le marché est ouvert du mardi au samedi de 9 heures à 17 heures.

INTERNET www.goteborg.com

❻ Les fromages des Pays-Bas

Partez de Gouda, qui a donné son nom au plus célèbre des fromages de Hollande. Près de la mairie, visitez le *Waag* (poids public du XVIIIe siècle), puis déjeunez dans un restaurant servant du *kaasdoop* (fondue de fromage servie avec des pommes de terre et du pain noir). Goûtez au gouda au cumin, au carvi ou aux orties, surtout celui couvert d'une croûte de cire noire et affiné pendant douze à dix-huit mois. Passez par Haarlem pour arriver à Alkmaar, célèbre pour son marché (le vendredi) vieux de six cents ans.

INTERNET www.zuid-holland.com

Ci-contre : à Alkmaar, un membre de la guilde néerlandaise des porteurs de fromage, portant costume blanc et chapeau de paille.

❼ Les huîtres de l'Atlantique, France

Depuis Royan, la D25 suit la splendide côte atlantique vers Marennes, en face de La Tremblade. Des tonnes d'huîtres sont élevées dans des claires à travers l'estuaire de la Seudre. Depuis Marennes, prenez le pont conduisant à l'Île d'Oléron, puis suivez la route des Huîtres au nord-ouest du Château-d'Oléron. En été, goûtez aux délicats « bouquets » (crevettes roses), arrosés d'un verre de blanc de l'île de Ré, toute proche.

INTERNET www.ile-oleron-marennes.com

❽ Les melons de Provence, France

À une demi-heure d'Avignon par la D973, Cavaillon est réputée pour sa fête des Melons. Le week-end précédant le 14 Juillet, roulez le long des champs où mûrit ce fruit à la chair sucrée et odorante. Les vendeurs s'alignent le long de boulevards ombragés et parfumés, où vous pourrez déguster des confitures artisanales et des calissons. Arrivez un ou deux jours à l'avance, car les rues sont fermées le temps de la fête.

INTERNET www.cavaillon.com

❾ Les fruits de mer de Cornouailles, Royaume-Uni

Si vous aimez le poisson, prenez l'A389 jusqu'à Padstow, sur l'estuaire de la Camel, puis suivez la côte de Cornouailles vers le sud-ouest. Offrez-vous un bol d'air frais sur la plage de Watergate Bay. Au retour, faites étape au village de Rock et savourez les spécialités locales du Mariners Rock ou de L'Estuaire. Les mois de mai et juin sont les meilleurs pour goûter au charme de la côte.

INTERNET www.cornwall-calling.co.uk

❿ L'ail de l'île de Wight, Royaume-Uni

Quarante minutes de ferry au départ de Portsmouth et vous voilà à Fishbourne, sur l'île de Wight, dont le climat est idéal pour la culture de l'ail. De Ryde, suivez l'A3055 vers le sud jusqu'à Sandown, puis prenez vers les terres et Newchurch, où a lieu une fête de l'ail au mois d'août. Laissez-vous surprendre par les moules, le *fudge* et même les dragibus… à l'ail !

INTERNET www.isleofwight.com

ESPAGNE

Fruits de mer et vins de Galice

La Galice est un petit paradis pour les amoureux de fruits de mer. Cet itinéraire vous conduira le long des Rías Baixas, avec leurs magnifiques paysages, leur architecture rustique et leurs tavernes où les fruits de l'Atlantique s'arrosent de vin blanc d'Albariño.

Temps forts

- Cette partie du littoral est riche en points de vue. Le *mirador* de la Curota, dans les montes da Barbanza, au nord de Ribeira, est réputé pour sa vue panoramique sur la ría de Arousa.

- Cambados, au cœur de la région viticole du Val de O Salnés, est le point de départ idéal pour explorer les nombreuses bodegas (domaines) produisant des blancs frais et fruités à partir du cépage albariño. Celles de Martín Códax, du village voisin de Vilariño, sont parmi les plus réputées. Elles portent le nom d'un poète galicien du XIIIe siècle, dont les vers sont reproduits sur les bouchons !

Les places des petites villes et des villages de Galice (ici Pontevedra) sont souvent ornées de calvaires.

Quoi de plus symbolique que de partir à l'aventure depuis Fisterra, qui marqua longtemps la fin du monde connu ? La ville possède de jolies maisons de pierre ainsi qu'une imposante église romane, Santa María das Areas. Roulez vers le sud sur 3 km pour atteindre le cap Finisterre, dont le phare domine la spectaculaire Costa da Morte (« côte de la Mort »), redoutée de tous les marins. Revenez à Fisterra pour y déjeuner, puis roulez vers l'est jusqu'à Corcubión et le sud-est jusqu'à Muros par l'AC-445/550. La ville se dresse sur la rive d'une ancienne vallée envahie par la mer, la Ría de Muros e Noia. Réputée pour ses maisons de granite aux agréables galeries vitrées avec vue sur le port de pêche, Muros est l'endroit idéal pour se choisir un restaurant servant du *pulpo a feira* (poulpe servi en tranche sur des pommes de terre), spécialité galicienne à arroser d'un vin d'Albariño. Contournez la ría jusqu'à Noia, dont vous explorerez le centre moyenâgeux. Puis prenez l'AC-550 en longeant la côte vers le sud et vous arriverez à Ribeira, sur la Ría de Arousa. Puis roulez vers le nord-est sur l'AG-11 jusqu'à la ville historique de Padrón, réputée pour ses *pimientos* (petits piments verts). Prenez ensuite la route de bord de mer PO-548/549 jusqu'à Cambados, dont l'élégant parador (hôtel géré par l'État) est un endroit parfait pour prendre un verre, dîner ou passer la nuit. L'élégante place de Fefiñanes et le restaurant Yayo Daporta valent eux aussi le détour. De Cambados, la route de bord de mer continue jusqu'à O Grove, au sud de Sanxenxo, puis longe la Ría de Pontevedra jusqu'à San Salvador Poio, où Pepe Solla sert d'excellents fruits de mer et bébés légumes dans son restaurant familial. De l'autre côté de la ría, Pontevedra vous attend à bras ouverts, avec son parador, son vieux centre historique, l'église Sainte-Marie-Majeure et de nombreux restaurants.

Étape plaisir Vigo, au sud-est de Pontevedra, permet d'accéder à l'un des plus beaux parcs nationaux d'Espagne : les Illas Cíes. Cet archipel se compose de trois grandes îles : Monteagudo, Illa do Faro et San Martiño. Le ferry assure huit traversées par jour (15 km). Les îles Cíes sont une destination idéale pour une sortie d'une journée (randonnée, baignade, observation des oiseaux et papillons), mais possèdent aussi un camping où vous pourrez passer la nuit.

Ci-contre : statues des apôtres à l'église San Martiño de Noia (XVe siècle)

DÉPART Fisterra
ARRIVÉE Pontevedra
ROUTES AC-445, AC-550, AG-11, PO-548, PO-549
DISTANCE 260 km
TEMPS DE ROUTE 6 heures
QUAND Mai-juin, septembre-octobre
À SAVOIR Appelez les domaines au préalable si vous comptez visiter. Les offices de tourisme locaux vous y aideront. Le taux d'alcoolémie maximum autorisé est de 0,5 g/l (0,3 pour les jeunes conducteurs).
INTERNET www.riasbaixas.org

ESPAGNE
Les vignobles de Penedès

Vins fins et bijoux d'architecture font tout le charme de cet itinéraire en Catalogne. Vous visiterez des domaines viticoles dessinés par les plus grands noms de l'école moderniste, mais aussi de vieux monastères et châteaux.

Pour faire connaissance avec le Penedès et ses environs, rien ne vaut une visite au *Vinseum* de Vilafranca del Penedès. Ce musée abrité dans un palais médiéval de la place centrale vous dira tout sur la tradition locale du vin, qui remonte au VIe siècle av. J.-C. De là, prenez la direction de Sant Martí Sarroca et tournez à gauche après 8 km pour visiter le domaine familial de Romagosa Torné, qui propose notamment un *cava* (mousseux) bio. Continuez pour entrer dans Sant Martí Sarrocca, dont vous admirerez la jolie église romane et le château. À 30 km à l'ouest se trouve le village de Santes Creus, sur lequel veille un austère quoique splendide *reial monestir* (monastère royal), fondé au XIIe siècle par l'ordre cistercien. Vila-rodona, au sud, recèle un autre petit bijou d'architecture : l'entrepôt de sa coopérative vinicole. Goûtez aux vins, mais admirez aussi le bâtiment qui leur sert d'écrin. C'est l'une des nombreuses bodegas de la région à avoir été dessinée au début du XXe siècle par un tenant de l'école moderniste (ici, Cèsar Martinell). Prenez la route panoramique vers le nord-ouest pour arriver à Sarral, qui possède elle aussi une bodega contemporaine, l'œuvre de Pere Domènech. Continuez vers le nord-est jusqu'à Vallbona de les Monges, l'une de ces petites villes poussiéreuses qui vous indiquent que vous êtes loin, très loin des sentiers battus touristiques. Cet isolement sied sans doute fort bien aux sœurs du *reial monestir* local, autre chef-d'œuvre de l'art gothique cistercien. Suivez la route qui serpente vers le sud jusqu'à l'imposant château de Riudabella, situé entre des coteaux plantés de vignes, puis vers l'est et le monastère de Santa María de Poblet, autre abbaye traduisant l'idéal cistercien de pureté et de sobriété. Terminez votre itinéraire en prenant la N240 jusqu'à Montblanc, dont les remparts du XVe siècle ont conservé 17 de leurs 28 tours d'origine.

DÉPART Vilafranca del Penedès
ARRIVÉE Montblanc
ROUTES Routes locales, N240
DISTANCE 137 km
TEMPS DE ROUTE 3 heures
QUAND Toute l'année
À SAVOIR Le *castell* de Riudabella est l'un des domaines viticoles proposant un hébergement de luxe dans un cadre historique.
INTERNET www.altpenedes.net

Zoom À 13 km au nord-est de Vilafranca del Penedès, **Sant Sadurní d'Anoia** est une ville-phare du commerce du vin. Vous y trouverez les domaines de Codorníu et Freixenet, les deux plus grands noms du cava, ainsi qu'une vingtaine d'autres bodegas. Ne manquez pas celle de Codorníu, dessinée par l'architecte moderniste José Puig i Cadafalch (1915).

Chais de *cava* au domaine de Codorníu (Sant Sadurní d'Anoia)

Les *rabelos* servaient autrefois à transporter le porto destiné à l'exportation.

PORTUGAL

La vallée du Douro

Cet itinéraire dans la vallée du Douro, au nord du Portugal, permet de découvrir de superbes coteaux en terrasses et des oliveraies perchées sur des versants abrupts. C'est dans ce paysage sauvage que naît le porto, à déguster dans les *quintas* (domaines).

Prenez le temps de flâner dans la ville de Peso da Régua, situé sur un coude du Douro. Son labyrinthe de petites ruelles recèle de nombreuses boutiques, cafés et restaurants. Pourquoi ne pas vous préparer à votre expédition en visitant le *museu do Douro*, consacré à l'histoire et aux traditions de la vallée et à la culture de la vigne ? Goûtez aux vins du *Solar do Vinho do Porto*, géré par l'Institut des vins du Douro et de Porto *(rua da Ferreirinha)*. Si vous avez été raisonnable, roulez vers l'est sur la N222, qui longe la rive sud du fleuve et vous offrira une vue imprenable sur la rive opposée, en plein soleil. À mesure que vous irez vers l'est, le paysage gagnera en beauté sauvage, avec ses parois abruptes plongeant dans l'eau. Repérez les caves ouvertes aux visiteurs, comme la Quinta do Panascal, qui propose de très intéressantes visites de ses vignes. À 27 km, la ville de Pinhão se dresse au confluent de la rivière éponyme et du Douro. C'est l'endroit idéal pour déjeuner. Revenez ensuite sur vos pas jusqu'au point où la N222 tourne vers l'est en s'éloignant du Douro : cette spectaculaire route de montagne vous conduira vers Vila Nova de Foz Côa. Au hameau de Touça, faites un crochet vers le nord jusqu'à Freixo de Numão, où vous pourrez déguster la succulente huile d'olive primée de la coopérative locale ainsi, bien sûr, que des vins et spiritueux. Le village possède aussi un palais baroque et de remarquables vestiges de l'Antiquité, dont le pavement d'une voie romaine portant la trace laissée par les chars. De retour sur la N222, vous arriverez bientôt à Vila Nova de Foz Côa, qui surplombe la Côa, autre affluent du Douro, entre oliveraies et amandaies.

DÉPART Peso da Régua
ARRIVÉE Vila Nova de Foz Côa
ROUTES N222, routes locales
DISTANCE 94 km
TEMPS DE ROUTE 2 heures
QUAND Au printemps (amandiers en fleur), à la fin de l'été (vendanges) ou en automne (belles couleurs).
À SAVOIR Après Vila Nova de Foz Coa, continuez vers l'est pour un parcours de deux ou trois jours dans la région des Trás-os-Montes. Le taux maximum d'alcoolémie autorisé est de 0,5 g/l.
INTERNET www.ivdp.pt

AFRIQUE DU SUD
Les vignobles du Cap

Le charme historique de Stellenbosch, la plus ancienne cité européenne d'Afrique du Sud après Le Cap, en fait un point de départ idéal pour cet itinéraire à travers le vignoble, les vallées verdoyantes et les impressionnants massifs montagneux du Cap-Ouest.

Couleurs d'automne dans les vignes de la vallée de Franschhoek

Temps forts

■ Près de Lanzerac, dans la vallée de Jonkershoek, la réserve naturelle d'Assegaaibosch, coincée entre l'Eerste et le mont Stellenbosch, vaut largement le (petit) détour. Parcourez ses nombreux sentiers de randonnée bordés de fleurs sauvages. Vous y croiserez sans doute de beaux lézards agames aux couleurs vives se chauffant au soleil.

■ En rentrant vers Stellenbosch, faites étape devant le centre pénitentiaire de Groot Drakenstein, près de Simondium, au nord de la vallée de Franschhoek. C'est là que l'ancien président Nelson Mandela passa les trois dernières de ses vingt-sept années de détention avant d'être libéré en 1990.

Entre ses rues bordées de chênes et les rives pittoresque de l'Eertse, Stellenbosch semble tout droit sortie d'un livre d'images. Son université lui ajoute une touche de vitalité et de jeunesse. Vous n'aurez pas à aller bien loin pour votre première dégustation : le Bergkelder Wine Centre, à moitié souterrain, jouit d'un emplacement spectaculaire sur les flancs du Papegaaiberg (« mont du Perroquet »), en plein cœur de la ville. De là, dirigez-vous vers l'est et la vallée de Jonkershoek, dont Lanzerac est l'un des plus anciens domaines. Goûtez au célèbre Lanzerac Pinotage et admirez le manoir, l'un des plus beaux fleurons de l'architecture coloniale néerlandaise.

Quittez Stellenbosch par la R310, qui monte vers le nord-est en passant par le magnifique col de Nelshoogte, avec le pic du Simonsberg (1 399 m) au nord. Passé le col, vous arriverez au domaine de Boschendal, où l'on cultive la vigne depuis 1685. Visitez son centre de dégustation et son manoir à pignon, construit par des huguenots français en 1812. Après Boschendal, tournez à droite pour prendre la R45, qui suit la vallée de Franschhoek. Le domaine viticole historique de La Motte (manoir du XVIIIᵉ siècle) se consacre aussi à la culture des fleurs : vous y trouverez des huiles essentielles de lavande et de géranium rosat. Franschhoek est situé au cœur d'un paysage de vignes et possède plusieurs galeries d'art ainsi que des boutiques d'artisanat et d'antiquités. Le village doit son nom de « coin des Français » au fait qu'il fut peuplé à la fin du XVIIᵉ siècle par des réfugiés protestants, ce dont témoigne le monument aux Huguenots, situé en haut de la rue principale. Parmi les nombreux domaines à visiter, celui de Stony Brook est une maison familiale située à 4 km après le monument.

Revenez sur vos pas sur la R45, puis roulez vers le nord sur la R301 pour arriver à Paarl, où le K.W.V. Wine Emporium propose une importante sélection de vins et spiritueux. À l'ouest de Paarl, le domaine de Fairview produit aussi de délicieux fromages de chèvre. Reprenez la R45/310 pour découvrir le côté nord de la vallée de Franschhoek et revenir à Stellenbosch par le col de Nelshoogte.

DÉPART/ARRIVÉE Stellenbosch
ROUTES R310, R45, R301
DISTANCE 160 km
TEMPS DE ROUTE 2 heures
QUAND De septembre à fin avril
À SAVOIR Si vous aimez marcher, demandez la carte des sentiers de randonnée dans les vignes à l'office de tourisme de Stellenbosch. Le taux d'alcoolémie maximum autorisé est de 0,5 g/l.
INTERNET www.sa-venues.com

Ci-contre : ce cottage entretient le souvenir des pionniers néerlandais à Stellenbosch.

Tri des grappes dans un domaine proche de Malmesbury

AFRIQUE DU SUD

La route du vin du Swartland

Cet itinéraire tranquille traverse des champs de blé et des vignes au pied de superbes montagnes. Ici, tout n'est que fertilité et couleurs et si la région s'appelle Swartland (« pays noir »), elle ne le doit qu'au renosterbos, dont le feuillage noircit en hiver.

Partez de la ville de Darling, dont les rues paisibles sont bordées de cottages de l'époque des colons néerlandais et britanniques. De là, la R315 vous conduira vers l'est, à travers des champs de blé dorés et des vignes plantées en syrah, vers Malmesbury, au cœur du Swartland. Remarquez les *bush vines*, ces vignes conduites au ras du sol, qui donnent de plus petites grappes, mais aux arômes plus concentrés que les vignes traditionnelles, palissées. Juste après Malmesbury, arrêtez-vous à l'écart de la R45 au domaine Swartland Winery, avec son manoir à pignon et ses vignes s'étendant au pied des monts Perdeberg. De retour sur la R45, prenez la R46 vers l'est, en direction de la chaîne du Kasteelberg. Faites un crochet par le domaine de Meerhof, dont les vins sont élevés en fûts en chêne. Plus loin sur la R46 se trouve Kloovenburg, décrit par ses propriétaires comme « pendu tel un nid d'hirondelle au flanc du mont Kasteel ». Le domaine cultive l'olivier en plus de la vigne. Tournez vers le nord sur la R311 et vous apercevrez les clochers blancs de Riebeek-Kasteel et Riebeek Wes. À Riebeek-Kasteel, repérez l'entrée du domaine Het Vlock Casteel, aux airs de château. Il produit aussi des olives et des fruits : au fil des saisons, vous y trouverez pêches, raisins et agrumes, ainsi qu'une vaste gamme de confitures, sauces et fruits au sirop. Arrêtez-vous sur la place de la ville, entourée de galeries d'art, de restaurants et de cafés. Juste au sud de Riebeek Wes, le domaine Allesverloren doit son nom (« tout est perdu ») à l'époque où les propriétaires rentrèrent d'une sortie à Stellenbosch, à plusieurs heures de route en carriole, et retrouvèrent leur maison et leurs terres dévastées par un incendie. La ferme fut reconstruite et le domaine célèbre aujourd'hui plus de deux cents ans de culture de la vigne.

DÉPART Darling
ARRIVÉE Riebeek-West
ROUTES R315, R45, R46, R311
DISTANCE 63 km
TEMPS DE ROUTE 1 heure
QUAND Les mois de septembre à avril sont les plus agréables.
INTERNET www.swartlandwineroute.co.za

Autres bonnes idées

❶ La route des Saveurs, comté du Prince-Édouard, Canada

Pas moins de 31 domaines viticoles, restaurants, brasseries, crèmeries et bistrots vous attendent le long des 19 km de la route des Saveurs (County Road 33), qui relie Wellington, Bloomfield et Picton. À Bloomfield, goûtez au meilleur pain du comté au restaurant Bloomfield Carriage et aux glaces naturelles de Slickers (rhubarbe, gingembre, tarte aux pommes, etc.). À Picton, Buddha Dog sert le meilleur hot dog du Canada.

www.tastetrail.ca/fr

❷ La route de l'Érable, Québec, Canada

Cette route créée en 2004 vise à promouvoir les produits de l'érable en dehors des sempiternelles cabanes à sucre. Le site Internet permet de composer son propre itinéraire et de visiter quelques-uns des cent « créatifs » sélectionnés (boulangers, pâtissiers, chocolatiers, glaciers, restaurateurs, traiteurs, etc.) mettant l'érable à l'honneur.

www.laroutedelerable.ca

❸ Les clams du cap Cod, Massachusetts, États-Unis

Ce circuit de 256 km part du canal du cap Cod et passe par Sandwich (sic !) où vous dégusterez la délicieuse friture de clams de chez Sam's. À Provincetown, The Pot est un célèbre restaurant avec vue sur le port. Allez enfin à Chatham où le Chatham Squire sert la meilleure chaudrée de palourdes du cap.

www.visitcapecod.com

❹ Le circuit de la bière, Oregon, États-Unis

Portland possède plus de microbrasseries qu'aucune autre ville des États-Unis. Visitez la Gasthaus allemande des frères Widmer et le Racoon Lodge & Brewpub, puis allez vers la côte, où vous trouverez le McMenamins Lighthouse Brewpub. Prenez la très panoramique route 101 vers le sud pour déguster l'une des 50 bières pression de la brasserie Rogue, à Newport.

www.traveloregon.com

❺ Le circuit tex-mex, Texas, États-Unis

À San Antonio, goûtez les tortillas de Taco Taco, au fromage, chorizo, œuf, *patatas* et *frijoles*. Déjeunez à San Pedro, où Teka Molino sert des tacos frits et soufflés. Arturo's propose des créations à la viande, mais les meilleurs tacos de poisson sont ceux de Rosario's (King William).

www.visitsanantonio.com

❻ Le circuit de la tequila, Mexique

Pour remonter aux racines aztèques de la tequila, reliez Puerto Vallarta à Bucerias (30 min). La nouvelle autoroute rejoint l'ancienne deux-voies dans Tequila. Visitez des distilleries traditionnelles, puis retournez à Puerto pour une dégustation nocturne au bar La Casa de Tequila (Morelos 589).

www.visitmexico.com

❼ Itinéraires autour du vin, Chili

Explorez la vallée de l'Aconcagua, à 1 heure au nord de Santiago. On y cultive le cabernet sauvignon, la syrah et le carmenere, cépage chilien. Au sud se trouve la vallée du Maipo, la plus ancienne région viticole du pays. Les classiques y côtoient de nouveaux vins branchés, créés en partenariat avec des vignerons français et italiens.

www.winesofchile.org

❽ Plantations de thé, Kerala, Inde

Depuis Cochin, la NH 49 parcourt 110 km jusqu'aux collines de Munnar, couvertes de plantations. L'air embaume du parfum du thé et des épices : poivre, cannelle, girofle et cardamome. Visitez le musée du Thé, puis grimpez (en 4 x 4 !) sur 25 km jusqu'au jardin de Kolukkumalai, la plus haute plantation de thé en Inde (2 400 m).

www.munnar.com

❾ Le circuit du vinaigre balsamique, Italie

À Modène, l'*aceto balsamico* est issu du raisin local et élevé dans des barriques de bois. Goûtez-le dans une *acetaia* (vinaigrerie) puis prenez l'A1 jusqu'à Parme pour déguster les célèbres jambons et pâtes au *parmigiano reggiano* (parmesan).

www.lebaccanti.com

❿ La route du jambon ibérique, Espagne

À Montánchez, dans l'Estrémadure, se trouve un *jamón iberíco*, vendu dans les *bodegas* et les bars. Arrosez-le de *pittara* (vin artisanal). Poursuivez votre dégustation à Monesterio, au sud, puis à l'ouest avec Calera de León et Cabeza la Vaca.

www.spain.info

⓫ La route des gâteaux, Portugal

Le *pastel de nata*, délicieuse tarte aux œufs, se déguste de préférence à l'Antiga Confeitaria de Belém, faubourg de l'ouest de Lisbonne, près de l'ancien couvent des Hiéronymites. Cette pâtisserie en vend près de 10 000 par jour, tout droit sorties du four. À Lisbonne, visitez la *pastelaria* Versailles, salon de thé des années 1920.

www.pasteisdebelem.pt

⓬ La route du cidre, France

En mai, Cambremer (Calvados) accueille le festival des AOC : cidre, fromages et autres produits du terroir normand. Vous pourrez y emprunter la route du cidre (40 km), sur laquelle vous trouverez plusieurs domaines ouverts à la visite et la dégustation et vendant cidre, calvados et pommeau.

www.cambremer.com

⓭ La route de la Forêt-Noire, Allemagne

Enfoncez-vous dans la Forêt-Noire en partant de Villingen-Schwennigen et empruntant les routes locales vers Waldkirch et Titisee. Entre prairies et forêt, goûtez aux nombreuses spécialités locales : eaux-de-vie de fruit, pain de seigle cuit au feu de bois, jambon et authentique forêt-noire.

www.allemagne-tourisme.com

⓮ Les sentiers gourmands, Royaume-Uni

Le site Gourmet Yorkshire propose quatre itinéraires autour du bœuf, du gibier, du fromage et des marchés. Partez d'York pour visiter un élevage de buffles à Brompton et déguster le célèbre *pork pie* de Skipton ou une délicieuse glace à la lavande et au pain complet chez Ryelands, à Helmsley.

www.gourmetyorkshire.co.uk

Index

A

A1A Scenic and Historic Coastal Byway, Floride 25
Abraham Lincoln Birthplace National Historic Site, Kentucky 282
Abrams, monts –, Colorado 17
Absaroka, chaîne –, Montana/Wyoming 22
Addis-Abeba, Éthiopie 162, 175, 279
Afrique du Sud
    Cap, Le 175, 231
    chaîne des Maluti 59
    fleuve Orange 113
    Garden Route 104
    Knysna 104
    Mossel Bay 104
    parc national Kruger 113
    Plettenberg Bay 104
    pont de Bloukrans 104
    réserve naturelle d'Assegaaibosch 309
    rivière Breede 113
    rivière Olifants 113
    Stellenbosch 309
    Swartland 310
    vignobles 113, 309
Agate Fossil Beds, monument national –, Nebraska 19
Aguirre Springs, Nouveau-Mexique 26
Akashi Kaikyo, pont, Japon 77
Alabama
    Natchez Trace Parkway 244
    Selma to Montgomery March Byway 243
Alaska
    Anchorage 124, 150
    Denali Highway 30
    grands espaces 150
    île Kodiak 70
    Richardson Highway 59
    Seward Highway 124
    Skagway 189
Albanie 95
Alexander-Graham-Bell, site historique national, Canada 63
Allemagne
    Bad Doberan 97
    Berchtesgaden 47
    Berlin 231
    château de Pillnitz 133
    Douze Apôtres 134
    Dresde 133
    Elbe, vallée de l'– 133
    Ellingen 134
    forteresse de Königstein 133
    itinéraire gastronomique 311
    Kelheim 134
    Kirnitzschtal 133
    lac de Constance 95
    littoral de la Baltique 97
    Mecklembourg, lacs du – 95
    Neuschwanstein 273
    Nürburgring 30
    Pappenheim 134
    péninsule de Fischland-Darss-Zingst 97
    romantische Strasse 273
    route des Alpes 47
    route des châteaux 271, 279
    route des Contes de fées 207
    route du Vin *(Weinstrasse)* 291
    Stralsund 97
    vallée de l'Altmühl 134
    vallée du Rhin 139
    Weissenburg 134
    Würzburg 273
Alpes-Baltique, route panoramique 47
Alsace, France 297
Altmühl, vallée de l'–, Allemagne 134
amalfitaine, côte –, Italie 101, 197
amish, culture – 184-185
Amsterdam, Pays-Bas 235
anasazi, musée du Patrimoine –, Colorado 17
Angkor Vat, Cambodge 261
Annapolis, Maryland 25
Anneau d'Or, Russie 237
Anneau du Kerry, Irlande 207
Antigua, Guatemala 154
Antrim, côté d'–, Irlande du Nord 105
Apostle Islands National Lakeshore, Wisconsin 146
Arabie saoudite 162
Arches, parc national d'–, Utah 122, 250
Arctique, cercle 30, 98
Argentine
    Buenos Aires 224
    chutes de l'Iguaçu 224
    Quebrada de las Conchas 141, 158
    Ruta 40 30, 105
    voie transandine 51
Arizona
    agrumes 284
    autoroute 89 30
    Clifton 29
    Coronado Trail 29
    Grand Canyon 177, 254
    monument national Navajo 252
    Oak Creek Canyon 139
    piste apache 251
    roche rouge 128
    route 66 254
    Southeast Border Drive 252
    Tombstone 252
Arkansas
    Crowley's Ridge Parkway 14
    Talimena Scenic Highway 15
Arlanza, rivière, Espagne 138
Ashley River, Caroline du Sud 139
Athabasca, vallée d'–, Canada 32
Atlas, Maroc 30
Attique, Grèce 232
Augrabies, parc national des chutes d'–, Afrique du Sud 113
Australie
    Alice Springs 161
    Bells Beach 84
    Blue Mountains 207
    Boranup Drive 156
    Byron Bay 86
    Coober Pedy 161
    cordillère Australienne 51
    Douze Apôtres 85
    French Line 162
    Gibb River Road 159
    Great Ocean Road 84-85
    Hunter, vallée du – 290
    Huon Valley Trail 139
    Melbourne 84, 212
    Otway Ranges 84-85
    outback 161, 162
    Pacific Highway 86
    Port Macquarie 86
    Sydney 86, 231
    Thunderbolt's Way 51
    tropique du Capricorne 177
autoroute 89, États-Unis 30
Autriche
    Grossglockner 51
    itinéraire gastronomique 303
    lac de Constance 95
    lac de Neusiedl 95
    musique classique 223
    Salzbourg 223
    vallée de la Wachau 139
    Vienne 223
avenue des Géants, Californie 127
Ayuthia, Thaïlande 279
Azuero, péninsule d'–, Panamá 220

B

Bahia Honda, parc régional de –, Florida Keys 65
baleines, observation des – 63, 69, 70, 75, 86, 124, 129
Bali 88
Ballestas, îles 130
Baltique, côte de la – 97
Banning Idyllwild Panoramic Highway, Californie 25
Barrington Tops, parc national de –, Australie 86
Barwon, parc –, Australie 85
Basse-Californie, presqu'île de –, Mexique 105
Basse-Terre, Guadeloupe 79
Beartooth Highway, Montana/Wyoming 22
Bel Air, Californie 219
Belgique 207
Bergama, Turquie 265
Berlin, Allemagne 231
Beyrouth, Liban 88
Big Hole National Battlefield, Montana 119
Big Sur, Californie 73
Bigfoot Scenic Byway, Californie 252
Billy the Kid Trail, Nouveau-Mexique 243
Bintulu-Miri, route de la côte –, Malaisie 88
Biscayne, parc national de –, Floride 65
Bitter, aire protégée du lac –, Nouveau-Mexique 26-27
Black Hills, Dakota du Sud 249, 252
Black Mountains, Écosse 30, 59
Blue Mountains, Australie 207
Blue Ridge Parkway, Virginie/Caroline du Nord 11
Blues Highway, Tennessee/Mississippi 114
Bob Straub, parc régional –, Oregon 71
Bonavista, péninsule de –, Canada 62
Bondalem-Ujung, Bali 88
Bonneville, barrage de –, Oregon/Washington 125
Boranup Drive, Australie 156
Botswana 175, 176
Bourbon Trail, Kentucky 282
Bow, glacier de –, Canada 32
Brandywine, vallée de –, Pennsylvanie 214
Brecon Beacons, parc national de –, Écosse 30, 59
Brésil 77, 225
Bucarest, Roumanie 212
Buenos Aires, Argentine 224
Buffalo Pound, parc provincial de –, Canada 108

C

Cabo Blanco, réserve naturelle de –, Costa Rica 155
Cabot, piste, Canada 63
Caire, Le, Égypte 175, 177
Cajun, pays –, Louisiane 245
Californie
    Banning Idyllwild Panoramic Highway 25
    Beverly Hills 219
    Bigfoot Scenic Byway 252
    Big Sur 73
    Bodega Bay 74
    Cape Mendocino 127
    Carmel-by-the-Sea 73
    Ferndale 127
    Fort Bragg 74
    Hearst Castle 73
    Hollywood 218
    Los Angeles 212, 218
    Lost Coast 127
    Mendocino 74
    Monterey Bay, aquarium 73
    mont Shasta 35
    ruée vers l'or 187

San Luis Obispo North Coast Byway 243
Sonoma, plage de sable de la côte – 74
Steinbeck, circuit des romans de – 279
Sunset Boulevard 218-219
Vallée de la Mort 152
vallées de Sonoma et Napa 283
Volcanic Legacy Scenic Byway 149, 252
Cambodge 261
Canada
   Bonavista, péninsule de – 62
   Cabot, piste 63
   Calgary 109
   Cantons-de-l'Est 210
   Cap-Breton, île du 63, 207
   Chemin du Roy 210
   chutes du Niagara 211
   conduite sur glace 177
   côte de Nouvelle-Écosse 105
   Dempster Highway 156
   Edmundston 180
   Fredericton 180
   Hamilton 211
   Head-Smashed-In 109
   itinéraire gastronomique 311
   lac Érié 211
   lac Ontario 211, 237
   lac Supérieur 145
   L'Anse-aux-Meadows, site historique national de – 142
   Lethbridge 109
   Montréal 210
   Moose Jaw 108
   Nouvelle-Écosse 63, 105
   Ottawa 237
   Prince-Édouard, île du 77
   Promenade des Glaciers 32
   Saint-Jean 62
   Saskatchewan, prairies de la – 108
   Sherbrooke 210
   Saint John, vallée de la rivière – 180
   Terre-Neuve 62, 142
   Toronto 211
   Transcanadienne 139
   Trinity 62
   Trois-Rivières 210, 212
   Whitehorse 189
   Winnipeg 240
   Yorkton 108
Cannington Manor, parc provincial historique de –, Canada 108
Canyonlands, parc national de –, Utah 122
Cap, Le, Afrique du Sud 175, 231
cap Hatteras, Caroline du Nord 183
Cape Mendocino, Californie 127
Carite, réserve forestière –, Porto Rico 38
Carlsbad, parc national des grottes de –, Nouveau-Mexique 27

Caroline du Nord
   Biltmore House 11
   Blue Ridge Parkway 11
   cluse de Newfound 13
   Franklin 111
   Highlands 111
   Ocracoke 183
   Outer Banks 183
Caroline du Sud
   Ashley River 139
   Cherokee Foothills 12
   Savannah River Scenic Byway 25
Cascade Lakes Scenic Byway, Oregon 25
Cascade Locks, parc marin de –, Oregon 125
Castle Crags, parc d'État de –, Californie 35
cathares 275
Cathedral Rock, Arizona 128
Catlins, Nouvelle-Zélande 82
Catskill, monts –, New York 59
Caucase, réserve de biosphère du –, Russie 92
Centennial Scenic Byway, Wyoming 21
Central Highlands, Islande 177
Cercle d'Or, Islande 237
Cerna, montagnes de –, Roumanie 168
Chadron, parc d'État de –, Nebraska 19
Chalk Bluff, champ de bataille de –, Arkansas 14
Charles Lindbergh, site historique de –, Minnesota 117
châteaux des îles 271
châteaux, route des –, Allemagne/République tchèque 271, 279
Chattahoochee, forêt nationale de –, Géorgie 143
Cherokee Foothills, Caroline du Sud 12
Chesapeake, baie de –, Maryland 25, 66
Cheval Fou, monument au chef indien –, Dakota du Sud 249
Chicago, Illinois 231
Chief Joseph Scenic Highway, Wyoming 22
Chiemgau, Alpes de –, Allemagne 47
Chili
   mont Aconcagua 51
   routes des vins 311
   voie transandine 51
Chine 77
Chisholm Trail, Kansas 118
Chugach, monts –, Alaska 124
chutes Victoria, Zambie/Zimbabwe 107, 113, 175
circuits en ville 212
Cockaponset, forêt d'État de –, Connecticut 110
Coconino, forêt nationale de –, Arizona 128
Colombie-Britannique 149

Colombo, Sri Lanka 237
Colorado National Monument 250
Colorado
   carrière de dinosaures 250
   Leadville 51
   Ouray 17
   parc national Mesa Verde 17
   route touristique Peak to Peak 59
   route touristique Top of the Rockies 51
   San Juan Skyway 17
   Trail of the Ancients 243
   Trail Ridge Road 18
Columbia River Highway 125
Confédération, pont de la –, Île-du-Prince-Édouard 77
Connecticut
   East Haddam 110
   Essex 110
   Middletown 110
   Old Lyme 110
   U.S. 169 207
   vallée du Connecticut 110
   vallons de Litchfield 182
Continental Divide 39, 59, 121
cordillère Australienne 51
Cordillère centrale 38, 40, 41
Corée du Sud 88
Corniche, route de la –, France/Monaco 102
Coronado Trail, Arizona 29
Costa Rica
   café 286
   Cerro de la Muerte 39
   Continental Divide 39
   côte 105, 155
   Paraíso 286
   route Panaméricaine 39
   vallée de Coto Brus 139
Côte d'Azur, France/Monaco 102
côte de Nouvelle-Écosse, Canada 105
Creole Nature Trail, Louisiane 149
Crête
   fruits de mer 303
   Khaniá 197, 303
Croatie
   Dubrovnik 99
   Jadranska Magistrala 197
   Pula 267
   Split 267
   Zagorje 271
Crowley's Ridge Parkway, Missouri/Arkansas 14
Cuba
   Banes 153
   Baracoa 80
   Santiago de Cuba 80, 223
   sierra de Trinidad 37
   Sierra Maestra 80
   Topes de Collantes 37
   Trinidad 37
Cullasaja, chutes de –, Caroline du Nord 111

D

Dahlonega, musée de l'Or, Géorgie 143
Dakota du Nord 252
Dakota du Sud
   Badlands 177
   Black Hills 249, 252
   Peter Norbeck Scenic Byway 252
   pistes indiennes 252
Damas, Syrie 267
Danemark
Dead Horse Point, parc d'État de –, Utah 122
Deception Pass, parc de –, État de Washington 69
Delaware 149
Dempster Highway, Canada 156
Denali Highway, Alaska 30
Dentelles de Montmirail, France 199
Devils Fork, parc régional de –, Caroline du Sud 12
Dinosaur, parc provincial –, Canada 109
dinosaures, carrière de –, Colorado/Utah 250
Dordogne, France 137
Douro, vallée du –, Portugal 307
Draa, vallée du –, Maroc 113
du Caire au Cap 175

E

Eastern Neck National Wildlife Refuge, Maryland 66
Ebey's Landing, réserve historique nationale de –, État de Washington 69
échappées méditerranéennes 197
échappées musicales 223
Écosse 236
   B4560 30
   château de Caernarfon 53
   Dufftown 295
   Édimbourg 237
   Glasgow 236
   Harlech Castle 53
   parc national de Brecon Beacons 30, 59
   péninsule de Gower 105
   Royal Deeside 278
   Saint Andrews 236
   Snowdonie 53
   Stirling 236
   whisky 295
Édimbourg, Écosse 237
Égypte
   Charm el-Cheikh 156
   Le Caire 177
   Louxor 175
   mont Sinaï 156
   Vallée des Rois 175
Eisenhower, centre –, Kansas 118
Elbe, vallée de l'–, Allemagne 133
Émirats arabes unis 162
Éphèse, Turquie 265
escapades africaines 113

Escudilla, zone protégée
    du mont –, Arizona 29
Espagne
    Alpujarras 58
    Arlanza 138
    Burgos 138
    Cadix 267
    châteaux 279
    Colmenar Viejo 209
    Costa Brava 103
    Galice 305
    Guadalest 57
    Illas Cíes 305
    Islas Medas 103
    itinéraire gastronomique 311
    Madrid 233
    Mérida 267
    Mojácar 203
    Pals 103
    Pampelune 51
    Penedès 306
    Port Lligat 103
    Ronda 205
    sierra de Grazalema 205
    sierra de Guadarrama 233
    sierra Nevada 58
    Tolède 177
    Tossa 103
    Valence 212
    vignoble du Priorat 301
Éthiopie
    Addis-Abeba 162, 175, 279
    vallée de l'Omo 162
Etna, Sicile 52
Everest, Népal/Tibet 177
Everglades, parc national des –,
    Floride 65

F

Fairchild, jardin tropical –,
    Floride 65
Ffestiniog, gare de –, Écosse 53
Finlande
    circuit de l'archipel
        de Turku 93
    Porvoo 237
Fiordland, parc national du –,
    Nouvelle-Zélande 51
Fish River, canyon de la –,
    Namibie 113
Flathead, lac –, Montana 147
Florida Keys 65
Floride
    A1A Scenic and Historic
        Coastal Byway 25
    Miami 65, 231
    parc national de Biscayne 65
    parc national des Everglades
        65
    route panoramique de l'Indian
        River Lagoon 149
    Saint Petersburg 212
folles grimpées 51
Fort Abercrombie, parc d'État
    historique de –, Alaska 70
Fort Casey, parc régional de –,
    État de Washington 69

Fort Robinson, parc régional de –,
    Nebraska 19
Fort-Chambly, lieu historique
    national du –, Canada 210
fossiles de dinosaures 109, 122,
    147, 250
Fox Glacier, Nouvelle-Zélande 83
France
    Alsace 297
    Arles 267
    Bergerac 137
    Camargue 197
    Cap-Ferrat 102
    Cassis 197
    Castelnaud 137
    Cingle de Trémolat 137
    col de Turini 30
    Côte d'Azur 102
    Dentelles de Montmirail 199
    Domme 137
    Dordogne 137
    Èze 102
    gorges du Tarn 172
    gorges du Verdon 56
    itinéraires gastronomiques
        303, 311
    Marne 139
    Médoc, haut 293
    Montségur 275
    Moustiers-Sainte-Marie 56
    Nîmes 267
    Paris 212
    pays cathare 275
    Provence 199, 294, 303
    Riquewihr 297
    Roque-Gageac, La 137
    Rouen 135
    route des Abbayes 135
    route des Crêtes 56, 197
    Saint-Jean-Pied-de-Port 51
    Séguret 199
    Tancarville 135
    Val de l'Indre 277
    vallée de la Loire 271
    viaduc de Millau 77, 172
    villages perchés 207
    Villefranche-sur-Mer 102
Franklin, Caroline du Nord 111
Franz Josef Glacier, Nouvelle-
    Zélande 83
Fremont, pic –, Wyoming 9, 21
French Line, Australie 162
Frontenac, parc d'État –,
    Minnesota 117
Fuji-Hakone-Izu, parc national
    de –, Japon 81
Fuji-Yama, Japon 81

G

Galana, fleuve –, Kenya 113
Gambie, rivière, Gambie 113
Garden of Eden, jardin botanique
    et arboretum, Hawaii 75
Garden Route, Afrique du Sud
    104
Gardone Riviera, Italie 95
Gem Mine 111
Gênes, Italie 197

Genève 237
George Washington Memorial
    Parkway, Virginie 243
Géorgie
    Dahlonega 143
    forêt nationale de
        Chattahoochee 143
    pêches 284
Geronimo Trail National Scenic
    Byway, Nouveau-Mexique 252
Getty Center, Californie 219
Gibb River Road, Australie 159
Glacier, parc national de –,
    Montana 121, 147
glaciers 32, 83, 98, 121, 124, 150
Goblin Valley, parc d'État de –,
    Utah 123
Going-to-the-Sun Road,
    Montana 121
gorges du Tarn, France 172
gorges du Verdon, France 56
Gower, péninsule de –, Écosse 105
Grand Canyon, Arizona 177, 254
Grand Lake, Colorado 18
Grand Teton, parc national de –,
    Wyoming 21
Grand-Belt, liaison du –,
    Danemark 77
grande Corniche,
    France/Monaco 102
Grand-Saint-Bernard, col du –,
    Italie/Suisse 59
Great Ocean Road,
    Australie 84-85
Great Smoky Mountains, parc
    national des –, Tennessee/
    Caroline du Nord 13
Grèce
    Attique 232
    Corfou 207
    Corinthe 77, 267
    Crête 197, 303
    Épidaure 267
    Eubée 48
    Magne 194
    Marathon 232
    Mycènes 267
    péninsule du mont Pélion 197
Gros Morne, parc national du –,
    Canada 142
Grossglockner, Autriche 51, 59
Guadalupe, monts –, Nouveau-
    Mexique/Texas 26-27
Guadeloupe 79
Guatemala 154
guerre de l'Indépendance 25, 214,
    241, 243
guerre de Sécession 14, 114, 243

H

Hadrien, mur d'–, Angleterre 267
Hakone, musée en plein air de –,
    Japon 81
Hallowed Ground 243
Halsema Highway, Philippines 41
Hamilton, Canada 211
Hana Highway, Hawaii 75

Hangzhou, pont de la baie de –,
    Chine 77
Harding, champ de glace,
    Alaska 124
Hawaii
    Lahaina 75
    Munro Trail 59
    route de Hana 75
    sites archéologiques 279
    volcan Kilauea 177
Hemingway-Pfeiffer, musée,
    Arkansas 14
Hengch'un, péninsule de –,
    Taïwan 87
Henry Miller, bibliothèque-
    mémorial –, Californie 73
Hiawatha, forêt nationale d'–,
    Michigan 67
Higdon, mont –, Caroline
    du Nord 111
Himalaya 177, 207
Hole-in-the-Rock Scenic Backway,
    Utah 156
Hongkong, Sai Kung Country
    Park 90
Hongrie
    Fertö 95
    itinéraire gastronomique 303
    lac Balaton 95
Horseshoe Falls, Canada/
    États-Unis 211
Horsethief, parc d'État du lac –,
    Washington 125
Hovenweep, monument national,
    Utah 122
Humboldt Redwoods, parc d'État
    de –, Californie 127
Humboldt-Toiyabe, forêt
    nationale de –, Nevada 28
Hunter, vallée du –, Australie 290
Huon Valley Trail, Australie 139

I

Ibusuki, route panoramique d'–,
    Japon 59
Idaho
    autoroute 89 30
    boucle de Selkirk 149
    circuit Sawtooth 23
    grottes de glace
        de Shoshone 23
    libre cueillette 284
    Payette River Scenic Byway
        25
    Pioneer Historic Byway 243
    Ponderosa Pine Scenic
        Byway 23
    route panoramique
        de la rivière Salmon 119
Iezer, monts –, Roumanie 207
Iguaçu, chutes de l'–, Argentine 224
Ilju, route d'–, Jeju-do,
    Corée du Sud 88
Illinois
    Chicago 231
    Ottawa 115
    route 66 243
    route de l'Illinois 115

Inde
    Bombay 289
    Calcutta 228
    Goa 262
    Jodhpur 223
    Madras 226-227
    Manali 51
    musique rajasthanie 223
    plantations de thé 311
    Shimla 51
    triangle moghol 279
Indian River Lagoon, route panoramique de l'–, Floride 149
Indiana 184-185
Indiens d'Amérique 15, 22, 115, 119, 122, 123, 125, 128, 146, 243, 246, 251, 252
Indonésie 88
Iowa 149
Iran, Dacht-e Lut (« désert du Vide ») 162
Irlande
    anneau du Kerry 207
    Antrim Coast 105
    châteaux 271
    lough Corrib 95
    musique celtique 223
    tombeaux historiques 279
Islande
    Central Highlands 177
    Cercle d'Or 237
    conduite en 4 x 4 156
    Ring Road 162
Israël 197
Italie
    Bari 274
    Bormio 30
    Calabre 49
    Capo d'Orso 101
    Capri 101
    Cinque Terre 197
    côte amalfitaine 101, 197
    Cremona 223
    Gardone Riviera 95
    Gênes 197
    Herculanum 267
    itinéraire gastronomique 311
    lac de Garde 95
    lac Majeur 95
    Langhe 298-299
    Montefalco 167
    Ombrie 167, 303
    opéra 223
    Paestum 267
    passage du Grand-Saint-Bernard 59
    Pompéi 267
    Positano 101
    Pouilles 271, 274
    Ravello 101
    Rome 231
    route des vautours fauves, Sardaigne 197
    San Gimignano 198
    Spello 167
    Stelvio 30
    Toscane 169, 198
    Val d'Aoste 195
    Via Porrettana 51
    voir aussi Sicile
Itasca, parc d'État du lac –, Minnesota 117
Itatiaia, parc national d'–, Brésil 225
Iyöla Amí, réserve forestière –, Costa Rica 39
Izmir, Turquie 265

J
Jamaïque 255
James River, Virginie 139
Japon
    Alpes Japonaises 131
    Fuji-Yama 81
    Matsumoto 131
    mer du Japon 131
    parc national de Fuji-Hakone-Izu 81
    pont Akashi Kaikyo 77
    route panoramique d'Ibusuki 59
    route panoramique d'Osado 51
    Tokyo 131
Japon, mer du – 131
Jasper, parc national –, Canada 32
Jewel Cave, monument national de –, Dakota du Sud 249
Jockey's Ridge, parc d'État –, Caroline du Nord 183
Joshua Tree, parc national de –, Californie 177
Julia Pfeiffer Burns, parc –, Californie 73

K
Kakabeka, parc provincial des chutes de –, Canada 145
Kansas
    Abilene 118
    Lawrence 118
    Prairie 118
    Topeka 118
    Wetlands and Wildlife Scenic Byway 149
Kaumahina, parc de –, Hawaii 75
Kazakhstan 162
Kenai, montagnes –, Alaska 124
Kennedy, centre spatial –, Floride 149
Kentucky
    Bourbon Trail 282
    Lexington 282
    Wilderness Road Heritage Highway 162, 243
Kenya
    fleuve Galana 113
    Nairobi 175
Kettle Moraine Scenic Drive, Wisconsin 25
Kilauea, volcan –, Hawaii 177
King Leopold Range, Australie 159
Kings Landing, reconstitution historique, Canada 180
Knife, site historique des villages indiens de la rivière –, Dakota du Nord 247
Kodiak, île –, Alaska 70
Kosovo 139
Kruger, parc national –, Afrique du Sud 113

L
L'Anse-aux-Meadows, site historique national de –, Canada 142
lac
    – Atitlán, Guatemala 154
    – Balaton, Hongrie 95
    – Bemidji, Minnesota 117
    – de Constance, Allemagne/Suisse/Autriche 95
    – de Garde, Italie 95
    – de Genève, Suisse 271
    – Érié 211
    – Majeur, Italie/Suisse 95
    – Malawi 113
    – Michigan 231
    – Ohrid, Macédoine/Albanie 95
    – Ontario, Canada 211, 237
    – Powell, Utah 123
    – Supérieur 67, 145, 146
    – Tahoe, Nevada 105
    – Vänern, Suède 95
Lake District, Angleterre 95
Lake Placid, New York 25
Lake Pontchartain Causeway, Louisiane 77
Lakes to Locks Passage, New York 279
Lakeshore Drive, Illinois 231
Lamoille Canyon, route du –, Nevada 28
Land Rover, stage de –, Californie 156
Langhe, vallée des –, Italie 298-299
Lassen, parc national volcanique de –, Californie 35
Last Mountain House, parc provincial historique de –, Canada 108
Lava Beds, monument national –, Californie 35
Lewis et Clark, expédition de – 246-247
Liaison du Grand-Belt 77
Liban, Beyrouth 88
Libye, Tripoli 267
Lima, Pérou 130
Lincoln State Monument, Nouveau-Mexique 26
Lisbonne, Portugal 77, 223, 237
Litchfield, vallons de –, Connecticut 182
Lituanie 271
Living Desert Zoo and Gardens, parc d'État de –, Nouveau-Mexique 27
Liwonde, parc national de –, Malawi 113
Loess Hills, route panoramique de –, Iowa 149
Londres, Angleterre 223, 231
Long Island, New York 237
Long Point Provincial Park, Canada 211
Lost Coast, Californie 127
Lough Corrib, Irlande 95
Louisiane
    Creole Nature Trail 149
    Lafayette 245
    Old Spanish Trail 245
    ponts du lac Pontchartrain 77
Lower Fort Garry, lieu historique national de –, Canada 240
Lower Klamath, refuge faunique national de –, Californie 35
Lyndon B. Johnson, parc historique national dédié à –, Texas 186

M
Macédoine, lac d'Ohrid 95
Madras 105
Madrid, Espagne 233
Magoffin Homestead, site historique de –, Texas 27
Main-Danube, canal –, Allemagne 134
Maine
    baie de Fundy 64
    île de Campobello 64
    Old Canada Road Scenic Byway 25
    péninsule de Schoodic 64
Majorque 59
Malaisie, route de la côte Bintulu-Miri 88
Malawi 113
Mali 223
Malte 197
Maluti, chaîne des –, Afrique du Sud 59
Mammoth Cave, Idaho 23
Man, île de – 30
Maramureș, Roumanie 263
Mark Twain, pays de –, Missouri 139
Marlborough, circuit du –, Nouvelle-Zélande 287
Maroc
    Atlas 30
    Marrakech 212
    vallée du Draa 113
Martinique 257
Maryland
    baie de Chesapeake 25, 66
    Eastern Neck National Wildlife Refuge 66
Massachusetts
    Concord 241
    guerre de l'Indépendance américaine 241
    itinéraire gastronomique 311
    Lexington 241
    Mohawk Trail 207, 252

mayas, ruines –, Mexique 36
McArthur-Burney Falls Memorial, parc d'État de –, Californie 35
Mecklembourg, lacs du –, Allemagne 95
Médoc, haut, itinéraire, France 293
Melba Gully, parc régional –, Australie 85
Melbourne, Australie 84, 212
Mennonite Heritage Village, Canada 240
mer Noire, côte de la – 92
mers d'Orient 88
Mesa Verde, parc national –, Colorado 17
Mexique
    Agua Azul 36
    arrivée des conquistadors 279
    Mitla 258
    montagnes du Chiapas 36
    Oaxaca 258
    Palenque 36
    Panaméricaine 36
    Paseo de la Reforma, Mexico 221
    presqu'île de Basse-Californie 105
    San Cristóbal de las Casas 36
    sites précolombiens 36, 239, 258
Michigan
    cerises 284
    forêt nationale d'Hiawatha 67
    lac Supérieur 67
    parc d'État de Tahquamenon Falls 67
    Whitefish Bay 67
Milford Sound, Nouvelle-Zélande 51
Millau, viaduc, France 77, 172
Minnesota Scenic Byway 252
Minnesota
    Duluth 145
    Great River Road 117
    lac Supérieur 145
    Minneapolis 117
    Saint Paul 117
Minute Man, parc national historique de –, Massachusetts 241
Mississippi
    Blues Highway 114
    Clarksdale 114
    Cleveland 114
    crustacés 284
    Greenwood 114
    Natchez Trace Parkway 244
    plantation Dockery 114
    Vicksburg 114
Mississippi, fleuve 117
Mississippi, Minnesota 117
Missouri
    Crowley's Ridge Parkway 14
    pays de Mark Twain 139
    vins 284
Moapa Valley, Nevada 177
Modoc, refuge faunique national de –, Californie 35

Mohawk Trail, Massachusetts 207, 252
Monaco
    Côte d'Azur 102
    Monte-Carlo 212
Mongolie 162
montagne Pelée, Martinique 257
mont Pélion, péninsule du –, Grèce 197
mont Rainier, parc national du –, Washington 33
mont Rushmore, Dakota du Sud 249
mont Shasta, Californie 35
mont Sinaï, Égypte 156
Montana
    autoroute 89 30
    Beartooth Highway 22
    Going-to-the-Sun Road 121
    Helena 147
    lac Flathead 147
    Paradise Valley 139
    route panoramique de la rivière Salmon 119
Monte-Carlo, Monaco 30, 212
Monténégro 99
Montevideo, Uruguay 212
Montreux 237
Monument Valley, Arizona 122-123
Mooshorn, réserve nationale de –, Maine 64
Mosi-Oa-Tunya, parc national –, Zambie 113
mound-builders, civilisation des – 244
Mount San Jacinto, parc d'État –, Californie 25
Mount Washington Auto Road, Nouvelle-Angleterre 59
moyenne Corniche, France/Monaco 102
Munro Trail, Hawaii 59
Murchison, parc national des chutes –, Ouganda 113

N
Nairobi, Kenya 175
Namibie
    canyon de la Fish River 113
    Skeleton Coast 162
    Swakopmund 175
Nantahala, forêt nationale de –, Caroline du Nord 111
Napa Valley, Californie 283
Natchez Trace Parkway 244
National Bison Range, Montana 147
National Eagle Center, Minnesota 117
Native American Scenic Byway, Dakota du Sud et du Nord 252
Natural Bridges, monument national des –, Utah 123
nature aux États-Unis 149
Navajo, monument national –, Arizona 252
Nazca, lignes de –, Pérou 130

Nebo, route panoramique du mont –, Utah 149
Nebraska, région de Pine Ridge 19
Needles, secteur des –, Utah 122
Népal 207
Nevada
    lac Tahoe 105
    Las Vegas 231
    Moapa Valley 177
    route du Lamoille Canyon 28
New York
    circuit hip-hop 223
    Lake Placid 25
    Long Island 237
    lumières 231
    monts Catskill 59
Newfound, cluse de –, Tennessee/Caroline du Nord 13
Ngorongoro, cratère de –, Tanzanie 173
Niagara, chutes, Canada/États-Unis 211
Niagara-on-the-Lake, Canada 211
Nil 113
nocturnes urbains 231
Norvège
    côte 98
    E4 30
    fjords 229
    Nordkapp 30
Nouveau-Mexique
    Alamogordo 26, 27
    Billy the Kid Trail 243
    circuit de Guadalupe 26-27
    Geronimo Trail National Scenic Byway 252
    Roswell 26
    route 66 254
    Taos 252
    White Sands National Monument 26, 151
Nouvelle-Zélande
    Catlins 82
    circuit du Marlborough 287
    Dunedin 82
    East Cape 191
    Gisborne 191
    glaciers 83
    Greymouth 83
    Milford Sound 51
    Ninety Mile Beach 105
    route de la côte 83
    Te Anau 51
    Terre du milieu 177

O
Oak Creek Canyon, Arizona 139
océan Atlantique, Floride 25
Oglala National Grassland, Nebraska 19
Okavango, delta, Botswana 175, 176
Oklahoma
    arboretum Robert S. Kerr 15
    route panoramique des montagnes de Wichita 149
    Talimena Scenic Highway 15

Old Canada Road Scenic Byway, Maine 25
Old Spanish Trail, Louisiane 245
Olifants, rivière –, Afrique du Sud 113
Oman
    golfe d'Oman 91
    Mascate 91
    réserve de tortues Ras al Hadd 91
    sultanat 162
    Wadi Dayqah 156
Orange, fleuve –, Afrique du Sud 113
Oregon
    Cascade Lakes Scenic Byway 25
    circuit de la bière 311
    Columbia River Highway 125
    parc régional Bob Straub 71
    route panoramique du Pacifique 71
    Volcanic Legacy Scenic Byway 149, 252
Oregon, aire de loisirs des dunes de l' – 71
Organ, monts –, Nouveau-Mexique 26
Osado, route panoramique d'–, Japon 51
Ottawa, Canada 237
Otway Ranges, Australie 84-85
Ouachita, forêt nationale, Arkansas/Oklahoma 15
Ouganda, Nil Blanc 113
Oulan-Bator, Mongolie 162
outback australien 162
Ouzbékistan 164-165
ovnis 26
Oz, musée du *Magicien d'*–, Kansas 118

P
Pacific Crest Trail 25
Pacific Highway, Australie 86
Pacifique, route panoramique du – 71
paléontologie, musée royal de –, Canada 109
Panamá
    Cordillère centrale 40
    Panaméricaine 190
    péninsule d'Azuero 220
    Penonomé 40
    région du Darién 190
Panaméricaine 36, 39, 130, 190, 220
Paradise Valley, Montana 139
parc national des Cévennes, France 172
parc national du Mont-Tremblant, Canada 156
Parco Nazionale del Gran Paradiso, Italie 195
Paris, France 212
Parque Nacional da Peneda, Portugal 177

Parque Nacional Lagunas de Montebello, Mexique 36
Patapat, viaduc de –, Philippines 88
Payette River Scenic Byway, Idaho 25
Pays-Bas
   Amsterdam 235
   Haarlem 235
   itinéraire gastronomique 303
   Keukenhof 235
   printemps 234-235
Peak District, Angleterre 55
Peak District, grand-route de –, Angleterre 55
Peak to Peak, route touristique –, Colorado 59
Pennsylvanie
   Gettysburg 243
   guerre de l'Indépendance américaine 214
   itinéraire gastronomique 284
   Valley Forge 214
Pérou 130
Peter Norbeck Scenic Byway, Dakota du Sud 252
Phelps Dodge, entreprise –, Arizona 29
Philadelphie, circuit historique de – 214
Philippines
   cordillère 41
   Halsema Highway 41
   rizières en terrasses de Banaue 41
   viaduc de Patapat 88
Piegan, monts –, Montana 121
Pine Ridge, région de –, Nebraska 19
Pioneer Historic Byway, Idaho 243
Piste des larmes 14, 15
pistes indiennes 252
Point Lobos, réserve de –, Californie 73
police montée du Nord-Ouest 109
Pologne
   châteaux teutoniques 271
   pics des Tatras 44
   route des Saints 279
   Zakopane 44
Ponderosa Pine Scenic Byway, Idaho 23
Pondichéry 105
ponts prodigieux 77
Port Campbell, parc national de –, Australie 85
Porto Rico 38
Portugal
   châteaux 271
   fado 223
   Lisbonne 77, 223, 237
   parc national de Peneda 177
   Porto 237
   vallée du Douro 307
   villages fortifiés 206
Prague, République tchèque 271

président Calvin Coolidge, site historique consacré au –, Vermont 181
Prince-Édouard, île du –, Canada 77
Priorat, vignobles du –, Espagne 301
produits frais américains 284
Promenade des Glaciers, Canada 32
Provence, France 199, 294, 303
pueblos, vestiges – 17, 29, 122, 252
Puget Sound, État de Washington 69

Q
Quebrada de las Conchas, Argentine 141, 158
quetzal 39
Quoddy Head, parc de –, Maine 64

R
Rabat, Maroc 237
Rabindra Setu, Inde 77
ranch Bar-U, site historique national, Canada 109
République dominicaine 105, 129
République tchèque
   châteaux 269, 271
   Děčín, château de – 45
   Nelahozeves 237
   Prague 271
   Pravčická brána, pont de pierre 45
   route des châteaux 271
   « Suisse » tchèque 45
réserve du commandant Cousteau, Guadeloupe 79
Rhin moyen, vallée du –, Allemagne 105
Rhin, vallée du, Allemagne 139
Rhode Island 284
Richardson Highway, Alaska 59
Rio de Janeiro, Brésil 77, 225
Río Macho, réserve forestière –, Costa Rica 39
Rion, Antirion, pont –, golfe de Corinthe, Grèce 77
roche rouge, Arizona 128
Rocheuses canadiennes 32, 109
Rocheuses, parc national des montagnes –, Colorado 18
Rome, Italie 231
Roosevelt Dam, Arizona 251
Roosevelt, parc international – de Campobello 64
Roque Bluffs, parc régional de –, Maine 64
Roumanie
   Bucarest 212
   Cerna, vallée de la – 168
   DN57B 177
   Maramureş 263
   monts Iezer 207
   Trans-Fagaras 51
   Transylvanie 193, 271

route 66 243, 254
route de la soie 164-165
route des Abbayes, France 135
route des châteaux 271
route des Contes de fées, Allemagne 207
route des Crêtes, France 56, 197
route des Saints, Pologne 279
route Panoramique, Porto Rico 38
route Romantique (romantische Strasse), Allemagne 273
routes « nature » 162
routes d'exception
   Arches et canyons 122-123
   circuit de Guadalupe, Nouveau-Mexique/Texas 26-27
   Cotswolds, Angleterre 200-201
   Great Ocean Road, Australie 84-85
   Lewis et Clark 246-247
   route de la soie 164-165
   Sunset Boulevard, Californie 218-219
   vallée des Langhe, Italie 298-299
routes de bord de lac 95
routes de l'Antiquité 267
routes des vins
   Afrique du Sud 309, 310
   Allemagne 291
   Australie 290
   Californie 283
   Chili 311
   Espagne 301, 305, 306
   France 199, 293-294, 297
   Italie 298, 299
   Missouri 284
   Nouvelle-Zélande 287
   Pérou 130
   Portugal 307
   Washington 217
routes historiques 243
routes sauvages 156-157
Royaume-Uni
   col du Serpent 55
   Cornouailles 303
   Cotswolds 200-201
   Dorset 207
   échappées musicales 223
   Haddon Hall 55
   Hay-on-Wye 59
   île de Wight 303
   itinéraires gastronomiques 303, 311
   Lake District 95
   Londres 223, 231
   Matlock 55
   mur d'Hadrien 267
   Newcastle upon Tyne 237
   Oxford 223
   parc national des landes du Yorkshire du Nord 170-171
   Peak District 55
   Swaledale 179

   vallée de l'Exe 139
   Whitby 171
   York 202
   Yorkshire Dales 202
Ruby, monts –, Nevada 28
ruée vers l'or, Californie 17, 83, 143, 187
Rugova, gorge de –, Kosovo 139
Russian Gulch, parc de –, Californie 74
Russie
   Anneau d'Or de Moscou 237
   côte de la mer Noire 92
   Sotchi 92
   Transsibérienne 162
Ruta 40, Argentine 30, 105

S
Sächsische Schweiz, parc national de –, Allemagne 133
Sai Kung Country Park, Hongkong 90
Saint John, vallée de la rivière –, Canada 180
Saint Paul, Minnesota 117
Salmon, route panoramique de la rivière –, Idaho/Montana 119
Salt Point, parc de –, Californie 74
San Juan Skyway, Colorado 17
San Juan, îles de – 69
San Juan, rivière –, Utah 123
San Luis Obispo North Coast Byway, Californie 243
Santa Fe, piste de – 118
Santa Monica, monts de –, Californie 218
Sarigua, parc national de –, Panamá 220
Saskatchewan, glacier de –, Canada 32
Saskatchewan, prairies de la –, Canada 108
Savannah River Scenic Byway, Caroline du Sud 25
saveurs d'Europe 303
Sawtooth, zone naturelle de –, Idaho 23
Sea Lion Caves, Oregon 71
Selkirk, boucle de – 149
Selma to Montgomery March Byway, Alabama 243
Serengeti, Tanzanie 173
Seven Mile Bridge, Florida Keys 65
Seward Highway, Alaska 124
Shenandoah, parc national –, Virginie 10
Shoshone, grottes de glace de –, Idaho 23
Sicile
   Agrigente 267
   Etna 52
   Monti Iblei 300
   Selinunte 267
Sierra de Grazalema, Espagne 205
Sierra de Guadarrama, Espagne 233
Sierra Nevada, Espagne 58

Sila, parc national de la –, Italie 49
Skeleton Coast, Namibie 162
Skyline Drive, Virginie 10
Slovaquie, pics des Tatras 44
Slovénie, Alpes Juliennes 268
Smokey Bear, parc historique de –, Nouveau-Mexique 26
Snaefell Mountain Road, île de Man 30
Sneffels, monts –, Colorado 16
Sonoma, plage de sable de la côte de –, Californie 74
Sonoma, vallée de –, Californie 283
Soudan 175
Soudan, mine souterraine du parc d'État de –, Minnesota 145
Sri Lanka
  A15 88
  Colombo 237
  plaines de Horton 156
Stalheim, gorges de –, Norvège 229
Starved Rock, parc d'État –, Illinois 115
Steinbeck, circuit des romans de –, Californie 279
Suède
  harengs de la Baltique 303
  lac Vänern 95
Suisse
  col du Grand-Saint-Bernard 59
  Davos 30
  lac de Constance 95
  lac de Genève 271
  lac Majeur 95
Sumter, forêt nationale de –, Caroline du Sud 25
Sun Studios, Memphis 114
Sunset Boulevard, Californie 218-219
Superstition Mountains, Arizona 251
Sydney, Australie 86, 231
Syrie 88, 267

T

Table Rock, parc régional de –, Caroline du Sud 12
Tahquamenon Falls, parc régional de –, Michigan 67
Taïwan
  gorge de Taroko 43
  grottes des Hirondelles 43
  péninsule de Hengch'un 87
  Rueigang, route de – 88
  tunnel des Neuf Virages 43
  Yindianren 43
Talimena Scenic Highway, Oklahoma/Arkansas 15
Tanger, Maroc 237
tankiste, stage de –, Angleterre 156
Tanzanie
  Dar es-Salaam 175
  Serengeti 173
Taos Enchanted Circle Drive, Nouveau-Mexique 252, 279

Taroko, gorge de –, Taïwan 43
Tasmanie 105, 139
Tatras, pics des –, Pologne/Slovaquie 44
tauromachie 205
Tennessee
  Blues Highway 114
  cluse de Newfound 13
  Memphis 114
  Nashville 223
  piste des Natchez 244
Terre du milieu, Nouvelle-Zélande 177
Tetons, chaîne des –, Wyoming 21
Texas
  collines 186
  El Paso 27
  Fredericksburg 186
  Galveston Island 215
  Houston 215
  itinéraire gastronomique 311
Thaïlande
  Ayuthia 279
  boucle du nord-est, Phuket 88, 105
  Damnoen Saduak 237
  Sukhothai 279
Three Rivers, pétroglyphes, Nouveau-Mexique 26
Thunderbolt's Way, Australie 51
Tibet 177
Tokyo, Japon 131
Tonto, monument national de –, Arizona 251
Top of the Rockies, route touristique –, Colorado 51
Toro Negro, réserve forestière –, Porto Rico 38
Toronto, Canada 211
tour de Corse 105
Trail of the Ancients, Colorado/Utah 243
Trail Ridge Road, Colorado 18
transandine, voie –, Chili/Argentine 51
Transcanadienne, route – 77
Transsibérienne, route – 162
Transylvanie 193, 271
triangle moghol, Inde 279
Trinidad, sierra de –, Cuba 37
tropique du Capricorne, Australie 177
truffes 298, 303
Tsavo East, parc national de –, Kenya 113
Tule, zone protégée du lac –, Californie 35
Tumwater, canyon de –, Washington 217
Tunisie, Carthage 267
Turku, circuit de l'archipel de –, Finlande 93
Turquie 265

U

un peu d'action 25
Uruguay 212
Utah
  arches et canyons 122-123
  autoroute 89 30
  carrière de dinosaures 250
  Hole-in-the-Rock Scenic Backway 156
  Moab 122
  route panoramique du mont Nebo 149
  Trail of the Ancients 243

V

Val d'Aoste, Italie 195
Val de l'Indre, France 277
Val de Loire, France 271
Val-de-Marne, France 139
vallée de Coto Brus, Costa Rica 139
Vallée de Feu, Nouveau-Mexique 26
Vallée des Rois, Égypte 175
Vasco de Gama, pont –, Portugal 77
vautours fauves, route des –, Sardaigne, Italie 197
Vermont
  itinéraire gastronomiques 284, 311
  route de Riding 25
  Vermont 100 181
  Victory Basin 149
Via Porrettana, Italie 51
Vienne, Autriche 223
Viêt Nam
  Nha Trang-Quy Nhon 88
  zone démilitarisée 259
Village Creek, parc régional de –, Arkansas 14
Vinh Môc, tunnels de –, Viêt Nam 259
Virginie
  Blue Ridge Parkway 11
  George Washington Memorial Parkway 243
  James River 139
  Skyline Drive 10
Volcanic Legacy Scenic Byway, Californie/Oregon 149, 252

W

Wachau, vallée de la –, Autriche 139
Waianapanapa, parc de –, Hawaii 75
Washington 231
Washington Heritage Trail, Virginie-Occidentale 243
Washington, État de –
  boucle de Selkirk 149
  canyon de Tumwater 217
  col de la Snoqualmie 217
  Columbia River Highway 125
  Coupeville 69
  Deception Pass, parc de – 69

Ebey's Landing, réserve historique nationale de – 69
Fort Casey, parc régional de – 69
itinéraire gastronomique 284
mont Rainier 33
Port Townsend 69
Puget Sound 69
Seattle 217
Waterton Lakes, parc national de –, Canada 109
Wenatchee, forêt nationale de –, Washington 217
Wetlands and Wildlife Scenic Byway, Kansas 149
whisky, Écosse 295
White Mountains, Arizona 29
White Sands National Monument, Nouveau-Mexique 26, 151
Whitefish Bay, Michigan 67
Wichita, route panoramique des montagnes de –, Oklahoma 149
Wilderness Road Heritage Highway, Kentucky 162, 243
Wilderness, parc national de –, Afrique du Sud 104
Will Rogers State Historic Park, Californie 218, 219
William B. Ide, parc d'État, Californie 35
Wind River, cordillère de –, Wyoming 21
Windjana Gorge, parc national de –, Australie 159
Wisconsin
  comté de Door 207
  Kettle Moraine Scenic Drive 25
  lac Supérieur 146
  North Woods 146
Witless Bay, réserve écologique de –, Canada 62
Wright, mémorial consacré aux frères –, Caroline du Nord 183
Wyoming
  autoroute 89 30
  Beartooth Highway 22
  Centennial Scenic Byway 21

Y

Yellowstone, parc national de –, Montana/Wyoming 22
Yémen 162
Yorkshire Dales, Angleterre 202
Yorkshire du Nord, parc national des landes du –, Angleterre 170-171
Yukon, Cercle d'Or du – 189

Z

Zambèze, Zambie 113
Zambie 107, 113, 175
Zimbabwe 107, 113, 175

Auteurs

Rita Ariyoshi
Ian Armitage
Kathy Arnold
Katherine Ashenburg
Jackie Attwood-Dupont
Rosemary Bailey
Christopher P. Baker
Sandra Bardwell
Michael Bright
Steven Brook
Christopher Catling
Marolyn Charpentier
Peter Clubb
Roberta Cosi
Greg Critser
Antonia Cunningham
Bob Devine
Carole Douglis
Fiona Dunlop
Jerry Carmarillo Dunn, Jr.
Gary Ferguson
Mike Gerrard
Nick Hanna
Michael Ivory
Tim Jepson
Ann Jones
Caroline Juler
Alison Kahn
Michael Lewis
Glen Martin
Antony Mason
Mark Miller
Haas H. Mroue
Jenny Myddleton
Dean A. Nadalin
Louise Nicholson
Barbara A. Noe
Geoffrey O'Gara
Donald S. Olsen
Jane Onstott
Bob Rachoweicki
Samantha Reinders
John F. Ross
Katrina Grigg Saito
Victoria Savage
Kay Scheller
William G. Scheller
Jeremy Schmidt
Thomas Schmidt
George Semler
Damien Simonis
Roff Martin Smith
Christopher Somerville
Emma Stanford
Barbara A. Szerlip
John M. Thompson
David St Vincent
Paul Wade
Roger Williams
Dan Whipples
Richard Whitaker
Joe Yogerst

Toucan Books remercie :
Brittany R. Brown
Ashley Mathieu
Sally Younger

Crédits photographiques

PL = www.photolibrary.com

2-3 Giovanni Simeone/SIME/4Corners Images; **4** Sylvain Grandadam/age fotostock/PL; **5** Alan Majchrowicz/age fotostock/PL (1); Justin Foulkes/The Travel Library/PL (2); John Warburton-Lee/PL (3); picturegarden/Getty Images (4); Joe Cornish/Britain on View/PL (5); Santiago Fdez Fuentes/age fotostock/PL (6); Witold Skrypczak/Lonely Planet Images (7); niceartphoto/Alamy (8); **8-9** Alan Majchrowicz/age fotostock/PL; **10** Radius Images/PL; **11** Jeremy Woodhouse/Getty Images; **12** Eric Horan/Alamy; **13** Kordcom/age fotostock/PL; **14** Arkansas Department of Parks & Tourism; **15** Greg Ryan & Sally Beyer/PL; **16** Superstock/PL; **17** Visions LLC/PL; **18** James Frank/PL; **19** Macduff Everton/Corbis; **20** Jeff Vanuga/Flirt Collection/PL; **21** Willard Clay/Oxford Scientific/PL; **22** Douglas Cox/Imagestate/PL; **23** Andre Jenny/Alamy; **24-25** StockShot/Alamy; **26** White/PL; **27** David L.Brown/Design Pics Inc/PL; **28** Zach Holmes/Alamy; **29** Robert Shantz/Alamy; **30-31** Ghiotti/Photographer's Choice/Getty; **32** Jim Brandenburg/Minden Pictures/National Geographic Stock; **33** Dan Sherwood/Design Pics Inc/PL; **34** Thomas Hallstein/Ambient Images/PL; **35** John Warden/Superstock/PL; **36** Eric Martin/Iconotec/PL; **37** Riccardo Lombardo/Cuboimages/PL; **38** Jerry Alexander/Lonely Planet Images; **39** Glenn Bartley/All Canada Photos/PL; **40** Robert Francis/South American Pictures; **42** Christian Kober/John Warburton-Lee Photography; **43** Best View Stock/PL; **44** C.Novara/De Agostini Editore; **45** Guenter Fischer/imagebroker.net/PL; **46** FB-Rose/imagebroker.net/PL; **47** Picture Finders/age fotostock/PL; **48** casinozack/Shutterstock; **49** CuboImages srl/Alamy; **50-51** Brian Lawrence/Imagestate/PL; **52** Riccardo Lombardo/Cuboimages/PL; **53** Steve Lewis/Britain on View/PL; **54** Davidmarty/Dreamstime.com; **55** Chris Brink/View Pictures/PL; **56** Nina Korhonen/Nordic Photos/PL; **57** Monica Gumm/White Star/imagebroker.net/PL; **58** O.Alamany & E.Vicens/Corbis; **60-61** Justin Foulkes/The Travel Library/PL; **62** Rolf Hicker/All Canada Photos/PL; **63** Barrett & MacKay/All Canada Photos/PL; **64** Jerry and Marcy Monkman/EcoPhotography.com; **65** Vittorio Sciosia/Cuboimages/PL; **66** Michael Townsend/Getty Images; **67** Mike Briner/Alamy; **68** Michael Gadomski/Animals Animals/PL; **69** Stuart Westmorland/Corbis; **70** Alaska Stock Images/National Geographic Stock; **71** Craig Tuttle/Corbis; **72** Michele Wassell/age fotostock/PL; **73** Visions LLC/PL; **74** Darrell Gulin/Corbis; **75** Ron Dahlquist/Pacific Stock/PL; **76-77** Wojtek Buss/age fotostock/PL; **78** World Pictures/Photoshot; **79** Panoramic Images/Getty Images; **80** Pablo Corral Vega/Corbis; **81** Gavin Hellier/Robert Harding Travel/PL; **82** David Clapp/Oxford Scientific/PL; **83** John Warburton-Lee Photography/Alamy; **84** J & C Sohns/ Picture Press/PL; **85** Doug Pearson/JAI/Corbis; **86** Manfred Gottschalk/Lonely Planet Images; **87** Don Bartell/Alamy; **88-89** Manfred Gottschalk/Lonely Planet Images; **90** Steven Lam/Getty Images; **91** Guenter Fischer/imagebroker.net/PL; **92** Oleg Nikishin/Epsilon/Getty Images; **93** Manfred Gottschalk/Lonely Planet Images; **94-95** Art Kowalsky/Alamy; **96** Werner Otto/age fotostock/PL; **97** Carola Koserowsky/age fotostock/PL; **98** Gerhard Zwerger-Schoner/imagebroker/PL; **99** Giuseppe Masci/Tips Italia/PL; **100** Charles Bowman/age fotostock/PL; **101** Jose Fuste Raga/age fotostock/PL; **102** Jim and Mary Whitmer/Digital Light Source/PL; **103** Isidoro Ruiz Haro/age fotostock/PL; **104** Gerald Hoberman/Hoberman Collection UK/PL; **106-107** John Warburton-Lee/PL; **108** Walter Bibikow/age fotostock/PL; **109** Eryk Jaegermann/Design Pics Inc/PL; **110** Stephen Saks Photography/Alamy; **111** David Muench/Corbis; **112-113** Ronald M.Maratea/Superstock/PL; **114** Gavin Hellier/JAI/Corbis; **115** Don Smetzer/Alamy; **116** Jason Lindsey/Alamy; **117** Richard Cummins/Superstock/PL; **118** David R.Frazier Photolibrary, Inc/Alamy; **119** Stephen Saks/Lonely Planet Images; **120** Gerhard Zwerger-Schoner/imagebroker.net/PL; **121** Rolf Nussbaumer/naturepl.com; **122** Scott T.Smith/Corbis; **123** Richard Broadwell/Beateworks/Corbis; **124** Julie Buehler/Shutterstock; 125 Charlie Munsey/Corbis; **126** William Helsel/age fotostock/PL; **127** Witold Skrypczak/Lonely Planet Images; **128** Stockage/Dreamstime.com; **129** Tristan Deschamps/Photononstop/PL; **130** Andrew Watson/John Warburton-Lee Photography; **131** ©Nagano Prefecture/©JNTO; **132** Martin Rugner/age fotostock/PL; **133** Jochen Knobloch/Picture Press/PL; **134** Michael Nitzschke/PL; **135** Gilles Rigoulet/Hemis/PL; **136** A. Demotes/Photononstop/PL; **137** Nicholas Thibaut/Photononstop/PL; **138** Luis Castaneda/age fotostock/PL; **140-141** picturegarden/Getty Images; **142** Alexandra Kobalenko/All Canada Photos/PL; **143** Jerry and Marcy Monkman/EcoPhotography.com/Alamy; **144** Jack Dykinga/Getty Images; **145** Riccardo Savi/Getty Images; **146** Layne Kennedy/Corbis; **147-150** Danita Delimont/Alamy; **151** Radius Images/PL; **152** Michael Routh/Ambient Images/PL; **153** Ian Dagnall/Alamy; **154** Peter M.Wilson/Corbis; **155** Jon Arnold Images Ltd/Alamy; **156-157** Doug Priebe/Alamy; **158** Robert Weight/Ecoscene/Corbis; **159** Robin Smith/PL; **160** Christian Kapteyn/imagebroker/PL; **161** Steven Vidler/Eurasia Press/Corbis; **162-163** George Steinmetz/Corbis; **164** Michele Falzone/JAI/Corbis; **165** blickwinkel/Alamy; **166** Sheila Terry/Robert Harding Travel/PL; **167** Laurence Simon/Tips Italia/PL; **168** Tony Eveling/Alamy; **169** Alberto Nardi/Tips Italia/PL; **170** John Short/Design Pics Inc/PL; **171** Robert Cousins/Robert Harding Travel/PL; **172** Jan Wlodarczyk/The Travel Library/PL; **173** Hoffmann Photography/age fotostock/PL; **174** Upperhall Ltd/Robert Harding Travel/PL; **175** Nigel Pavitt/John Warburton-Lee Photography/PL; **176** Christian Heinrich/imagebroker/PL; **178-179** Joe Cornish/Britain on View/PL; **180** Barrett & MacKay/All Canada Photos/PL; **181** Bilderbuch/Design Pics Inc/PL; **182** Alan Copson/The Travel Library/PL; **183** Craig Brewer/White/PL; **184** Jeff Greenberg/Alamy; **185** Philip Scalia/Alamy; **186** Walter Bibikow/JAI/Corbis; **187** Walter Bibikow/age fotostock/PL; **188** Alan Majchrowicz/age fotostock/PL; **189** Richard Cummins/Superstock; **190** Sylvia Cordaiy Photo Library Ltd/Alamy; **191** Ross Barnett/Lonely Planet Images; **192** Diana Mayfield/Lonely Planet Images; **193** Craig Pershouse/Lonely Planet Images; **194** Rene Mattes/Mauritius/PL; **195** Pixtal Images/PL; **196-197** John Arnold Images/PL; **198** Steve Vidler/Imagestate/PL; **199** J.Boyer/Getty Images; **200** Glenn Beanland/Lonely Planet Images; **201** White/PL; **202** Richard Watson/Britain on View/PL; **203** Renaud Visage/age fotostock/PL; **204** Ken Welsh/Design Pics Inc/PL; **205** imagebroker/Alamy; **206** Bob Krist/Corbis; **208-209** Santiago Fdez Fuentes/age fotostock/PL; **210** Megapress/Alamy; **211** Darwin Wiggett/All Canada Photos/PL; **212-213** Bill Heinsohn.Getty Images; **214** James Lemass/Index Stock Imagery/PL; **215** Richard Cummins/Corbis; **216** Bruce Heinemann/age fotostock/PL; **217** D.Hurst/Alamy; **218** PCL/Alamy; **219** Panoramic Images/Getty Images; **220** Alfredo Maiquez/Lonely Planet Images; **221** Walter Bibikow/age fotostock/PL; **222-223** Mark Eveleigh/Alamy; **224** Terrance Klassen/age fotostock/PL; **225** Almor67/Dreamstime.com; **226** Paul C.Pet/Corbis; **227** Sam D'Cruz/Shutterstock; **228** Paul Harris/John Warburton-Lee Photography/PL; **229** Brian Lawrence/Imagestate/PL; **230-231** Daniel Hurst/PL; **232** Angelo Cavalli/Superstock/PL; **233** The Travel Library/PL; **234** Adam Jones/Getty Images; **235** Erfgoedhuis Zuid-Holland; **236** David Robertson/The Travel Library/PL; **238-239** Witold Skrypczak/Lonely Planet Images; **240** Barrett & MacKay/All Canada Photos/PL; **241** Brian Jannsen/Alamy; **242-243** Jose Fuste Raga/age fotostock/PL; **244** Danny Lehman/Corbis; **245** Kulla Owaki/ Flirt Collection/PL; **246** Tom Bean/Corbis; **247** Macduff Everton/Corbis; **248** Glen Allison/White/PL; **249** Sergio Pitamitz/Robert Harding Travel/PL; **250** James L.Amos/Peter Arnold Images/PL; **251** Les David Manevitz/Superstock/PL; **252-253** Yoshio Tomil Photo Studio/Aflo Foto Agency/PL; **254** Steve Vidler/Imagestate/PL; **255** Bill Bachmann/Alamy; **256** Walter Bibikow/Jon Arnold Travel/PL; **257** Robert Harding/PL; **258** age fotostock/PL; **259** David R. Frazier Photolibrary, Inc./Alamy; **260** Radius Images/PL; **261** Japan Travel Bureau/PL; **262** Peter Giovannini/imagebroker.net/PL; **263** Russell Young/Jon Arnold Travel/PL; **264** Francisco Gonzalez/age fotostock/PL; **265** Japan Travel Bureau/PL; **266-267** Guido Alberto Rossi/Tips Italia/PL; **268** David Robertson/Alamy; **269** Egmont Strigl/imagebroker.net/PL; **270-271** Jose Fuste Raga/age fotostock/PL; **272** Walter Bibikow/Jon Arnold Travel/PL; **273** Rene Mattes/Hemis/PL; **274** Ghigo Roli/Cubo Images/Robert Harding; **275** Joel Damase/Photononstop/PL; **276** Gerrit Buntrock/Fresh Food Images/PL; **277** Hervé Gyssels/Photononstop/PL; **278** Andrew Stuart/Stringer/Getty Images; **280-281** niceartphoto/Alamy; **282** Bob Krist/Corbis; **283** Jim Sugar/Corbis; **284-285** Donald C. & Priscilla Alexander Eastman; **286** Fredrik Naumann/Panos Pictures; **287** Ian Shaw/Cephas; **288** David Collins/Lonely Planet Images; **289** Mick Elmore/Lonely Planet Images; **290** Owen Lexington/Getty Images; **291** Deidesheimer Hof; **292** Christian Braud/Photononstop/PL; **293** Mick Rock/Cephas; **294** John James/Shutterstock; **295** David Woods/Shutterstock; **296** Yves Talensac/Photononstop/PL; **297** SGM/age fotostock/PL; **298** Heinz Wohner/LOOK-foto/PL; **299** Targa/age fotostock/PL; **300** PhotoStock-Israel/Alamy; **301** Per Karlsson, BKWine 2/Alamy; **302-303** Glow Images/PL; **304** Tono Labra/age fotostock/PL; **305** Alan Copson/JAI/Corbis; **306** Juergen Richter/LOOK-foto/PL; **307** Alan Copson/Jon Arnold Travel/PL; **308** Fraser Hall/Robert Harding Travel/PL; **309** Hoberman Collection/PL; **310** Alain Proust/Cephas.

1re de couverture

Image de fond : Giovanni Simeone/SIME/4Corners Images.
Bandeau, de gauche à droite : George Steinmetz/Corbis; Daniel Hurst/PL; Jeremy Woodhouse/Getty Images; Martin Rugner/age fotostock/PL; Gavin Hellier/JAI/Corbis.

4e de couverture

Image de fond : Giovanni Simeone/SIME/4Corners Images.
Bandeau, de gauche à droite : Jose Fuste Raga/age fotostock/PL; Robert Francis/South American Pictures; John Warburton-Lee/PL; Jose Fuste Raga/age fotostock/PL; Bruce Heinemann/age fotostock/PL.

500 routes de rêve

est une publication de la National Geographic Society

Président-directeur général : John M. Fahey, Jr.
Président du conseil d'administration : Gilbert M. Grosvenor
Président, Global Media Group : Tim T. Kelly
Vice-président et éditeur : John Q. Griffin
Premier vice-président et président du Département livres :
   Nina D. Hoffman

Département livres

Vice-président et directeur du Département livres : Barbara
   Brownell Grogan
Directeur de la maquette : Marianne R. Koszorus
Éditeur : Barbara A. Noe
Directeur de la cartographie : Carl Mehler
Responsable du projet : Lawrence M. Porges
Collaborateurs : Olivia Garnett, Mary Stephanos
Directeur de la production : R. Gary Colbert
Responsable éditorial : Jennifer A. Thornton
Directeur de la photographie et des illustrations :
   Meredith C. Wilcox

Édition originale

Réalisée par Toucan Books Ltd
par Ellen Dupont, Helen Douglas-Cooper,
Peter Clubb, Andrew Kerr-Jarrett, Alice Peebles,
Victoria Savage, Amy Smith, Jackie Attwood-Dupont,
Leah Germann, Christine Vincent, Sharon Southren
avec Mia Stewart-Wilson, Caroline Hunt, Marie Lorimer
© 2010 Toucan Books Ltd.
Tous droits réservés.

Édition française

© 2011 par la National Geographic Society.
Tous droits réservés.

NG France

Directeur : Pierre-Olivier Bonfillon
Directrice éditoriale : Françoise Kerlo
Responsable d'édition : Valérie Langrognet
Assistante d'édition : Julie Drouet
Responsable de production : Alexandre Zimmowitch

Réalisation éditoriale : ML ÉDITIONS, Paris
Traduction-adaptation :
   François-Xavier Durandy (p. 1-7, 60-105, 208-311),
   Valentine Palfrey (p. 8-59, 106-139, 178-207),
   Catherine Zerdoun (p. 140-177)
Édition : Giulia Valmachino
Correction : Marie-Pierre Le Faucheur

La National Geographic Society est l'une des plus vastes organisations à vocation scientifique et éducative et à but non lucratif au monde. Fondée en 1888 pour le développement et la diffusion de la connaissance géographique, la National Geographic Society agit pour sensibiliser et inciter à prendre une part active dans la protection de la planète. Elle touche chaque mois plus de 325 millions de personnes dans le monde grâce à son magazine mensuel, *National Geographic,* et à d'autres revues, mais aussi par sa chaîne de télévision – National Geographic Channel –, des documentaires, de la musique, des émissions de radio, des films, des livres, des DVD, des cartes, des expositions, des médias interactifs et tous les produits dérivés. National Geographic a financé plus de neuf mille recherches scientifiques, projets de conservation et de protection, mais aussi des programmes pour combattre l'illettrisme.

Vous pouvez nous rendre visite sur :
www.nationalgeographic.fr

ISBN : 978-2-84582-346-4

Toute reproduction intégrale ou partielle de l'ouvrage, par quelque procédé que ce soit, est strictement interdite sans l'autorisation écrite de l'éditeur.

Dépôt légal : avril 2011
Impression : CAYFOSA – Impresia Ibérica (Espagne)